陈平原著作系列

封面书名题字：陈平原

陈平原 著

中國現代學術之建立

以章太炎、胡适之为中心

北京大学出版社
PEKING UNIVERSITY PRESS

图书在版编目（CIP）数据

中国现代学术之建立：以章太炎、胡适之为中心 / 陈平原著. —北京：北京大学出版社，2020.8
（陈平原著作系列）
ISBN 978-7-301-31365-7

Ⅰ.①中… Ⅱ.①陈… Ⅲ.①学术思想 – 思想史 – 研究 – 中国 – 现代 Ⅳ.① B260.5

中国版本图书馆 CIP 数据核字（2020）第 102013 号

书　　名	中国现代学术之建立：以章太炎、胡适之为中心 ZHONGGUO XIANDAI XUESHU ZHI JIANLI: YI ZHANGTAIYAN、HUSHIZHI WEI ZHONGXIN
著作责任者	陈平原　著
责任编辑	张文礼　张凤珠
标准书号	ISBN 978-7-301-31365-7
出版发行	北京大学出版社
地　　址	北京市海淀区成府路 205 号　100871
网　　址	http://www.pup.cn　　新浪微博：@北京大学出版社
电子信箱	pkuwsz@126.com
电　　话	邮购部 010-62752015　发行部 010-62750672　编辑部 010-62767315
印　刷　者	北京中科印刷有限公司
经　销　者	新华书店
	650 毫米 ×980 毫米　16 开本　29.25 印张　447 千字 2020 年 8 月第 1 版　2020 年 8 月第 1 次印刷
定　　价	98.00 元

未经许可，不得以任何方式复制或抄袭本书之部分或全部内容。
版权所有，侵权必究
举报电话：010-62752024　电子信箱：fd@pup.pku.edu.cn
图书如有印装质量问题，请与出版部联系，电话：010-62756370

目 次

新版序 …………………………………………………………… 1

导　言　西潮东渐与旧学新知 ………………………………… 5
　　一　学术转型与两代人的贡献 …………………………… 6
　　二　"西潮""古学"与"新知" …………………………… 13
　　三　走向专门家之路 ……………………………………… 18
　　四　章、胡交谊及其象征意义 …………………………… 25

第一章　求是与致用 …………………………………………… 28
　　一　"学在求是，不以致用" …………………………… 29
　　二　"殚精考索"与"兴起幽情" ……………………… 44
　　三　理器之分与真俗之辨 ………………………………… 55

第二章　官学与私学 …………………………………………… 66
　　一　"劝学"与"学隐" ………………………………… 67
　　二　"学在民间"之自信 ………………………………… 79
　　三　书院讲学的魅力 ……………………………………… 90
　　四　"救学弊"与"扶微业" …………………………… 99

第三章　学术与政治 …………………………………………… 107
　　一　参政与回向 …………………………………………… 108
　　二　"保国"或"著书" ………………………………… 117
　　三　讲学复议政 …………………………………………… 128

第四章 专家与通人 … 143
一 古老命题的现代诠释 … 144
二 "具有广博学识"的专家 … 149
三 "博学的人"与"国人导师" … 157
四 从"开山斧"到"绣花针" … 162

第五章 作为新范式的文学史研究 … 169
一 从"大胆假设"到"小心求证" … 171
二 双线文学观念 … 178
三 历史演进法 … 188
四 《红楼梦》自传说 … 197
五 整理国故思潮 … 208

第六章 关于经学、子学方法之争 … 216
一 "治学方法上的根本问题" … 216
二 《庄子》的挑战 … 219
三 清儒之得失 … 224
四 章、胡之戴震论 … 228
五 对于"汉学"的推崇与超越 … 233
六 以西学剪裁中国文化? … 240

第七章 晚清志士的游侠心态 … 246
一 游侠之"逍遥法外" … 246
二 "中国之武士道" … 253
三 对于流血的崇拜 … 259
四 暗杀风潮之鼓吹 … 265
五 联络会党的策略 … 273
六 大小传统之沟通 … 278

附 录 自立门户与径行独往——章太炎的学术品格 … 286

第八章　现代中国的"魏晋风度"与"六朝散文" ... 294
- 一　被压抑的"文艺复兴" ... 296
- 二　逐渐清晰的文学史图像 ... 307
- 三　师心使气与把酒赏菊 ... 318
- 四　乱世中的"思想通达" ... 332
- 五　"谬种"与"妖孽"的不同命运 ... 342
- 六　千年文脉之接续 ... 351

第九章　现代中国学者的自我陈述 ... 361
- 一　学者为何自述 ... 363
- 二　自传与自定年谱 ... 371
- 三　"我与我的世界" ... 378
- 四　"诗与真"的抉择 ... 384
- 五　"忏悔录"之失落 ... 391
- 六　"朝花夕拾"与"师友杂忆" ... 399

主要参考书目 ... 407

人名索引 ... 420

书名、篇名索引 ... 434

后　记 ... 461

新版序

本书1998年由北京大学出版社初版,2003年获教育部颁发的第三届中国高校人文社会科学研究优秀成果一等奖。除初版外,尚有以下版本——台北:麦田出版,2000年;北京:北京大学出版社,2005年;"博雅英华·陈平原著作系列",北京:北京大学出版社,2010年。

在初版"后记"中,有这么一句:"本书的完成,与《学人》集刊的出版息息相关。"这绝非虚言,看一下书中各章最初发表状态,便一目了然:

导言"西潮东渐与旧学新知"初刊《北京大学学报》1998年第1期,题为《西潮东渐与旧学新知——中国现代学术之建立》;

第一章"求是与致用"初刊《中国文化》第7期(中国艺术研究院《中国文化》编辑部,1992年11月),题为《"求是"与"致用"——章太炎学术思想核论》;

第二章"官学与私学"初刊《学人》第二辑(南京:江苏文艺出版社,1992年7月),题为《章太炎与中国私学传统》;

第三章"学术与政治"初刊《学人》第一辑(南京:江苏文艺出版社,1991年11月),题为《在政治与学术之间——论胡适的学术取向》;

第四章"专家与通人"初刊《中国文化》第5期(中国艺术研究院《中国文化》编辑部,1991年12月),题为《在专家与通人之间——论胡适的学术取向》；

第五章"作为新范式的文学史研究"初刊《学人》第五辑（南京：江苏文艺出版社，1994年2月），题为《假设与求证——胡适的文学史研究》；

第六章"关于经学、子学方法之争"初刊《学人》第六辑（南京：江苏文艺出版社，1994年9月），题为《章太炎与胡适之关于经学、子学方法之争》；

第七章"晚清志士的游侠心态"初刊《学人》第三辑（南京：江苏文艺出版社，1992年12月），题为《晚清志士的游侠心态》；

第八章"现代中国的'魏晋风度'与'六朝散文'"初刊《中国文化》第15、16期（中国艺术研究院《中国文化》编辑部，1997年12月），题为《现代中国的"魏晋风度"与"六朝散文"》；

第九章"现代中国学者的自我陈述"初刊《学人》第十辑（南京：江苏文艺出版社，1996年10月），题为《半部学术史，一篇大文章——现代中国学者的自我陈述》。

正文加导言共十篇，刊《北京大学学报》一，刊《中国文化》三，刊《学人》集刊六——后者不仅数量最多，且本书发轫之作《在政治与学术之间——论胡适的学术取向》就载《学人》第一辑。除了是主要发表园地，更关键的是学术立场，故提醒读者关注那篇《章太炎与中国私学传统》。20世纪90年代中国学术及文化转型中，民间学刊的崛起起了决定性作用。在这中间，活跃在1991—2000年间、共刊行十五辑的《学人》，具有标志性意义。

同时期我所撰写的评论文章，在立场及思路上与本书密切相关、互为犄角的，有初刊《学人》第一辑（1991年11月）的《学术史研究随想》、初刊《读书》1993年第5期的《学者的人间情怀》、初刊《二十一世纪》

1993年6月号的《近百年中国精英文化的失落》,以及初刊《东方》创刊号(1993年10月)的《当代中国人文学者的命运及其选择》。前两者收入《学者的人间情怀》(珠海:珠海出版社,1995年;[增订版]北京:三联书店,2007年、2020年),后二文则藏身《当代中国人文观察》(北京:人民文学出版社,2004年;[增订本]北京:北京大学出版社,2010年)。

我曾提及,此书出版后,内地学界评价很高,而港台地区及国外的反应则相对冷淡——因此书背后的政治立场及文化关怀,外面的人不见得能领会。在这里,学术与政治相互缠绕,古典与今典配合默契,不身临其境,很难感同身受。若单从史料应用或逻辑推演着眼,会觉得此书专业性不够。尤其是站在二十年多后的今天,回头看,此书的缺点很明显,其意义更多地体现在凸显了1990年代中国的学术转型。

尽管有诸多遗憾,作为我的"学术史三部曲"(另两部为《作为学科的文学史》,北京:北京大学出版社,2011年,[增订版]北京:北京大学出版社,2016年;《现代中国的述学文体》,北京:北京大学出版社,2020年)的开篇之作,我个人对此书的写作深深怀念。

2020年1月25日(大年初一)于京西圆明园花园

导言　西潮东渐与旧学新知

倘若从事学术史研究,章太炎或许是最佳入口处。原因在于,"他是中国近代第一位有系统地尝试研究学术史的学者"。正如侯外庐所说的,章氏对于周秦诸子、两汉经师、五朝玄学、隋唐佛学、宋明理学以及清代学术等,均有详细的论述,不难从其著作中整理出一部"太炎的中国学术史论"①;对于身处其间的晚清学界,章氏也有不少精彩的评说,只是不像梁启超那样形成专门的著述。其实,作为一代名篇的《清代学术概论》,也只是梁氏拟想中的《中国学术史》之第五种②。

晚清那代学者,之所以热衷于梳理学术史,从开天辟地一直说到眼皮底下,大概是意识到学术嬗变的契机,希望借"辨章学术,考镜源流"来获得方向感。同样道理,20世纪末的中国学界,重提"学术史研究",很大程度也是为了解决自身的困惑。因此,首先进入视野的,必然是与其息息相关的"二十世纪中国学术"。

没有章、梁"从头说起"的魄力,自是深感惭愧;退而集中讨论"中国现代学术之建立",目的是凸显论者的问题意识。表面上只是接过章、梁的话题往下说,实则颇具自家面目。选择清末民初三十年间的社会与

---

① 参见侯外庐《中国近代启蒙思想史》(北京:人民出版社,1993年)第三章第八节。该书据生活书店1947年版《近代中国思想学说史》第三编改写,有关章太炎部分基本照旧。

② 参见梁启超的《清代学术概论·第二自序》及其早年撰写的《论中国学术思想变迁之大势》。

文化,讨论学术转型期诸面相,揭示已实现或被压抑的各种可能性,为重新出发寻找动力乃至途径。这就决定了本书不同于通史的面面俱到,而是以问题为中心展开论述。

一 学术转型与两代人的贡献

自从余英时借用库恩(Thomas S. Kuhn)的科学革命理论,解释胡适《中国哲学史大纲》在中国近代史学革命上的中心意义①,关于学术转型或范式更新的言说便颇为流行。就像余先生所概括的,所谓"典范"或曰"范式"(Paradigm)的建立,有广狭两义,前者涉及全套的信仰、价值和技术的改变,后者指具体的研究成果发挥示范作用,既开启新的治学门径,又留下许多亟待解决的新问题。依照库恩的思路,科学进步的图景可以这样描述:典范的建立——常态研究的展开——严重危机的出现——在调整适应中寻求突破,并导致新典范的建立。如何在传统与变革之间维持"必要的张力",乃是成熟的学者所必备的素质;可对于史家来说,最为关注的,很可能是危机已被意识、新范式即将浮现的"关键时刻"②。依余先生之见,"清代三百年的考证学到了'五四'前夕恰好碰到了'革命'的关头",《中国哲学史大纲》又恰好提供了"一整套关于国故整理的信仰、价值和技术系统",故理所当然地成为新典范的代表。③ 此说有力地阐明了胡适的学术史地位,但并非对于现代中国学术转型的完整叙述。倘若辅以王国维、梁启超的思路,或许可以更好地诠释这一学术史上的"关键时刻"。

在《沈乙庵先生七十寿序》中,王国维以"国初之学大,乾嘉之学精,

---

① 参阅余英时《中国近代思想史上的胡适》第19—21页,台北:联经出版事业公司,1984年。
② 参阅库恩的《科学革命的结构》(李宝恒、纪树立译,上海:上海科学技术出版社,1980年)及《必要的张力》(纪树立等译,福州:福建人民出版社,1981年)第九章。
③ 余英时:《中国近代思想史上的胡适》第84页。

道咸以降之学新"来概括有清三百年学术。此说常被论者引述,连带也被用来为王氏自家学术定位。其实,王国维并不认同龚自珍、魏源为代表的"道咸以降之学",因"其所陈夫古者不必尽如古人之真,而其所以切今者,亦未必适中当世之弊,其言可以情感,而不能尽以理究"。就像他极为推许的沈曾植一样,王国维也是"其忧世之深,有过于龚、魏;而择术之慎,不后于戴、钱"。承继清学而又不为清学所囿,乃章、梁、沈、王等晚清学人的自我期待,借用王国维的话来说,便是:

> 其所以继承前哲者以此,其所以开创来学者亦以此。使后之学术变而不失其正鹄者,其必由先生之道矣。①

并非只是"旧学邃密",更难得的是其"新知深沉",晚清那代学人的贡献,实在不可低估。沈、王诸君,深刻意识到危机所在,走出"或托于先秦西汉之学,以图变革一切"的"道咸以降之学",追求的正是新范式的建立。

可与王说互相发明的,不妨举出梁启超的《清代学术概论》。梁氏分学术思潮为启蒙、全盛、蜕分、衰落四期,而衰落期中,必有豪杰之士崛起,其推旧与创新,即导入"第二思潮之启蒙期"。对于自家所处学术潮流,梁氏以全盛期正统派的眼光多有挑剔,但强调破除汉学专制、接引西方学术、回归经世之学,实际上将其视为"第二思潮之启蒙期"。如此自我定位,目光所及,在于"开来",而不是"继往"。正如梁氏所称,启蒙期之所以值得怀念,在于"淆乱粗糙之中,自有一种元气淋漓之象"。② 晚清的社会转型与学术嬗变,或许不如五四新文化运动面貌清晰,但其对

---

① 王国维:《沈乙庵先生七十寿序》,《王国维遗书》第四册,上海:上海古籍书店,1983年。
② 参见梁启超《清代学术概论》第一及二十三至三十三节。

于20世纪中国文化的深刻影响,足证其绝非只是"清学的殿军"。

强调新典范的真正确立与发挥示范作用,胡适当然值得大力表彰;可要是更看重危机中的崛起以及学术转型的全过程,章太炎那一代学人便不可避免地进入视野。在我看来,由于五四新文化运动的大名如日中天,晚清一代的贡献多少受到了遮蔽。即便如此,谈论20世纪中国的思想与学术,仍能找到不少喜欢"从晚清说起"的知音。

认准"言近三百年学术者,必以长素为殿军"的钱穆,在其名著《中国近三百年学术史》中,为康有为专列一章。而梁启超的同名著作,对康氏着墨甚少,因其认定"清末三四十年间,清代特产之考证学,虽依然有相当的部分进步,而学界活力的中枢,已经移到'外来思想之吸受'"①这一思路,在其此前所撰的《清代学术概论》中已有所体现,即认定康有为经学成就不高,其贡献在于"成为欧西思想输入之导引"②。如此立说,表面上相当谦恭,实则蕴涵开创新时代的大抱负。作为世风推移及学术转变的枢纽,康、梁、章、王等人的角色及功能也确实无可替代。

经学史家周予同称康、章为今、古文经学的最后大师,并断言:"以后便没有大师了,作为经学,至此完结。"③如此单独摘引,容易引起误解,似乎康、章只属于以经学为主流的清代学术。实际上,周氏相当重视康、章新见迭现的经学研究对于"新史学"的贡献。比如,将殷周以来的中国史学,分为萌芽、产生、发展、转变四期,而转变期则"从清末民初以至现在"——周氏此文撰于1940年代,断言"新史学"的崛起"实开始于戊戌政变以后",最初的动力来自康氏为代表的今文经学④。经学、史学

---

① 朱维铮校注:《梁启超论清学史二种》第125页,上海:复旦大学出版社,1985年。

② 同上书,第5页。

③ 参见《中国经学史讲义》中编第八章,《周予同经学史论著选集》(增订本),上海:上海人民出版社,1996年。

④ 参见《周予同经学史论著选集》(增订本)第514页。

如此,哲学也不例外。贺麟撰《五十年来的中国哲学》,称"要叙述最近五十年来从旧传统发展出来的哲学思潮,似乎不能不从康有为开始"①。至于使得西方哲学"与中国思想界发生关系的第一人"严复,也是康有为的同代人。文学革新方面,康有为影响甚微,但其弟子梁启超之提倡"文界革命""诗界革命"与"小说界革命",直接接上了五四新文学,其历史功绩正受到越来越多的学者的重视。

侯外庐1940年代撰写《中国近世思想学说史》时,将17世纪的启蒙思想、18世纪的汉学运动以及19世纪中叶至20世纪初叶的文艺再复兴作为整体叙述;五六十年代开始酝酿分而治之,1980年代因注重"近代的民主潮流在中国的现实解决",方才明确从百日维新说起的论述策略②。侯氏的思路颇有代表性:1980年代中期以后,晚清社会及学界生气淋漓的新气象,日渐吸引研究者的目光,即便不喜欢"20世纪中国文化"这样的大题目,也都倾向于将康、梁、章、严、罗、王等从清学中分割出来。

不管是章太炎、梁启超,还是罗振玉、王国维,都喜欢谈论清学,尤其推崇清初大儒的忧世与乾嘉学术的精微。对于清学的叙述成为时尚,并非意味着复古,反而可能是意识到变革的历史契机。假如将蔡元培、钱玄同、胡适、顾颉刚等五四一代学人对待清学的态度考虑在内,此一走向更能得到清晰的呈现。从宗旨、问题到方法,中国现代学术都将面目一新。之所以谈论清儒家法,很大程度是为了在继承中超越、在回顾中走出。即便主张保皇的前清遗老(如沈曾植、罗振玉等),学术上也都颇具创新意识,绝非一句"清学的殿军"所能简单描述。晚清以降,不管是否

---

① 贺麟:《五十年来的中国哲学》第3页,沈阳:辽宁教育出版社,1989年。
② 参阅侯外庐《中国近世思想学说史·自序》、《中国近代启蒙思想史》第一章,以及黄宣民为该书撰写的《后记》。

曾经踏出国门,传统的变异与西学的冲击,均有目共睹。面对此"三千年未有之大变局",学界虽有"激进"与"保守"之分,但上下求索、为中国社会及学术闯出一条新路的心态,却是大同小异。

承认晚清新学对于当代中国文化的发展具有某种潜在而微妙的制约,这点比较容易被接受。可本书并不满足于此,而是突出晚清和五四两代学人的"共谋",开创了中国现代学术的新天地。如此假设,非三言两语所能说清,这里先概述一二,具体的讨论请参见书中各章。

有幸"获闻光绪京朝胜流之诸论"的史家陈寅恪,对其时治经颇尚公羊春秋、治史喜谈西北史地的风气有深切的体会,强调其影响超越专门学问,而及于整个社会思潮:

> 后来今文公羊之学,递演为改制疑古,流风所被,与近四十年间变幻之政治,浪漫之文学,殊有联系。①

相信"学为政本"或主张学术能转移风气的老辈学者,多能领会此中难以实证的奥妙。比如,钱基博曾提及王闿运"喜为异说而不让,敢为高论而不顾"的说经,一转手而为廖平、康有为,再转手而为吴虞之"决弃一切"——后者已入"重新审查一切价值"的五四时代;钱穆则由晚清学风之"非怪诞,即狂放",未能为即将到来的新时代"预作一些准备与基础",论证何以辛亥革命后几十年,中国社会依然没有走上正轨②。或由经学转为文学,或从学风延及政治,二钱的论述,均不为现代学科设置所限。

五四一代学人,似乎更愿意在具体学问的承传上,讨论其与先贤的

---

① 陈寅恪:《朱延丰突厥通考序》,《寒柳堂集》,上海:上海古籍出版社,1980年。
② 参阅钱基博《现代中国文学史》上编第一章第一节,长沙:岳麓书社,1986年;钱穆《国史新论》中的"中国智识分子"章,香港:作者自刊本,1975年再版。

联系。在《中国哲学史大纲》的"导言"部分,胡适高度评价章太炎用全副精力"发明诸子学"且能"融会贯通",并称"《原名》《明见》《齐物论释》三篇,更为空前的著作"。顾颉刚1926年为《古史辨》第一册撰写长篇自序,突出康有为、章太炎的影响;晚年所作《我是怎样编写〈古史辨〉的?》,则强调"我最敬佩的是王国维先生"。类似的论述,如鲁迅怀念章太炎、郑振铎追忆梁启超以及钱玄同谈论康、梁、章、严、蔡、王等十二子的"国故研究之新运动"①,均能显示晚清与五四两代学人的勾连。

后世史家论及晚清与五四两代学人的历史联系,多兼及学业与精神。如余英时称"不但五四运动打破旧传统偶像的一般风气颇导源于清末今古文之争,而且它的许多反传统的议论也是直接从康、章诸人发展出来的",以及王汎森讨论章太炎对于钱玄同、吴虞、鲁迅、胡适、傅斯年、顾颉刚等新文化运动健将的影响,均着眼于精神的承传②;而恰好又是余、王师徒,格外关注胡适、顾颉刚对于史学革命的贡献③。

不过,倘若由此得出结论,晚清、五四可以合二为一,则又非立说者的本意。周予同在高度评价康、章贡献的同时,不忘强调"使中国史学完全脱离经学的羁绊而独立的是胡适",理由是,胡适"集合融会中国旧有的各派学术思想的优点,而以西洋某一种的治学的方法来部勒它,来涂饰它",更能代表新范式的确立④。此说是否过誉姑且不论,有一点是

---

① 参见鲁迅的《关于太炎先生二三事》(《鲁迅全集》第六卷,北京:人民文学出版社,1981年)、郑振铎的《梁任公先生》(《小说月报》20卷2号,1929年2月)以及钱玄同的《刘申叔先生遗书序》(《刘申叔先生遗书》,宁武南氏校印本,1936年)。

② 余英时:《五四运动与中国传统》,《史学与传统》,台北:时报文化出版公司,1982年;王汎森:《章太炎的思想(一八六八——一九一九)及其对儒学传统的冲击》第六章第五节,台北:时报文化出版公司,1985年。

③ 参阅余英时《中国近代思想史上的胡适》以及王汎森《古史辨运动的兴起:一个思想史的分析》(台北:允晨出版公司,1987年)。

④ 《周予同经学史论著选集》(增订本)第542页。

肯定的:胡适那一代学者,确实不为传统经学的家法与门户所限,对西学的汲取与借鉴,也比上一代人切实且从容。

事实上,五四那代学者,对上一代人的研究思路与具体结论,都做了较大幅度的调整。就以常被论者提及的顾颉刚对康、章学说的借鉴而言,"顾氏对他们的学说都只取一部分,舍一部分,对康有为,舍的是尊孔的精神,取的是疑伪言论,对章太炎,取的是反孔精神,舍的是章氏对古文经的信仰"①。而顾氏之所以有此胆识、有此创获,与清末今、古文经学激烈冲突,"各各尽力揭破对方的弱点,使得观战的人消解了信从宗派的迷梦"有关;更离不开曾出入今古两家的钱玄同之指引以及胡适对"西洋的史学方法"的介绍②。古史辨运动与晚清经学的联系脉络清晰,常被论者提及;至于哲学、文学的变革以及考古学、心理学、社会学等新学科的建设,也都适合于戊戌生根、五四开花的论述思路。

讨论学术范式的更新,锁定在戊戌与五四两代学人,这种论述策略,除了强调两代人的"共谋"外,还必须解释上下限的设定。相对来说,上限好定,下限则见仁见智。在我看来,1927年以后的中国学界,新的学术范式已经确立,基本学科及重要命题已经勘定,20世纪影响深远的众多大学者也已登场③。另一方面,随着舆论一律、党化教育的推行,晚清开创的众声喧哗、思想多元的局面也不复存在,取而代之的是立场坚定、

---

① 王汎森:《古史辨运动的兴起:一个思想史的分析》第57页。
② 参见顾颉刚的《〈古史辨〉第一册自序》和《我是怎样编写〈古史辨〉的?》,以及胡适的《古史讨论的读后感》、钱玄同的《重论经今古文学问题》等。
③ 如康有为、梁启超、章太炎、罗振玉、王国维、严复、刘师培、蔡元培、黄侃、吴梅、鲁迅、胡适、陈寅恪、赵元任、梁漱溟、欧阳竟无、马一浮、柳诒徵、陈垣、熊十力、郑振铎、俞平伯、钱穆等,或开始撰写或已经完成其代表作;汤用彤、冯友兰、金岳霖、张君劢等也已学成归来,并开始在大学传道授业。20世纪中国人文学科(社会科学另当别论)的大学者,尚未露面的当然还有,但毕竟数量不是太多。

旗帜鲜明的党派与主义之争,20世纪中国学术从此进入了一个新的时代。

二 "西潮""古学"与"新知"

如何描述晚清及五四两代学者创立的新的学术范式,实在不是一件容易的事情。起码可以举出走出经学时代、颠覆儒学中心、标举启蒙主义、提倡科学方法、学术分途发展、中西融会贯通等。构成如此纷纭复杂的图景,既取决于社会思潮的激荡、个人机遇及才情的发挥,也有赖于学术演进的内在理路。三者兼而有之而且谁也逃避不了的严峻课题,则是如何协调"西潮"与"古学"之间的缝隙与张力。

晚清人眼中的"西潮",一如其关于"古学"的言说一样五花八门。反过来说,每个人心目中的"西潮",往往与其关于"古学"的定义密不可分。倘就具体学者而言,主张"西学东渐"的,与提倡"旧学新知"的,很可能势同水火;可对于理解历史进程来说,二者缺一不可。

相对来说,"西学东渐"来头更大,也更引人注目,即便心有疑虑者,也不便公开反对。尤其是从甲午惨败的反省,到五四运动的崛起,中国西化步伐之疾速,实在令人叹为观止。在时贤眼中,西学就是"新知",中国变革的动力及希望,即在于传播并借鉴西学。起而抵御西化狂潮的,有极端保守派,但也有自认深知西学利弊,且对中国文化传统持有信心的,比如《国粹学报》诸君。

《国粹学报》第七期上有一宏文,再三论证"国粹也者,助欧化而愈彰,非敌欧化以自防,实为爱国者须臾不可离也云尔"[①]。如此曲为辩解,就因为其时的新学之士,已将"欧化"等同于"新知"。但实际上,《国

---

① 许守微:《论国粹无阻于欧化》,《国粹学报》第7期,1905年8月。

粹学报》"痛吾国之不国,痛吾学之不学"的创刊宗旨,直接针对的,正是此"醉心欧化"的狂潮①。不妨以主办人黄节、邓实的两篇文章为例。前者称:"不自主其国,而奴隶于人之国,谓之国奴;不自主其学,而奴隶于人之学,谓之学奴";后者则希望借表彰周秦诸子,"扬祖国之耿光",进而实现"亚洲古学复兴"②。依此思路,比起推动"西潮"来,复兴"古学"更能获得"新知"。这自然只是一家之言,可聚集在其旗帜下的,除了邓、黄,还有章太炎、刘师培等一大批重要学者,实在不可等闲视之。

虽然也有"本报于泰西学术,其有新理特识足以证明中学者,皆从阐发"的表态,《国粹学报》依然"以发明国学、保存国粹为宗旨"③。甲午战败后,时人普遍"观欧风而心醉,以儒冠为可溺",提倡西学者理直气壮,反而是邓实等人的"摅怀旧之蓄念,发潜德之幽光"④,显得有点不合时宜。可是,从晚清的《国粹学报》,到二三十年代的《学衡》《制言》,再到 90 年代悄然升温的"国学热",20 世纪的中国,并非"西学东渐"一枝独秀。

1923 年 1 月,新文化运动的中心北京大学创办《国学季刊》,提出"整理国故"的三大策略:"用历史的眼光来扩大国学研究的范围""用系统的整理来部勒国学研究的资料""用比较的研究来帮助国学的材料的整理与理解"⑤。这篇由胡适起草的"宣言",强调"国故"与"国粹"的区别,除了"扩充国学的领域",更重要的是突出批判意识。"输入学理"与"整理国故"并重,这本是"新思潮"的重要特征⑥;可落实到具体语境,则

---

① 黄节:《〈国粹学报〉叙》,《国粹学报》第 1 期,1905 年 2 月。
② 黄节:《〈国粹学报〉叙》;邓实:《古学复兴论》,《国粹学报》第 9 期,1905 年 10 月。
③ 参见《国粹学报》第 1 期上的《〈国粹学报〉略例》。
④ 邓实:《国学保存会小集叙》,《国粹学报》第 1 期。
⑤ 胡适:《〈国学季刊〉发刊宣言》,《胡适文存二集》,上海:亚东图书馆,1924 年。
⑥ 胡适:《新思潮的意义》,《胡适文存》一集,上海:亚东图书馆,1921 年。

往往各执一词,互相攻讦。不少新文化人出于对"复古派"的高度警惕,很难认同"整理国故"思潮。像陈独秀那样破口大骂的固然不多,但忧心忡忡者不少①。实际上,经过五四新文化运动洗礼的学人,即便日后从事国学研究,也都很少完全拒斥西学,成为真正的"国粹派"。

同样"整理国故",《国粹学报》与《国学季刊》的论述策略颇有差异。对前人的思想学说,到底是突出批判意识,还是强调"具了解之同情",取决于对中国传统文化的价值判断。作为西化的代表人物,胡适为了缓和同人的不满,强调自己钻进"烂纸堆",是为了"捉妖""打鬼"。将"整理国故"的目的简化为"化神奇为臭腐,化玄妙为平常"②,这与其极力划清界限的"爱国主义史学",同样属于"主题先行"。某种意义上,这正是强调反叛传统的五四新文化人的尴尬之处:为了与复古派划清界限,不便理直气壮地发掘并表彰中国传统文化的精华。至于具体论述中,倾向于以西学剪裁中国文化,更是很难完全避开的陷阱。即便如此,20世纪的中国学界,仍以"疑古"而不是"信古"为主流③。

在国学与西学、信古与疑古、抵御西学与批判复古截然对立的论述框架中,很难平心静气地体会对方的合理之处。于是,兼采东学西学、超越非此即彼的言说,成为20世纪中国学者的最大愿望。王国维"学无新

---

① 参阅陈独秀《国学》(《陈独秀文章选编》中册,北京:三联书店,1984年)、鲁迅《所谓"国学"》(《鲁迅全集》第一卷,北京:人民文学出版社,1981年)、郭沫若《整理国故的评价》(《创造周报》第36号,1924年1月)和茅盾:《进一步退两步》(《茅盾全集》第十八卷,北京:人民文学出版社,1989年)。

② 胡适:《整理国故与"打鬼"》,《现代评论》第5卷119期,1927年3月。

③ 自从冯友兰在《中国近年研究史学之新趋势》《近年史学界对于中国古史之看法》等文中,借黑格尔的"正、反、合之辩证法",将当代中国史学划分为信古、疑古、释古三派,时人纷纷对号入座。当事人顾颉刚晚年在《我是怎样编写〈古史辨〉的?》中提出异议,理由是"疑古"本身不能自成一派,因其有所"信",方能有所"疑"。在我看来,如此代表辩证法三阶段的三派说,大可怀疑;一定要区分,也只是"释古"时之倾向于"信"或"疑"。

旧,无中西,无有用无用"之说①,虽系至理名言,却有些悬的过高;不若陈寅恪"对于古人之学说,应具了解之同情,方可下笔",以及钱穆"对其本国以往历史有一种温情与敬意"的说法②,有其直接的针对性。撇开20世纪中国学界以反叛传统、表彰异端为主流,便无法理解陈、钱立说时深切的忧患。在社会思潮中,确有盲目复古的"爱国的自大狂";可在学术界,最大的弊端,还是以西学剪裁中国文化。

章太炎《国故论衡》中有一段名言,常被论者所引用:

> 饴豉酒酪,其味不同,而皆可于口。今日中国不可委心远西,犹远西不可委心中国也。③

主张文化多元的太炎先生,表面上不偏不倚,可在"西潮"汹涌的历史时刻,如此立说,明显是为处于劣势的中国传统文化辩护。同样道理,贺麟以下的这段话,也是有感而发:

> 从旧的里面去发现新的,这就叫做推陈出新。必定要旧中之新,有历史有渊源的新,才是真正的新。那种表面上五花八门,欺世骇俗,竞奇斗异的新,只是一时的时髦,并不是真正的新。④

不同于清学之"以复古为解放"⑤,众多现代中国学者之强调"旧中之

---

① 王国维:《国学丛刊序》,《王国维遗书》第四册。
② 参阅陈寅恪《冯友兰中国哲学史上册审查报告》(《金明馆丛稿二编》,上海:上海古籍出版社,1980年)和钱穆《国史大纲》第1页,台北:商务印书馆,1974年)。
③ 章太炎:《原学》,《国故论衡》,上海:大共和日报馆,1912年。
④ 贺麟:《五伦观念的新检讨》,《文化与人生》第51页,北京:商务印书馆,1988年。
⑤ 参阅梁启超《清代学术概论》第二节。

新",着眼的主要不是论述对象,而是价值取向。除了现实的刺激(如西学的泰山压顶以及传统的流水落花)以外,更因其普遍认同陈寅恪所表述的文化理想:

> 其真能于思想上自成系统,有所创获者,必须一方面吸收输入外来之学说,一方面不忘本来民族之地位。此二种相反而适相成之态度,乃道教之真精神,新儒家之旧途径,而二千年吾民族与他民族思想接触史之所昭示者也。①

比起学科之中外、对象之古今、方法之新旧来,是否对在欧风美雨冲刷下显得日渐衰败的传统中国抱有信心,方才是关键所在。"输入外来之学说",此乃当世之显学,其价值及意义无须论证;所有的言说,实际上最后都落实在"不忘本来民族之地位"。

如此立说,似乎过于"因循守旧"。这里有几点必须说明。首先,"西学东渐"乃大势所趋,章太炎等人之"救学蔽",至多不过是"扶微业,辅绝学"②。这一点,当事人心里很清楚,绝无取而代之的野心,因而也就谈不上走向自我封闭。其次,以上提及的,基本上都是以中国文化为研究对象的人文学者,其职业特征本就倾向于守护精神,抵抗流俗与时尚,在对待传统中国的态度上,必然与信仰进步、讲求效率的科学家群体有很大差异。再次,这些被后人笼统地归入"国学大师"或"文化保守主义者"行列的学者,大都对西学有比较深入的了解,立说时不一定东西比较纵横捭阖,但其谈论"古学",确与清儒有很大差别。最后,之所以

---

① 陈寅恪:《冯友兰中国哲学史下册审查报告》,《金明馆丛稿二编》第252页。
② 参阅章太炎的《救学蔽论》和《国学会会刊宣言》,均见《章太炎全集》第五卷,上海:上海人民出版社,1985年。

强调"新知并不独占西学",既有对于晚清"古学复兴"的历史阐释,也蕴涵着本书的论述框架:中国现代学术的建立,并不只是"西学东渐"的顺利展开。

三 走向专门家之路

从"进士"到"留学生"——晚清读书人身份及地位的急剧转变,容易引起认同危机。对于20世纪中国文化的发展来说,科举制度的取消,无疑是头等大事。因其既是教育与学术的转型,也涉及文人学者的安身立命。由"不出如苍生何"的"王者师",一变而为学有所长的专门家,对于许多读书人来说,是很难接受的事实。撇开个人的功名利禄,也不谈"致君尧舜上"的伟大抱负,单是由推崇"通人"转为注重"专家",也可见学术风气之转移。原有的学派家法之争,比起如此生死攸关的大转折来,全都相形见绌。现代中国学者的"走向专门家",有几道重要的关卡,值得认真评说:首先是学术与政治,其次是学科与方法,再次是授业与传道,最后是为学与为人。

"有为、启超皆抱启蒙期'致用'的观念,借经术以文饰其政论,颇失'为经学而治经学'之本意"——《清代学术概论》所描述的困境,并不限于康、梁一派。晚清学界之争论,有政治路线(保皇/革命),有门户家法(今文/古文),有文化理想(中学/西学),更有将三者混为一谈的"求是与致用"——后者因其抽象与含混,跨越不同的时空,成为20世纪中国学界的共同话题。

古代中国的读书人,既是官吏,也是学者,讲求的是政与学的统一。这种知识传统,晚清以降,受到严峻的挑战。1898年7月,严复发表《论治学治事宜分二途》,批评古来"读书做官""野无遗贤"的理想,强调政与学的分离:

> 国愈开化,则分工愈密。学问政治,至大之工,奈何其不分哉!①

比起康、章之争论"以经术作政论"的得失,严复将学问政治的分而治之,作为文明开化的标志,似乎技高一筹。针对传统经学缺乏独立品格,沦为意识形态工具的弊病,新学之士多喜欢强调"学术自身的使命与尊严"。用贺麟的话来说,便是"学术有了独立自由的自觉",既可"反对当时污浊的政治",也"培养国家文化上一点命脉"②。

基于此"学为政本"的理念,于是有了"二十年不谈政治",专注于思想文化建设的自我表白;也有了借提倡学术独立,"多少保留了一片干净土",并进而影响未来中国走向的良好愿望③。辛亥革命后,熊十力、黄侃、陈垣等人之退出政界,转而专心治学,既基于其性格与才情,也与其对政坛及时世的判断有关。五四新文化运动后,蔡元培"大学者,研究高深学问者也"的理想更是深入人心④,千古传诵的"学而优则仕"的神话,终于被真正打破。

蔡氏本人对其改革大学教育,进而铲除"科举时代遗留下来的劣根性"颇为自得⑤。倘若此说只是针对满脑子升官发财迷梦的坏学生,评价不会有分歧;一旦涉及政学不分的旧传统,可就没有那么简单了。看看章太炎在"求是与致用"之间的抉择、胡适之在"政治与学术"之间的

---

① 《严复集》第一卷第89页,北京:中华书局,1986年。
② 贺麟:《学术与政治》,见《文化与人生》第252页。
③ 参阅胡适《我的歧路》(《胡适文存二集》,上海:亚东图书馆,1924年),以及贺麟的《学术与政治》。
④ 蔡元培:《就任北京大学校长之演说》,《蔡元培全集》第三卷,北京:中华书局,1984年。
⑤ 蔡元培:《我在北京大学的经历》,《东方杂志》第31卷第1号,1934年。

徘徊,起码不会觉得这话题很轻松。所谓"为学问而学问",在20世纪的中国,虽屡被作为旗帜挥舞,却不是一个普遍受欢迎的口号。除了学理上的缺陷,更重要的是,如此抉择,与知识者凭个人良知干预时政的愿望背道而驰。

谈论此类话题,必须充分尊重个人志趣,方不至于陷入非此即彼、入主出奴的境地。另外一点同样不能忽视:不同学科的专家,与现实政治的关系亲疏有别,很难一概而论。比如,语言学家赵元任、佛教史家汤用彤与经济学家马寅初、政治学家张君劢,其议政、干政的愿望与能力,本就有很大的差异。不管是否以"通儒"自许,大学者一般都不会将视野封闭在讲台或书斋,也不可能没有独立的政治见解,差别在于发为文章抑或压在纸背。

在一个急剧转型的时代,两种截然相反的力量,很可能各有其合理性。在走向专业化的过程中,学科的建设固然值得夸耀,对于学科边界的超越,同样值得欣赏。与"一事不知,儒者之耻"的传统迥异,现代学术讲求分工合作,分途发展。现代学者之专治一科,与清代儒生之专治一经,其含义大不相同,前者所代表的,不只是研究领域的拓广,更是知识类型的变化。借助于大学、中学课程的设置,"新学知识"之必须分门别类,这一观念得到了迅速推广。晚清以降的读书人,即使从未踏出国门,其知识结构,也与前人大不相同,最主要的,便体现在此知识谱系的建构。

中西学的并立、文史哲的分家,已经让20世纪初的中国人眼花缭乱;这还不算刚刚输入但前途无量的经济学、政治学、社会学、心理学等"新学科"。面对如此纷纭的局面,有两种趋势值得关注:一是新学科的建立与拓展,如胡适、鲁迅在北大的讲课以及《中国哲学史大纲》《中国小说史略》的开山辟路;一是凭借丰富的学识与敏锐的直觉,挑剔并敲打那似乎牢不可破的学科边界,比如,章太炎便对以"哲学"涵盖先秦诸子不太以为然①。对比章太炎、胡适之关于中国学术思想史的描述,不难明白学科的界定,其实与治学方法互相勾连。

谈论治学方法,胡适无疑是最佳例证,因其各种著述,据说均可作方法论文章读。晚年口述自传,适之先生称"'方法'实在主宰了我四十多年来所有的著述"②。简便而又万能的"科学方法"的提倡,从一开始便受到不少专家的质疑;即便如此,"大胆的假设,小心的求证"这十字箴言,依然成了流传最广、影响极深的"方法论"。胡氏口诀之广泛流传,表征着近百年中国持久不衰的"方法热"。这一点,远比口诀本身的利弊得失更值得关注。熊十力对此曾有过相当精辟的论述:

> 在五四运动前后,适之先生提倡科学方法,此甚要紧。又陵先生虽首译名学,而其文字未能普遍。适之锐意宣扬,而后青年皆知注重逻辑,视清末民初,文章之习,显然大变。但提倡之效,似仅及于考核之业,而在哲学方面,其真知慎思明辨者,曾得几何。思想界转日趋浮浅碎乱,无可导入正知正见之途,无可语于穷大极深之业。

在熊氏看来,哲学乃智慧之学、精神之学,力图解决的是人生之根本问题,故需要拓展心胸,穷究真理。至于考核之业,"只是哲学家之余事"。现代中国的教育体制,使得"学者各习一部门知识",缺乏通识与悟性,且"无大道可为依归"。于是,一切典籍,皆被"当做考古资料而玩弄之"③。熊氏

---

① 参见章太炎《国学概论》(曹聚仁记述,香港:学林书店,1971年)中的"哲学之派别"章和《章太炎先生国学讲演录》(南京:南京大学刊本,1980年代)中的"诸子略说"章。

② 参见《〈胡适文存〉序例》(《胡适文存》一集,上海:亚东图书馆,1921年)和《胡适口述自传》第105页,北京:华文出版社,1992年)。

③ 熊十力:《纪念北大五十周年并为林宰平先生祝嘏》,《国立北京大学五十周年纪念一览》(1948年出版)。

的抗议,直接针对的,正是将"哲学"等同于"哲学史"的适之先生。

批评时贤之于文字训诂中求哲理,表面上接近康有为当初的反叛;可添上一句哲学不是天文学,一转而为对于现代学科建设的反省。在章氏看来,不同学科应有不同的路径与方法,比如,"经学以比类知原求进步","哲学以直观自得求进步","文学以发情止义求进步"①。将一切学问的评价标准,归结为"拿证据来",此等融合"科学精神"与"清儒家法"的迷思,颇有以实证史学一统天下的野心。章、熊所争,似乎是胡氏方法的适应范围,实则涉及对文化传统的尊重、对研究对象的体贴以及区分内面与外面(主观与客观)两种不同的言说。从外面描述,与从内面体会,路径不同,得出的结论必然迥异。本来,二者各有其不可替代的价值,可由于"科学"在20世纪中国学界的崇高地位,无法实证的"主观之学"明显受到了压抑②。

随着现代学科的建立,原有的"师门"与"家法",作用不太明显。倒是学科之间的隔阂以及由此而萌发的"傲慢与偏见",构成了学术发展的巨大障碍。围绕学者胡适以及《中国哲学史大纲》的一系列论争,凸显了中与西、内与外、史与哲、文与理等不同学术路数的分歧,撇开其中无法完全避免的个人意气之争,不难窥见现代中国学术发展的各种可能性。

对于现代中国学术而言,大学制度的建立至关重要。废除科举,只是切断了读书仕宦之路;推广新学,方才是转变学术范式的关键。有感于"科举一日不停,士人皆有侥幸得第之心……学堂决无大兴之望",清

---

① 参阅章太炎的《国学概论》第五章"国学之进步"。
② 章太炎1906年发表《诸子学略说》(《国粹学报》第二年八、九号),称"考迹异同"的经史之学为"客观之学"、"寻求义理"的诸子之学为"主观之学",并断言二者各有其论述思路,也各有其评价标准,可参阅。

廷只好于1905年"谕立停科举以广学校"①。此前公布的《奏定学堂章程》(1903),使得新教育在制度上真正确立;此后的《大学令》和《专门学校令》(1912),规定"私人或私法人亦得以设立大学"或"专门学校"②,又使得高等教育有可能以较快的速度发展。从京师大学堂到北京大学,官办的高等教育固然迅速成熟;大量私立或教会大学的出现,也使得中国的高等教育完全走出了"国子监"。

20世纪的中国大学,虽有官办、私立之分,但从教育体制讲,全都是"西式学堂"。对比1902年的《钦定京师大学堂章程》与1913年的《教育部公布大学章程》,"纲领"有别,学科划分与课程设置,却是大同小异。不同时期不同地区的不同大学,由于师资力量及社会风气的影响,所传授的知识以及传授知识的方法途径,会有很大差别,但已非昔日的书院课业所能比拟。要说"西化",最为彻底的,也最为成功的,当推大学教育。学科设置、课程讲授、论文写作、学位评定等,一环扣一环,已使天下英雄不知不觉中转换了门庭。对于所谓的西方学术霸权,你可以抗议,也可以挑战,可只要进入此"神圣"的大学殿堂,你就很难完全摆脱其控制。

正是有感于此,力主"救学弊"的章太炎、马一浮等,坚持传统的书院讲学,目的是"专明吾国学术本原,使学者得自由研究,养成通儒,以深造自得为归"③。不管是章氏国学讲演会,还是复性书院、勉仁书院,就办学的成效而言,谈不上成功;其意义在于昭示中国高等教育的另一

---

① 参见舒新城编《中国近代教育史资料》(北京:人民教育出版社,1961年)上册第二章第一节"改革科举制度"所收诸文。

② 均见舒新城编《中国近代教育史资料》中册。另,清末的私人办学,限于中等以下学堂——教会学校例外。

③ 章太炎之讲学,参见本书第二章;马一浮之创办复性书院,参见马镜泉、赵士华著《马一浮评传》(南昌:百花洲文艺出版社,1993年)第十二章。

种可能性。这一点,不妨引用熊十力1950年代的两篇重要文章。在《与友人论六经》中,熊建议恢复内学院、智林图书馆及勉仁书院,直接针对的是"欧化东来,吾固有学术思想,似日就湮废"。并非取而代之,而是补偏救弊,借传统书院来改变西化大学的一统天下局面。熊氏等人所争,表面上只是为了"保存国学",实则关系重大。《与友人论张江陵》中,熊对张因"恶理学家空疏,遂禁讲学,毁书院"表示不满,理由是:

> 学术思想,政府可以提倡一种主流,而不可阻遏学术界自由研究、独立创造之风气,否则学术界思想锢蔽,而政治制度,何由发展日新?

将教育、学术、政治三者挂钩,特别强调"自由研究、独立创造"的意义,这与北大校长蔡元培的教育理念相当吻合。实际上,1920年代初北大、清华之陆续创办研究院,以及1920年代末中央研究院的设立,都力图整合中西不同的教育与学术传统。

倘讲具体学问,融会中西,几无疑义。提及安身立命,可就见仁见智,无法步调一致了。古来国人对于学者崇高人格的讲求,晚清以降,不再"理所当然"。在专业化大潮冲击下,立竿见影的知识被推到前台,大而无当的精神被遗落在旷野。从章太炎之表彰五朝士大夫"孝友醇素,隐不以求公车征聘,仕不以名势相援为朋党",到陈寅恪的强调王国维乃"为此文化所化之人",故"以一死见其独立自由之意志"[1],都是感慨士风之堕落。历朝历代,均不乏曲学阿世之徒。问题在于,现代社会之

---

[1] 参见章太炎的《五朝学》(《章太炎全集》第四卷,上海:上海人民出版社,1985年)以及陈寅恪《王观堂先生挽词并序》(《寒柳堂集》,上海:上海古籍出版社,1980年)、《清华大学王观堂先生纪念碑铭》(《金明馆丛稿二编》,上海:上海古籍出版社,1980年)。

倾向于让"学"与"人"脱钩,读书人更加无所顾忌。大学者尚且可以阿谀奉承①,"世风日下"的感慨,并非只是属于九斤老太。

陈寅恪之表彰王国维,既强调其著作"可以转移一时之风会,而示来者以轨则",更突出其"历千万祀,与天壤而同久,共三光而同光"的"独立之精神,自由之思想"②。学者的胸襟与情怀,与具体的著述或许关系不大,可切实规定着其学问的规模与气象。正因如此,本书的触角,不限于著作之成败,方法之得失,更希望叩问学者的心路历程。或者说,在思想史背景下,探讨学术思潮的演进。

四 章、胡交谊及其象征意义

本书希望涉及的问题很大——"中国现代学术之建立",可论述的着眼点却很小:极而言之,不过讨论了章太炎、胡适之的文化理想、学术思路、治学方法以及晚清、五四两代学人的文化心态。依照惯例,著书立说,必须先有相对确定的理论框架,而后才好设计章节并展开论述。本书的写作,并非如此"顺理成章";若干作为论述主线的设想,大多属于"事后追认"。在具体问题的深入探讨中,逐渐领悟题旨所在,并找到自认为恰当的表达方式。一句话,本书所呈现出来的,并非完满自足的"理论体系",而是寻寻觅觅、众声喧哗的"探索过程"。

对我来说,"学术史研究"既是一项著述计划,也是一种自我训练③。将学术史研究作为一种"自我训练",故强调"亲手触摸",对动辄抬出甲

---

① 参阅王元化《清园论学集》(上海:上海古籍出版社,1995年)中《杨遇夫回忆录》一文对两件学界逸闻的辨析。

② 参见陈寅恪《王静安先生遗书序》及《清华大学王观堂先生纪念碑铭》,均见《金明馆丛稿二编》。

③ 参见拙文《学术史研究随想》,《学人》第一辑,南京:江苏文艺出版社,1991年。

乙丙丁、一二三四的"治学准则"很不以为然。至于作为一项"研究计划",同样不信任首先确立理论框架,而后逐步演绎开去的思路。我更欣赏"法从例出"的策略:在剖析个案的过程中,不断反省原有的构想,逐渐形成自己独立的眼光与立场。在这里,个案的选择至关重要,因其决定了最初的视角。

谈论思想史视野中的学术转型,注重的是研究思路的演进,而不是具体著述的品评,因而,本书作者毫不犹豫地选择章太炎、胡适之作为论述的中心。这一选择,明显超越具体学科的专业评价,兼及学与政、学与人、学与文。这是因为,本书希望着力辨析的,不是作为经学家的章或作为史学家的胡,而是开一代新风的"大学者"章太炎、胡适之。

所谓"大学者",除了在专业范围内做出杰出贡献,足以继往开来外,更因其乃学术史上的中心人物,你可以引申发挥,也可以商榷批评,却无法漠视他的存在①。此等"有思想的学问家"②,既是社会思潮激荡的表征,其引领风骚,更构成思想史上绚丽的风景线。至于个中人对自身处境及潮流的深刻反省③,更使后人得以近距离地观察那早已逝去的时代——虽则不免带有自述者独特的眼光。史家之所以格外关注某些"大学者",还因其与师友弟子及论敌共同构成的网络,本身便能初步勾勒一时代的学术走向——以上所有假设,全都适合于章太炎与胡适之。

除此之外,我还很看重以下三点。首先,章、胡作为晚清及五四两代学人的代表,其教养、经历、学识、才情,均有明显的差异;由于知识类型不同,而发展出大有差异的文化策略,这一点,在中国现代学术的创立期,尤为重要。其次,借助于章门弟子(如钱玄同及周氏兄弟等)的勾

---

① 参见余英时《中国近代思想史上的胡适》第6页。
② 鲁迅称章太炎为"有学问的革命家"(《关于太炎先生二三事》),我则倾向于将其作为"有思想的学问家"来论述,参见拙文《有思想的学问家》(《文学自由谈》1992年2期)。
③ 参见本书第九章"现代中国学者的自我陈述"。

连,原本可能产生严重"代沟"的章、胡及其代表的两代学人,获得了某种理解与沟通——在我看来,此乃新文化运动得以迅速展开并大获全胜的重要原因。最后,提倡国学、争持墨辩、尝试白话诗、写作哲学史、评论现代教育制度以及掀起轩然大波的"订孔"与"疑古",章、胡二人的立场并不一致,但"共同的话题"却很多。这既表明章、胡二人学术思想上的"交谊",更突出两代学人思路及追求的连续性。正是这一点,回应了本书的基本设想:晚清及五四两代学人的共同努力,促成了中国学术的转型。

入手处为个案分析,着眼点却是学术转型——这一"以小见大"的论述策略,使本书的体例,既不同于"通史",也不同于"学案",乃是以问题为中心的专题研究。主要目的是展现中国学术转型的复杂性,尤其是发掘各种被压抑、被埋没的声音,挑战已经相当严密的以西学东渐为代表的"现代化叙事"。因而,本书对章、胡的生平及其学术经历,未做认真梳理;反而在后三章,借讨论"游侠心态""文艺复兴"以及"自我陈述",展现学术转型期的诸面相。前六章虽也不时插入康有为、梁启超、严复、王国维、刘师培、蔡元培、鲁迅、顾颉刚等人的声音,但毕竟以章、胡为论述主线;后三章之平视诸子,不再唯章、胡马首是瞻,着眼于影响全社会的思想潮流,某种意义上,更能显示论者的视野及主旨。

第一章　求是与致用

"实事求是"与"经世致用",是两种截然不同的学术思路。虽说为人为己、成德成学、有用无用之类学术分途的辨析,先秦以下代不乏人,但真正标榜并实践儒家经世之学的,当推明清之际诸大儒;而把求是之学推到极致的,则是随之而来的乾嘉学派。清代学者谈求是与致用,态度都比较决绝;到了晚清,求是与致用之争更演变成了既含学派又含政术的大论战。这场论战对整个20世纪中国思想文化界的影响,至今仍未消除。这并非一般意义上的学术是非之争,更多的是体现适应传统变革要求以及面对西方思想文化冲击时中国知识分子的两难处境——这是一个寻求政学分途而又需要知识分子"铁肩担道义,妙手绣文章"的时代。这里着重剖析求是派主将章太炎在论争中的立场及其学术思路,间及其对手康梁一派的主张。

1915年至1916年初,章太炎口述《菿汉微言》,颇多玄理,论及治学时称:"学术无大小,所贵在成条贯,制割大理,不过二途:一曰求是,再曰致用。"①章氏一生对学术研究到底该求是还是致用有过许多论述,似乎立说歧异,以致他刚刚去世,弟子姜亮夫和孙思昉就因评述其师的学术宗旨打笔仗。姜氏称:"先生学术之中心思想,在求'救世之急'";孙氏则录太炎先生《与王鹤鸣书》反驳,"是先生之学固以求是

---

① 章太炎:《菿汉微言》第53页(1916年刊本)。

自揭矣"①。这场论争最后不了了之,因双方都言之有据,谁也说服不了谁。双方都是章氏晚年入室弟子,都对其师十分尊敬且有较深的了解,可论及其师宗旨时尚且大相径庭,这就难怪旁人觉得章氏学术思想不大好把握。

想当然的解释是章氏论学本就兼及求是与致用,弟子于是各执一端;或者章氏论学前后宗旨不一,弟子缺少通盘考虑。这两种解释都不无道理,可又都难以服人。首先,章氏论学宗旨大致前后贯通,说不上突变;其次,章氏的求是与致用有其特殊的界定,非单凭常识所能理解;最后,章氏深刻之处,正在于其对求是与致用之间微妙关系的诠释,这其间蕴涵着大转折时代学者的选择与困惑,已经超越个人之是非得失。

一 "学在求是,不以致用"

太炎先生论学,一直标举"实事求是"。这既有学术发展的内在理路,又与现实刺激密切相关。故其求是之学与汉儒、清儒不大一样,颇多标新立异之处。侯外庐最先注意到这一问题,称:"他于求是与致用二者,就不是清初的经世致用,亦不是乾嘉的实事求是,更不是今文家的一尊致用。"②此后的研究者,论及这一问题时,大都沿袭侯氏思路。只是侯氏和合求是与致用的设想实在过于笼统,既反附会又不墨守、既论验实又论理要之类面面俱到的说法,又未免挫钝了章氏学说的锋芒。而张玉法将乾嘉学者的"求是"限定为"文字训诂",将今文家的"致用"理解为"追逐功利"③,都不大贴切,有过于简单化之嫌;唐文权、

---

① 参阅徐一士《太炎弟子论述师说》,《一士类稿·一士谈荟》第103—122页,北京:书目文献出版社,1983年。
② 侯外庐:《近代中国思想学说史》第851页,上海:生活书店,1947年。
③ 张玉法:《章炳麟》,《中国历代思想家》第九卷第6032页,台北:商务印书馆,1979年。

罗福惠正确地指出章氏之"求是"不同于观念先行的方法论,可"语必征实说必尽理"其实正是朴学精神,后者亦非如唐、罗二君所设想的只是"分文析字"①。学者们都注意到章氏的求是与清儒之求是不大一样,可究竟何同何异以及支配这一异同的学术思路,还有待于进一步深入探究。

最先提到"实事求是"的,是《汉书·河间献王刘德传》:"河间献王德以孝景前二年立,修学好古,实事求是。"颜师古注曰:"务得事实,每求真是也。"乾嘉学者推崇汉学,"实事求是"于是成了学者们的口头禅,即所谓"通儒之学,必自实事求是始"②。

刘师培曾指出:"不求致用,而惟以求是为归",乃清儒不同于明儒之处;而这一学术转向,兼有利弊,"然亦幸其不求用世,而求是之学渐兴"③。此说将求是与致用作为两种不同的学术路向,各有褒贬,而不是像后来学者那样一味指责清儒埋头书斋不问世事。今人余英时更为清学正名,反对只从社会背景来解释清代考据学的兴起,而是突出思想史发展的内在理路(inner logic),称求是之学渐兴"实与儒学之由'尊德性'转入'道问学',有着内在的相应性"④。章太炎对清学发展特别关注,多有评述,尤其是其论学主求是,更是直接承袭清儒的思路。

乾嘉学者讲"实事求是",除了原有的以文字训诂求经史大义的治学路径,以及无征不信,言必有据的治学态度,更由于学者各自的特殊处境而另有引申发挥。也就是说,"实事求是"作为一句通行的口号,必须落实到特定语境中,联系"上下文",明白提倡者反对什么批评什么,口号才有了具体内涵。比如,戴震力主"治经先考字义,次通文理,志存闻

---

① 唐文权、罗福惠:《章太炎思想研究》第367页,武汉:华中师范大学出版社,1986年。
② 钱大昕:《卢氏群书拾补序》,《潜研堂集》第421页,上海:上海古籍出版社,1989年。
③ 韦裔(刘师培):《清儒得失论》,《民报》14号,1907年6月。
④ 余英时:《历史与思想》第115页,台北:联经出版事业公司,1976年。

道,必空所依傍"①;故时人称其"实事求是,不偏主一家"②,意在表彰其没有门户之见,超越汉宋,"空所依傍",不像惠栋"唯汉是从"。钱大昕自称:"桑榆景迫,学殖无成,惟有实事求是,护惜古人之苦心,可与海内共白。"钱氏讲求是重点在"护惜古人之苦心",不愿效时人之"陈义甚高,居心过刻"③。王鸣盛也有一段自我表白:"以予之识暗才懦,碌碌无可自见,狠以校订之役,穿穴故纸堆中,实事求是,庶几启导后人,则予怀其亦可以稍自慰矣夫。"王氏之"实事求是",则是反对史家之"横生意见,驰骋议论",因"学问之道,求于虚不如求于实,议论褒贬,皆虚文耳"④。阮元说经,"推明古训","非敢立异",自称是"实事求是"⑤;黄以周治礼,"博采众论","惟善是从",也被誉为"实事求是"⑥。清人实在太喜欢标榜"实事求是"了,以至论学时好处都归它所有。最有意思的是私淑戴震的凌廷堪,以区分"实事"与"虚理"来说"实事求是",更可见清人思路及学术选择:

> 昔河间献王实事求是,夫实事在前,吾所谓是者,人不能强辞而非之;吾所谓非者,人不能强辞而是之也,如六书九数及典章制度之学是也。虚理在前,吾所谓是者,人既可别持一说以为非;吾所谓非者,人亦可别持一说以为是也,如义理之学是也。⑦

---

① 戴震:《与某书》,《孟子字义疏证》第173页,北京:中华书局,1982年。
② 钱大昕:《戴先生震传》,《戴震文集》第264页,北京:中华书局,1980年。
③ 钱大昕:《〈廿二史考异〉序》,《廿二史考异》,北京:商务印书馆,1958年。
④ 王鸣盛:《〈十七史商榷〉序》,《十七史商榷》,北京:商务印书馆,1959年。
⑤ 阮元:《〈揅经室集〉自序》,《揅经室集》,道光三年(1823)刻本。
⑥ 俞樾:《〈礼书通故〉序》,转引自张舜徽《清儒学记》第286页,济南:齐鲁书社,1991年。
⑦ 凌廷堪:《东原先生事略状》,转引自钱穆《中国近三百年学术史》第364页,北京:中华书局,1986年。

同是推崇"实事求是",各家侧重点大有差异,笼统一句"限于文字训诂之求是",实未尽清代学者之意。

章太炎自称"学问之事",终以"东原先生为圭臬耳"①;其对戴震的高度推崇,直接引发了五四前后学者对戴学的研究和讨论。因此,章氏论学突出"实事求是",本在意料之中。太炎先生特异之处,在于强调学在求是而不在致用。也就是说,将治学中求是与致用二者尖锐对立起来,揭示这一对概念本就存在的内在矛盾。此前的学者虽也意识到这两者之间难以调和,可都小心翼翼地避免正面冲突。讲求是者不忘带上致用,免得无用之嘲;讲致用者也总捎上求是,以显学有根基。段玉裁为《戴东原集》作序,称:

> 先生之治经,凡故训、音声、算数、天文、地理、制度、名物、人事之善恶是非,以及阴阳、气化、道德、性命,莫不究乎其实……用则施政利民,舍则垂世立教而无弊。②

段氏强调戴学主求是,但"用则施政利民";龚自珍论学重致用,可也不愿完全抹杀考据训诂:

> 夫读书者实事求是,千古同之,此虽汉人语,非汉人所能专。③

只有章太炎厌弃此等调和折中之论,以其特有的思维的彻底性,将二者推到极端,然后独尊"实事求是"。1906 年,章氏在《与王鹤鸣书》中称:

---

① 章太炎:《章炳麟论学集》第 349 页,北京:北京师范大学出版社,1982 年。
② 段玉裁:《〈戴东原集〉序》,《戴震文集》第 1 页。
③ 龚自珍:《与江子屏笺》,《龚自珍全集》第 346 页,北京:中华书局,1959 年。

> 仆谓学者将以实事求是,有用与否,固不暇计。①

过了三年,章氏又强调:

> 学在求是,不以致用;用在亲民,不以干禄。②

此前此后,章太炎不断表述这一论学宗旨,并以此作为评判前代学术以及指导自家研究的标准。前者如赞赏清儒,称其所以能使"上世社会污隆之迹,犹大略可知",就因为其治学:

> 不以经术明治乱,故短于风议;不以阴阳断人事,故长于求是。③

后者如自述力作《官制索隐》的写作宗旨时,再三强调:

> 吾今为此,独奇觚与众异,其趣在实事求是,非致用之术。④

如此扬求是而抑致用,也是一种"口号"与"姿态",很大程度源于其对康有为的政见与学术的批判。政见合时尚且"论及学派,辄如冰炭"⑤;政见分后,章氏对康氏更是痛加诋毁不遗余力。

---

① 《章太炎全集》第四卷第 151 页,上海:上海人民出版社,1985 年。
② 章太炎:《与钟君论学书》,《文史》第 2 辑第 279 页,北京:中华书局,1963 年。
③ 章太炎:《訄书·清儒》,《章太炎全集》第三卷第 158 页,上海:上海人民出版社,1984 年。
④ 《章太炎全集》第四卷第 86 页。
⑤ 章太炎:《致谭献书》,《章太炎政论选集》第 14 页,北京:中华书局,1977 年。

康有为治学风格与章太炎大相径庭,争论在所难免。只是康氏成名在先,章氏奋起反驳,故论争中不免有时间差(如章氏常以十年前的康氏为假想敌);再说康氏自认"吾学三十已成,此后不复有进,亦不必求进"①,无暇也不屑与后学斤斤计较,故论争中双方并没有真正交手,近乎各自独立阐述学术宗旨。即便如此,今古文之争、中西学之争以及改良革命之争,作为大的学术思想背景,还是明显影响双方(尤其是章太炎)的立论。所谓"康有为抬出今文经学搞变法维新,章太炎用古文经学宣讲种族革命"的说法,虽然简单化了些,但毕竟注意到政治策略与学术思想之间千丝万缕的联系;其间章太炎之反神道、反预言、反尊君、反托古改制、反微言大义等,更是随学术思想与政治策略的论争不断推进②。既是论争,难免夹杂些个人意气;好在康、章二人都自觉将其学术追求放在清学三百年思潮中来考察,故能超越一时一地的意气之争。而且,在某种意义上,康、章二人也确实体现了清学中"求是""致用"两股学术思潮的发展趋向,成为横跨清学与现代中国学术的桥梁。

康有为论学主经世致用,对乾嘉学者的考据训诂很不以为然,斥之为"无用之学"。康氏追求经世,力主变革,自然选中便于发挥微言大义的今文经学;颂扬托古改制的孔子,其目的也在于自家的托古改制。《孔子改制考》卷十一称:

> 布衣改制,事大骇人,故不如与之先王,既不惊人,自可避祸。③

---

① 朱维铮校注:《梁启超论清学史二种》第73页,上海:复旦大学出版社,1985年。
② 参阅李泽厚《中国近代思想史论》第387页,北京:人民出版社,1979年;王汎森《章太炎的思想(一八六八——一九一九)及其对儒学传统的冲击》第49—59页,台北:时报文化出版公司,1985年。
③ 康有为:《孔子改制考》第267页,北京:中华书局,1958年。

这话其实可作为康有为的"夫子自道"读。"孔子以布衣而改乱制",实多有不便,故不得不"加王心,达王事","记诸行事以明其义";康氏又何尝不是如此?作为一种政治策略,"托古改制"自有可取之处;可作为一种学术思路,"托古改制"则贻害无穷。《新学伪经考》和《孔子改制考》固然轰动一时,成为"思想界之一大飓风",学术上则从一开始就备受攻击。其中一个重要原因是,这两部很有理论穿透力的著作均披着考据的外衣;而从考据学的角度评价,此二书实在太不遵守学术规则,牵强武断处不胜枚举。这一点就连参加《新学伪经考》写作的梁启超也都不以为然,"时时病其师之武断"。康有为之所以"往往不惜抹杀证据或曲解证据,以犯科学家之大忌",并非只是"好博好异之故";而是因其本意不在治经,不过"借经术以文饰其政论"①。治经既非康氏所长,考据也非康氏所愿,像戴震主张的那样"由文字以通乎语言,由语言以通乎古圣贤之心志"②,固然可以避免"凿空之弊",可难逃康氏"无用之学"之讥。只是这回作法自毙,轮到康氏自己来卖弄"无用之学"了。钱穆曾指出康有为著述中这一逻辑上的矛盾:康氏的历史功绩在于"力反乾嘉以来考据之学,而别求辟一新径";可不巧的是,"其书亦似从乾嘉考据来,而已入考据绝途,与长兴宗旨并不合,而长素不自知"③。

所谓"长兴宗旨",指的是1891年康有为应陈千秋、梁启超等人之请,"始开堂于长兴里讲学,著《长兴学记》以为学规"④。此书虽非康氏代表作,但因"长素学术生命可记者,则始于其长兴之讲学"⑤;更因传道

---

① 《梁启超论清学史二种》第64页、5页。
② 戴震:《古经解钩沉序》,《戴震文集》第146页。
③ 钱穆:《中国近三百年学术史》第641—642页,北京:中华书局,1986年。
④ 康有为:《康南海自编年谱·康南海先生年谱续编》第22页,台北:文海出版社,1972年。
⑤ 钱穆:《中国近三百年学术史》第634页。

授业解惑中直陈学术宗旨，故此书值得充分重视。此前学者如戴震、姚鼐、章学诚等，都将古今学问之途分为义理、考据、词章三门，只不过各自使用概念及侧重点略有不同而已①。曾国藩称"为学之术有四：曰义理，曰考据，曰辞章，曰经济"②，与康有为分类大致相同；只是曾氏强调"莫急于义理之学"，而康氏则独标"务通变宜民"的"经世之学"。"凡六艺之学，皆以致用也"；只是三代以下，学术日异，难得再有足以致用者。隋唐人之词章学、宋明人之义理学、清人之考据学，皆不如汉人经学之"近于经世者也"。康有为对汉学的阐释独具一格：

> 孔子经世之学，在于《春秋》。《春秋》改制之义，著于《公》、《穀》。凡两汉四百年，政事学术皆法焉，非如近时言经学者，仅为士人口耳简毕之用，朝廷之施行，概乎不相关也。

清儒甚为自得的复兴汉学，在康氏看来乃"缘木求鱼"，只可谓之"新学"，不可谓之"汉学"。一方面刘歆"伪撰古文"杂乱诸经，为王莽新朝效劳，"于是二千年皆为歆学，孔子之经虽存，而实亡矣"；另一方面两汉之学"皆实可施行"，非若清儒之学"相率于无用"③。

清儒治学讲究识字——通经——达道，故特重音韵训诂。康有为对这一治学路径很不以为然，认为"以此求道，何异磨砖而欲作镜，蒸沙而欲成饭哉?"④改变这一"甚不智"的治学途径，首先是不从"文字"而从"古圣贤之心志"入手，先读通"微言大义"，然后再谈考据训诂。比如，

---

① 参阅余英时《中国思想传统的现代诠释》第284—296页，南京：江苏人民出版社，1989年。
② 曾国藩：《劝学篇示直隶士子》，《曾文正公全集》，上海：世界书局，1936年。
③ 康有为：《长兴学记》，《长兴学记·桂学答问·万木草堂口说》第12—20页，北京：中华书局，1988年。
④ 同上书，第20页。

"提出孔子改制为主,字字句句以此求之,自有悟彻之日"。说具体点,就是"从此读《新学伪经考》,别古今,分真伪,拨云雾而见青天"。有此"把柄在手,天下古今群书皆可破矣"。如此读书,"数日可通改制之大义",天资少滞者,"亦不待一月,俱可通贯"①。梁启超遵师嘱所作的《学要十五则》,更将这一速成通经法表现得淋漓尽致。

师从不同,学术渊源不同,康、章分属不同学派,这本没有什么稀奇。章太炎之所以奋起反驳,除了不能同意"新学伪经""孔子改制"等石破天惊的怪论,更因其不能容忍康有为专讲经世大义,摒斥名物训诂的治学方法。

廖平列《今古学宗旨不同表》,第一条就是"今祖孔子,古祖周公"。与此相关联的还有"今经皆孔子所作,古经多学古者润色史册";"今为经学派,古为史学派"两条②。康有为主今文说,断"《六经》皆孔子所作也",以孔子为政治家,且称:"学者知《六经》为孔子所作,然后孔子之为大圣,为教主,范围万世而独称尊者,乃可明也。"③章太炎对康氏维新改制的努力甚为赞许,早年与康门弟子共事时务报馆,虽闹至挥拳相向,但毕竟听从孙诒让劝告,没有公开批驳康氏学术。1899 年章氏作《今古文辨义》,原是针对廖平,且警告"经术文奸之士",不得"借攻击廖士以攻击政党",显然有回护康有为之意;可毕竟还是开启了与康氏正面的学术论争。针对廖平(其实也包括康有为)六经皆孔子所撰,非当时语亦非当时事,孔子构造是事而加王心的说法,章太炎强调孔子乃"因其已成者以为学","据此删刊以为群经",并针锋相对地指出:"然则孔子自有独至,不专在六经;六经自有高于前圣制作,而不得谓其中无前圣之前

---

① 康有为:《桂学答问》,《长兴学记·桂学答问·万木草堂口说》第 30—32 页。
② 廖平:《今古学考》,《廖平学术论著选集》第一卷第 44 页,成都:巴蜀书社,1989 年。
③ 康有为:《孔子改制考》第 244 页。

书。"至此还只是各说各的一套,六经是否孔子所撰尚未有定论;推崇"守己有度,伐人有序"的"魏晋之文"的章太炎,笔锋一转,发挥其逻辑严密的论学长处,讨论起"极崇孔子"所可能造成的弊病来。廖平、康有为为"宗仰素王"而断言其"自造六经"托古改制,以此推论,"安知孔子之言与事,非孟、荀、汉儒所造耶"?"若是,则欲以尊崇孔子而适为绝灭儒术之渐,可不惧与?"①

要说"极崇孔子",廖平实未及康有为;而立孔子为"神明圣主",这对于始终将孔子视为"古良史也"的章太炎,无论如何不能接受。康、章之争是不可避免。在章太炎看来,"有商订历史之孔子"(如删定六经),"有从事教育之孔子"(如作《论语》),可就是不能有崇奉一尊立为教主的孔子。就因为孔子"复绝千古"之功,正好在于其"变神机祥神怪之说而务人事,变畴人世官之学而及平民"②。以阴阳五行、象纬占卦入儒术,将儒学神学化,起于汉儒董仲舒。也就是章太炎批评的,"中国儒术,经董仲舒而成教"③。这就难怪立孔子为教主的康有为主张"因董子以通《公羊》,因《公羊》以通《春秋》,因《春秋》以通《六经》,而窥孔子之道"④;而反对神化孔子的章太炎则直斥"董仲舒以阴阳定法令,垂则博士,神人大巫也"⑤。民国初年,尊孔复古成风,甚至有倡以孔教为国教者,章太炎作《驳建立孔教议》,继续批评董仲舒之将儒学宗教化,使得"谶纬蜂起,怪说布彰","巫道乱法,鬼事干政";而"今之倡孔教者,又规摹仲舒而为之矣"⑥。在章氏看来,立孔子为教主,最不能原谅的是定于

---

① 章太炎:《今古文辨义》,《章太炎政论选集》第108—115页。
② 章太炎:《诸子学略说》,《章太炎政论选集》第288—291页。
③ 章太炎:《建立宗教论》,《章太炎全集》第四卷第418页。
④ 康有为:《〈春秋董氏学〉自序》,《春秋董氏学》,北京:中华书局,1990年。
⑤ 章太炎:《检论·学变》,《章太炎全集》第三卷第444页。
⑥ 章太炎:《驳建立孔教议》,《章太炎政论选集》第690页。

一尊。"定于一尊",必然窒息思想活力,其实际效果只能是愚民。故终其一生,章太炎对孔子的评价虽屡有变迁(《訄书》中的《订孔》与《检论》中的《订孔》已是大有出入),但"孔氏之教,本以历史为宗"的提法基本没变①。之所以强调孔子学说并非宗教教义,而是"以历史为宗",就因为"史学讲人话,教主讲鬼话,鬼话是要人愚,人话是要人智,心思是迥然不同的"②。

  从鬼话与人话、愚民与智民来区分今古文,自然只是章太炎的一家之言。不过,将孔子视为"古良史也"的章太炎,本身确实更像见识卓绝之史学家;而将孔子视为"大教主"的康有为,本身也带有宗教家的人格魅力。章太炎早年讥笑"康党诸大贤,以长素为教皇,又目为南海圣人,谓不及十年,当有符命"③,并非无中生有的造谣诽谤。就连梁启超也对其师"好引纬书,以神秘性说孔子"不以为然④,著《南海康先生传》时且专列"宗教家之康南海"一章。这种精神气质及思想方法的区别,其实已经决定了各自治学路向的歧异。政治家兼宗教家的康有为之考六经为孔子所作,其本意不在追问六经之成书过程,而在于推崇孔子。若孔子只是著《论语》删《春秋》,"则孔子仅为后世之贤士大夫,比之康成、朱子尚未及也,岂足为生民未有范围万世之至圣哉?"⑤说到底考据只是追认,结论早已先有,即"先立一见,然后搅扰群书以就我"⑥。康氏对其"主题先行"的治学风格并不讳言,相对于"拨乱救民"为万世立法之大

---

① 章太炎:《答铁铮》,《章太炎全集》第四卷第371页。
② 章太炎:《中国文化的根源和近代学术的发达》,录自汤志钧编《章太炎年谱长编》第323页,北京:中华书局,1979年。
③ 章太炎:《致谭献书》,《章太炎政论选集》第14页。
④ 朱维铮校注:《梁启超论清学史二种》第68页。
⑤ 康有为:《孔子改制考》第243页。
⑥ 钱穆:《中国近三百年学术史》第652页。

义,经义史籍真伪之考订实在微不足道。当年针对朱一新"凿空武断,使古人衔冤地下"的批评,康有为并没认真应战,而是虚晃一枪,大谈起"今日之害,学者先曰训诂"来①。就因为在康氏看来,"圣人但求有济于天下",完全可以"言不必信",名物训诂之类无关大义的学问可有可无。

章太炎继承清儒实事求是之治学风格,认定孔子是否著六经,是个事实问题,与义埋是非无关,必须精研故训,博考事实,才能"每下一义泰山不移"。因此,由考据通经,由通经达道,才是章氏心目中的治经正路。至于撇开音韵训诂而侈谈通经致用,只能是"大言欺世"。关键还不在于如此治学必然趋于穿凿附会,更因通经本就难以致用,治世也都不靠经术。因此,章太炎特别欣赏清儒"不欲以经术致用"以及"夷六艺于古史"的治学态度②,理由是:

  自周、孔以逮今兹,载祀数千,政俗迭变,凡诸法式,岂可施于辁近?故说经者,所以存古,非以是适今也。③

治经固然可以"明流变","审因革",但并非今文学家吹得神乎其神的以经术治国。所谓"求汉人致用之方,如《禹贡》治河,《洪范》察变之类",还有"以《春秋》决狱,以三百五篇当谏书"④,在现代人看来都是"非愚即妄"⑤。而且,从根本上说,治经意在"求是"而非"风议",不该以有用与否为评判标准。在《与王鹤鸣书》中,章太炎干脆直截了当地提出:

---

① 《南海先生与朱一新论学书牍》,《康子内外篇》第 161—162 页,北京:中华书局,1988 年。
② 章太炎:《訄书·清儒》,《章太炎全集》第三卷第 159—161 页。
③ 章太炎:《与人论朴学报书》,《章太炎全集》第四卷第 153 页。
④ 皮锡瑞:《经学历史》第 342 页、90 页,北京:中华书局,1959 年。
⑤ 周予同:《〈经学历史〉序言》,《经学历史》第 12 页。

> 学者在辨名实,知情伪,虽致用不足尚,虽无用不足卑。①

以孔子为良史,主训诂以通经,均非章氏独创;唯独力倡治经当实事求是而不必考虑通经致用这一点,章太炎把今古文之争推进了一大步。

康有为论学标举"致用",着力攻击清儒的学问"破碎无用"。面对"傅会凿空"之类的批评,康有为居然脸不变色心不跳,且能反咬一口,嘲笑对手未能识大体。就因为对于追求修身齐家治国平天下的士子来说,"学而无用"的指责,远比"傅会凿空"的批评,更严厉也更致命。更何况国难当头,即便考得古言泰山不移,又将于世何补?康有为的棒喝之所以不能忽视,自有其道理。对康氏立说影响甚深的廖平《知圣篇》,就曾批评清儒推崇备至的段王之学"语之政事经济,仍属茫昧"。并非"禁人治训诂文字",而是"以救时言",从小学入手治经乃迷途②。关键在于国家并非承平,士子不能不追求学以致用。这一点康有为的自述表达得非常清楚:

> 仆之忽能辨别今古者,非仆才过于古人,亦非仆能为新奇也,亦以生于道、咸之后,读刘、陈、魏、邵诸儒书,因而推阐之。使仆生当宋明,亦不知小学;生当康、乾,亦岂能发明今古之别哉?③

这里强调的主要不是学术的传承,而是时势对学术发展的刺激。道光咸丰之后突出通经致用的今文经学之所以大盛,有学术上由静入动,反拨乾嘉之学的意味;有今文经学演进的内在理路;可康有为的"奇谈怪论"

---

① 《章太炎全集》第四卷第 151 页。
② 廖平:《知圣篇》,《廖平学术论著选集》第一卷第 208 页。
③ 《南海先生与朱一新论学书牍》,《康子内外篇》第 166 页。

之所以得到社会的容忍乃至激赏,最主要的还是国事日非人心思变的时代氛围。

当年梁启超等热血青年之"闻有为说,则尽弃其学而学焉"①,并非偶然。其中最要紧的是时人普遍希望"学以致用",不愿为求章句训诂名物制度而老死书斋。

已经毅然走出诂经精舍并有"谢本师"壮举的章太炎,当然理解这种情绪。之所以还要站出来否定今文经学的"通经致用",很可能有一破一立两方面的考虑:"立"指主实事求是,"破"指批附会臆断。

章太炎治学重稽古,主求是,即所谓"字字征实,不蹈空言,语语心得,不因成说"②;反对在学术研究中掺杂个人主观好恶,甚或借学术作政论。最能体现这一学术宗旨的莫过于如下一段话:

> 稽古之道,略如写真,修短黑白,期于肖形而止。使妍者媸,则失矣;使媸者妍,亦未得也。③

《征信论下》中的如法吏辨狱,《与王鹤鸣书》中的"无偏无党",都是与此类似的说法,强调学者不该以一己之好恶抹杀或歪曲证据,乃至制造冤假错案。学者的个人道德,未必真能保证证据绝对不受污染,立论没有丝毫私心。即便讲稽古之学,章太炎也是追求"窥大体""得大体",不满足于"逐琐屑之末务","致谨于名氏爵里之间"④。凭什么保证所窥"大体"(而不只是个别字词之考据)不误?章太炎对西方社会学、哲学的吸

---

① 朱维铮校注:《梁启超论清学史二种》第64页。
② 章太炎:《再与人论国学书》,《章太炎全集》第四卷355页。
③ 章太炎:《与人论朴学报书》,第154页。
④ 章太炎:《国学概论》第129—130页,香港:学林书店,1971年;《章太炎全集》第三卷第590页。

取,以及对传统经籍的释读,或许比时人高出一大截,可照样依赖于某种带主观色彩的学术眼光与理论框架。只能评价这一眼光及框架是否高明,而很难以"无偏无党"自诩。学术研究中并不存在纯粹的"客观性",只不过学者以"求是"为目的,还是能相对减少许多不必要的失误。

章太炎之反考古适今,反通经致用,自然是针对康有为的托古改制以及三统三世等宏论。各学科中愈近于人事者,本就愈可能因"治之者加以爱憎之见,则密术寡而罅漏多"①;更何况康氏公开提倡去训诂而独取大义,必然怂恿"高材之士"道听途说牵强附会。当年戴震之力主"治经先考字义,次通文理,志在闻道",就因为反感宋以来儒者之喜"凭胸臆为断";而康有为治经之善附会多臆断,比宋儒明儒有过而无不及。章太炎正是抓住这一点不放,再三敲打今文经学家论学中之"往往傅以奇邪","视一切历史为刍狗"②。

今文经学派为提倡变革,注重切于人事,倾向于"借经术以文饰其政论",故不免多牵强附会的说法。章太炎曾刻薄地称此类自视甚高的"通经致用"为"曲学干禄"③,这一指责康氏门徒无论如何不能同意。因为康有为攻击只讲考据不问世事的"今之学者",正是诋其"利禄之卑鄙为内伤"④。到底今文古文两派孰为"曲学干禄",很难一概而论。

学术研究从来并非一尘不染,随时可能被权力支配与利用,历史上今文经学和古文经学都有过被导向"曲学干禄"的不光彩记录。所谓"一切经术,无不可为篡盗之阶";"学术虽美,不能无为佞臣资"⑤。章氏

---

① 章太炎:《规〈新世纪〉》,《民报》24 号,1908 年 10 月。
② 《章太炎全集》第四卷第 61 页、371 页。
③ 同上书,第 151 页。
④ 康有为:《与沈刑部子培书》,《康子内外篇》第 191 页。
⑤ 《章太炎全集》第二卷第 837 页,上海:上海人民出版社,1982 年;《章太炎全集》第五卷第 118 页,上海:上海人民出版社,1985 年。

其实心里十分明白,学术并不"纯净清白"。只不过今文经学家重在发挥微言大义,主动贴近现实政治,再加上康有为提倡"不待一月俱可通贯"的速成经学,使得不学无术者更容易利用其曲学干禄或浮说惑人。而"实事求是之学,虑非可临时卒辨";经过一番"研精覃思,钩发沉伏"的学术锤炼,①一般来说心志稍为安定,不至于过分浮浪骄奢——当然也可能因此顿失豪气,变得迂腐守旧。这一点,章之友人刘师培颇有同感,在论及清儒之得失时,称"经世之学",易流于"假高名以营利";不若"纯汉学者,率多高隐"②。

二 "殚精考索"与"兴起幽情"

章太炎斥公羊学之弊,曰"其极足以覆国"③,这跟康有为骂刘歆伪《周礼》故"一言丧三朝"④,二者立论相反,思路却相当接近,都是强调学术与政治(思想与权力)的密切联系。康有为讲通经致用,将学术与政治绑在一起是顺理成章;何以治学讲求实事求是的章太炎,也非扯上国家兴亡不可?这牵涉到章氏论学的另一侧面:反"致用"口号,而又有致用精神。在清末民初学者中,力主学术不该讲求致用者,一是章太炎,一是王国维。王氏针对其时学分新旧、中西、有用无用的"不学之徒",强调"余谓凡学皆无用也,皆有用也",并真的一辈子固守"无用之用"的学术⑤。章太炎不一样,之所以大谈"虽致用不足尚,虽无用不足卑",很大原因是被康有为逼出来的——论争中双方观点都容易趋于极端,要不无

---

① 章太炎:《再与人论国学书》,《章太炎全集》第四卷第355页。
② 韦裔(刘师培):《清儒得失论》,《民报》14号,1907年6月。
③ 章太炎:《汉学论上》,《章太炎全集》第五卷第20页。
④ 《南海先生与朱一新论学书牍》,《康子内外篇》第158页。
⑤ 王国维:《观堂别集·国学丛刊序》,《王国维遗书》第四册,上海:上海古籍书店,1983年。

法"旗帜鲜明"。

几乎从入世之初起,章太炎从来都是积极关注现实政治,不曾真正遗世独立过。从著《訄书》、"解辫发",到成为民国元勋、国学大师,几十年风风火火,除1920年代末短暂的隐居外,章氏始终是政治舞台上不容忽视的风云人物。以此政治家的眼光论学,焉能完全不讲"经世致用"?

推崇明末诸大儒之"多留心经世之务",乃清末民初的学术思潮。如梁启超赞扬顾炎武等人:"皆抱经世之志,怀不世之才,深不愿以学著,而为时势所驱迫所限制,使不得不仅以学著。"①刘师培论述角度略有不同:"当明清之交,顾、黄、王、颜,各抱治平之略,修身践行,词无迂远,民生利病,了若指掌,求道德之统纪,识治乱之条贯。"②章太炎既不像梁氏强调"时势所驱迫",也不像刘氏注重"修身践行",对三大家也都略有微词,但格外欣赏其立身处世之道:

> 虽著书,不忘兵革之事。其志不就,则推迹百王之制,以待后圣,其材高矣!③

因慕顾炎武之为人而"改名绛,别号太炎"的章炳麟,一生行事确有追踪顾炎武之意味,尤其是在力图兼合"求是"与"致用"这一点上。最能代表这一学术取向的,是章太炎的两段自述:亡命日本主编《民报》时"提奖光复,未尝废学";幽禁北京口授学术时则"虽多言玄理,亦有讽时之言"④。

---

① 梁启超:《论中国学术思想变迁之大势》,《饮冰室合集·文集》第三册第80页,上海:中华书局,1936年。
② 韦裔(刘师培):《清儒得失论》,《民报》14号,1907年6月。
③ 章太炎:《说林上》,《章太炎全集》第四卷第117页。
④ 《太炎先生自定年谱》第14页,香港:龙门书店,1965年;《〈菿汉微言〉题记》,《菿汉微言》。

即便当初埋头讲求稽古之学时,章太炎的去取也自有其深意在。正如章之老师俞樾所说,其时之是否言变革求西学,是与传统的孟、荀之争联系在一起的:

> 孟子法先王,而荀子法后王。无荀子,不能开三代以后之风气;无孟子,而先王之道几乎息矣。今将为荀氏之徒欤,西学具在,请就而学焉。将为孟氏之徒欤?……风雨鸡鸣,愿与诸君子共勉之。①

章太炎刚离诂经精舍,就著文评孟、荀之争,断言:"自仲尼而后,孰为后圣?……惟荀卿足以称是。"②合孔、荀在理论上颇有漏洞,不过章氏明显取其"法后王""制天命而用之"的入世精神,以及其传经衍学、纳法入儒的贡献。一直到晚年作《儒家之利病》的演说,章太炎仍坚持尊荀抑孟。虽然晚清的孟荀之争,是与汉宋之争、经学理学之争以及今文古文之争纠合在一起,章氏之尊荀有其特殊的学术背景,可我还是更注重其在思想史上的意义。

《太炎先生自定年谱》"光绪二十三年"称:"余所持论,不出《通典》、《通考》、《资治通鉴》诸书,归宿则在孙卿、韩非。"与此相呼应的是《菿汉微言》结语中的一段话:"遭世衰微,不忘经国,寻求政术,历览前史,独于荀卿、韩非所说,谓不可易。"这两段自述再清楚不过地说明章太炎治学之初之推崇荀子,本身就是"不忘经国寻求政术"的结果,而很难归之于讲求名物训诂的"实事求是"之学。实际上章氏一生多次从哲学、政治学、伦理学角度评述先秦诸子,褒贬抑扬,变化甚大,有些甚至前

---

① 俞樾:《〈诂经精舍课艺八集〉序言》,《诂经精舍课艺八集》(光绪二十三年[1898]刻本)。

② 章太炎:《后圣》,《章太炎政论选集》第37页。

后矛盾,其中固然有研究对象自身的复杂性以及论述中多角度多层次的原因,可关键还在于论者讲求致用的治学态度。认定诸子学说乃"主观之学,要在寻求义理,不在考迹异同"①,故治学时不局限于训诂考释,而是着力发掘其思想文化意义,这是章氏高明之处。可这么一来,不能不涉及论者的价值观念及理论体系,很难再保持"无偏无党"的治学态度。即便讲考据训诂典章制度,也有个促成研究者选择对象的思想文化背景以及从何入手的学术传统,并非真的"赤条条来去无牵挂";更何况诸子这样的"主观之学",如何做得到"字字征实语语自得"?当然,"近遭忧患,益复会心"的读《易》,与"余于政治,不甚以代议为然"的议政②,二者还是大有区别的。前者基本上仍以"求是"为目的,尽管借助于社会阅历与人生体验;后者则以"致用"为归宿,虽也涉及一点学理问题。

在今古文之争中,章太炎明显扬"求是"而抑"致用";可在自家的学术研究(佛学研究、史学研究和小学研究)上,章太炎又突出"致用"精神。这与前人(如汪中、凌廷堪)之区分典章制度考古之学与六经宏旨义理之学不大一样,并非强调专业或学科之分,而是体现其"革命不忘讲学,讲学不忘革命"这一悲壮的努力。

章太炎之研读佛经,起于"遭祸系狱",是否能达大乘深趣还在其次,主要是"学此可以解三年之忧"。邹容不读佛经,无以解忧,"年少剽急,卒以致病";而章氏熬过三年苦狱且不坠青云之志,颇得益于讲万法唯心的佛学③。基于这种人生体验,章太炎出狱后即极力主张"用宗教发起信心,增进国民的道德"④。因为在他看来,革命之难以成功,关键在于国民之道德沦丧与革命党人之缺乏献身精神;当务之急是发起信心

---

① 章太炎:《诸子学略说》,《章太炎政论选集》第286页。
② 章太炎:《自述学术次第》,《太炎先生自定年谱》第55—60页。
③ 《章太炎全集》第五卷第229页;《太炎先生自定年谱》第10页。
④ 章太炎:《东京留学生欢迎会演说辞》,《章太炎政论选集》第272页。

增进道德,而最合适的思想武器莫过于佛学。合华严宗之"普度众生"与法相宗之"万法唯心",提倡一种勇猛无畏的革命精神,最典型的说法是:

> 非说无生,则不能去畏死心;非破我所,则不能去拜金心;非谈平等,则不能去奴隶心;非示众生皆佛,则不能去退屈心;非举三轮清净,则不能去德色心。①

为了去畏死心、拜金心、奴隶心而发起宗教提倡佛学,这与康有为之"好言宗教,往往以己意进退佛说"②,其实没有多大差别,最多是五十步笑百步。章氏后来虽有一些关于佛典翻译以及大乘佛教缘起的论文,可始终不以佛教学理的研讨见长。也就是说,其实事求是的治学准则,并没有贯彻落实在佛学研究中。早年提倡佛学济世,固然谈不上"求是";晚年批评佛法未足救弊,实也只是基于"致用"。当年章太炎同铁铮、梦庵论争佛学,与佛理本身是非真伪几乎全然无关,争论焦点在于其术是否"可用于艰难危急之时"③。章太炎当然很清楚:

> 佛法的高处,一方在理论极成,一方在圣智内证,岂但不为宗教起见,也并不为解脱生死起见,不为提倡道德起见。④

明明知道"若用佛法去应世务,规划总有不周",可一旦意识到当今急务

---

① 章太炎:《建立宗教论》,《章太炎全集》第四卷第418页。
② 朱维铮校注:《梁启超论清学史二种》第81页。
③ 章太炎:《答铁铮》,《章太炎全集》第四卷369页。
④ 章太炎:《论佛法与宗教、哲学以及现实之关系》,《中国哲学》第6辑第300页,北京:三联书店,1981年。

是"救人心","不造出一种舆论,到底不能拯救世人",章太炎毫不犹豫地撇下"圣智内证",转而"提倡道德"①。如此注重佛学的社会功用而不是学理是非,很难说是学者应有的态度。

章太炎的史学,无疑比其佛学更有根基。"余少年独治经史通典诸书,旁及当代政书而已"②,求西学、读佛典都是遭世衰变后的事,而且时有抑扬,不若推崇史学之自始至终。章氏既以仲尼为"古良史也",且赞同章学诚"六经皆史"的命题③,治学中自然不能不更多注重史学。可照史学家吕思勉的说法,章太炎在史学上虽"是有一部分精确的见解的,然亦不过单辞碎义而已"④。吕氏是按旧时分类法,将章氏经学、子学的著述(如学术史、思想史)排除在史学之外;政治史方面章太炎没有完整的著述,而希望能"熔冶哲理,以祛逐末之陋;钩汲瞀沉,以振墨守之惑"的百卷本中国通史,又只是一个良好的愿望。章太炎也有不少考其典章制度,究其成败得失的精彩论文;可除了思想学说史,在政治史、社会史和制度史方面,其著述确实不像他自己所预设的那样既有眼界开阔的理论批评,又有钩发沉伏的实证研究,融会中外学说且自成一家之言。章氏大谈史学而又未有系统条理的史学著述,其治史功绩其实不在学理,而在经世。

章太炎主张"治史尽于有征",反对"微言以致诬,玄议以成惑",对近世学人之"背实征,任臆说,舍人事,求鬼神"大加嘲讽⑤。可这并不妨碍他借史学言变革,为后王立制或为生民发起信心。1902年章氏"有修

---

① 章太炎:《论佛法与宗教、哲学以及现实之关系》,《中国哲学》第6辑第309页。
② 章太炎:《自述学术次第》,《太炎先生自定年谱》第53页。
③ 参阅章太炎《国故论衡》中"原经""明解故下"二章。
④ 吕思勉:《从章太炎说到康长素、梁任公》,章念驰编:《章太炎生平与思想研究文选》第182页,杭州:浙江人民出版社,1986年。
⑤ 《章太炎全集》第四卷第57—58页;《学林缘起》,《学林》第1册,1910年。

中国通史之志",在给梁启超信中概述其治史的两大目标：

> 一方以发明社会政治进化衰微之原理为主,则于典志见之;一方以鼓舞民气、启导方来为主,则亦必于纪传见之。①

治史讲求发明原理,或曰推求"社会政治盛衰蕃变之所原",这自是针对传统史学"皆具体之记述,非抽象之原论","昧其本干,攻其条末"等弊病的反拨与超越②,与其时梁启超之提倡史学革命为同一思路,是属于学术观念与理论模式的转变。至于"鼓舞民气启导方来"云云,则已不再是学理之分辨,而是注重学术之社会功能,与章氏平时力主实事求是,不计有用与否的论学宗旨未尽相符。

何以特别注重史学,章太炎曾一言以蔽之曰:"欲省功而易进,多识而发志者,其唯史乎?"③明清以降,颇有思想家论述史学经世者,如王夫之称"所贵乎史者,述往以为来者师也";黄宗羲称学"必证明于史籍,而后足以应务";章学诚则直指"史学所以经世,固非空言著述也"④。章太炎明显受此辈先贤启示,晚年既不满于疑古思潮,又哀痛国土沦丧,进一步发挥其民族主义史学思想,大谈史学乃"今日切要之学"。因为"不读史书,则无从爱其国家";"不讲历史,昧于往迹,国情将何由而洽"?⑤不过有一点,即便值此为民族忧患而提倡读史之际,章太炎仍严守其学术良心,强调"借古事以论今事,所谓借题发挥者,亦读史

---

① 章太炎:《致梁启超书》,《章太炎政论选集》第167页。
② 章太炎:《訄书·哀清史》,《章太炎政论选集》第三卷第328—329页。
③ 章太炎:《救学弊论》,《章太炎全集》第五卷第102页。
④ 参阅王夫之《读通鉴论》卷六,全祖望《甬上证人书院记》和章学诚《文史通义·浙东学术》。
⑤ 章太炎:《历史之重要》,《制言》第55期,1939年8月。

所忌"①。或许,这正是章太炎论学之异于康有为处:以"求是"反"致用",自不待言;即使同讲"致用",也自有其特色。章氏受过严格的乾嘉学派的学术训练,一旦由"求是"转入"致用",也还有个不可逾越的极限:严禁穿凿附会妄言臆断。也就是说,在"求是"的基础上讲"致用",而不是舍"求是"而趋"致用"。

章氏格外推崇顾炎武,不无追踪其治学路数的意向。1908年,在与梦庵关于佛教功用的论争中,章氏述及他所理解的顾氏:

> 若顾宁人者,甄明音韵,纤悉寻求,而金石遗文,帝王陵寝,亦靡不殚精考索,惟惧不究,其用在兴起幽情,感怀前德,吾辈言民族主义者犹食其赐。②

顾氏的魅力在于,具体治学时"求其真,不取其美",故"持论多求根据,不欲空言义理以诬后人";可治学之初衷以及学术之效用,却关涉世事人道家国兴亡。选择史学研究作为切近人事经世致用的途径,与进入具体操作时严格遵守学术规则,两者并不完全矛盾。在学术研究中,"殚精考索"是"体","兴起幽情"是"用"。稽古之道,期于肖形;至于刺激当代读者的情感与理智进而达到某种社会效果,只能是第二位的考虑。《訄书·通法》从历代政治制度中发掘出"可法"的五件"善政";《五朝法律索隐》则总结出"五朝之法,信美者有数端:一曰重生命,二曰恤无告,三曰平吏民,四曰抑富人"——这些著述自是以"合符节于后王"为取舍标准③,可操作中仍求"殚精考索"。到底怎样才算识大体合后王而又不流

---

① 章太炎:《略论读史之法》,《制言》第53期,1939年6月。
② 章太炎:《答梦庵》,《章太炎政论选集》第398页。
③ 参阅《章太炎全集》第三卷第242—245页;《章太炎全集》第四卷第77—86页。

于主题先行厚诬古人？其间的分寸实在不好把握，章太炎的经验是以名物训诂为立论的根本。倘若"训故未通，而以微言相侼"，章氏辛辣而又俏皮地讥之为"皮之不存，毛将焉附"①。

借政制法律的历史考察来言变革开后王，这点并不新鲜；可在世人眼中最少意识形态色彩的语言学研究，章太炎居然也能寄托其家国兴亡之感，足见其致用的强烈愿望。在"比辑俚语"、定方言六例并逐一疏解的《新方言》中，章太炎同样追求兼合求是与致用："上通故训，下谐时俗，亦可以发思古之幽情矣。"②方言研究如何才能达到经世致用的效果，刘师培《〈新方言〉后序》披露了章氏的良苦用心：

> 昔欧洲希、意诸国，受制非种，故老遗民，保持旧语，而思古之念沛然以生，光复之勋，蘵薀于此。今诸华夷祸与希、意同，欲革夷言，而从夏声，又必以此书为嚆矢。此则太炎之志也。③

此类研究不必曲意附会，只管精心结撰，若能著成"悬诸日月，不刊之书"，自有明显的社会功用。也就是说，只要选题恰当，求是之作也能产生致用的效果（发思古之幽情）；而致用之作，必须符合学术规则（上通故训，下谐时俗），才能进入学术之林。求是与致用、学术与政治，完全可以通过这种特殊方式统一起来。

太炎先生入世之初，曾抨击"五十年以往，士大夫不治国闻，而沾沾于声病分隶"，希望维新志士"绅五洲书藏之秘，以左政法，以开民智"④。

---

① 章太炎：《答梦庵》，《章太炎政论选集》第398页。
② 章太炎：《〈新方言〉自序》，《新方言》，杭州：浙江图书馆，1919年；《丙午与刘光汉书》，《章太炎全集》第四卷第156页。
③ 刘光汉：《〈新方言〉后序》，《新方言》，1909年。
④ 章太炎：《译书公会叙》，《章太炎政论选集》第45页。

晚年国难当头,章太炎又借讲学之机,批评清儒"考大体者少,证枝叶者多",以致造成"虽欲致用亦不能也"的可悲局面①。虽说论学标举求是,章氏一生其实非常关注政治,很不以一味把玩古董的"纯学者"为然。甚至其于艰难困厄中苦心讲学,也不仅仅是"为学术而学术",而是寄托某种政治信念。黄侃曾如是披露章太炎的追求:

> 其授人以国学也,以谓国不幸衰亡,学术不绝,民犹有所观感,庶几收硕果之效,有复阳之望。②

此说大致可信,因章氏本人也曾多次述及保存中国的语言文字、历史文化,乃是保国存种的关键。如称"语言文字亡,而性情节族灭";"史亡则国性灭,人无宗主,沦为裔夷"等③。

可即便如此,章太炎还是反对"通经致用"的说法,讥之为汉儒借以干禄的鬼话。不是说经世不可以借重学术,或者学术不屑于致用,而是反对将两者直接挂钩乃至等同起来的传统说法。首先是政学分途,然后才谈得上互相借重。也就是后来学者们强调的,"学术的独立自由,不仅使学术成为学术,亦且使政治成为政治"④。章太炎虽赞赏黄宗羲之"重人民,轻君主",可对其抹杀学校传道授业解惑的特殊功能,"独令诸生横与政事"这一政学不分思路很不以为然,甚至指责其"何因偏隆学校,使诸生得出位而干政治,因以夸世取荣"⑤。将学生干政概括为"夸世取荣",实在有失公允;不过主张政学分途,反对以政干学或以学干

---

① 《章太炎论今日切要之学》,《中法大学月刊》第5卷第5期,1934年10月。
② 黄侃:《太炎先生行事记》,《黄季刚诗文钞》第31页,武汉:湖北人民出版社,1985年。
③ 章太炎:《规〈新世纪〉》;《检论·春秋故言》,《章太炎全集》第三卷412页。
④ 贺麟:《文化与人生》第250页,北京:商务印书馆,1988年。
⑤ 《章太炎全集》第四卷125页;《章太炎政论选集》第427页。

政,这一思路仍有其深刻性。以学干政,是否一定会造成朋党之势或党锢之祸,可能言人人殊;而以政干学之阻碍学术发展,败坏士人道德,则是有目共睹。因而,热心政治的章太炎,论学时并不以"经世致用"为终极目标:"致用本来不全靠学问,学问也不专为致用。"①求是与致用、学术与政治,各有其内在理路,也各有其操作规则与评价标准,既不能混为一谈,也不能强其所难。

学者著述,因其偏于致用或偏于求是,可能选择不同的切入角度与论述体式。表面上章太炎的文章大都谈论典章制度与历史人物,其实因著述宗旨不同,有政论小品和学术专著之分。前者针砭时弊,立论鲜明,语调尖刻,常失之偏激;后者更注重学理的推演与史料的斟酌,一般趋于稳重平实。章氏既是有政治兴趣的学者,又是"有学问的革命家",落笔为文,既可议政,也可论学。流亡日本时,章氏同时在《民报》和《国粹学报》发表文章,可两类文章大不一样,前者论政,后者述学。随着章氏政治兴趣的起伏,其著述宗旨也各有所侧重。了解论学论政内在理路的差异,明白具体著述的体式及其思想学术背景,才能比较通达地看待章氏某些学术观点的前后矛盾。同样推崇顾炎武的乾嘉学者汪中,有一自述,颇与章太炎接近:

> 中少日问学,实私淑诸顾宁人处士,故尝推六经之旨以合于世用。及为考古之学,惟实事求是,不尚墨守。②

章氏著述,实有"合于世用"与"实事求是"两大类,具体甄别不易,可倾向性还是相当明显的。萧公权论及章太炎的政治思想时,有一妙语:

---

① 独角(章太炎):《庚戌会衍说录》,《教育今语杂志》第4册,1910年6月。
② 汪中:《与巡抚毕侍郎书》,《述学·别录》,嘉庆二十年(1816)刻本。

"章氏言九世之仇则满腔热血,述五无之论则一片冰心,寒暖相殊,先后自异。"①汪荣祖对此"妙语"的诠释,更可显示章太炎兼合求是与致用的学术追求:

> 寒暖相殊,正见哲学与政治之异趣。演哲学需要冷静沉潜的思考,搞政治(尤其是革命)则需满腔热血的情怀。冷热虽殊,未必不能兼顾。②

唯一需要补充的是,不只哲学,史学、小学等"考古之学"也都"需要冷静沉潜的思考",章氏"未必不能兼顾"的,是"寒暖相殊"的学术与政治。

三 理器之分与真俗之辨

区分学术与政治,承认求是与致用各有其存在价值,这自是持平之论。可理解是一回事,喜爱又是另一回事。章太炎虽笃嗜"不齐而齐,上哲之玄谈"③,轮到辨析论学宗旨,还是有明显的倾向性。倘若章氏论学只是既讲实事求是又讲经世致用,未免近于乡愿,不可能一时间振聋发聩。就学术训练及师承而言,章氏无疑倾向于实事求是,一辈子不能苟同康有为的附会臆断,或"借经术以文饰其政论";可生当衰世,良心未泯,章氏又不能不以某种形式介入现实政治,专讲训诂老死书斋决非其所愿。这么一来,讲求是章太炎不如乾嘉诸老彻底,讲致用章太炎又不如康有为明确;其特点是努力在求是与致用之间取得某种合理的平

---

① 萧公权:《中国政治思想史》第932页,台北:联经出版事业公司,1982年。
② 汪荣祖:《康章合论》第99页,台北:联经出版事业公司,1988年。
③ 章太炎:《齐物论释》,《章太炎全集》第六卷第61页,上海:上海人民出版社,1986年。

衡。可这实在不是一件简单的事情,因为"学术与事功不两至";或者说,"夫求是与致用,其道固异;人生有涯,斯二者固不两立"①。最理想的设计似乎是:论学时讲求是,议政时求致用。可什么时候该论学,什么时候该议政?政学是否真能泾渭分明?还有,政治与学术能否固守井水不犯河水的原则?所有这些都是未知数。1906年,章太炎作《建立宗教论》,其中有这么一句:

> 宗教之高下胜劣,不容先论。要以上不失真,下有益于生民之道德为其准的。②

这话移用来概括章氏论学宗旨,颇为恰当:"上不失真"讲求是,"下有益于生民之道德"求致用。问题是怎样才能保证二者完美统一而不是互相拆台?如若鱼与熊掌不可兼得,到底先要鱼还是先要熊掌?或许这才是关键所在。

1920年代初,章太炎曾作题为《说求学》的演讲,分求是与致用二途,并比较其长短:

> 求学之道有二:一是求是,一是应用。前者如现在西洋哲学家康德等是,后者如我国之圣贤孔子、王阳明等是。顾是二者,不可得兼,以言学理,则孔子不及康德之精深;以言应用,则康德不及孔、王之切近。要之二者各有短长,是在求学者自择而已。

求学理精深者讲实事求是,求切近人事者讲经世致用,二者不分长短高

---

① 参阅章太炎《说林上》和刘师培《清儒得失论》。
② 章太炎:《建立宗教论》,《章太炎全集》第四卷第408页。

低,只是宗旨不同因而问学途径有别。这自是通达之论。可章氏紧接下去还有一句话：

> 然以今日中国之时势言之,则应用之学,先于求是。①

章氏晚年感于国势衰微,论学颇多致用之说;再加上平日关注政治,活跃于清末民初政坛,1920年代中期甚至发表暂停讲学与著述的"专心国事之通启",这就难怪世人心目中的章太炎,以经世致用而非实事求是见长。用张灏的话来说,就是"年轻时他就被两种不同的治学思想所吸引",而"最终显示更具力量的是伦理实践思想"②。

最能体现世人对章太炎的评价的,是其弟子鲁迅在《趋时和复古》中的一段话：

> 清末,治朴学的不止太炎先生一个人,而他的声名,还在孙诒让之上者,其实是为了他提倡种族革命,趋时,而且还"造反"。③

世俗名声与学术贡献不说风马牛不相及,也是关系不大。单纯以学术成就而倾动朝野者,古今中外实为罕见。公众对古音之甄别与制度之考辨,远没有像对现实政治那样感兴趣。章太炎得名于提倡种族革命而不是音韵训诂之学,这点毫无疑问。问题是能否因此断言章氏只是个"有学问的革命家",其业绩"留在革命史上的,实在比在学术史上还要大"？④ 持

---

① 《说求学》,录自汤志钧编《章太炎年谱长编》第620页。
② 张灏著、高力克等译：《危机中的中国知识分子》第144—145页,太原:山西人民出版社,1988年。
③ 《趋时和复古》,《鲁迅全集》第五卷第536页,北京:人民文学出版社,1981年。
④ 鲁迅：《关于太炎先生二三事》,《鲁迅全集》第六卷第545—546页。

此说者意在推崇太炎先生,可立论的基础是置革命于学术之上,而不是章氏自述的求是与致用各有短长。其实,章太炎的业绩到底以革命还是以学术为大,这二者本身是无法折算并加以比较的,纯因立论者的主观视野及价值尺度而上下浮动。我想考察的是,章氏本人是如何看待政治与学术,或者说他论学时到底重求是还是重致用。

真正体现章太炎置政治于学术之上的,或许是其与康门师徒的微妙关系。章氏论学与康有为迥异,变法维新期间有过短暂合作,变法失败后又著文多所回护,时人或不以为然,章太炎于是解释道:"说经之是非,与其行事,固不必同。"说经之是非可以争论,而心术之邪正不容辩驳。以"揭邪谋"的名义"驳伪学",实是借政治权势解决学术争端,不管其说是否"中窾要",都"自成其瘢疣",都是心术不正的表现:

> 苟执是非以相争,亦奚不可,而必藉权奸之伪词以为柄,则何异逆阉之陷东林乎?①

因此,尽管"论及学派辄如冰炭",可一旦共同的政敌以"伪学"攻康氏,章氏马上抛弃门户家法之见,挺身而出为其辩护;著《今古文辨义》,反对"经术文奸之士"之"借攻击廖士以攻击政党",力图将今古文之争限制在学术范围内。1899年1月,避地台湾的章太炎接到康有为复书,感激兴奋之余,将其加上识语刊于1月13日的《台湾日日新报》。"识语"中专门表白他对于政术与学问的看法:

> 或曰:子与工部,学问涂径故有不同,往者平议经术,不异升元,今何相昵之深也?余曰:子不见夫水心、晦庵之事乎?彼其陈说经

---

① 章太炎:《翼教丛编书后》,《章太炎政论选集》第96—97页。

义,判若冰炭,及人以伪学朋党攻晦庵,时水心在朝,乃痛言小人诬
罔,以斥其谬。何者?论学虽殊,而行谊政术自合也。余于工部,亦
若是已矣。……由是观之,学无所谓异同,徒有邪正枉直焉耳。①

应该说学有"异同",只是比起心术之"邪正"来,这一"论学虽殊"显得无关紧要——这自是有感于中国人之不屑于"执是非以相争",而喜欢借"揭邪谋""驳伪学"置学术对手于死地这一卑鄙习性。

将政术邪正置于论学是非之上,这一点章太炎从来不含糊。戊戌前后因政术合而靠近康梁,不问双方学派之歧异;1906年后因政术分而斥骂康梁,不讲双方学术上之互补。尽管后来章太炎也承认《民报》时期与梁启超的一系列论争有利于刺激双方深入思考,并非真的水火不相容,可当年章氏更愿意强调的还是政术之异。1907年3月,梁启超将读《说文》的数十条札记编为《国文语原解》,托人转求精于此道的章太炎作序,希望章氏能超越"政见歧殊",成就此"学问上一美谈"②。可章太炎根本不予理睬,或许是看不上梁氏的小学功夫(章太炎对梁启超的学问历来评价不高),更大的可能性还是因"政术歧殊"故。

章氏论人衡文,常以政治立场及气节高下为第一前提,尤其是在提倡种族革命时更是如此。评述时人尚且不能局限于道德判断,更何况情况更为复杂的古人。章氏论学因政治偏见而出现较大误差的,当推其对清代学术思想的评论:就因为当中横着一个章太炎力图推翻的清王朝。如批评魏源之"夸诞好言经世,尝以术奸说贵人"③,前者指学派,后者则指气节。不要说魏源曾出任清廷官吏,就是黄宗羲允许儿子入清王朝的

---

① 《章太炎旅台文录》,《中国文化研究集刊》第1辑第357—358页,上海:复旦大学出版社,1984年。
② 丁文江、赵丰田编:《梁启超年谱长编》第378页,上海:上海人民出版社,1983年。
③ 章太炎:《訄书·清儒》,《章太炎全集》第三卷第158页。

明史馆,在章氏看来也是不可原谅的过失。明末清初三大家中,章太炎独不以黄宗羲为然,以为其"学术计会,出顾炎武下远甚;守节不孙,以言亢宗,又弗如王夫之"。学术高下其实很难说,章之故意贬低黄氏,主要是认定其气节有亏:"以《明夷待访》为名,陈义虽高,将俟房之下问。"①一切以是否与清廷合作(其标志是出仕)为取舍标准,而不大考虑特定时期的历史情境与思想潮流,以之衡量政治人物尚且偏颇,更何况以之褒贬思想家和学者。

章太炎品人评事重气节而轻功业,尤其鄙薄世之所谓"有文无行"者。一旦"文"与"行"、"著述"与"气节"、"学术观点"与"政治立场"尖锐对立起来,章毫不犹豫地选择后者。可品人重气节不能直接转化为论学主致用;相反,气节之士很可能不屑"外托致用之名,中蹈揣摩之习"②,因而倾向于寂寞的求是之学。在某些特定场合,为唤起民众拯世救亡,章太炎也会大谈学以致用;可正式论学时仍严格区分"学说"与"功业",反对以有用与否来衡量学术:

> 学说和致用的方术不同,致用的方术,有效就是好,无效就是不好;学说就不然,理论和事实合才算好,理论和事实不合就不好,不必问他有用没用。③

对于相信"大士说法,唯在应机",且对"应机之云"别有新解的章太炎来说④,既然有意应政俗风云迁变之机而化人,论学时不免有因时因地与诲人律己之别。表面上章氏既讲求是又讲致用,不说宗旨含混,也有折

---

① 《章太炎全集》第四卷第124页、117页。
② 刘师培:《近代汉学变迁论》,《国粹学报》第31号,1907年7月。
③ 章太炎:《教育的根本要从自国自心发出来》,《章太炎的白话文》第507页。
④ 章太炎:《菿汉微言》第31页(1916年刊本)。

中之嫌。可我以为,实事求是才是其论学宗旨,经世致用则是"应机说法"。

章太炎论学虽兼及学理精深与切近人事,却重在求是而非致用。最能说明这一点的,还是其真俗之辨。真俗互存互转,即所谓"真妄同源",或者"真必有妄,舍妄无真",不应该孤立地谈论真俗之高下是非。《菿汉微言》中自述学术思想历程,不也落在"转俗成真"与"回真向俗"上吗?可是,当章太炎用真俗来概括两种不同的论学宗旨时,还是蕴涵着某种价值判断的:

> 人心好真,制器在理,此则求是、致用更互相为矣。①

虽说强调二者"更互相为",可一理一器,一真一俗,已经显出论者的倾向性。

理器之分与体用之辨,是中国哲学史上的老话题,或许有点玄虚,章太炎还有更通俗的说法。1910年章氏以"独角"为笔名在《教育今语杂志》发表专论"留学的目的和方法"的《庚戌会衍说录》,其中论及致用与求是之别,纯是推己及人的大白话:

> 况且致用的学问,未必真能合用,就使真能合用,还有一件致用的致用,倒不得不碰机会,机会不巧,讲致用的还是无用。专求智慧,只要靠着自己,并不靠甚么机会。假如致用不成,回去著书立说。②

---

① 章太炎:《菿汉微言》第53页(1916年刊本)。
② 独角(章太炎):《庚戌会衍说录》,《教育今语杂志》第4册,1910年6月。

致用与求是,一需机会凑合,一靠自己努力。正如余英时指出的:"'经世致用'却由不得儒者自己作主,必须要靠外缘。所谓外缘便是顾亭林说的'王者',因此无论是顾亭林或黄宗羲都要有所'待'。从历史上看,儒家所期待的'王者'似乎从来没有出现过。"①章太炎立身处世,历来讲"自贵其心,不依他力"②,自是推崇不必有待的求是。求是而不为时人赏识,尚可著书立说,企求藏之名山传之后世。这对读书人来说是个很大的诱惑,或者说是必不可少的心理安慰——因千古文人多叹怀才不遇,之所以还能活得挺认真,就因为"立德""立功"不成,还有此不待社会认可的"立言"。至于致用之学,成者固然风云际会显赫一时,可"机会不巧"者毕竟占绝大多数。而致用之学一旦无用,那可真是一钱不值。如此"应机说法",没多少理论思辨色彩,可挺实在的——此也可见论者的良苦用心。

以个人之利弊得失论治学门径,自然不是"大道"。可即便从家国兴亡着眼,章氏也仍倾向于学以求是而非致用。章太炎确实强调学术与政治之关系,如《哀焚书》中力主"建国家、辨种族"之根基在"言语、风俗、历史";故灭其国者必毁其史变其俗易其言,此"帝王南面之术",古今中外概莫能外③。而提倡种族革命者,自然是反其道而行之,借学术发思古幽情,进而光复故国。章太炎对"主义"(政治)之倚仗于"史籍"(学术),有过这么一个妙喻:

> 故仆以为民族主义,如稼穑然,要以史籍所载人物制度、地理风俗之类,为之灌溉,则蔚然以兴矣。不然,徒知主义之可贵,而不知

---

① 参阅余英时《中国思想传统的现代诠释》第220页。
② 章太炎:《答铁铮》,《章太炎全集》第四卷第369页。
③ 《章太炎全集》第三卷第323—324页。

民族之可爱,吾恐其渐就萎黄也。①

这话常被用来作为章氏治学讲致用的证据。其实,统贯章太炎此前此后论学思路,此乃强调经世必须借重学术,而不是治学必须讲求经世。若把章氏论学宗旨简单化明朗化,大约可化为如下三句:治世必须借重学术;求学不必讲求致用;求是之学为无用之用。

求是之学为无待之学,为无用之用,故是"真"是"理"是"体";而致用之学相对来说只能是"俗"是"器"是"用"。至于说"趋于致用"容易"浮说致人",而"趋于求是"则"左证有事,攻守有法"②,其实倒在其次。关键还是在于真俗之辨这一思维方式。之所以选择"真俗"来说求是与致用,实关联到章氏对自身历史地位及存在价值的估计。

章太炎在中国政坛上叱咤风云几十年,乃万众瞩目的民国元勋,革命胜利后论功授勋,甚不以得二等勋位为然,自称其"首正大义,截断众流",功在孙中山之上③。如此注重功业声名,似乎走的是政治明星的路子。可实际上,章氏最为自得的,还是自家学问。辛亥革命高潮中,章太炎致书吴承仕,称:"仆辈生于今世,独欲任持国学,比于守府而已";"学问之事,终以贵乡先正东原先生为圭臬耳"④。此等表白,并非一般读书人套话。

最能说明章太炎特重学术的,是两次系狱临危时近乎"盖棺论定"的"自祭文"。1903年章氏因《苏报》案系狱,于狱中有一自记,劈头就是"上天以国粹付余";其中最为忧虑的并非光复故国之大业能否成功,而是担心自家学问及身而绝:

---

① 章太炎:《答铁铮》,《章太炎全集》第四卷第371页。
② 章太炎:《程师》,《章太炎全集》第四卷第139页。
③ 章太炎:《与王揖唐书》,录自《章太炎年谱长编》第421页。
④ 章太炎:《章炳麟论学集》第347—349页,北京:北京师范大学出版社,1982年。

> 至于支那闳硕壮美之学,而遂斩其统绪,国故民纪,绝于余手,是则余之罪也!①

这种中华文化系于自家一身安危的感觉,在章太炎并非一时戏言。1914年章氏被袁世凯囚于北京,致书黎元洪,称"进不能为民请命,负此国家;退不能阐扬文化,惭丁后进",决意绝食,以死抗争。虽有"进退"之分,似仍以为民请命为大;可绝命书中最大的感慨还是:"吾死以后,中夏文化亦亡矣。"②二十年后,弟子朱希祖对此有过大致合理的诠释:

> 先师尝言经史小学传者有人,光昌之期,庶几可待,文章各有造诣,无待传薪,惟示之格律,免入歧途可矣。惟诸子哲理,恐将成广陵散矣。此二十年前在故都绝粒时之言也。至今思之,仍不能逾于斯言。③

不管章太炎对自家学问的估计是否恰当,但其自视为并世中唯一能"为往圣继绝学"者,这一点几乎是没有疑义的。生死关头之思念,最能体现个人之志趣。立意绝食时,"自分以一书生提倡大义,功成事遂,可以永终";真正引以为憾的是"怀抱学术,教思无穷,其志不尽"——在给长婿龚宝铨信中,章太炎一再表白此"千古文章未尽才"的遗恨:

> 所著数种,独《齐物论释》、《文始》,千六百年未有等匹。《国故论衡》、《新方言》、《小学答问》三种,先正复生,非不能为也。虽从

---

① 章太炎:《癸卯狱中自记》,《章太炎全集》第四卷第144页。
② 徐一士:《一士类稿·一士谈荟》第83页;汤国梨编次:《章太炎先生家书》第47页,上海:上海古籍出版社,1985年。
③ 朱希祖:《致潘承弼书》,录自《章太炎年谱长编》第474页。

政蒙难之时,略有燕闲,未尝不多所会悟,所欲著之竹帛者,盖尚有三四种,是不可得,则遗恨于千年矣!①

章太炎生死关头大谈学术,或许真的只是政治上"功成事遂,可以永终",而学术上自觉未尽其才故遗恨千古;或许是认定政治上的功业别人也能完成,唯一不可替代的是自家"复绝千古"的学问;或许是以为政治上的成功犹如过眼烟云,唯有学术上的贡献方能流传久远……所有这一切,都只能任凭后人猜测,唯一确凿不移的是那危难关头以中华文化(国故或国学)守护神自居的独特姿态。章氏晚年之不言"经世致用",而只求"惇诲学人,保国学于一线"②,正是这一思路的合理延伸。这种解释可能会稍稍动摇章氏"先前也以革命家现身,后来却退居于宁静的学者"的传统说法③。不是否认章太炎前后期论学兴趣有所转移,而是试图指出常被论者忽略的一点:即便高谈政治投身革命之际,章氏内心深处可能仍以学术为重。就注重学术之独立价值及深远影响这一点而言,章太炎前后期并没有多大变化;同样,论学中以"求是"为"真"、以"致用"为"俗"这一独特思路,基本贯穿章太炎一生。

---

① 章太炎:《与龚未生书》,《章太炎政论选集》第702页。
② 章太炎:《致马宗霍书》,《章太炎政论选集》第827页。
③ 鲁迅:《关于太炎先生二三事》,《鲁迅全集》第六卷第545页。

第二章　官学与私学

章太炎平生治学,喜欢把话说绝说尽,故多惊世骇俗之论。世人或喜其新奇,或恶其新奇,可难得深入探究其"奇谈怪论"后面的学术思路及良苦用心。太炎先生最令人不解的怪论之一,就是以民国元勋身份而反对新式教育,认定废科举兴学校不但不能使学术日进,反而必定"使学术日衰";历数文科学校五大弊病后,断言"非痛革旧制不可治",否则,"世以是乱,国以是危,而种族亦将以是而灭亡矣"①。此论不出于墨守古制的遗老遗少,而出于提倡革命的勇猛之士章太炎,自是不能等闲视之。可惜学界对章氏此说或含糊其辞,不置可否;或以之为名士故作惊人之语,不必深究。我以为,章氏之反对学校(新式教育),具体结论可能因言辞偏激而不合时宜,可其论学思路发人深思。

辛亥革命后,昔年力主废科举兴学校的康有为,也反过来斥责学校教育"以智为学而不以德为学",使得举国上下"人才衰落,志节衰颓,惟求利禄,何知仁义"②;此等"旷邈千里,寂然无士"的局面,反不及科举时"学道之风未辍","贤者以道德节行化其乡人,其中才以下,亦复有文采风流之美",至此方才明白"昔者科举之以无用为用也"③。同样对学校

---

① 参阅章太炎《与王鹤鸣书》《救学弊论》《论读经有利而无弊》等文。

② 康有为:《中国颠危误在全法欧美而尽弃国粹说》,《康有为政论集》第 903 页,北京:中华书局,1981 年。

③ 康有为:《共和平议》,《康有为政论集》第 1042—1043 页。

"师欧媚美",以及新学之士"道德沦丧"很不以为然,可章太炎的批判远不止于此。首先,章氏谈论学校功过,着眼点不在启蒙教育,而在学术发展,故时贤最为热心的幼学、女学以及平民教育等,都不大在考虑之列。其次,章太炎注重学制与学术思想之间的联系,在谈论学校的得失时,是把它与西学联系在一起的,反过来,书院讲塾则是与国学密不可分。最后,章氏之抨击新学堂,关键还不在新学堂作为一种教育形式的优劣,而在政府倡办新学堂这一决策的得失。也就是说,章太炎表面上讲的是旧学与新学,而思考的中心其实是官学与私学的关系。因此,这一思考的意义主要不在教育史上,而在学术史和思想史上。章氏对新式教育体制的怀疑,其实是在思考中国学术传统如何面对(适应)现代社会以及以西学为背景的西方教育制度这么一个重大问题。章氏没能找到令人满意的答案,但其提出的若干问题,至今仍困扰着无数中国学人,并未因时过境迁而自行消解。

一 "劝学"与"学隐"

晚清国运衰微,上自封疆大吏,下至文人学士,纷纷谋求救亡图存之道,科举与学校之争一时成了热门话题。"果无外惧,百世不易可也",可到了"岌岌如不终日"的时节,守旧如王先谦者,也都主张以策论代制艺,"充之子史,以博其趣;推之时务,以观其通"。问题是策论虽优于制艺,可是否真是最好的"求才之道",这一点连主张策论取士者也心中无数:"吾亦非谓策论即兴起人才之本也,思先避制艺之害而已。"①传统学制内部改革的路子走不通,只好向西方寻求真理。于是,废科举兴学校的呼声越来越高。从1892年郑观应的"学校者,造就人才之地,治天下

---

① 王先谦:《科举论上》,《葵园四种》第5—7页,长沙:岳麓书社,1986年。

之大本也"①,到1894年谭嗣同的"故夫变科举,诚为旋乾斡坤转移风会之大权,而根本之尤要者也"②,再到1898年张之洞之"西国之强,强以学校……我宜择善而从也"③,各家身份地位及政治倾向大有区别,论学的侧重点也不一样,可都承认中国不再是天朝上国,而是随时有亡国灭种的危险,不能再死守祖宗家法,唯有"师夷长技以制夷",才有复兴的希望。

从只承认西方"船坚炮利",到意识到"泰西之所以富强,不在炮械军兵,而在穷理劝学"④,因而倾向于从变科举兴学校入手搞改革,无疑是一大进步。梁启超对这一思潮,有一精彩而简洁的概括:

故欲兴学校,养人才,以强中国,惟变科举为第一义。⑤

目的是"强中国",关键则在于"养人才",至于"兴学校"与"变科举"何者为"第一义",倒也不必强分轩轾,说到底这是一个硬币的两个面。你固然可以说科举不废,学校难兴,也可以反过来说学校不兴,科举难废——晚清维新志士大致从这两个不同角度论述改革学制的意义。这其中康有为关于"治病"的比喻最为精彩:废科举是"吐下而去其宿疴",兴学校乃"补养以培其中气"⑥。

戊戌变法前后,章太炎以"以革政挽革命"为"今之亟务",论政时与康梁大致相同,也以废科举开学校为"昌吾学""强吾类"的良策⑦。《论

---

① 郑观应:《学校上》,《郑观应集》上册第245页,上海人民出版社,1982年。
② 谭嗣同:《报贝元征》,《谭嗣同全集》第208页,北京:中华书局,1981年。
③ 张之洞:《〈劝学篇〉序》,《劝学篇》,两湖书院刊本,1898年。
④ 康有为:《上清帝第二书》,《康有为政论集》第130页。
⑤ 梁启超:《论科举》,《饮冰室合集·文集》第一册第27页,上海:中华书局,1936年。
⑥ 康有为:《请开学校折》,《康有为政论集》第305页。
⑦ 章太炎:《论学会有大益于黄人亟宜保护》,《章太炎政论选集》第12—13页,北京:中华书局,1977年。

学会有大益于黄人亟宜保护》中针对中国"人终以科举为清望,而以他途为卑污庳下,则仍驱高材捷足以从学究矣"这一现状,主张立学会开民智;《变法箴言》则认定"学堂未建,不可以设议院;议院未设,不可以立民主",显然以兴学校为变法之本;《鹭庙》中干脆主张斥卖"淫祀寺观"以"增置学堂",当务之急是开民智以救亡图存,故"鬼责无所惧,人言无所恤"。以上三文基本上是呼应康梁的主张①,还谈不上独立的政治见解。章氏颇有自知之明,政治上与康梁分道扬镳之后,论及科举与学校之争时也都改弦易辙。《论学会》及《变法箴言》二文固然不曾收入文集,《鹭庙》虽入《訄书》初刊本,但作者重订《訄书》时,也被断然删去。

不过,章太炎不喜欢新学堂,并非意气用事,故意与康梁划清界限。即便在附和康梁攻科举倡新学时,关于学会的功能与作用,章太炎与康梁的看法实际上颇有距离。"学业以讲求而成,人才以摩厉而出"②,对学会"闻见易通"这一基本功能,双方没有什么争议;只是在政府与学会的关系上,双方意见很不一致,实际上已隐伏着日后分手的危机。康有为提倡学会,是借民间之力辅助政府办学:

> 盖政府之精神有限,不能事事研精,民会则专门讲求,故能事事新辟。③

着眼于替政府"补天",康有为当然希望政府能对学会给予支持,尤其羡慕泰西之立学会,"自后妃太子亲王大臣咸预焉"。在康有为心目中,学会只是政府办学的第二途径,是一种专业性的学术团体(如农学会、矿

---

① 参阅康有为的《京师强学会序》《上海强学会后序》《请饬各省改书院淫祠为学堂折》和梁启超的《变法通议》。
② 康有为:《京师强学会序》,《康有为政论集》第166页。
③ 康有为:《上清帝第四书》,《康有为政论集》第155页。

学会、商学会),"有一学即有一会",便于师友讲求疑义,切磋学问,可以作为学校的补充。也就是梁启超说的,办学应该:

> 学校振之于上,学会成之于下。①

而章太炎之倡学会,首先针对的则是政府的愚民政策:

> 呜呼！昔之愚民者,钳语烧书,坑杀学士,欲学法令,以吏为师,虽愚其黔首,犹欲智其博士;今且尽博士而愚之,使九能之士,怀宝而不获用,几何其不为秦人笑也?②

正是基于对政府办学诚意及能力的怀疑,章太炎才力主民间"搜徒索偶,以立学会"。不是政府"精神有限",故办学不力;而是办学的责任与权利本就在民间,不待政府的提倡与奖励。

> 政府不能任,而士民任之。③

这才是章太炎立学会的本意所在。此等"豪俊成学之任",推其本意,乃民间"以绳墨自矫,而备世之急者",符合"古之明训"。以民间的"学会"(书院、讲习会)与官府的"学校"抗争,章氏此后论学、办学的基本路向,在此已露端倪。

---

① 梁启超:《论学会》,《饮冰室合集·文集》第一册第 31 页。
② 章太炎:《论学会有大益于黄人亟宜保护》,《章太炎政论选集》第 11 页。
③ 同上书,第 12 页。

章太炎第一篇公开批评新式学堂的文章《与王鹤鸣书》写于1906年,这并非偶然。科举与学校之争,在晚清绝不只是个学术问题,而是一场激烈的政治斗争。章太炎即便对学校不以为然,也不会在科举未废之时为其辩护——其时攻击学校很容易为顽固的守旧派所利用。百日维新虽然以流血告终,可康梁等人主张的新政实际上仍在悄悄实行,变科举开学堂更是大势所趋。1901年张之洞等奏请递减取士名额,以学堂生员补充;1903年张百熙等奏请每年递减三分之一的科举取士名额,以便"将科举学堂合并为一";到1905年袁世凯等奏请"立停科举以广学校",清政府诏准自丙午(1906)科起停办科举①,至此,实行了一千三百年的科举制度被完全废止,这在中国教育史、学术史、政治史上都是一件了不起的大事。此前历代虽不乏对科举制度的尖锐批判,可没有能够取而代之的教育体制;如今以西式学校来取代科举取士,无论在野在朝,都会意识到这是一个重要的历史转折关头。就在清帝谕立停科举以广学校后不到四个月,严复撰文历数从设京师同文馆以补旧学之不足到"一切皆由学堂"的经过,然后断言:

> 不佞尝谓此事乃吾国数千年中莫大之举动,言其重要,直无异古者之废封建、开阡陌。造因如此,结果何如,非吾党浅学微识者所敢妄道。②

其实,当时文人学士对废科举开学校的"结果何如"多有议论,维新派、革命派大致上都持肯定态度,只是可惜此等好事乃由政敌来完成。章太

---

① 参阅舒新城编《中国近代教育史资料》上册第47—66页,北京:人民教育出版社,1961年。
② 严复:《论教育与国家之关系》,《严复集》第一册第166页,北京:中华书局,1986年。

炎的思路却颇为奇特,昔年之攻击科举,如今一转而为挑剔学校的诸多弊病。因为在他看来:

> 虽然,学术本以救偏,而迹之所寄,偏亦由生。①

兴废除弊,固是大好事,可浅学之士"以相诳耀,则弊复由是生",此尚在其次;救偏除弊,不免矫枉过正,难得平心体会弊中之利、偏中之正,也难得警惕由此产生的新偏新弊,这才是最要命的。科举未废,倡学校可以救偏除弊;科举已废,则必须正视此救偏之"偏"、除弊之"弊"。章氏有时为抨击学校之弊,颇有以为其不及科举者,不过此乃激愤之语,当不得真。章学诚认定"风尚所趋,必有其弊"(《文史通义·说林》);其后学章太炎也不例外,断言"大抵成气类则伪,独行则贞"②。循此思路,褒贬是非时不免严于气类已成风尚所趋者,而宽于日趋衰落者;因为"衰则少伪",起码在人格上,固执己见胜于趋炎附势。

针对"学校虽劣,犹愈于科举"的时论,1906年,章太炎作《与王鹤鸣书》,表达他对学校"使学术日衰,乃不逮科举时也"的忧虑:

> 科举废,学校兴,学术当日进,此时俗所数称道者。远观商、周,外观欧、美,则是直不喻今世中国之情耳。中国学术,自下倡之则益善,自上建之则日衰。凡朝廷所阘置,足以干禄,学之则皮傅而止。……今学校为朝廷所设,利禄之途,使人苟偷,何学术之可望?③

---

① 章太炎:《致国粹学报社书》,《章太炎政论选集》第498页。
② 章太炎:《思乡原上》,《章太炎全集》第四卷第130页,上海:上海人民出版社,1985年。
③ 章太炎:《与王鹤鸣书》,《章太炎全集》第四卷第152—153页。

这里批评的实际上不是学校作为一种教育体制的优劣,而是其由于得到朝廷的提倡而可能成为新的利禄之途。

科举制度最为人诟病的是使举子"求富贵而废学业","乃至嗜利无耻,荡成风俗,而国家缓急,无以为用"①。时贤认定救弊之法在开办学堂,教授对国家有用的新学。可学子必须衣食有着,方才谈得上研精穷本,这也是人之常情。于是,劝学的最好办法,莫过于由朝廷出面赐以利禄。既然中国人"最重科第","诸生有视科第得失为性命者",康有为建议朝廷因势利导,用奖励出身的办法来提倡译书与游学,比如"凡诸生译日本书过十万字以上者,试其学论通者给举人。举人给进士,进士给翰林,庶官皆晋一秩"②。梁启超的办法更直接,所列兴学校养人才的"上策",实为学校毕业与科举出身同等待遇:

> 入小学者比诸生,入大学者比举人,大学学成比进士;选其尤异者出洋学习,比庶吉士。其余归内外户刑工商各部任用,比部曹。庶吉士出洋三年学成而归者,授职比编检。③

这一主张符合大多数举子心理,而且短期内确实能见成效,故被清廷接受。1898年光绪下《明定国是诏》,宣布建立京师大学堂,而由梁启超起草的《京师大学堂章程》即规定,"大学卒业,领有文凭作为进士,引见授官";因为据说"前者所设学堂,所以不能成就人才之故","由国家科第仕进不出此途,学成无所用"④。百日维新失败,可康梁办学思路仍被沿

---

① 康有为:《上清帝第二书》,《康有为政论集》第130页。
② 康有为:《请广译日本书派游学折》,《康有为政论集》第302—303页。
③ 梁启超:《论科举》,《饮冰室合集·文集》第一册第28页。
④ 朱有瓛编:《中国近代学制史料》第一辑下册第674页,上海:华东师范大学出版社,1983年。

袭,1903年公布的《学务纲要》规定"毕业升等奖给出身":试官依据学生考试成绩和平日品行,"分别奏请赐予各项出身,分别录用";1905年清帝谕立停科举以广学校,也不忘添上一句:"总之学堂本古学校之制,其奖励出身亦与科举无异。"①这一制度的实行,对中国教育体制顺利地从科举向学校过渡起了很大作用。正如梁启超所预想的,由于进学校也能得到出身,故"天下之士,靡然成风";至于是否真的"八年之后,人才盈廷"②,那可就难说了。以奖励出身劝学,固然使学校的兴办省却许多阻力,可这么一来,学校和科举又有什么区别,不都是"利禄之途"吗?

前人批评科举取士表面上是"以利禄劝儒术",实际上则是"以儒术殉利禄"(章学诚《文史通义·原学下》)。今人"以利禄劝新学",又何曾能逃脱"以新学殉利禄"的命运?章太炎对清廷之如此兴学大不以为然,认定以"宫室舆马衣食之美"来"导诱学子",只能使学子失却求学真意,但求报偿,"趣于营利转甚"。张之洞因斥巨资倡新学而享大名于晚清,章氏对此豪举殊无好感,就因为:

> 以其豪举施于学子,必优其居处,厚其资用,其志固以劝人入学,不知适足以为病也。……以是为学,虽学术有造,欲其归处田野,则不能一日安已。自是惰游之士遍于都邑,唯禄利是务,恶衣恶食是耻,微特遣大投艰有所不可,即其稠处恒人之间,与齐民已截然成阶级矣。③

发展下去就是"遗其尊亲,弃其伉俪",故"人纪之薄,实以学校居养移其

---

① 舒新城编:《中国近代教育史资料》上册第215页、66页。
② 梁启超:《论科举》,《饮冰室合集·文集》第一册第28页。
③ 章太炎:《救学弊论》,《章太炎全集》第五卷第100页,上海:上海人民出版社,1985年。

气体使然"。谴责都市生活、学校教育的毒害,使得原本淳朴的"乡邑子弟",一旦"负笈城市",即变得慕富贵患贫贱①,此说与1970年代借以将读书人打入十八层地狱的"一年土,二年洋,三年不认爹和娘"颇为相近。不过,章氏的着眼点在于强调学子"淡泊明志"的自我修养,而不是主张朝廷可以让学子饿肚皮;学术发展的希望,在民间的自我努力,而不在官府的提倡奖励。

作为政治家,康梁热衷于走上层路线,希望从上至下推行其改良方案,故一切系于朝廷的"诏令"。而终其一生,章太炎基本上是个在野的思想家,对官场始终没有好感,对朝廷兴学的诚意及效果抱怀疑态度,对"暴政"与"利禄"对学术的双重摧残有深刻的体会,故对康梁将振兴学术的希望完全系于朝廷的自新很不以为然。章太炎曾评述有清三百年学术,主要尺度是入仕与否,对谋得一官半职的学者颇多微词。而朱鹤龄等"学虽浅末,然未尝北面事胡人";江声"亦举孝廉方正,皆未试也";陈奂等"以布衣韦带,尽其年寿",此等"嘉遁之风"大为章氏所赏识。只可惜由于清廷改变策略,"以殿试甲第诱致其能文章者,先后赐及第无算",士子逐渐醉心利禄,"嘉遁之风始息"②。对清代此类专心学术无心仕进的朴学家,章氏称之为"学隐",并给予很高评价。魏源为李兆洛作传时曾讥讽乾嘉诸先儒"争治汉学,锢天下智惠为无用",太炎于是针锋相对:

> 吾特未知魏源所谓用者,为何主用也?处无望之世,衒其术略,出则足以佐寇。反是,欲与寇竞,即网罗周密,虞候逖互,执羽籥除暴,终不可得。进退跋疐,能事无所写,非施之训诂,且安施邪?③

---

① 章太炎:《论读经有利而无弊》,《章太炎政论选集》第867—868页。
② 章太炎:《说林上》,《章太炎全集》第四卷第118页。
③ 章太炎:《检论·学隐》,《章太炎全集》第三卷第480页,上海:上海人民出版社,1984年。

将"学隐"作为"进退跋疐"中别无选择的选择,这话讲得相当沉痛,非切身体验,难得有此平情之论。如此"低调",高人不愿言,烈士不屑言,伪君子更不敢言,可历史中人就这么点选择的自主性。

强调"处无望之世",即便像戴震那样"揣其必能从政"者,也都宁愿选择"学隐",这很容易给人一种错觉,似乎章氏之推崇"学隐",只是为了反清。章太炎论学确实有明显的反清和反官府的倾向,他之赞赏江藩所著《国朝宋学渊源记》"适可以嗣《春秋》,方太史也",除了作者本人"没世未尝试府县廷,韦带布衣,以终黄馘"外,更因此书"所录止于穷阎苦行,排摈南方诸浮华士。而仕满洲一命以上,才有政治声闻,即弃不载"①。章氏以为,读书论世,"当心知其意",着力探讨作者留在纸背的"微言难了者",江藩之"不录高位者一人",真正用心是鄙视"媚于胡族得登肮仕者"②。可江藩的自述并非如此,有鉴于学有所成的达官贵人已"具载史成,无烦记录,且恐草茅下士见闻失实,贻讥当世也",故专门选录"或处下位,或伏田间,恐历年久远,姓氏就湮"者③,本无章氏所表彰的种族意识,最多是偏爱在野之学。章氏其实也明白这一点,讲完满汉之争,归结点还是官民之别:

> 故知学术文史,在草野则理,在官府则衰。④

强调"学在民间",突出民间社会在学术发展中的积极作用,是章太炎的

---

① 章太炎:《说林下》,《章太炎全集》第四卷第120页。
② 《太炎先生自述学术次第》,《太炎先生自定年谱》附录第65页,香港:龙门书店,1965年。
③ 江藩:《国朝宋学渊源记》卷上,《国朝汉学师承记》附录第154页,北京:中华书局,1983年。
④ 章太炎:《说林下》,《章太炎全集》第四卷第120页。

一贯主张。至于赞赏江藩之表彰"穷阎苦行",与斥责阮元之"录诸显贵人",则是有感于世人的官本位思想。学者学术成就的高低,与其官职大小本没有任何直接关系,可居高位者容易沽名邀誉,一时间也能够转移风气,史家常被此类表面现象迷惑。

官府有钱有势,占尽天时地利,何以提倡学术反不如民间? 就因为以权势利禄为诱饵,易以召诳世盗名之徒,难得赴艰苦卓绝之任。"学隐"之所以值得尊敬,并非因其政治倾向,而是因其不以"荣华""酒肉"为意,故"骄淫息乎上,躁竞弭乎下"①。而政治上的节守与学术上的节守两者是相通的,耐不得寂寞者在官为学均无大成。"凡学者贵其攻苦食淡,然后能任艰难之事,而德操亦固。"②这并非只是"士以气节为先"之类的道德说教,学术研究讲究"明征定保,远于欺诈;先难后得,远于徼幸;习劳思善,远于偷惰",③非淡泊之士,何以深入堂奥?

在此意义上,康梁靠奖励出身来提倡学术的设想,颇有饮鸩止渴的味道。这一点,严复、王国维、蔡元培都有所反省。严复同意"学成必予以名位,不如是不足以劝"的说法,不过反对授予学成之人"政治之名位",理由是:"国愈开化,则分工愈密,学问政治,至大之工,奈何其不分哉!"④严复还只是从政学殊途的角度来反对以官爵奖励学者,王国维则断然否定"今日上之日言奖励学术"。因为"今之人士之大半殆舍官以外无他好焉",朝廷的决策只能助长"以学问为羔雁"的倾向,故"以官奖励学问,是剿灭学问也"⑤。王国维还只是发表发表意见,蔡元培则有能

---

① 章太炎:《五朝学》,《章太炎全集》第四卷第76页。
② 章太炎:《救学弊论》,《章太炎全集》第五卷第100页。
③ 章太炎:《检论·学隐》,《章太炎全集》第三卷第481页。
④ 严复:《论治学治事宜分二途》,《严复集》第一册第89页。
⑤ 王国维:《教育小言十三则》《教育小言十则》,《王国维遗书》第五卷《静庵文集续编》第56—57页,上海:上海古籍书店,1983年。

力将其教育主张付诸实施;1912年1月,时任教育总长的蔡元培主持颁布《普通教育暂行办法》,废止奖励出身;1917年1月,就任北京大学校长的蔡元培,又屡次在演说中强调"大学者,研究高深学问者也",不该有"养成资格"或"做官发财"的念头①。

相对于严、王、蔡诸位,章氏对清廷以官爵奖励学问的做法更为深恶痛绝,攻击也更加不遗余力。就因为章太炎评人论世,本就喜从道德操守落笔,实在不能容忍此种明目张胆提倡"为利禄而学术"。1906年出狱赴日,章氏首先提倡的便是"百折不回,孤行己意"的"神经病"性格,以及"用宗教发起信心,增进国民的道德"的革命方略②。因为在他看来,革命之成功与否,系于革命党人之道德水准。"道德堕废者,革命不成之原";"道德衰亡,诚亡国灭种之根极也",增进国民道德虽则标举知耻、重厚、耿介、必信四者,其中心其实只是"忘情于名利"。只有忘情于名利,才能谈得上"悍然独往,以为生民请命"。搞政治是如此,做学问也不例外,都以忘情于名利为第一要素。"且道德之用,非特革命而已,事有易于革命者,而无道德亦不可就。"③评论历代学术,章氏于是多注重其道德操守。

所谓"若夫行己有耻,博学于文,则可以无大过"④,此虽是老话,可章氏真的以是否知耻来评论历代学术,倒也时有新意。比如《诸子学略说》中批评儒家积极入世,病在以富贵利禄为心;《五朝学》中赞叹"五朝士大夫,孝友醇素,隐不以求公车征聘,仕不以名势相援为朋党,贤于季

---

① 蔡元培:《就任北京大学校长之演说》和《北大一九一八年开学式演说词》,《蔡元培全集》第三卷第5页、191页,北京:中华书局,1984年。
② 章太炎:《东京留学生欢迎会演说辞》,《章太炎政论选集》第272页。
③ 章太炎:《革命之道德》,《章太炎政论选集》第310—323页。
④ 章太炎:《检论·案唐》,《章太炎全集》第三卷第452页。

汉,过唐、宋、明益无訾",①立说不见得精确,可有发人深思之处。更重要的是,将利禄与操守作为对立的两极,要求真正的学者远离权势利禄,站在代表利禄之源的官府之外来从事学术研究。这当然是有感而发,不能不牵涉到其特殊的学术背景。

二 "学在民间"之自信

章太炎论学主"实事求是",反对康梁等今文经学家的"经世致用",讥笑其借学术进入政权结构中心或凭借政权力量来推行其学术主张为"沽名钓誉"。而在具体的办学方针上,一重官学,一尊私学,两者更是大相径庭。康梁将政治乃至教育改革的希望全押在皇上的诏令上,自然不把民间办学的热情与传统放在眼里,幻想"但有明诏",就能全面接管原就"皆有师生,皆有经费"的民间所办书院、义学、社学、学塾等,进而推行其教学主张②。也就是说,只将民间私学作为被动改造对象,突出政府干涉强行推广某种教育制度的权力与作用。这种设想必然遭到坚信"学在民间"的章太炎的强烈反对,争论的焦点不在教育要不要改革,而在支撑教育(学术)健康发展的,到底是朝廷官府还是民间社会。而这,牵涉到双方对三代之学以及私学兴起的不同评价。

戊戌变法前后维新派提倡废科举兴学校,其口头禅是"上法三代,旁采泰西",或"远法三代,近取泰西"③。所谓"远法三代",即康有为等再三强调的学校之设乃先王之法。此说若只局限于为"近取泰西"寻找理论依据倒也罢了,偏又坐实殷周时学制如何完美,春秋战国之际的学

---

① 参见《章太炎政论选集》第289页和《章太炎全集》第四卷第77页。
② 参阅康有为《请饬各省改书院淫祠为学堂折》,《康有为政论集》第312页。
③ 参阅康有为《请饬各省改书院淫祠为学堂折》和梁启超《论科举》二文。

术下移如何堕落,则不能不引起对"稽古之学"有浓厚兴趣的章太炎奋起反驳。

1898年,康有为上《请开学校折》,其中除论欧美学校之效益外,更突出学校乃先王之法:

> 吾国周时,国有大学、国学、小学之等,乡有党庠、州序、里塾之分,教法有诗书、礼乐、戈版、羽龠、言说、射御、书数、方名之繁,人自八岁至十五岁,皆入大小学。万国立学,莫我之先且备矣。①

推崇周时学制,乃中国古代士大夫的传统说法,也是康有为的一贯观点。1886年著《教学通义》,康有为即称:

> 道法备于周公,教学大备,官师咸修,盖学之极盛也。②

借推崇三代之学来贬抑秦汉以下的教育和学术,以达到其变革学制的政治目的,这是晚清的时髦高论。如陈炽即称:"古之时,有家学,有乡学,有国学。夏曰校,殷曰序,周曰庠,学则三代共之,皆所以明人伦也。"③此说源于《孟子·滕文公上》,其实没什么创见,可在晚清不断被重复。参照其他古籍所记,今人可以大致了解三代学校的规模和性质。三代之学确实值得怀念,问题在于时人为了以三代学校附会泰西学制,纷纷陈说自三代之学衰落,教育和学术因而误入歧途。最典型的是郑观应的说法:

---

① 康有为:《请开学校折》,《康有为政论集》第305页。
② 康有为:《教学通义》,《康有为全集》第一卷第112页,上海:上海古籍出版社,1987年。
③ 陈炽:《学校》,《中国近代教育史资料》下册第930页。

> 比及后世,学校之制废,人各延师以课其子弟。穷民之无力者荒嬉颓废,目不识丁,竟罔知天地古今为何物,而蔑伦悖理之事,因之层出不穷。此皆学校不讲之故也。①

康有为显然也是赞同此类说法的,在怀念三代之学的同时,康氏称春秋末造之"天子失官,诸侯去籍,百学放黜"为"学术之大变,后世人民不被先王之泽者在此"②。

如此批评学在四夷以及私学的兴起,无论如何是章太炎所不能同意的。由三代之"学在官府"转为春秋战国之"学在民间",是中国学术史、教育史上值得大书特书的大事,岂能轻易否定。首先,三代之学并非为"穷民之无力者"而设,六遂野人并没有受教育的权利,章太炎这一点看得很清楚:

> 古之学者,多出王官世卿用事之时,百姓当家,则务农商畜牧,无所谓学问也。③

其次,三代时教师非官吏莫属,谈不上独立的精神生产者,居官之人亦即教民之人,故"言仕者又与学同(《说文》:'仕,学也'),明不仕则无所受书"④。再次,三代时教师之职为世袭,并非量才录用或自由发展,章太炎再三强调这一点:"且古者世禄,子就父学,为畴官";"惟其学在王官,官宿其业,传之子孙,故谓之畴人子弟。"⑤最后,三代之学实乃"非仕无

---

① 郑观应:《学校上》,《郑观应集》上册第 245 页。
② 康有为:《教学通义》,《康有为全集》第一卷第 118 页、114 页。
③ 章太炎:《诸子学略说》,《章太炎政论选集》第 287 页。
④ 章太炎:《检论·订孔》,《章太炎全集》第三卷第 424 页。
⑤ 参阅章太炎《订孔上》和《诸子学略说》二文。

学,非学无仕",与后世孔子主张的"有教无类"天差地别,远非康有为等人渲染的平等普及的理想的教育制度。

只是到春秋时,官学日趋没落,文化及典籍逐渐扩散,私学开始兴起,形成"天子失官,学在四夷"的局面(《左传·昭公十七年》)。这一局面对教育发展学术繁荣起了很好的促进作用。令千古学人无限向往的先秦时代的百家争鸣,有赖于这种书布天下、私相传授的文化氛围。故章氏即便在对孔子很不恭敬的年代,也都称颂其"变畴人世官之学而及平民,此其功亦复绝千古"①。因为,章氏认定孔子"布彰六籍,令人人知前世废兴",故"微孔子,则学皆在官,民不知古,乃无定臬"②。从教育普及文化扩散以及打破官府对学术的垄断这一角度看,以孔学兴起为代表的私学的创设,可谓功德无量。

三代时官守其书,师传其学,"私门无著述文字"(章学诚《校雠通义·原道》);只是到了周末衰世,"官师既分,处士横议,诸子纷纷著书立说,而文字始有私家之言"(章学诚《文史通义·经解上》)。这一官学衰落而私学崛起之大趋势,为古今学者所共同关注,只不过因各自理论思路迥异而评价天差地别。正如柳诒徵在论及中国文化史上至关紧要的"学术之分裂"时所说的:

> 惟历史事迹,视人之心理为衡,叹为道术分裂,则有退化之观;诩为百家竞兴,则有进化之象,故事实不异,而论断可以迥殊。③

进化与退化历史观之争,并非理解官学、私学之争的关键。在晚清,"天

---

① 章太炎:《诸子学略说》,《章太炎政论选集》第291页。
② 章太炎:《检论·订孔》,《章太炎全集》第三卷第425页。
③ 柳诒徵:《中国文化史》上册第218页,北京:中国大百科全书出版社,1988年。

演""进化"之说风行一时,并不妨碍思想界学术界对三代之学的无限崇敬之情。

章太炎之赞颂私学,部分是基于其政治理想。1902年第二次东渡日本,章氏接受民主共和、天赋人权等西方观念,再加上中国古代的民本思想,于是在倡导反对帝制的政治革命的同时,在思想文化领域,也发表了不少以民众为本位的议论。比如编制道德等第表时以农、工、稗贩、坐贾为前四等,评价学者成就时特别推崇出身草野而"陵厉前哲"者①。这种民本思想,使得他特别能够欣赏周末这场变官学为私学的"学术之大变"。若干年后,钱穆仍沿袭这一思路,赞扬孔子"开平民讲学议政之风",评述诸子之"议论横出"乃"平民阶级之觉醒"②。晚清以来学者的这种"平民意识",使得他们对孔子开启私学的传统评价越来越高,所谓"孔子是中国第一个使学术民众化的,以教育为职业的'教授老儒'"③,是一种绝高的赞誉,而并非像廖平所抱怨的是一种贬斥④。这一由章氏始作俑者的对孔子的重新定位,直接影响了20世纪中国学者对中国古代学术思想的整体估计以及研究思路。

或许,章太炎的远见卓识,主要还不在于强调私学创设的意义,倘若不是为了"托古改制"而必须神化三代之学以及圣化,康有为未必不能承认孔子收徒讲学的历史价值;关键还在于其对秦汉以下两千年私学的高度评价。

秦时"禁游宦""禁私学",就因为私学的存在不利于皇帝"别黑白而

---

① 参阅章太炎《革命道德说》和《与王鹤鸣书》二文。
② 钱穆:《国学概论》第39页,上海:商务印书馆,1933年。
③ 冯友兰:《孔子在中国历史中之地位》,《三松堂学术文集》第126页,北京:北京大学出版社,1984年。
④ 廖平:《知圣篇》卷上,《廖平学术论著选集》第一卷第189页,成都:巴蜀书社,1989年。

定一尊",李斯的话说得很清楚:

> 私学而相与非法教,人闻令下,则各以其学议之,入则心非,出则巷议,夸主以为名,异取以为高,率群下以造谤。(《史记·秦始皇本纪》)

以后历代禁私学者,都以与此大致相同的理由,只不过没胆量再像秦始皇那样理直气壮地"焚书坑儒"罢了。汉虽兴学,独尊儒术,已无百家争鸣的气派,可毕竟"四海之内,学校如林,庠序盈门"(班固《东都赋》)。尤其重要的是,自汉武帝特别提倡今文经学,两汉官学中虽只设今文经学博士,可并不禁止没被立为博士并进入太学的古文经学家以私学和私家讲授方式与官学对抗。两汉的学校分官学、私学两大类,官学(如太学)得政府资助,又是利禄之途,自是势大气盛;可经师大儒自立"精舍""精庐"等开门授徒,听讲者也动辄以千人计。前人有以私家讲授之盛始于东汉者,吕思勉则上溯孔门之讲学:

> 然则孔子弟子三千,孟子后车数十乘、从者数百人之风,盖自东周至秦,未之有改。秦之焚书,汉之兴学,实皆受民间风气之鼓动而不自知耳。①

两汉以下,官学与私学并存的局面,一直延续到20世纪中叶。其间名师大儒之聚徒讲学,虽屡因"别标门户,聚党空谈""摇撼朝廷,爽乱名实"(张居正语)等罪名被查禁,但屡禁屡兴。除了私学的讲授有其特色外,更因官府财力有限,碰上"国之大事戎马为先"的战乱年代,更管不了学校之兴废,全赖民间自发维持。所谓"乱世则学校不修焉"(《毛诗·子

---

① 吕思勉:《吕思勉读史札记》第675页,上海:上海古籍出版社,1982年。

衿序》),民间兴学可补官学之阙,"私学"的这一功能历代都得到普遍承认。另外,官学教育多集中于州县,入学颇多不便,私学则有更大的灵活性,故更多承担乡村的启蒙教育(包括村学、义学、家塾等),这一点也能被朝野共同认可。私学若只有这两种功能,不会与朝廷产生大的摩擦。问题是有的名师大儒因与当权者政治主张或学术见解迥异,不愿妥协和解,遂退而隐居授徒讲学,以私学为基地传播其学术见解和政治主张。此等大儒,若只是独善其身、远离利禄的"学隐",统治者最多蒙受"天地闭贤人隐"之类名誉上的损失;若像明代的东林书院,结成政治上的反对派,那对统治者来说可就是心腹之患了。而对"私学"之毁誉不一,自然主要是针对这种与官学相对立的有学术意义和政治效应的大儒讲学。章太炎平生多次论及官学与私学,从来都是旗帜鲜明地扬私学而抑官学。

官学与私学,就其普及教育传播知识而言,本可互相补充,因各有长短,不必强分轩轾。可倘若就其对学术发展的贡献而言,私学可能真的在官学之上。在撰于1908年的《代议然否论》中,章太炎对此有过全面的论述:

> 学术者,故不与政治相丽。夫东胶、虞庠、辟雍、泮宫之制,始自封建时代,礼乐射御皆为朝廷用。孔老起,与之格斗,学始移于庶民。自尔历代虽设大学,其术常为民间鄙笑。汉世古文诸师,所与交战者十四博士;宋世理学诸师,所与交战者王氏之《三经新义》。综观二千岁间,学在有司者,无不蒸腐殨败;而矫健者常在民间。方技尤厉,张衡、马钧之工艺,华佗、张机之医术,李冶、秦九韶之天元四元,在官者曾未倡导秒末,皆深造创获,卓然称良师。①

---

① 章太炎:《代议然否论》,《章太炎全集》第四卷第308页。

这么一种官学、私学二千年互相对峙的发展模式,以及官学腐败而私学矫健的总体评价,章太炎在其他文章中也不断提及。比如,1910年章太炎称:"并不是兄弟有意看轻学校。不过看中国几千年的历史,在官所教的,总是不好;民间自己所教的,却总是好。"①1924年章太炎又称:"究之方闻之士,经世之才,多于大师讲塾,儒人学会得之,次则犹可于书院得之,而正式学校无与也。"②而所有这些,都不是为了制造"卑贱者最聪明"的神话,而是强调学术发展赖于实事求是精神,赖于自由探索的勇气,以及摆脱朝廷一时一地之"用",只有在这些方面,私学才有明显的优势。

强调私学对中国学术的决定性影响的,并非只有章太炎一人。现代著名史学家吕思勉也曾断言:"学术之兴盛,皆人民所自为,而政府所能为力者实浅矣……学术之命脉,仍系于私家也。"至于对学术发展的贡献,何以财大气粗的官学反不如私学,吕氏的解释较为平实,似不及章氏深刻:

> 亦以私家立学,为众所归仰者,其人必较有学问,而归仰之者,亦必较有乡学之诚,就加资助,转较官自立学者为有实际也。③

吕氏将私学之得归之于民众的办学热情以及教师的道德学问;章氏则将官学之失归之于官府(朝廷)的过分干预以及肉食者自身的追求利禄。探究中国历史上官学、私学之得失,实非三言两语所能穷尽。倒是章氏之区分"师"与"作述者"的不同功能,为我们打开了另一条思路,有助于厘清这一错综复杂的难题。

---

① 独角(章太炎):《庚戌会衍说录》,《教育今语杂志》第4册,1910年。
② 录自汤志钧编《章太炎年谱长编》第747页,北京:中华书局,1979年。
③ 吕思勉:《吕思勉读史札记》第904页、906页。

第二章　官学与私学

在 1910 年刊于《学林》第二册上的《程师》中，章太炎区分重在制法发微的"作述者"与重在授业解惑的"师者"的不同功用，称"以师为作述者，则作述陋；以作述者责师，则师困"。二者各有所长也各有所短，对于一个健康正常的社会来说，二者不可偏废。

> 世无师，则遵修旧文者绝，学不遍布。世无作述者，则师说千年无所进，虽有变复，非矫乱，则奇邪也。①

师者学问固然不及作述者，可授业的功效或许远在其上。因为对于传道授业解惑的学校来说，一般情况下均鼓励"袭蹈常故"，不必有太多的创造性发挥，这样更便于学生的接受知识；而作述者往往"其法卓特，不循故常；其说微至，不与下学近。弟子既不能尽取前说，比其利病，亦无以见作述者独至"。此等具有原创力的卓绝之士，应征进入官学徒然取辱于不通之俗吏，何若"聚徒千人，教授家巷，而不与辟雍横舍之事者也"？这里区分两种学者：聚徒讲学的名德之士，其长处在于思考之独特作述之精深；任职学校的官学之师，其职责在文化之普及学术之遍布。也就是说，在普及教育方面，官学可能起的作用相对大些；至于发展学术，则更多依赖不受官府控制的私学。章氏将其概括为：

> 师者在官，作述者在野，其为分职，居然殊矣。

这一提法起码比完全否定官学的偏激之辞稳妥些。不过，不只对世人称颂三代之学的神话不以为然，对新学之士援引西例力主政府兴学者，章氏也始终抱不信任态度，甚至断言此种"诸材艺卓至者，一切陈力官府"

---

① 章太炎：《程师》，《章太炎全集》第四卷第 137—138 页。

的做法,是早就过时的"酋长贵族之治"①。

  康有为等追求办学的规模以及短期内开花结果,故极力怂恿清廷包揽教育大权;章太炎也承认朝廷的干预有利于普及教育,可成也萧何败也萧何,朝廷的过度干预,又使得学校无法培养第一流人才或发展高深学术。故章氏将教育和学术复兴的希望,寄托在同人自由组合的"学会",而不是由清廷控制的学校,原因是:"学会不受学部的管辖,也不受提学使的监督,可以把最高的知识,灌输进去。"②循此思路,章太炎提出教育独立的设想:

> 学校者,使人知识精明,道行坚厉,不当隶政府,惟小学校与海陆军学校属之,其他学校皆独立。③

此说既植根于章氏对二千年私学传统的推崇,又明显受其时流行的西方现代政治思潮(包括无政府主义)的影响,并非只是"士大夫的山林清梦"。清末民初,不少第一流学者和教育家,都有过类似的想法。严复讥笑"野无遗贤之说,幸而为空言,如其实焉,则天下大乱",主张政学分途,学者应在政府之外自由地从事高深研究④。王国维的态度更明确:"今之时代,已进入研究自由之时代,而非教权专制之时代了"⑤,故"学术之发达,存乎其独立而已"⑥。至于毕生从事教育改革的蔡元培,则主

---

① 章太炎:《程师》,《章太炎全集》第四卷第137—139页。
② 独角(章太炎):《庚戌会衍说录》,《教育今语杂志》第4册,1910年。
③ 章太炎:《代议然否论》,《章太炎全集》第四卷第306页。
④ 严复:《论治学治事宜分二途》,《严复集》第一册第89—90页。
⑤ 王国维:《奏定经学科大学文学科大学章程书后》,《王国维遗书》第五卷《静庵文集续编》第39页。
⑥ 王国维:《论近年之学术界》,《王国维遗书》第五卷《静庵文集》第97页。

张"教育事业当完全交与教育家,保有独立的资格,毫不受各派政党或各派教会的影响",理由是"教育是求远效的;政党的政策是求近功的"①。在20世纪中国,"教育独立"的口号,被涂上过分浓厚的政治色彩,以致人们很少考虑其政学分途的设想在中国学术思想史上的意义。

章氏之极力贬官学而扬私学,其实还有个今古文之争的学术背景。公元前124年,汉武帝接受董仲舒等建议创立太学,太学的教官乃各经博士。太学博士代有增减,可汉代四百年所立博士几乎全是今文经学。许多学术成就很高的经古文家,由于经今文家的"党同门,妒道真"(刘歆《移书让太常博士》)而没能被立为博士并进入太学,只好自立精舍开门授徒。一般认为,立为官学的今文经学派只讲一经,拘守家法;而作为私学的古文经学派反倒能博通群经,融会贯通。在朝者声势显赫,在野者学业专精,双方互相攻击,各不相让。晚清今古文之争再起,成为兼有政治与学术的大论战。论战双方价值标准不同,可对两汉官学的描述并无二致:康氏称"两汉所立博士皆今学";章氏也称"夫汉时十四博士,皆今文俗儒"②。章太炎历来主古文经学,必然推崇这一在野的"私学";反今文经学,也就必然连带反立今文经学家为博士的"官学"。

不过,今古文之争与官私学之争,毕竟不完全是一回事。前者是章氏立论的根基,后者则是连带述及。两汉崇尚今文经学,章氏连今文经学带官学一块骂。可魏晋时王肃借助政治势力尊崇古文经学,"在汉代没曾立官学的,三国也都列入官学;自此今文家衰,古文家兴"③。对此章氏并不反感,反而颇为推崇被立为新官学的古文经学,称"汉人牵于

---

① 蔡元培:《教育独立议》,《蔡元培全集》第四卷第177—178页,北京:中华书局,1984年。

② 康有为:《万木草堂口说》,《长兴学记·桂学答问·万木草堂口说》第70页,北京:中华书局,1988年;章太炎:《汉学论下》,《章太炎全集》第五卷第22页。

③ 章太炎主讲、曹聚仁记述:《国学概论》第36页,香港:学林书店,1971年港新六版。

学官今文,魏晋人乃无所牵也"①。魏晋人何尝"无所牵",只不过囿于师法门户之见,章氏无暇指摘其作为新官学的弊病罢了。

讲求气节,反对曲学干禄,章太炎不只反对异族统治者,也反对一切朝廷之操纵学术。故其推崇"学隐",并非反清的权宜之计。在他看来,学术独立是学术发展的重要前提,而相对来说,私学比官学有更大的独立自主性,故"学在民间"。"学在民间"之所以优于"学在官府",主要不在于兴学的诚意与求学的热情,而在于私学提供更多自由思考和独立探索的可能性。至于历史上官学、私学的具体功过得失以及现代社会教育发展的趋向,章太炎并没有进行过仔细的考察。章氏历来主张读史识大体,既然自认已经把握住总体倾向及基本精神,也就不屑于再做进一步的论证了。而这,不免影响了其立论的精确性。

三 书院讲学的魅力

章太炎谈论教育与学术的发展,从一开始就是"政府不能任,而士民任之"的调子,明显是继承中国古代私学的传统。这一点与康有为大不一样。康有为在《教学通义》中虽也大谈公学、私学之分,可那是周公六官皆学下的公私学之分,并没有后世官府之学与民间之学对峙的味道:

> 公学者,天下凡人所共学者也;私学者,官司一人一家所传守者也。公学者,幼壮之学;私学者,长老之学。公学者,身心之虚学;私学者,世事之实学。②

---

① 章太炎:《汉学论下》,《章太炎全集》第五卷第22页。
② 康有为:《教学通义》,《康有为全集》第一卷第85页。

至于秦汉以下的私学传统,康有为不大注意,而其兴学计划也只是"上法三代,旁采泰西"。章太炎不大敬仰三代之学,倒是对"天子失官,学在四夷"后的局面感兴趣,而对秦汉以下私学在中国学术史上的作用和地位更是十分关注。而其攻击新式学堂的诸多弊端,并非主张毁学弃智,而是推崇真正能出"方闻之士经世之才"的讲塾、学会与书院。反过来说,章氏之攻击"学校丛弊",其所持的尺度其实赖于八年就读诂经精舍的经验以及其对中国书院教育的考察与认同。有人曾正确地指出:"虽时至晚清,国中学人如章太炎、康长素、蔡孑民、梁任公诸子,莫不曾在书院中讲学。"①可还应当补充一句,真正领略书院讲学精神并力图将其发扬光大的,则当首推章太炎。

两汉以至隋唐,官学以外,名师大儒多聚徒讲学,传授经业。宋代学者在寺院教育的启发下,将唐代藏书、校书乃至研究学术的书院改造成讲学授徒的教育场所。自此以后,宋元明清数代,书院制度成为一种独特的教育形式,对中国教育和学术的发展起举足轻重的作用。

书院虽有官立与私立两大类,可最能体现书院特点的是私立书院(包括私人设立政府补助或地方政府所设)。书院作为一种教育机构的创立与演变,虽有官方的支持与资助,但其基本精神则来源于私人讲学的传统。从孔墨讲学,经稷下学官,两汉隋唐的精舍或讲塾,再到宋元以下的书院,此乃中国古代一脉相传的私学传统。黄宗羲曾撇开具体史实的考订,直探书院崛起的内在原因:

> 其所谓学校者,科举嚣争,富贵熏心,亦遂以朝廷之势利一变其本领;而士之有才能学术者,且往往自拔于草野之间,于学校初无与也,究竟养士一事亦失之矣。于是学校变而为书院。(《明夷待访

---

① 张正藩:《中国书院制度考略》第82页,南京:江苏教育出版社,1985年。

录·学校》)

这里所强调的"朝廷"与"草野"、"科举"与"学术"之间的对立,正是官学与私学之纷争。后世学者论及书院,也大都注意到这一点。正如张正藩所指出的:"考书院与官学最大的不同之点,即在其教育目标之为'教育的而非科举预备的'。"①明清虽也有一些由官府资助的作为科举预备学校的书院,但真正的书院精神在于以义理之学修养之道为教育中心,以学术为生命,并不追求功名利禄。历代书院大抵以朱熹的白鹿洞学规为标准,具体规则可能变更,但述学以正人心,补官学之阙失,这一宗旨始终没变。柳诒徵在述及宋元以下之所以在国学及府县之学外,还有书院之设时称:"盖学校多近于科举,不足以餍学者之望,师弟子不能自由讲学,故必于学校之外,别辟一种讲学机关。"在书院讲授或受业者,须淡于荣利,故"志在讲求修身治人之法者,多乐趋于书院。此实当时学校与书院之大区别也"②。

后世学者对书院的历史总结颇有差异,而在我看来,书院教学最明显的特征莫过于如下四点:第一,讲求身心修养和德操气节,不重科举出身;第二,教学中以自学为主,注重独立研究能力的培养;第三,提倡讲会制度,学术上自由争论互相辩难;第四,注重因材施教,师生间较多情感交流。至于"讲习之余,往往讽议朝政,裁量人物"(《明史·顾宪成传》),以至成为政治上反对派的重要基地,并非书院的普遍特色,也并非章太炎注目的重点,可暂时存而不论。

早期书院多为理学家讲学场所,故不专重知识讲授,更讲求"合礼"因而"合理"的生活习惯的培养。对后世教育(尤其是书院教学)影响甚

---

① 张正藩:《中国书院制度考略》第36页。
② 柳诒徵:《中国文化史》下册第574页。

大的朱熹所立白鹿洞书院学规,不只提出"博学之,审问之,慎思之,明辨之,笃行之"的"为学之序",更强调"穷理"之外的"笃行之事":修身、处事、接物。求学最终必须落实为做人,博学穷理自然归结为居敬笃行,朱熹对此学规有过如下诠释:

> 熹窃观古昔圣贤所以教人为学之意,莫非使之讲明义理,以修其身,然后推以及人;非徒欲其务记览,为词章,以钓声名,取利禄而已也。(《白鹿洞书院揭示》)

章太炎反对学校成为科举新样利禄之途,论辩中常针对新学之士"唯禄利是务,恶衣恶食是耻",这与朱子之要学子讲求身心修养颇多相通之处。只是不愿染道学气味,章太炎不屑絮絮叨叨教人如何修心养性,只拈出"攻苦食淡"四字作为学者治学的准则。

章太炎对学校攻击最烈的是其教学方式:"专重耳学,遗弃眼学。""眼学""耳学"之分,不只是一般读书方法的区别,而是两种学制在教学方式上的根本差异。以耳学为学问,乃古人治学之大忌,颇有但凭听闻不加钻研乃至道听途说欺世盗名的味道。《文子》"道德"篇中专门批评导致"学问不精听道不深"的"耳听",可作为理解"耳学"的钥匙。章氏之批评学校之重"耳学",除强调其可能导致"学在皮肤"外,更将其与"眼学"相对立,突出治学中自力修持与他人辅助之别。在《救学弊论》中,章氏论读史"其所从入之途,则务于眼学,不务耳学";而在《章太炎论今日切要之学》和《与邓之诚论史书》中,章氏又称"历史之学宜自修,不适于讲授";"史书宜于阅读,不宜于演讲"[①]。可见,章太炎心目中的

---

① 三文分别见于《章太炎全集》第 5 卷、《中法大学月刊》第 5 卷 5 期(1933 年)和《制言》第 51 期(1934 年)。

"眼学"即"自修","耳学"即听教师"讲授"。"讲授"固然利于启发初学引导入门,可能让大众听得进去的必是卑之无甚高论,真正精微之处是无论如何难得以语言传授的。读书只能自家体会,教师最多从旁略加点拨,关键处助其一臂之力。倘若全凭讲授,囿于耳学,最好也不过获得些许高等常识——还难保不因教师的愚钝而误入歧途。借用朱熹的一句话:

> 读书是自家读书,为学是自家为学,不干别人一线事,别人助自家不得。(《朱子语类》卷一一九)

书院教学之所以强调自学为主,正是基于这一认识。教师"只是做得个引路底人,做得个证明底人,有疑难处同商量而已"(《朱子语类》卷十三)。如今变为教师讲授学生听讲,考试及格即予毕业,而及格与否的依据又是教师的讲义,学生于是只能专重耳学老死讲义了。在章太炎看来,这种"耳学之制",其根本缺陷在于立制者过求速悟,乃至鼓励偷懒侥幸,培养不肯虚心切己体察穷究的恶习,于治学为害甚大:

> 制之恶者,期人速悟,而不寻其根柢,专重耳学,遗弃眼学,卒令学者所知,不能出于讲义。[①]

章氏平生治学推崇自得,"耳学"自然不及"眼学"便于沉潜玩索。1912年章氏答张庸问,论及治学方法时称:

> 学问只在自修,事事要先生讲,讲不了许多。予小时多病,因弃

---

① 章太炎:《救学弊论》,《章太炎全集》第五卷第98页。

八股,治小学,后乃涉猎经史,大概自求者为多。①

讲究"自求",并不抹杀导师的引路之功。只不过从师问学,不当"但据一先生之言,穷老尽气,不敢少异"(全祖望《甬东静清书院记》);而是自修为主,"读书有不明白处,则问之",就像当年章氏"事德清俞先生,言稽古之学"时一样②。

求学贵自得,还在于学问并非全靠书本,倒是很大程度上得益于自家的人生体验。章氏自称:

余学虽有师友讲习,然得于忧患者多。③

而这种"忧患"的人生体验,别人(包括书本)无论如何是取代不了的。讲理工医农,或许不需要此等个人性的经验;可讲人文社科,则特别倚重这一纯属个人的体味。单有"思想精微"还不够,"必须直观自得,才是真正的功夫"。当然,章氏此话的范围只限于哲学家而不包括天文学家或物理学家。对于哲学家来说,"不能直观自得,并非真正的哲理"④。得出这一命题,自是基于章氏平素学佛参禅注重验心,可也与其"近遭忧患,益复会心","迩来万念俱灰,而学问转有进步"的人生阅历大有关系。自省学问之进展,"盖非得力于看书,乃得力于思想耳"⑤,故对于世人之注重耳学不求自得甚不以为然。

---

① 张庸:《章太炎先生答问》,《章太炎政论选集》第259页。
② 参阅张庸《章太炎先生答问》和章太炎《谢本师》。
③ 章太炎:《太炎先生自定年谱》第14页,香港:龙门书店,1965年。
④ 章太炎主讲、曹聚仁记述:《国学概论》第108页。
⑤ 参阅《太炎先生自定年谱》第55页和《章太炎先生家书》第44—45页,上海:上海古籍出版社,1985年。

章太炎心目中理想的教育体制,是"倚席讲论,群流竞进,异说蜂起"的"学会"①。这种"学会"的设计,其实源于中国传统书院的"讲会"。朱熹主持白鹿洞书院时,曾于淳熙八年(1181)邀陆九渊到书院讲"君子喻于义小人喻于利"一章,自此开创书院讲会传统。到明代,书院讲会盛极一时,且逐渐制度化,如《东林会约》中对书院讲会仪式就有十一项明确规定。此等讲会,有大师主讲,有同学论辩,不拘一格,质疑驳难,颇有学术自由的味道。因为正如明人吕泾野论及讲学时所称的:

> 不同乃所以讲学,既同矣,又安用讲耶?(《明儒学案》卷八)

讲会上"异说蜂起",此乃常事,不求定于一尊,更不待朝廷裁制。令章太炎惴惴不安的是,由允许"群流竞进,异说蜂起"的书院讲会,转为由"国家预设科条,以为裁制"的官立学校,很可能会窒息学子的独立思考和自我判断能力。关注"异说",反对"一尊",这一思路无疑更具有现代意识;可章氏立论时对新式学堂有所误解,而对传统书院又未免过分美化。其实,真能贯彻自由讲学原则的书院并不多见,往往还因山长个人成见而使得学子眼光和口味过分褊狭。而现代大学作为"网罗众家之学府",倘如蔡元培所主张的,"循'思想自由'的原则,取兼容并包主义"②,更可能使学子眼界开阔思想活跃。也就是说,章氏立说的精华,其实不在于其对学校的批评或对书院的推崇,而在于其提倡自由讲学的基本立意。

章太炎对"耳学之制"不满,还有一个原因是学子才性不一,教师只管大班讲授,无法因人施教,未免糟蹋人才。因此,他主张对"高材确

---

① 录自汤志钧编《章太炎年谱长编》第793页。
② 蔡元培:《致〈公言报〉函并答林琴南函》,《蔡元培全集》第三卷第271页。

士""以别馆处之",令其访名师,赴学会,让其自由发展。"此则以待殊特之士,而非常教所与也。"①因人施教不只是为了便于把握传授学问的深浅,更包括师生之间情感的交流和志趣的契合。古人说"从先生游""从先生学",非只是课堂上之传授知识,更包括日常交谈中的言传身教。许寿裳曾著文回忆1908年与鲁迅、周作人、钱玄同等从章太炎先生学时"如坐春风"的情景:

> 先生讲段氏《说文解字注》、郝氏《尔雅义疏》等,神解聪察,精力过人,逐字讲释,滔滔不绝,或则阐明语原,或则推见本字,或则旁证以各处方言,以故新谊创见,层出不穷。即有时随便谈天,亦复诙谐间作,妙语解颐。②

此等"随便谈天",其实更见性情,并非只是可有可无的点缀。一部《论语》,所录何止先生论学之语,更包括孔门师徒的"随便谈天"。若干年后,弟子记得的,很可能不是先生传授的某些具体的学术见解,而是业师的一个手势、一个眼神,或者几句无关宏旨的隽语。鲁迅对其业师是这样描述的:

> 太炎先生对于弟子,向来也绝无傲态,和蔼若朋友然。③

若干年后,鲁迅"听讲的《说文解字》却一句也记不得了",可"先生的音容笑貌还在目前"④。

---

① 章太炎:《救学弊论》,《章太炎全集》第五卷第104页。
② 许寿裳:《章炳麟》第78页,南京:胜利出版公司,1946年。
③ 鲁迅:《致曹聚仁》,《鲁迅全集》第十二卷第185页,北京:人民文学出版社,1981年。
④ 鲁迅:《关于太炎先生二三事》,《鲁迅全集》第六卷第546页。

这并非鄙薄具体学问的传授,而是认定传道授业解惑中,最好能自然而然地体现一种学术境界和人生精神。相对于集中课堂分科讲授专门知识的新式学堂来,传统书院的讲学更容易做到这一点。不同于章太炎的坚持独立讲学,1920年代中期,梁启超任教清华学校的国学研究院,希望"在这新的机关之中,参合着旧的精神"。具体说,就是"一面求智识的推求,一面求道术的修养,两者打成一片"。可两年多后,梁启超不得不感叹此理想的不易实现。一方面是学校上课下课,"多变成整套的机械作用",一方面是师生之间,"除了堂上听讲外,绝少接谈的机会"①。有专门教授指导治学的研究院尚且如此,一般中学大学更是可想而知。说到底,这是中西教育思想的差异,"西方教育重在传授知识",而"中国教育则在教人学为人"。晚清教育改革的口号是"远法三代,近取泰西",可三代之学未免过于遥远过于模糊了,实际上只能"近取泰西"。西化学校不可阻挡的崛起,使得整个教育界"师不亲,亦不尊","所尊仅在知识,不在人"②。这对普及教育,增长知识,开拓学生的学术视野,乃至富国强兵救亡图存,都是很有好处的;可对于蔡元培、章太炎、梁启超乃至钱穆等人所设想的"完全人格教育",却是不小的打击。这或许是现代人为"进步"而不得不付出的代价。意识到"教育现代化"过程中某种传统人文精神的失落,乃至为之痛心疾首,章太炎不得不奋起疾呼"救学弊"——尽管在时人看来,这又是"章疯子"别出心裁故作惊人之论。

有趣的是,青年毛泽东虽不治国故之学,可也对世人之"争毁书院,争誉学校"不以为然,认定"从'研究的形式'一点来说,书院比学校实在

---

① 周传儒、吴其昌记录:《梁先生北海谈话记》,丁文江、赵丰田编《梁启超年谱长编》第1138—1139页,上海:上海人民出版社,1983年。

② 钱穆:《现代中国学术论衡》第161页、168页,长沙:岳麓书社,1986年。

优胜得多":

> 一来是师生的感情甚笃,二来是没有教授管理,但为精神往来,自由研究。三来课程简而研讨周,可以优游暇豫,玩索有得。①

只是毛泽东只注重书院的"研究的形式",而不是像章太炎那样将其作为中国私学传统的表征;具体评价上也不像章太炎一边倒,而是认为书院和学校各有短长,希望能"取古代书院的形式,纳入现代学校的内容"。

四 "救学弊"与"扶微业"

章太炎关于"救学弊"的呼吁以及"学在民间"的思想,难得为后学所领会,常被误读为只是对清廷的批判。这是因为论者囿于"科举废,学校兴,学术当日进"这一时俗之见,而又力图为贤者讳,不愿置章太炎于"逆历史潮流"反对新式教育的难堪地位,故曲为辩解,而不是深入体会章氏独特的学术思路。章氏平生治学,以"不惑时论"自诩,依常人之见推论,罕有不出差错的。"反满"固是章氏思想的一大特色,可将"学在民间"的设想限制于此,不免有买椟还珠之嫌。侯外庐称:

> 太炎是一个极端的民族主义者,最反对满清统治的人,他最怕言致用有利于满清,所以他对于清代的人物评价第一义,首先是基于反满一点,以至于他说"学术文史在草野则理,在官府则衰"(《说林下》),"中国学术自下倡之则益善,自上建之则日衰"。(《与王鹤

---

① 毛泽东:《湖南自修大学创立宣言》,《新时代》创刊号,1923年4月。

鸣书》)①

品其口气,侯氏显然不以章太炎之说为然,似乎只是因其隶于反对满清统治而差可原谅。姜义华述及章氏对学校之不满时称:"特别是在当时学校为清廷所控制的情况下,他认为更必须强调这一点。"②仿佛"学在民间"这一命题,只是在提倡反满时才有意义。唐文权、罗福惠合著《章太炎思想研究》,把这意思说得更明白:

> 他曾多次表述对当时新式学堂的看法,"学校在官,其污垢与科举等",可说其主旨不在反对学堂的"新式"而在反对官办。当时清王朝尚未推翻,官办新式学堂虽然也能给学生传播近代科学知识,但在政治上无疑是想造就维护封建王朝的奴才,向学生灌输忠君敬长、追名逐利等陈腐观念。③

照此类推,辛亥革命后"政权、教育权的问题已经解决",章氏应该如唐、罗所断言的,对学校的态度"来了一个大转变",可实际上并非如此。

章氏对学校的抨击,并没因清王朝的覆灭而中止,1924年发表的《救学弊论》口气更为强硬,甚至主张:"择其学风最劣者悉予罢遣,闭门五年然后启,冀旧染污俗悉已涤除,于是后来者始可教也。"章太炎攻击的是使学校成为利禄之途的"朝廷",而不只限于"清廷"。"凡朝廷所闿罢,足以干禄,学之则皮傅而止。"④唐宋如此,明清如此,民国也不例外,只要是官学,都有成为利禄之途的危险。这才是章氏强调"学校在官,

---

① 侯外庐:《近代中国思想学说史》下册第848页,上海:生活书店,1947年。
② 姜义华:《章太炎思想研究》第437页,上海:上海人民出版社,1985年。
③ 唐文权、罗福惠:《章太炎思想研究》第308页,武汉:华中师范大学出版社,1986年。
④ 章太炎:《与王鹤鸣书》,《章太炎全集》第四卷第152页。

其污垢与科举等"的本意①。章太炎是"看中国几千年的历史","又向旁边去看欧洲各国",然后才得出此"在官所教的,总是不好;民间自己所教的,却总是好"的结论②。不管"学在民间"的提法是否精确,但无论如何不仅仅是一句服务于反满斗争的政治口号,而是章太炎对中国学术思想史长期思考的结果。

章太炎之反对西式学堂,最表面的理由是蔑视不学无术而又主管教育的官吏,如称"光大国学"则"肉食者不可望";"教育部群吏,又盲瞽未有知识"等③。可过分强调官吏的无知骄横与新学之士的慕富贵患贫贱,很容易推导出学校当努力加强道德教育的结论,可这其实并非章太炎的本意。官学、私学之优劣比较,关键在教育体制而不在个人道德。20世纪初年,取法泰西兴办学校是大势所趋,以书院为代表的私学传统正日趋没落。正是有感于此,章太炎才着力发掘私学的合理内核,而不忍心落井投石。撇开诸多对新式学堂情绪化的攻击,章氏之推崇私学确有真知灼见,尤其是其关于百家争鸣与定于一尊的思考。

像大多数中国读书人一样,章太炎十分向往先秦时代的百家争鸣:

> 其时孟轲、邹卿、庄周、墨翟,各以其道游说,辙迹遍天下。下逮刑名之学,坚白之辨,用兵如孙、吴,辨说如苏、张,莫不摇舌抵掌,自昌其术。用则见于行事,不用则箸之竹素,虽或精粗不同,浅深殊量,而要皆一时之好,其流风余烈,足以润泽百世,传之无穷,故学术莫隆于晚周,与其国势之敝若相反。④

---

① 章太炎:《哀陆军学生》,《章太炎政论选集》第417页。
② 独角(章太炎):《庚戌会衍说录》,《教育今语杂志》第4册,1910年。
③ 章太炎:《致国粹学报社书》和《致袁世凯书》,《章太炎政论选集》第498页、686页。
④ 章太炎:《华国月刊发刊辞》,《章太炎政论选集》第779页。

"润泽百世"的晚周之学,最为人称道的是其百家争鸣的学术风气。而这,实有赖于私学的勃兴。秦代的"偶语弃市""焚书坑儒"自然是摧残学术,汉代的"罢黜百家,独尊儒术"也是一种可怕的思想钳制。章太炎也称"学术衰微","实汉武罢黜百家之故";与常见不同的是,章氏认定汉武帝之"专取五经","其实非只废绝百家,亦废绝儒家"①。使学问成为利禄之途,再加上思想上力求定于一尊,此乃学术衰微的根本原因,古今中外概莫例外。

章太炎对孔子的评价前后悬殊,但反对立孔子为教主的立场始终没变。除了认定一为宗教,则必然"锢塞民智","令人醒醉发狂","非使学术泯绝,人人为狂夫方相不已"外,更因为章氏历来反对独尊一家:

> 夫欲存中国之学术者,百家具在,当分其条品,成其统绪,宏其疑昧,以易简御纷糅,足以日进不已。孔子本不专一家,亦何为牢执而不舍哉!②

不管所尊是真孔抑或假孔,两汉因"定一尊于孔子,虽欲放言高论,犹必以无碍孔氏为宗"③,使得学术衰微,今世岂能重蹈覆辙?康有为推孔子为教主,教主是不容怀疑不可讨论的,而且只此一家别无分店。章太炎则只称孔子为"古之良史",良史虽尊,但可以讨论可以怀疑,更重要的是并不需要"罢黜百家"。在章太炎看来,"过崇前圣,推为万能,则适为桎梏矣"。"人事百端,变易未艾","岂可定一尊于先圣"④?姑且不说

---

① 章太炎:《致柳翼谋书》,《章太炎政论选集》第764页。
② 章太炎:《示国学会诸生》,《章太炎政论选集》第696页。
③ 章太炎:《诸子学略说》,《章太炎政论选集》第285页。
④ 章太炎:《与人论朴学报书》,《章太炎全集》第四卷第153—154页。

先圣不一定事事贤于今人,"定一尊"的思维方式尤其不可取。

章太炎对私学的推崇,最重要的一点便是这反对"定于一尊"与力主"互标新义"。官学为朝廷所出资兴建,也为其掌握与利用。从培养朝廷(国家)需要的合格人才角度考虑,"法制不可不预立"。比如,"周之六德三艺,汉武之崇尚六经,汉宣之石渠讲论,皆特立准绳,纳之法度"。至于"唐之《五经正义》、宋之王氏《三义》、明之《四书五经大全》,且特著成书,颁之学宫"。立准绳,定法度,对于标准化教学当然很有必要;可此"统摄整齐之法",即便十分高明,对卓绝之士聪明才智的发挥,仍然是一种压抑。官学里既然已有了钦定的答案,没必要(也不允许)上下求索别立新说。于是,"著书腾说,互标新义"成了"在野学士"的专利。这正是章太炎区分"师在官,作述在野"的真意所在。将"师"与"作述"完全分开,自然不是好办法,章太炎当然希望能有熔教学、研究于一炉的教育体制,这就是他所设想的"学会"。"学会之讲学",跟"学校之教士",最大的不同之处在于:

> 其在学会之学士,倚席讲论,群流竞进,异说蜂起,而其是非去取,一任之学者之抉择,无俟乎国家之预设科条,以为裁制也。①

先秦时代百家争鸣的局面已不可复得,但如若能保持"群流竞进,异说蜂起"的"学会",对学术发展仍然很有意义。而由朝廷(国家)来"预设科条"裁制学术,则很容易走向独尊一家,扼杀异说。章太炎之推崇以书院为代表的私学传统以及力主"合耦同志,以建学会",都是基于这种对学术(思想)专制的高度警惕。

章太炎对书院精神的继承,其实侧重于清而不是宋与明。宋明两代

---

① 录自汤志钧编《章太炎年谱长编》第793页。

著名的书院,颇有攻击朝政,代表一代清议的。章太炎对此甚不以为然,批评"东林之兴,为学士丛薮,然急切干禄之念,浸益染污,名为讲学,实以自植政党"①;至于黄宗羲《明夷待访录·学校》中之"独令诸生横与政事",更是章氏攻击的对象②。反对学生议政干政与赞许清儒"不以经术明治乱,故短于风议;不以阴阳断人事,故长于求是"③,两者是相通的,都是力主政学分途,学以求是而非致用。

清代书院大致分为三类:一重义理与经世之学,一以考课举业为目的,一推崇朴学精神倡导学术研究。章太炎就读的杭州诂经精舍属于第三类。阮元曾自述创办诂经精舍的宗旨:

> 精舍者,汉学生徒所居之名;诂经者,不忘旧业,且勉新知也。(《西湖诂经精舍记》)

阮氏所办诂经精舍太平天国期间毁于战火,重建后的诂经精舍保持原有不涉科举时务的特色。俞樾在《重建诂经精舍记》中称:

> 肄业于是者,讲求古言古制,由训诂而名物,而义理,以通圣人之遗经。

章太炎后来的讲学,大致也是这条路子。几次开门授徒,都是讲授"中国之小学及历史"此等"中国独有之学"④,而不像康有为主讲万木草堂

---

① 章太炎:《哀陆军学生》,《章太炎政论选集》第417页。
② 章太炎:《非黄》,《章太炎全集》第四卷第125页。
③ 章太炎:《訄书·清儒》,《章太炎全集》第三卷第158页。
④ 张庸:《章太炎先生答问》,《章太炎政论选集》第259页。

那样包括泰西哲学、万国史学、地理学、数学和格致学①。从《说文解字》《尔雅》《庄子》和《楚辞》中,的确是很难开出内圣外王或经天纬地的大道来的,好在章氏本就无意于此。范文澜批评章太炎作为清末古文经学的代表,"从古文经学中引申出政治上革命的思想来是很难的"②。实际上章氏也不屑于此,讲学时一遵古文经学传统,"由训诂而名物,而义理,以通圣人之遗经"——唯一不同的是,所通者由"遗经"扩展到整个"文史之学"。不管是自己治学还是开门授徒,章氏都主学以求是,反对康有为的经世致用。同样是"昌言追孔子讲学之旧",借书院学会告弟子以"求仁之方,为学之门"③,康氏的讲学近于清初重义理与经世之学的书院,而章氏的讲学则近于乾嘉以下推崇朴学精神倡导学术研究的书院。

现代社会建设所需人才,已非传统书院所能提供;所谓"治国之本在于五经"之类的大话,近乎痴人说梦。康有为讲学之兼重中西、文理,代表现代学校之发展方向。可在康梁等人对中国传统教育的攻击中,明显有急功近利的色彩。这一教育思想——讲求短期效用因而反对"无用之学"——虽有利于分途培养各科专门人才,可对整个民族文化素质的下降负有责任。章太炎考虑的不是整个国家教育的战略决策,而是在思想史学术史背景下,如何借保存国学来保存国性,抵御日渐汹涌的西化狂潮。

若从"国故论衡"或者传授"国学"的角度考虑,章太炎的学会之倡是可行的;但若想以传统书院来取代学校教育,既不可能也不明智。章

---

① 参阅梁启超《南海康先生传》第五章"教育家之康南海",《饮冰室合集·文集》第三册第65页。
② 范文澜:《经学讲演录》,《范文澜历史论文选集》第336页,北京:中国社会科学出版社,1979年。
③ 康有为:《长兴学记》,《长兴学记·桂学答问·万木草堂口说》第6页。

氏其实心里非常明白这一点,故攻击"学校丛弊"时,主要针对"文科""国学""文史之学",至于"为物质之学者"或者"治国际法者",则只能听其"参用远西书籍"①,因为书院山长对此实在无能为力。批评朝廷提倡的学校之制不利于保存国学,并非真的如王先谦主张的要求"辍讲于堂,返士于家"②;而是发扬中国私学传统,借助民间力量,办书院、组学会,"为往圣继绝学"。晚年作《国学会会刊宣言》,章太炎正是从"继绝学"角度立论:

> 深念扶微业辅绝学之道,诚莫如学会便。③

新式学校受西方教育体制(及制约着这一体制的文化思想)影响甚深,传授"国故之学"未免不大得力,而且时有隔靴搔痒之感。真能让学子感同身受中国传统文化学术魅力的,章氏提倡的书院与学会确有优于新式学堂之处。

章太炎对中国私学传统的推崇,在学术精神上是力主自由探索"互标新义",反对朝廷的定于一尊与学子的曲学干禄;而在具体操作层面,则是借书院、学会等民间教育机制,来传国故继绝学,进而弘扬中国文化。

民间讲学涉及经济、政治等一系列问题,并非一句"学术自由"就能解决。章太炎一生坚持私人讲学,多次拒绝进入大学当教授,有其明确的学术追求。至于章氏私人讲学所面临的困境、所取得的实绩,以及借此建立学派设想之实现等相关问题,只能留待专文论述;这里只是突出章太炎对中国私学传统的体认与继承。

---

① 章太炎:《救学弊论》,《章太炎全集》第五卷第102页。
② 王先谦:《学堂论上》,《葵园四种》第13页。
③ 章太炎:《国学会会刊宣言》,《章太炎全集》第五卷第158页。

第三章　学术与政治

对于在中国领风骚达四十年之久的胡适之先生,唐德刚有个妙喻:"他底一生,简直就是玻璃缸里的一条金鱼;它摇头摆尾,浮沉上下,一言一笑……在在都被千万只眼睛注视着。"①注视还不算,还要评头品足;而时机一旦成熟,又随时准备将他拉出来"祭刀"。所谓"名满天下,谤随之至",此之谓也。在胡适生前死后的诸多批评中,始终存在两种不同的音调:一是将其作为政治家来要求,一是将他作为学者来评论。这两种批评都有其合理性,胡适既非真正的政治家,也不是纯粹的学者。只是如果笼统地用"政治家兼学者"或"学者型的政治家"来为胡适盖棺论定,恐怕也不甚恰当。因为,在我看来,胡适不过是个关心世事因而爱谈政治的传统意义的"书生"。政治既非其所长,也不是其真正的兴趣所在,只不过因缘和合,一次次卷进政治旋涡,居然成了重要的"政治人物"。在胡适去世后的诸多祭文悼词中,北京大学同学会所撰挽联最有意思:"生为学术死为学术自古大儒能有几;乐以天下忧以天下至今国士已无双。"②以"大儒""国士"誉新文化斗士胡适,表面有点滑稽;可称颂其以学术为重而又不忘天下兴亡,我以为是抓住了胡适精神风貌的基本特征。

---

① 唐德刚:《写在书前的译后感》,《胡适的自传》(《胡适哲学思想资料选》下册),上海:华东师范大学出版社,1981年。

② 《胡适之先生纪念集》,台北:学生书局,1973年再版。

对胡适学术成就的评价历来天差地别,可对其在思想界学术界的影响,则几乎没有人提出异议。正如余英时先生所说的,"适之先生是二十世纪中国学术思想史上的一位中心人物"①。尽可对这位"中心人物"褒贬抑扬,可只有将其置于"二十世纪中国学术思想史"的背景下,才能真正理解其价值和局限。尤其是他在学术与政治之间徘徊的身影,在20世纪的中国并不孤单;好多第一流学者都在类似的困境中挣扎过拼杀过,尽管最后选择的学术路向可能迥然不同。

因此,在本文论述范围内,我不大考虑胡适的政治态度,而是关注他对政治的态度。前者决定了他对国共两党的亲疏远近,并惹来了许多褒美与斥骂,为研究者所普遍关注;后者不大为人所重视,可实际上它不只深刻影响了胡适本人的学术事业,而且凸显了20世纪几代学者一直没能解开的中心情结。

一 参政与回向

在胡适一生中,有过多次不谈政治的誓言,也有过无数高谈政治的阔论。并非前后期兴趣转移因而出现这种尴尬的局面,而是他自始至终拿不定主意。不是该不该关心政治,而是如何关心才合适。胡适本人一再表白:"我是一个注意政治的人"②;"我对政治始终采取了我自己所说的不感兴趣的兴趣(disinterested‑interest)。"③同是对政治感兴趣,可以只是表示关注,也可以公开议政,更可以直接参政。由于胡适在现代中国的特殊地位,这三种选择都适合于他。歧路亡羊,太多的选择余地未

---

① 余英时:《中国近代思想史上的胡适》第6页,台北:联经出版事业公司,1984年。
② 胡适:《我的歧路》,《胡适文存二集》卷三,上海:亚东图书馆,1924年。
③ 《胡适的自传》第三章"初到美国:康乃尔大学的学生生活"。

必一定是件好事。胡适的困惑在于如何最大限度地发挥自己的特长,而又适应时代的需要。王世杰是这样描述胡适的"政治兴趣"的:

> 他最关心政治问题,他的关心高于一般实际从事政治工作的人,但是他却不愿意做官或从事实际政治活动。①

倘若由此推导出胡适是位不屑于从事实际政治活动的政治理论家,未免有点过奖;至于说胡适在政治方面"知识非常丰富","认识极为深刻",而且有一套独立而又完整的政治理论②,则近于谀词。胡适之关注政治而又不愿直接介入政治斗争,有其不得已的苦衷,也有他对政治与学术之间的关系的独特理解。

留学时期,胡适不只密切关注国内政局变化,而且积极参加美国人的选举等政治社会活动,这点在留学生中并不多见。按照胡适本人的解释,这一切又都是顺理成章:

> 余每居一地,辄视其地之政治社会事业如吾乡吾邑之政治社会事业。以故每逢其地有政治活动,社会改良之事,辄喜与闻之。不独与闻之也,又将投身其中,研究其利害是非,自附于吾所以为近是之一派,与之同其得失喜惧。③

"投身其中"的目的除便于观察外,更重要的是"可养成一种留心公益事业之习惯"。

---

① 《王世杰谈胡适与政治》,《胡适之先生纪念集》。
② 参阅杨承彬《胡适的政治思想》一书的"自序"和"导论",台北:学术著作奖助委员会,1967年。
③ 《胡适留学日记》第1053—1054页,上海:商务印书馆,1947年。

> 今人身居一地，乃视其地之利害得失若不相关，则其人他日归国，岂遽尔便能热心于其一乡一邑之利害得失乎？①

也就是说，青年学子胡适很早就下决心，归国后将从事"政治社会事业"。这从四册《胡适留学日记》中众多关于中国政局和国际形势的分析，以及参加各种社会活动的记录中，可以得到证实。

可就是这么一个热心社会活动的留学生，归国后一转而提倡"不谈政治"。不谈政治不等于不关心政治，而是觉得有比"谈政治"更要紧的事，那就是思想文艺的革新。目睹了国内"出版界的孤陋，教育界的沉寂"——

> 我方才知道张勋的复辟乃是极自然的现象，我方才打定二十年不谈政治的决心，更想在思想文艺上替中国政治建筑一个革新的基础。②

将思想革命（国民灵魂的改造）置于政治斗争之上，这种策略在晚清就曾颇为行时过。可政治斗争手段的不断升级，使得非政治的改革努力显得过于"平实"，很难吸引日益激进的中国知识者。代表中国思想界倾向的《新青年》，1919年以前基本上是赞同胡适的主张，"不谈政治而专注意文艺思想的革新"③；陈独秀对此颇有怨言："本志（《新青年》）同人及读者，往往不以我谈政治为然。"④只是随着欧战结束、巴黎和会召开、

---

① 《胡适留学日记》第1054页。
② 胡适：《我的歧路》，《胡适文存二集》卷三。
③ 胡适在《纪念五四》（《独立评论》第149期，1935年）一文中称《新青年》之有意不谈政治，主要是受他的影响；而"陈独秀、李大钊、高一涵诸先生都是注意政治问题的"。
④ 陈独秀：《今日中国之政治问题》，《新青年》第5卷第1号，1918年。

五四运动爆发等一系列重大政治事件出现,中国知识者的政治热情骤然高涨,谈论陈独秀所说的"关系国家民族根本存亡的政治根本问题"①,才成为新的时尚和《新青年》同人关注的重心。

即便在这个时候,胡适对谈论政治问题仍然很不热心。只是在因陈独秀被捕而接编《每周评论》时,"方才有不能不谈政治的感觉"②。可在胡适看来,1919年四论"问题与主义",基本上仍是思想与方法的论争;真正公开讨论政治问题,是从1921年提倡"好政府主义"开始的③。此后一发而不可收,议政成了胡适的一大嗜好。办《新月》杂志、《独立评论》《自由中国》固然是为了议政,晚年寓居海外,仍然喜欢对大小政治问题发表意见,更足见其兴趣所在。

从归国之初(1917)发誓二十年不谈政治,到亲自起草《我们的政治主张》(1922),前后不过五年时间,何以对政治的态度转了一百八十度的弯?胡适自己对此有个大致合理的解释:

> 我现在出来谈政治,虽是国内的腐败政治激出来的,其实大部分是这几年的"高谈主义而不研究问题"的"新舆论界"把我激出来。④

政府的腐败以及政客的无能,固然是胡适决心议政的一个重要原因;可更主要的刺激其实是来自《新青年》团体的分裂以及《新青年》同人的日

---

① 陈独秀:《今日中国之政治问题》,《新青年》第5卷第1号,1918年。
② 胡适:《我的歧路》,《胡适文存二集》卷三。
③ 1921年8月5日胡适作"好政府主义"演讲,"第一次公开的谈政治";1922年5月11日胡适起草《我们的政治主张》,"是第一次做政论"。参见《胡适的日记》第175页、352页,北京:中华书局,1985年。
④ 胡适:《我的歧路》,《胡适文存二集》卷三。

益"左"倾。"主义与问题"之争,有思想方法的差异,也有意识形态的分歧,胡适是明白这一点的。只不过在他看来,前者更带根本性:政治信仰可以自由选择,而怀疑的精神和"注重事实尊崇证验"的方法,却是每个现代人都必须遵循的。在实验主义者胡适看来,那些高谈主义者动辄夸口"我们所谈的是根本解决",其实纯是"自欺欺人的梦话"①。真正的社会进步只能依赖于不懈的努力和点滴的改良。

> 我们因为不信根本改造的话,只信那一点一滴的改造,所以我们不谈主义,只谈问题;不存大希望,也不至于大失望。②

军阀政府无药可治,"新舆论界"又只会放言空论,自信对政治颇有研究的适之先生,于是只好亲自出马了。

在促使胡适出而议政的诸多直接刺激中,丁文江的批评无疑起了很大作用。丁氏反对胡适改良政治先从思想文艺入手的说法,认定"良好的政治是一切和平的社会改善的必要条件",故主张知识者"不应该放弃干预政治的责任"③。照丁文江的说法,官僚腐败军阀专横并不可怕,"最可怕的是有知识有道德的人不肯向政治上去努力"④。三十五年后回忆这段往事,胡适承认当年之筹办《努力周报》改谈政治,"实在可以说是在君这种精神鼓动起来的"⑤。

作为一个政论家,胡适在《努力周报》、《新月》杂志和《独立评论》上发表了许多有影响的时评和政治论文。值得注意的是,不只是胡适议政

---

① 胡适:《多研究些问题,少谈些主义》,《每周评论》31号,1919年。
② 胡适:《这一周》,《努力周报》第7号,1922年。
③ 胡适:《丁文江的传记》第35—36页,台北:启明书局,1960年。
④ 丁文江:《少数人的责任》,《努力周报》第67号,1923年。
⑤ 胡适:《丁文江的传记》第36页。

的内容,而且是其议政的特殊方式(或称姿态):首先,不愿加入任何政党,"只持政见,而不持党见",永远只是作为"独立的政治批评家"发言①;其次,主张舆论家的职责不是"自动组织政府",而是寄希望于"国中的智识阶级和职业阶级的优秀人才能组织一个可以监督政府指导政府并且援助政府的干政团体"②;最后,严守议政参政区别,只作诤臣,不加入政府,拒绝当官的诱惑。这三者其实互有联系,正因为无意参政,才会满足于监督并援助政府,才会否定在现代政治中发挥重要作用的政党;至于是否借此就能保证其超然于党派之外的独立地位,则实在不容乐观。在胡适,真正的最后防线是只谈政治不干政治;可最后连这道防线也因抗战爆发受命出任驻美大使而被冲破。胡适后来曾自我解嘲:"以前我们是不谈政治的,结果是政治逼人来谈。后来只是不干政治。"至于抗战时出任外交官,"这是我立禁约的第二十一年,可算已超出于二十年不干政治的期限"③。

1930年代中期以后,随着与国民党最高当局关系的日益改善,胡适有过很多次出任高官的机会,可都被他坚决拒绝了。除了一任驻美大使,胡适不再直接参政,也不再"做官"——在他看来,北京大学校长和"中央研究院"院长都不是官。这与中国传统读书人"正心诚意修身齐家治国平天下"的志向颇有区别,毕竟显示了近代知识者不依附于中央政权不以当官为唯一出路的独立个性。不再是仕隐、朝野简单对应的两极,而是可能出现一批非仕非隐并作为朝野之间过渡的独立的知识者。学优而不仕,自甘处于政权之外,通过创造和传播思想观念和价值系统来影响社会发展,这是近代以来中国知识者的一种新的人生追

---

① 胡适:《政论家与政党》,《努力周报》第5号,1922年。
② 胡适:《中国政治出路的讨论》,《独立评论》第17号,1932年。
③ 胡适:《报业的真精神》,《胡适演讲集》(三),台北:远流出版事业公司,1986年。

求。胡适之不愿从事实际政治,除这一大的思想史背景外,还有些非常具体的实际考虑。

在众多辞谢各种官职的信件中,胡适不断陈述不愿从政的理由。除了因具体时地因素制约而略有增删外,经常强调的是如下几点。第一,胡适自认是"最没有政治能力的人"①,勉强出任政治外交职务,"是用其所短而弃其所长,为己为国,都无益处"②。这似乎不是自谦之辞,从他不断赞叹丁文江和傅斯年既能治学又能办事,是"最有组织才干的天生领袖人物",不像他"只能拿笔杆,不能办事"③,可见他对自己的行政能力估计很低。干政治不单需要组织才干,更需要唐德刚所说的"大政治家的肩膀,中上级官僚的脸皮和政客或外交家的手腕"④,而所有这些胡适又都不具备。勉力混迹官场,确实不是上策。第二,胡适自命为自由主义的"舆论家",希望保持无党无派的独立地位,关键时刻能为民众也为政府说几句有力的公道话,因而自信"在政府外边能为国家效力之处,似比参加政府为更多"⑤。一旦入阁当官,不只"毁了我三十年养成的独立地位",而且"连我们说公平话的地位也取消了"⑥。或许最重要的是第三点:胡适其实对实际政治不感兴趣,所谓关注政治只不过是想保持一种发表政见的权利。说到底,胡适只是入世的书生,而不是真正的政治家。或者借用他答记者的提问:"任驻美大使,也只是玩票性

---

① 胡适:《致沈恬》,转录自胡颂平编《胡适之先生年谱长编初稿》第2139页,台北:联经出版事业公司,1984年。
② 胡适:《复雪艇》,转录自《胡适之先生年谱长编初稿》第2003页。
③ 胡适:《傅孟真先生遗著序》,《傅孟真先生集》,台湾大学,1952年;《致周作人》,《胡适来往书信选》中册第298页,北京:中华书局,1979年。
④ 唐德刚:《胡适杂忆》第45页,北京:华文出版社,1990年。
⑤ 胡适:《致汪精卫》,《胡适来往书信选》中册第208页。
⑥ 胡适:《致傅斯年》,《胡适来往书信选》下册第173页,北京:中华书局,1980年。

质。"①以此种厌恶实际政治的心理,即便勉强进入政府"玩票","也不过添一个身在魏阙而心存江湖的废物,于政事无补,而于学问大有损失"②。

胡适对自己关心政治而又拒绝从政的特殊姿态,有过一个颇为精彩的说明:

> 我所希望的,只是一点思想言论自由,使我们能够公开的替国家思想,替人民说说话。我对于政治的兴趣,不过如此而已。我从来不想参加实际的政治。这亦非鄙薄实际政治,只是人各有能有不能,我自有我自己的工作,为己为人都比较有益,故不愿抛弃了我自己的工作来干实际的政治。③

承认"实际政治"也是一门专门事业,并非每个"业余爱好者"都能干得了;在从事"自己的工作"的同时,又想保持为国分忧为民说话的权利和义务——这两点正是近代知识者不同于传统士大夫之处。既非完全不问政治只管自己的专业研究,也非乱问政治以为真能凭常识治天下;这种心态在正常运转的现代社会中容易被认同,而在急风暴雨的革命年代里则似乎显得过于拘谨。可几十年过去了,许多为了某种虚幻的理念而抛弃自己的专业、违背自己的本性而从事实际政治的"书生",终于发现胡适的话既适应于政府也适应于知识者自身:"国家是一件重器,政治是一件绝大的事……没有计划的人是不配干政治的。"④

从另一方面来说,无力问政或无意从政,可仍然关心政治,这又正是

---

① 参阅胡颂平编《胡适之先生年谱长编初稿》第2364页。
② 胡适:《致汪精卫》,《胡适来往书信选》中册第208页。
③ 胡适:《致李石曾》,《胡适来往书信选》中册第95页。
④ 胡适:《这一周》,《努力周报》第7号,1922年。

中国读书人的本色。1950 年代,胡适在辞谢参加"总统"竞选时,再一次重弹"过问政治不一定要做官"的老调,不过添了这么一句:"读书人谈政治是中国历史文化的优良传统,从孔孟起直到现在,都是如此。"而他本人什么都可以改变,唯有"那以天下为己任的读书人气质,从未改变"①。纵观胡适色彩斑斓的一生,这一表白大致可信。尽管胡适本人喜欢卖弄他之用实验主义方法谈政治,学者也常被他的自由主义、民主主义、世界大同主义、和平非战主义等弄得晕头转向,可在我看来,胡适仍然不是一个成熟的政治家。这主要不是指他的政治信仰和他所选择的政治道路,而是指他对"政治"不够虔诚,也不够专业化。他不过是从反对避世隐逸、反对独善主义的角度,以一种普通知识者都应该具备的人间情怀,以一种佛家大慈大悲的"回向"心态来关心政治、谈论政治。也正因如此,胡适之议政虽不甚高明,但其"不以恶众生故,嫌恨退没,不行回向;不以难调伏众生故,退舍善根,不行回向"(《华严经·回向品》)的"姿态",仍值得后人永远怀念。倘若描述胡适议政的"姿态",不妨暂时借用其《回向》诗:

> 瞧呵,他下山来了,
> 向那密云遮处走。
> "管他下雨下雹!
> 他们受得,我也能受。"②

---

① 参阅胡颂平编《胡适之先生年谱长编初稿》第 2364 页。
② 录自《胡适之先生诗歌手迹》第 5 页,台北:商务印书馆,1964 年。诗前有小引:"'回向'是《华严经》里一个重要观念。民国十一年十月二十日我从山东回北京,火车上读晋译《华严经》的《回向品》,作此解。"《胡适的日记》第 491 页所录《回向》诗略有不同,诗人引录《回向品》后称:"我的诗是用世间法的话来述这一种超世间法的宏愿。"

二 "保国"或"著书"

再三解释自己之不从政"并非鄙薄实际政治",这话近乎"此地无银三百两"。明明知道"政治是一种重要的公共生活"①,可实际政治中的机诈权谋恶浊肮脏,还是令洁身自好以独立自主相标榜的适之先生裹足不前。而更重要的是,胡适自认为找到了比实际政治更有价值、更值得自己倾全力去从事的事业,那就是思想启蒙和学术著述。作这一判断时,胡适其实兼顾了社会需要和个人选择。换句话说,在他看来,思想革新比党派的政治斗争更重要,学术著述比繁忙的社会活动更有意义;强调前者而淡化后者,并非权宜之计或不得已而求其次,而是一种更高层次的人生追求。这自然是"书生之见"。随着年龄的增长,涉世的日深,胡适的这一想法日益强化。生在这风云变幻的年代而又不幸成为名流,难免被政治家所愚弄和利用;可即便强颜欢笑逢场作戏的时候,胡适仍然没有完全忘记他的人生追求。这一点,在他现存的大量书信、日记、自传和访问记中时有表露。只是以往囿于将其作为政治人物考察的研究框架,胡适的一切言行被过分意识形态化,世人也就难得平心静气体会其作为关注政治的一代学者的内心苦恼及性格矛盾。

在政治学者看来,现代社会中的"出入仕隐",全都是一种深具意识形态意味的"姿态",本身就是权力斗争的一部分,根本谈不上特立独行,一切都跟政治斗争"自动挂钩"。在这里,当事人的主观意愿无足轻重,"有意栽花"与"无心插柳"都无法改变这一"姿态"在政治结构中的意义。可作为人文学者,我还是希望窥测当事人持这一"姿态"时的"心境"。即便这一切对改变当事人的政治命运和历史评价毫无作用,但对

---

① 胡适、陈独秀等《新青年杂志宣言》,《新青年》第7卷第1号,1914年。

展示现代知识者的心路历程却是至关重要的。并且,在我看来,后者比前者更有意义。胡适在现代政治史思想史上的地位固然值得斟酌;而更值得研究的是,在20世纪中国纷纭复杂的思想学术潮流中,胡适如何"立身处世",以及支撑着这一独特"姿态"的内在动机。在某种意义上说,胡适的选择是一面镜子,从中不难窥见现代知识者在思考如何处理政治与学术关系时的困惑。这不是一个十分轻松的话题,也不存在绝对正确的答案,深入进去很可能只是"满纸荒唐言,一把辛酸泪"。对于职业政客或纯粹学者,这问题并不复杂;可对于既对政治感兴趣又想在学术上有所建树的人来说,这问题可就复杂得多了。胡适的内心苦恼,很大部分来自于他既想"保国"又想"著书",鱼与熊掌难以兼得。

"保国"与"著书"并非对立的价值体系,本不存在非此即彼的问题。只是在20世纪中国政治斗争白热化的特殊环境里,才会出现这种不成问题的"问题"。胡适因其特殊地位(先是新文化倡导者,后又任北京大学文学院长、北京大学校长),一辈子多次对学生运动发表意见。主要是劝说引导青年学生,可也有自我说服的成分。在所有论及学潮的文章中,胡适谈论的中心不是该取何种政治信仰,而是该如何处理问政与求学的关系。前期相对倾向于肯定学生的问政热情,后期则突出学生求学的天职。由于学潮乃现代中国政治斗争的重要手段,胡适此等学究气的劝说实际起不了多大作用,徒然被对立的政治集团同时曲解为"煽动学潮"或"镇压学潮"。从1920年代到1940年代,胡适对学生运动的态度有个变化过程。可有一点,胡适从不抽象地肯定或否定学生运动,即使赞赏,也不忘指出此乃政治未上正轨时的权宜之计;即使批评,也乐于承认学生的问政"往往是由于很纯洁的冲动"[①]。这种态度,与政治家处理学潮的策略颇有矛盾,因而往往两边都不讨好。讨论胡适与民国年间学

---

① 藏晖(胡适):《论学潮》,《独立评论》第9号,1932年。

潮的关系,不是本文的任务;我只是借用他论学潮时所使用的一对概念"问政与求学"(或曰"保国与著书")来分析其学术取向。

五四运动第三年,胡适发表《黄梨洲论学生运动》一文,针对社会上对学生干政的攻击,除重复前一年他和蒋梦麟联合发表的文章中认为学生干政是因为社会变态、政府腐败而国民又没有正式的纠正机关的观点外①,更引述黄梨洲《明夷待访录·学校》中的几段话,说明学生运动乃三代遗风,没什么可指责的。黄梨洲认为学校的价值不只在于养士,还在于使得"天子亦遂不敢自以为非是",故"东汉太学三万人,危言深论,不隐豪强,公卿避其贬议。宋诸生伏阙搥鼓,请起李纲,三代遗风,惟此犹为相近"。有趣的是,胡适对黄宗羲这段话的诠释,其实已掺和进自己的人生选择,而不全是介绍评价古今学校的功能或学生运动的作用:

> 我并不想借黄梨洲来替现在的学生吐气。我的意思只是因为黄梨洲少年时自己也曾做过一番轰轰烈烈的学生运动,他著书的时候已是近六十岁的人了,他不但不忏悔他少年时代的学生运动,他反正正经经的说这种活动是"三代遗风",是保国的上策,是谋政治清明的唯一方法!这样一个人的这番议论,在我们今日这样的时代,难道没有供我们纪念的价值吗?②

文章本是引述黄宗羲言论为学生运动张目,可结尾处突然插入黄氏生平。看来在胡适心目中可供纪念的,并不只是这种学生干政的"三代遗风",更是黄氏少时保国老来著书这么一种生存方式。没有老来著书传

---

① 蒋梦麟、胡适:《我们对于学生的希望》,1920年5月4日《晨报》。
② 胡适:《黄梨洲论学生运动》,《胡适文存二集》卷三。

之后世以成不朽,不过是有正义感的热血青年;而没有少时保国谋求政治清明,则不外皓首穷经的老学究。清初大学者和大思想家黄宗羲之令胡适叹服,就在于他将保国与著书(政治与学术)完美地统一起来。

现代学术史上,也有这种先从政后求学,而且做出很大学术贡献的人物,比如只比胡适略长几岁的黄季刚和熊十力,都曾是辛亥革命的积极参加者,又都很快弃政从学。章太炎和汪东分别为黄侃做墓志铭和墓表,一称"季刚自度不能与时俗谐,不肯求仕宦"①,一称"民国既建,君壹意学术,退然不与世竞"②。而熊十力的自述更见真切:

> 吾少误革命,未尝学问。三十左右,感世变益剧,哀思人类,乃复深穷万化之原,默识生人之性,究观万物之变。③

近百年中国,风云激荡,热血青年罕有不投身政治斗争的;而从政后因不谐时俗,或者自度非事功才,转而专心治学者大有人在。只是胡适少年得志,未免过高估计了自己的适应能力。从一开始议政,胡适其实就认准自己的名山事业在学术(思想文化)而不在政治。不过学有余力,参预一点政治活动,也是公民不容推卸的职责,何况其时胡适已是全国思想界的领袖,根本不可能完全躲进书斋。当胡适自称"哲学是我的职业,文学是我的娱乐,政治只是我的一种忍不住的新努力"时,他每周花在办杂志写政论的时间只有一天④。可随着名声的增长,从事政治社会活动所占时间越来越多,胡适这才日益感到鱼与熊掌不可兼得。更重要的是,政治与学术是两种截然不同的"游戏",需要两种截然不同的"规

---

① 章太炎:《黄季刚墓志铭》,《量守庐学记》,北京:三联书店,1985年。
② 汪东:《蕲春黄君墓表》,《量守庐学记》。
③ 熊十力:《十力语要初续》,台北:洪氏出版社,1977年再版。
④ 胡适:《我的歧路》,《胡适文存二集》卷三。

则";同时使用两套规则交叉进入两种游戏,本身不是一件轻松的事情,弄不好两场游戏都可能失败。既然意识到这种困境,而又无法激流勇退,以其中之一为终生事业;也就只好在议政的同时努力强调学术的价值,并逐渐把工作重心转移到学术研究上来。

1930年代中期,胡适对青年学生之频频使用罢课作为政治斗争手段日益不以为然,强调"青年学生的基本责任到底还是平时努力发展自己的知识与能力"[1]。这话虽是老生常谈,跟政府反对学潮的腔调似乎也没多大差别[2],可在胡适,说这番话是有其理论依据的。除了坚持社会进步只能是点滴改良,不可能靠激烈手段根本改造外,更突出其对"政治解决"效果的怀疑。青年学生凭一腔热血闹学潮,在胡适看来,虽有所得(推动政治改革),但得不偿失(荒废学业)。所谓得失的权衡,其实受制于论者的价值尺度。胡适之所以强调对于学生来说,求学远比问政重要,潜在的心理动机是将思想革新置于政治斗争之上。即便在大谈政治的时候,胡适也仍"认定思想文艺的重要":

> 打倒今日之恶政治,固然要大家努力;然而打倒恶政治的祖宗父母——二千年思想文艺里的"群鬼",更要大家努力。[3]

到谈政治"真可谓止了壁了"之时,胡适更是主张:

> 我们还应该向国民思想上做一番工夫,然后可以谈政治的改

---

[1] 胡适:《为学生运动进一言》,《独立评论》第182号,1935年。
[2] 1928年5月4日胡适在上海光华大学作题为《五四运动纪念》演讲,就肯定国民党中央宣传部禁止学生干政的决定,不过不说干政的学生"走入歧途",而是叹惜"实在牺牲太大了"(此演讲记录稿刊于1928年5月5日《民国日报》)。
[3] 胡适:《答伯秋与傅斯稜两先生》,《胡适文存二集》卷三。

革。(着重号原有)①

也就是说,胡适心目中建立在学术研究基础上的思想文艺革新,既有其独立的价值,又是政治改革的前提。

正是基于这一考虑,胡适晚年多次将五四运动称为新文化运动中的"一项历史性的政治干扰",因为"它把一个文化运动转变成一个政治运动"②。作为一种斗争策略,力图"在思想文艺上替中国政治建筑一个革新的基础",是值得赞许的;可如果以为这种主观意图就能保证这一运动不与现实政治发生任何关系,则又未免过于天真。身为史学家而又幻想有一种不染"政治"尘埃的"纯粹的思想文化运动",实在令人惊讶。这里用得着胡适本人1922年说的一段话:

> 没有不在政治史上发生影响的文化;如果把政治划出文化之外,那就又成了躲懒的,出世的,非人生的文化。③

新文化运动之思想启蒙性质,决定了其不能不对现实政治产生影响。其实,胡适也是津津乐道于孙中山曾在《为创设英文杂志印刷机关致海外同志书》中对新文化运动之政治效果大加颂扬,只不过五四运动后思想文化界日益"左"倾,这一点令胡适深恶痛绝。胡适考虑问题当然不会没有政治倾向,可我还是希望从学理上做进一步的探讨。

当胡适谈论"思想""文化""学术"时,都是从与"政治"(实际政治)相对应的角度着眼。前期的注重"思想文化"与后期的强调"学术",其

---

① 胡适:《一年半的回顾》,《努力周报》第75期,1923年。
② 《胡适的自传》第九章"'五四运动'——一场不幸的政治干扰"。
③ 胡适:《我的歧路》,《胡适文存二集》卷三。

内在思路是一致的,都是主张"学为政本"。在这方面,胡适的见解相当固定,有时甚至近乎迂腐。比如,他会指责今日之"新政客"的最大毛病是"不做学问"①,而中国的最大危险则是"以一班没有现代学术训练的人,统治一个没有现代物质基础的大国家"②。这话搁在"有枪便是草头王"的年代,纯属"痴人说梦"。不过,倘若将历史尺度放大,不局限于一时一地之得失,则此等"说梦"自有其不可替代的价值。当年参与"说梦"的并不限于胡适一人,好多第一流人才都有此类"学术救国"的设想。民国二年吴稚晖日记中有这么一段记载:

> 近日余与子民、石曾、精卫等聚谈,皆确然深信:惟一之救国方法,止当致意青年有志力者,从事于最高深之学问,历二三十年沉浸于一学。专门名家之学者出,其一言一动,皆足以起社会之尊信,而后学风始以丕变。③

学风变则民风变,民风变则国家才有振兴的希望。这种说法,与张之洞《劝学篇·序》中对学术的尊崇基本上是相通的。

> 窃惟古来世运之明晦,人才之盛衰,其表在政,其里在学。

如此扬学抑政,读书人听起来自是十分过瘾。可我怀疑政治与学术之间的关系,远非"表里""体用""本末"之说能够概括。徐复观先生对政学之间关系的描述或许更可信:

---

① 胡适:《欧游道中寄书(一)》,《胡适文存三集》卷一,上海:亚东图书馆,1930年。
② 胡适:《知难,行亦不易》,《新月》2卷4号,1929年。
③ 《吴敬恒选集(序跋游记杂文)》第221页,台北:文星书店,1967年。

从历史上看,学术思想若与现实的政治处于分离状态,则其影响力常系局部的,慢缓的。若与现实政治处于对立状态,复无有力之社会力量加以支持,以改变当时之现实政治,则现实政治之影响于学术思想者,将远过于学术思想之影响于现实政治。若在本质上系与现实政治相对立,而在形势上又须有某程度之合作时,则现实政治对学术思想之歪曲,常大过于学术思想对现实政治之修正。学术思想的力量,是通过时间的浸润而表现;现实政治的力量,则在空间的扩张中而表现;所以学术思想常无法在某一空间内与政治争胜。①

你可以断言学术比政治更永久,可无法说学术比政治更强大。现实生活中政治几乎主宰一切——尤其是在政治未上正轨的社会中;而学术的影响则是潜在而久远,很难收功效于一时。近百年多少有远见的思想家、教育家力主"教育救国""学术救国",虽说成效不大明显,可说了不会白说,做了不会白做,这一点历史将会证明。

胡适就有这种自信,自信他所从事的思想文化事业将影响中国历史进程,故不屑于与新旧政客大小官僚争一日之短长。这也是胡适不愿从政的主要原因。"我不相信有白丢了的工作。……我平生的经验使我深信,我们努力的结果往往比我们预料的多的多";"我相信'多事总比少事好,有为总比无为好';我相信种瓜总可以得瓜,种豆总可以得豆,但不下种必不会有收获"②。这种"信仰将来"的不是宗教的"宗教",始终激励着胡适在思想文化界"尝试""努力"。

---

① 徐复观:《中国思想史论集》第7—8页,台北:学生书局,1988年八版。
② 《胡适的日记》第419页;《胡适来往书信选》中册第296页。后者称这种"耕种必有收获"的信仰已成为"个人的宗教"。

第三章 学术与政治

有历史癖的适之先生，当然热切希望自己能名垂千古。[①] 虽说曾试图用贱者微者与英雄圣贤同不朽的"社会不朽"论，来修正中国古代三不朽学说，但其实胡适深知"三不朽论的影响和效果是深厚宏远而不可估计的"[②]。"这古老的三不朽论，两千五百年来曾使许多的中国学者感到满足"[③]，因为它赋予中国书生一种安全感，即借立德立功立言来超越生命的有限性。少年胡适显然曾被此三不朽论所慑服，以至五六十年后仍牢记当初那种阅读印象；而这种印象很可能一直是其奋斗的中心动力。立德、立功、立言虽界说模糊，胡适还是很清楚他之可能"不朽"，不在"立德"与"立功"，而在"立言"。这一点促使他屡次表示希望脱离政治摆脱杂务专心著述；而晚年回首往事，更是突出学术著述而淡化政治活动，撰成一部别开生面、自成一格的学术自传。

在胡适看来，不是所有形诸文字的东西都能称为"著述"，比如政论时评之类不可能藏之名山传之后世者就不配称为"著述"。这一偏见在编辑出版自己的文集时，表现得十分突出。1921年《胡适文存》一集出版，卷四收入若干讨论社会问题的杂文；1924年《胡适文存二集》出版，卷三收入若干讨论政治的文章，不过《自序》中做了如下说明：

> 卷三的政治文字，大都是迁就朋友的主张，勉强编入的。《这一周》的短评，本无保存的价值。因为有朋友说，这种体裁在今日或以后的舆论界也许有推行的必要，所以我暂时留在这里。

[①] 唐德刚：《写在书前的译后感》(《胡适的自传》)称"适之先生是笔者所熟识的，最看重身后之名的一位前辈"。
[②] 参阅胡适《不朽》《我的信仰》《中国人思想中的不朽观念》等文。
[③] 胡适：《中国人思想中的不朽观念》，《"中央研究院"历史语言研究所集刊》第34本下册，1963年。

1930年《胡适文存三集》出版,政论文章只收入一篇《名教》。到1935年,干脆将近年所作文章中关于学术思想部分抽出来编成《胡适论学近著》。"因为有许多讨论政治的文字——尤其是我这三四年来讨论国际政治的文字——在这个时候不便印行了。"①其实不只是时过境迁或不合时宜,而是胡适本人看不起论政文字,以为不足以传世。1950年代《胡适文存》四部出版合集,胡适不单不增添历年论政文章,反而将二集卷三的政论文字全部删去,理由是"稍稍节省排印费"②。由作者本人删去《我们的政治主张》《我的歧路》《人权论集序》等在现代史上产生过很大影响的文章,而保留一些相对零碎的论学文字,此事可见胡适对政论的态度。难怪时人对此提出尖锐的批评,胡适本人后来也表示"颇悔删节之多"③。

不过,从其对论学文字的珍视,我们反过来考察胡适一生,才能更好理解其"保国"与"著书"之间的矛盾。1938年7月下旬,胡适在法国连续收到蒋介石三电,催请其出任驻美大使;7月30日胡适给妻子江冬秀去信,解释他为什么背弃"二十年不入政界"的誓言,准备复电允任驻美大使:

> 那二十年中"不谈政治"一句话是早就抛弃的了。"不入政界"一句话,总算不会放弃。……今日以后的二十年,在这大战争怕不可避免的形势里,我还能再逃避二十年吗?……我只能郑重向你再

---

① 胡适:《〈胡适论学近著〉自序》,《胡适论学近著》,上海:商务印书馆,1935年。
② 胡适:《〈胡适文存〉四部合印本自序》,《胡适文存》一集,台北:远东图书公司,1953年。
③ 李敖:《从读〈胡适文存〉说起》,《胡祸呢?还是祸胡?》,台北:远流出版公司,1986年;胡适:《复周德伟》,录自《胡适之先生年谱长编初稿》第3140页。

> 发一誓:至迟到战争完结时,我一定回到我的学术生活去。①

如果不考虑江冬秀一直不希望胡适走政治路②,不考虑胡适本人对学术近乎痴迷的执着,以上这段话很可能给人"矫情"的感觉。可我相信,胡适发此誓言时是真诚的。同一天,胡适在给傅斯年的信上也表达了大致相同的意思:

> 万不得已,我只能牺牲一两年的学术生涯,勉力为之,至战事一了,仍回到学校去。③

四年多大使任内,胡适不曾做过一篇纯粹学术文章,不免技痒难忍;一旦卸任,迅速转入学术研究,"希望能有二十年的岁月得专心于思想史研究"④。

此后二十年,胡适真的拒绝各种从政的诱惑,"专心著述"。当然,胡适生性爱热闹,再加上为盛名所累,再"专心"也是不够专心。不过,胡适确实是在感觉到老之将至,考虑"无论如何应在有生之日还清一生中所欠的债务"时,首先希望写出《中国哲学史》下卷,其次完成《中国白话文学史》,第三判决《水经注》疑案,第四才是如果国家有事,尽力而为,但"不一定担任什么公职"⑤。这一订于1951年的"生日决议案",后来不断被提及,成为督促胡适著述的一大动力。晚年的回台北定居以及

---

① 参阅耿云志《胡适年谱》所录1938年7月、11月胡适致江冬秀信,《胡适研究论稿》第476页,成都:四川人民出版社,1985年。
② 同上书,第477页。
③ 录自胡颂平编《胡适之先生年谱长编初稿》第1639页。
④ 毛子水:《胡适传》,《师友记》第41页,台北:传记文学出版社,1967年。
⑤ 引自胡颂平编《胡适之先生年谱长编初稿》第2195页。

拒绝从政,都以此为理由。可惜即便如此,胡适的三大著述计划还是没能真正完成。

对于一个有事业心的学者来说,最大的痛苦莫过于时间流逝老之将至而自己竟然学业无成。自知没能力达到某一治学目标是一回事,本有能力达到而因各种琐事缠扰半途而废,这种悔恨自是铭心刻骨。胡适在学术上自视甚高,因此更对各种可能打扰学术研究的行政琐事不胜其烦。晚年反对数学家林致平出任学校行政,怕"毁了一个好科学家"①,或许正是有感于此。对学者专心治学因而对实际政治口出怨言这一现象如何评价是一回事,但没必要将这一切意识形态化。"做了过河卒子,只能拼命向前"的题诗,并非表示跟共产党势不两立;国民大会期间"我今天已经报到了,还不够吗"之类的怨言,也不表示对国民党有多大意见。这些所谓的"政治寓言",至多表达一种不得已从政干政的复杂心情,硬要从中发掘微言大义,似乎牵强附会——可惜此类说法至今仍很流行。

三 讲学复议政

1921年9月10日,胡适探望老友任叔永、陈衡哲夫妇归来,在日记中发了一通感慨:当年赠他们的贺联是"无后为大,著书最佳",可"莎菲婚后不久即以孕辍学","此事自是天然的一种缺陷,愧悔是无益的"②。此前,胡适本人也因"我实在不要儿子,儿子自己来了。'无后主义'的招牌,于今挂不起来了",而写了《我的儿子》一诗。其实世间事大都如此,不要儿子,儿子自己来了;希望著书,著书未必成功。唐德刚先生著

---

① 引自胡颂平编《胡适之先生年谱长编初稿》第3592页。
② 《胡适的日记》第211页。

《胡适杂忆》,述及胡氏之议政问政一章,就题为《"不要儿子,儿子来了"的政治》。"二十年不谈政治"守不住,"二十年不干政治"也只能说勉强守住。不干政治是为了便于集中精力著书,胡氏日记、书信中常见此后专心著述的誓言,可到头来又大都落空。1944年底,胡适再次拒绝参政,并在日记中写下一段相当诚恳而又沉痛的话:

> 我是一个有病的人,只希望能留此余生,做完几件未了的学术工作。我不能做应付人、应付事的事业了。①

可此后的事实证明,胡适多少还是得做"应付人应付事"的事业,比如出任北京大学校长、"中央研究院"院长之类。

明知自己缺乏从事实际政治的兴趣和能力,而且性之所近在学术而不在政治,可还是一次次地被卷入政治斗争旋涡,以致无法"了我十五年的学术旧债",这对于当事人无疑是很大的精神痛苦。胡适不止一次表白如下心境:

> 一犬不能同时逐两兔,又积习已深,近年稍任学校行政,每苦毫不感觉兴趣,只有夜深人静伏案治学之时,始感觉人生最愉快的境界。②

这话很能体现胡适治学的浓厚兴趣,可如果由此推论胡氏希望完全脱离政治关门著述,则又差之毫厘谬之千里。1930年代中期,胡适办《独立评论》惹来不少政治上的麻烦,而且明显影响学业,周作人劝其少管闲

---

① 《胡适的日记》第604页。
② 胡适:《致汪精卫》,《胡适来往书信选》中册第208页。

事,多注意于学术。胡适在复信中一面忏悔其"好事"的性情妨碍其"讲学论学",一面又做如下辩解:

> 三年多以来,每星期一晚编撰《独立评论》,往往到早晨三四点钟,妻子每每见怪,我总对她说:"一星期之中,只有这一天是我为公家做工,不为吃饭,不为名誉,只是完全做公家的事,所以我心里最舒服,做完之后,一上床就熟睡,你可曾看见我星期一晚上睡不着的吗?"她后来看惯了,也就不怪我了。①

为什么编杂志就能睡得好?因编杂志是议政,是介入现实政治斗争,是尽知识者对于社会的责任,因而"良心上的谴责减轻一点,上床时能熟睡"。在胡适看来,论学更多是为己,议政主要是为人;这种人我之分固然决定了他不可能全心全意投入政治斗争,可也使得奉孔仲尼、王介甫、张江陵为"我的神龛里"的"三位大神",以天下为己任以"努力"为信仰的适之先生,终究不能完全忘情世事专心论学。对此,胡适颇为自得地称:"嗜好已深,明知老庄之旨亦自有道理,终不愿以彼易此。"②倒不在乎这种"公家的事"是否可为,关键是需要这种"为公家做工"的自我感觉。之所以没"为公家做工",就会有"良心上的谴责",压力来自中国古代读书人以天下为己任的传统。这一传统使得历代士大夫推崇"知其不可而为之"的悲剧精神,而鄙薄闭门读书独善其身者。胡适无疑是自觉认同于这一传统的,早年的借黄宗羲肯定学生问政是"三代遗风",晚年的强调读书人谈政治是中国历史文化的优良传统③,都可见其价值

---

① 胡适:《致周作人》,《胡适来往书信选》中册第297页。
② 同上。
③ 参阅胡适《黄梨洲论学生运动》一文及《胡适之先生年谱长编初稿》第2364页所录胡氏谈话录。

取向。

在《黄梨洲论学生运动》一文发表之后三年,胡适又在一次演讲中发挥黄宗羲的见解,用"讲学与议政"来概括中国传统书院的精神:

> 古时没有正式代表民意的机关,有之,仅有书院可以代行职权了。如汉朝的太学生,如宋朝朱子一派的学者的干涉国家政治,如明朝的东林书院等。可知书院亦可代表古时候议政的精神,不仅为讲学之地了。①

正因为书院不只是讲学之地,更代表士大夫议政的精神,对最高统治者的思想控制极为不利,故明清两代屡被查禁,罪名是"广收无赖,多聚生徒""摇撼朝廷,爽乱名实"。最能代表书院这一议政传统的,是明代的东林书院,《明史·顾宪成传》称:

> 当是时,士大夫抱道忤时者,率退处林野,闻风响附,学舍至不能容。……讲习之余,往往讽议朝政,裁量人物。朝士慕其风者,多遥相应和。由是东林名大著,而忌者亦多。

书院本以读书明理修心养性为宗旨,只因中国没有代表民意的机关,才会衍变为议政的中心。这一传统对后世读书人的影响实在太大了,以至朱熹为白鹿洞书院撰的楹联"日月两轮天地眼,读书万卷圣贤心",或者张之洞为广雅书院拟的堂联"虽富贵不易其心,虽贫贱不移其行;以通经学古为本,以救世行道为贤",都远不如顾宪成为东林书院撰的"风声雨声读书声,声声入耳;家事国事天下事,事事关心"广为传颂。除东林

---

① 胡适:《书院制史略》,《东方杂志》第21卷第3号,1924年。

书院的名气外,还因当下的"国事"比往昔的"圣贤"更为时人所关注。

将学校办成议政的中心,从长远的角度考虑,不是一件好事情。像黄宗羲那样"不但希望国立大学要干预政治,他还希望一切学校都要做成纠弹政治的机关",那是因为在黄氏设计的理想国家里没有国会一类的制度,才需要学校执行国会的职务①。正是基于以上想法,胡适才再三强调青年学生之干预政治是不得已而为之;若在常态的社会与国家中,政治清明,且有代表民意的机关存在着,那么学校就应该是传授知识的场所,而不应该再肩负议政的重任。可问题是政治是否清明,民意机关是否有效,往往因各自权势不同利益不同而见仁见智。就好像孔子说"天下有道,则庶人不议"(《论语·季氏篇》),可天下何曾真正合于"道"?因此,这话也就必然被解释为"天下无道则庶人议"。看来,胡适对学校功能的界说仍然相当模糊。不过有一点,当胡适力主学校不应办成议政中心时,并没否认知识者议政的权利与义务。相反,当年留学归国前夕,胡适作《别叔永杏佛觐庄》诗,其中述志部分有"从此改所业,讲学复议政""学以济时艰,要与时相应"等豪言②。终其一生,胡适基本上是信守这一誓言的。大概在胡适看来,求学时不当因干政而荒废学业,学成后则因"济时艰"而不免"讲学复议政"。

在中国古代,"士"本就同时承担学者与官僚两重角色,"讲学复议政"自是题中应有之义。所谓"士志于道",所谓"有澄清天下之志",所谓"先天下之忧而忧,后天下之乐而乐",固是体现了中国古代读书人的理想和豪情,可也跟其有可能成为"王者师"并干预朝政这一特殊地位有关。随着社会分工日益加剧,现代社会中知识者的角色和功能都受到很大限制,还能否保持先贤"志于道"的情怀和借"道"与"势"抗衡的气

---

① 胡适:《黄梨洲论学生运动》,《胡适文存二集》卷三。
② 《胡适留学日记》第1145页。此诗收入《尝试集》时改题"文学篇"。

概,实在令人担忧。另一方面,中国知识者能否适应专业化趋势,真正走"学术救国"道路,也仍然值得怀疑。起码清末民初的中国知识者,还习惯于亦学亦政的角色。1917年蔡元培出任北京大学校长,就职演说中就强调"大学者,研究高深学问者也",不该"有做官发财思想"①。第二年开学演说,蔡元培又强调大学为培养学者之场所,"学者当有研究学问之兴趣,尤当养成学问家之人格"②。十几年后回忆在北大进行的这场教育改革,蔡元培颇为得意,称其为铲除"科举时代遗留下来之劣根性"③。所谓"大学学生当以研究学术为天职",不只是针对混文凭的坏学生,更针对政学不分的旧传统。学而优不仕,不仅使学术成为学术,亦使政治成为真正意义上的政治。学术界这种独立自由态度,不是逃避社会责任,不是脱离政治,而是为了更好地支持(或制约)政治。贺麟先生对这一新趋向评价甚高:

> 好在自从新文化运动以来,在中国大学教育方面,总算稍稍培植了一点近代学术自由独立的基础:一般学人,知道求学不是做官的手段,学术有学术自身的使命与尊严。因为学术有了独立自由的自觉,对于中国政治改进,也产生良好影响。在初期新文化运动的时代,学术界的人士,完全站在学术自由独立的立场,反对当时污浊的政治,反对当时卖国政府,不与旧官僚合作,不与旧军阀妥协。因此学术界多少保留了一片干净土,影响许多进步青年的思想,培养国家文化上一点命脉。④

---

① 蔡元培:《就任北京大学校长之演说》,《蔡元培全集》第三卷,北京:中华书局,1984年。
② 蔡元培:《北大一九一八年开学式演说词》,《蔡元培全集》第三卷。
③ 蔡元培:《我在北京大学的经历》,《东方杂志》第31卷第1号,1934年。
④ 贺麟:《学术与政治》,《文化与人生》第252页,北京:商务印书馆,1988年。

不管这种评价是否过于乐观,学术是否能够真正独立自由,但作为一种历史现象,学者们区分政、学的意图值得注意。这与古已有之的区分"学统""道统""政统""治统"不大一样,关键不在于"道""势"之争,也并非以"学统"或"道统"的维系自命,而主要是适应现代学术专业化趋向的一种角色选择。当然,这种"选择"是有其意识形态背景的,而且也确实产生了一系列严重的社会效果——起码是对政治万灵"神话"的消解以及对政治权威的质疑。这里只限于其对学术界的深刻影响。

明确政、学殊途以后,对知识者来说,大致有如下四种选择:第一,弃政从学;第二,弃学从政;第三,托政治于学术;第四,"讲学复议政"。第一、二种选择相对单纯些,可在20世纪中国,养成"为学问而学问"的"学者的人格",其实并不容易①;第三、四种选择相对复杂些,选择者必须承担很大的精神压力,如何处置两股内心要求之间的紧张,不是一件简单的事情。自称"性近于学术而不宜于政治",可又偏偏不能不涉足政治的蔡元培,显然也像胡适那样感觉到"一犬追两兔"的困惑:

> 我是一个比较的还可以研究学问的人,我的兴趣也完全在这一方面。自从任了半官式的国立大学校长以后,不知一天要见多少不愿意见的人,说多少不愿意说的话,看多少不愿意看的信,想腾出一两点钟看看书,竟做不到了,实在苦痛极了。②

照老友吴稚晖的说法,蔡元培最后选择的是"托政治于学术,将恃以彻底救国"的道路:"学术所以救国,救国即为政治。"此种选择,决定

---

① 如梁启超论治学,多次在"学以致用"与"为学术而学术"之间摇摆,参阅《新史学》《清代学术概论》和《中国历史研究法补编》。
② 《蔡元培口述传略》(高平叔记),《蔡元培先生纪念集》,北京:中华书局,1984年。

了蔡元培主要以其事功及人格,而不以具体的学术著述"存之于人人之心"①。

　　同样是既不能真正忘情于学术,又不想完全抛弃政治,胡适与蔡元培又自不同。前者比后者无疑更看重具体的学术著述。所谓"无后为大,著书最佳"并非只是一时戏言,胡适确实希望借著述"不朽"。朋友们认定胡适的最大长处在于"教书做书",对国家的贡献对后世的义务不在谈政治,而是"完成那《中国哲学史》、《文学史》,以及别的考据工作(《水浒传考》那一类)";胡适也"深觉人生只有这几个十年,不可不趁精力未衰时做点能做又爱做的事"。可在答应"重做故纸生涯"的同时,胡适给自己留了个口子:保留"爱说闲话,爱管闲事"的权利,理由是"自恨'养气不到家',但实在也没有法子制止自己"②。胡适虽不曾像王国维那样成为纯粹的学者,可相当推崇王国维的治学路向③。至于蔡元培等的"托政治于学术",胡适甚不以为然。1924年为古史讨论作总结,胡适强调研究的目的是"明白古史的真相",应该追求如何"去伪存真",而不是考虑是否"有害于人心"④。四年后,有人邀请他参与发起"中国学会",胡适拒绝了,理由是不赞成其借学术谈政治的会章:

　　　　我不认中国学术与民族主义有密切的关系。若以民族主义或任何主义来研究学术,则必有夸大或忌讳的弊病。我们整理国故只

---

① 吴敬恒:《通人与学人》,《国风》第12期,1943年。
② 1929年八九月间,胡适在上海谈人权惹了麻烦,周作人等写信劝他到北京"教书做书",胡适复信表白自己心境;第二年11月,胡适终于离沪北上。参见《胡适来往书信选》上册第539、542页。
③ 在1922年8月28日日记中胡适慨叹"现今的中国学术界真凋敝零落极了",并断言"只有王国维最有希望"(《胡适的日记》第440页)。
④ 胡适:《古史讨论的读后感》,《胡适文存二集》卷一。

是研究历史而已,只是为学术而作工夫,所谓实事求是也,从无发扬民族精神感情的作用。①

正如胡适所慨叹的,"近时学者很少能了解此意的"。不只是政治家希望学术为政治服务,学者本身也不甘心于"只是为学术而作工夫",上者追求"经世致用",下者可就沦为"曲学阿世"了。很可能并非耐不住寂寞坐不稳冷板凳,而是不忍风雨声中"闭门读书"。

同样有此人间情怀,同样关心民生疾苦、政局变幻,胡适宁愿在政论时评中体现其政治意识,而在学术著述中仍严守实事求是原则。"讲学"时不"议政","议政"时不"讲学",真正让政、学分开,保持两者各自的独立性。这是胡适处理政学关系的特殊策略。作为学者,胡适追求学术的"纯粹性",更多从学科发展和学术规范建立的角度考虑问题;而作为公民,胡适则希望"能够公开的替国家想想,替人民说说话"。这本是正常社会中知识者立身处世的常规姿态,只不过在政治没上轨道,知识者要不不问政治、要不乱问政治的特殊环境中,胡适的选择才显得有点奇异。

在胡适一生中,最能体现这种"讲学复议政"理想的,是1922年5月创办《努力周报》至1937年7月抗战爆发投身实际政治这十五年。在此之前,胡适力主"不谈政治",目的是"想在思想文艺上替中国政治建筑一个革新的基础"。在此之后,或者出使美国,无暇"讲学";或者寓居海外,无法"议政"。1940年代末任北京大学校长和1950年代末任"中央研究院"院长,"议政"既不自由,"讲学"亦少闲暇。这"讲学复议政"的

---

① 《胡适来往书信选》上册第497页。另外,罗尔纲《师门辱教记》中提到胡适反对陈独秀研究太平天国,可作此话注脚。1935年夏,陈独秀在南京狱中请人代收集有关太平天国的书,准备做研究,胡适得知后说:"仲甫是有政治偏见的,他研究不得太平天国,还是让尔纲努力研究吧!"

十五年,又可按所办杂志分为《努力周报》(北京)、《新月》杂志(上海)、《独立评论》(北京)三个时期。胡适曾非常感慨地回忆他 1920 年代末在上海的三年半:

> 那是我一生最闲暇的时期,也是我最努力写作的时期。在那时期里,我写了约莫有一百万字的稿子。①

所谓"闲暇",只是不当官,不从事实际政治。这三年半里,谈人权惹了大麻烦,虽说胡适以来文"含糊笼统"、逻辑混乱为由退回了"国民党政府教育部训令",可这并非只是笔墨官司,没落得个"肉体解决"已属万幸②。就在这积极"议政"(不惜触犯最高当局)的同时,胡适又确实潜心学问,这时期完成的《白话文学史》上卷、《菏泽大师神会传》《神会和尚遗集》《中国中古思想史长编》等著作,都不是灵机一动就能弄出来的。1930 年 2 月至 8 月,胡适除写作《中国中古思想史长编》(七章,14 万字)外,还穿插作了好几篇短文,如此著述速度,确实当得上"努力"二字。其实,在办《努力周报》和《独立评论》时期,胡适也是这样"讲学""议政"同时进行,互不干涉。《努力周报》还好说,才办了一年半,出版 75 期;而《独立评论》周刊可就不容易了,从 1932 年 5 月创刊,到 1937 年 7 月 25 日出完最后一期,五年间共出版 244 期。在此国难当头时刻议政,而且"希望永远保持一点独立的精神","不倚傍任何党派,不迷信任何成见,用负责任的言论来发表我们各人思考的结果"③,绝非易事。在《独立评论》上发表了大量政论和时评(涉及对日外交方针、中国政治

---

① 胡适:《〈淮南王书〉手稿影印本序》,《淮南王书》,台北:商务印书馆,1962 年。
② 罗尔纲:《关于胡适的点滴》(颜振吾编:《胡适研究丛录》,北京:三联书店,1989 年)记述胡适离开上海时,"人们认为特务会在车站狙击胡适",结果虚惊一场。
③ 胡适:《〈独立评论〉引言》,《独立评论》第 1 号,1932 年。

出路、民治与独裁、信心与反省等一系列政治问题)的同时,胡适的学术研究也在积极进行。1950年代拟议口述自传大纲时,胡适还特别提到这几年中他的四篇重要学术论文:《说儒》《评论近人考据〈老子〉年代的方法》《〈醒世姻缘〉考证》和《颜李学派的程廷祚》①。

至少从表面看,胡适政学分途、齐头并进而又"井水不犯河水"的策略是成功的:在那风云激荡的年代里,他既尽了知识者问政的责任,也在学术研究领域做出了贡献。可这种成功其实是付出了不小的代价的;这点对胡适后半生的治学途径影响甚大。

为了强调政学分途,胡适不免过分突出学术的"纯粹性"。其实,学术不过是人类追求真理的一种特殊方式,其疆域的划定只是一种迫不得已的"假设"。什么是学术,什么不是学术,是随着人类认识活动的发展而移动变迁的。把这种人为的疆域凝固化,实际上限制了学术自身的发展,不是一种明智的举动。新文化运动时期的胡适,从事思想文化革新,纵横驰骋,不问是学术还是政治,能做什么、该做什么就做什么。这一时期的胡适,对现代学术和现代政治的贡献都很大。到有意识地区分政治与学术时,其论政固是影响加大,可学术上则无形中作茧自缚:重历史而轻现实,重文史而轻社科,重训诂而轻义理,重知识论而轻价值论——后者都因可能接近现实政治而被视为"非学术"。这么一来,胡适治学的路子只能越走越窄,最后走到花二十年时间研究一部《水经注》②。胡适治《水经注》有各种原因,其中一点是在他看来,"这才是真正的学术"。

胡适对考据有特殊兴趣,其学术著述也以考据见长,以至梁启超在

---

① 参见台北传记文学出版社1981年版《胡适口述自传》前附影印件:"胡适之先生亲笔所拟口述自传大纲"第三部分"Under Nationalist China"。

② 参阅费海玑《胡适先生研究〈水经注〉的经过》,《胡适著作研究论文集》,台北:商务印书馆,1970年。

《清代学术概论》中称赞其"用清儒方法治学,有正统派遗风"①。一开始胡适显然不满足于清儒的考证训诂,希望能再推进一步,"走向历史,特别是思想史的综合贯通的途径"②。直到1930年代中期,胡适还是企图走戴震的路子:"深通训诂,究于名物制度而得其所以然,将以明道也"(章学诚《朱陆篇书后》)。这一学术思路,从他专门为清代学术史上两位奇才戴震与章学诚分别撰写专著③,而且盛赞其不以考据为最后目的,可以看出来:

> 考订只可以考订为目的,而不可谈义理:这是当时一般学者的公共心理。只有戴震敢打破这个迷信,只有章学诚能赏识他这种举动。④

在胡适看来,清儒治学的长处是重证据,能"据守",短处是大家都"埋头做那'襞绩补苴'的细碎功夫,不能继续做那哲学中兴的大事业";而要"建立有系统条理的哲学思想,只有力求通核一条路"⑤。撰写《中国哲学史大纲》《白话文学史》时,胡适颇有"通核"的气派;而到治《水经注》,则只有据守的份了。

从主张"通核"讲求"义理",到推崇"据守"只求"考据",胡适1930年代中期学术路向的转变,有其学理上的考虑,也有政治环境的制约。一个有趣的事实是,当生活中离政治越近时,胡适在学术上离义理就越

---

① 《梁启超论清学史二种》第6页,上海:复旦大学出版社,1985年。
② 余英时:《中国近代思想史上的胡适》第62页。
③ 《章实斋先生年谱》,上海:商务印书馆,1922年;《戴东原的哲学》,上海:商务印书馆,1927年。
④ 胡适:《戴东原的哲学》第96页,台北:商务印书馆,1967年。
⑤ 同上书,第103页、122页。

远(越非政治化)。1940年代末期的中国,国共两党两军大决战,炮火连天中,胡适忙于考辨《水经注》疑案。在1948年11月28日致顾起潜信中,胡适不无自嘲道:

> 在天翻地覆之中,作此种故纸堆生活,可笑之至!①

其实一点也不可笑,正因为"天翻地覆",才更必要"作此种故纸堆生活"。这正是胡适处世治学的诀窍。1947年10月,作为北大校长的胡适在沪对记者发表讲话,其中有一句后来屡遭批判:"学生要解决思想苦闷,惟有埋头研究学术。"②这话当然有压制学潮的意图,可在胡适并非存心骗人,起码他本人是喜欢借"研究学术"来"解决思想苦闷"的。在兵荒马乱中撰写一篇篇研究《水经注》疑案的文章,除了佩服胡适的学问癖之外,还得承认这种研究对其稳定情绪起了很大作用,其心理调整功能不下于其学术价值。这点胡适本人或许心中有数。

留学期间,胡适偶然读了《歌德年谱》,深为"歌德之镇静工夫"所慑服,以后多次引述此例说服急于用世的友人:

> 德国文豪歌德自言,"每遇政界有大事震动心目,则黾勉致力于一种绝不关系此事之学问以收吾心"。故当拿破仑战氛最恶之时,歌德日从事于研究中国文物。③

第一个被说服的是其女友韦莲司:1914年韦莲司感愤于欧洲战事之起,

---

① 《胡适手稿》三集,台北:"中央研究院"胡适纪念馆,1968年。
② 耿云志:《胡适年谱》,《胡适研究论稿》第506页。
③ 《胡适留学日记》第484页。

准备放弃学画,投军当看护妇,胡适"以歌德之言告之","女士以为然,今复理旧业矣"①。第二个被说服的是德国鲁温斯坦亲王:1941年底鲁温斯坦亲王要求到中国参加抗战,胡适复信中又引述歌德不大为常人理解的"有意置身于当时大事之外的态度",希望亲王继续从事学术研究②。十九年后重逢,胡适方得知当年的劝告大见成效,"此君得我回信,颇受感动。后来他竟继续作教授生活"③。或许是中国国情不同,同一番话却没能让中国学生大受感动并改弦易辙。1925年8月胡适在天津写了《爱国运动与求学》,照样引述歌德的例子,告诫学生"在一个扰攘纷乱的时期里跟着人家乱跑乱喊,不能就算是尽了爱国的责任",而必须"立定脚根,打定主意,救出你自己,努力把你这块材料铸造成个有用的东西"④。在日益高涨的学潮中,胡适的劝告毫无作用,徒然提供了批判的靶子。

不管劝告是否有效,胡适说服的对象都是试图弃学从政者,这与他所引述的歌德的例子实际上仍有距离。歌德本就是文人学者,并没因战事临近而投身政治或改换职业,而是靠调整研究对象来摆脱现实政治环境造成的心理压力,在一种相对稳定平静的状态中继续从事自己所擅长的工作。真正接近歌德这种在政治上不愉快的情形下,选择远离现实的学术工作"以收敛心思"者,不是别人,正是胡适自己。

靠远离现实政治并排斥"义理"来维持学术的独立和尊严,其合理性和有效性均很成问题。一个起码的事实是,"埋头著书不问政治"其实也是一种政治姿态;在现代社会中,谁也无法保证学术不与政治"自

---

① 《胡适留学日记》第485页。
② 胡适1942年1月29日复鲁温斯坦亲王信,录自《胡适之先生年谱长编初稿》第1756页。
③ 胡适1961年11月23日日记,录自《胡适之先生年谱长编初稿》第3817页。
④ 胡适:《爱国运动与求学》,《现代评论》第2卷第39期,1925年。

动挂钩"。胡适晚年之集中精力研治《水经注》疑案,其良苦用心值得充分同情,只是这一特殊经验未必适宜于推广。

令人感慨不已的是,何以二三十年代还能"讲学复议政",到四五十年代就只能"单打一"?到底是胡适老了精力不济呢,还是天地窄了施展不开?

第四章　专家与通人

在现代中国学术史上,胡适始终是个"问题人物"。学术史上评价时高时低的人物有的是,可像胡适那样一下被抬上天,一下被打入地的学者毕竟不多。开始是新旧学派拿他当战场,后来是左右文人拿他做台阶;轮到学术史家上阵,胡适已是百孔千疮。撇开那些纯属政治偏见的褒扬与谩骂,对一代学者胡适的评价仍然是见仁见智。没人怀疑胡适是开风气的人物,争论在于胡适到底有多大学问,做出多大的学术贡献。在世人眼中,胡适当然是个大学问家;可听某些专门家评说,胡适又似乎没什么学问。胡适最初以介绍杜威哲学和从名学角度治中国哲学史名家,金岳霖却说:"西洋哲学与名学又非胡先生之所长,所以在他兼论中西学说的时候,就不免牵强附会。"①胡适自认对禅宗史的研究有"原始性的贡献"②,梁漱溟则批评他"对佛教找不见门径,对佛教的禅宗就更无法动笔,只得做一些考证"③。胡适治学以讲方法论著称,殷海光却讥其大谈"科学方法"为浅薄且不长进④。胡适好歹写了上百万字的文学史论著,可刘文典说他样样都好,就是不大懂文学。⑤ 批评者都是一时

---

① 金岳霖:《〈中国哲学史〉审查报告》,冯友兰:《中国哲学史》上册,上海:商务印书馆,1934年。
② 《胡适的自传》(《胡适哲学思想资料选》下册)第222页,上海:华东师范大学出版社,1981年。
③ 梁漱溟口述:《略谈胡适之》,颜振吾编:《胡适研究丛录》,北京:三联书店,1989年。
④ 殷海光:《殷海光、林毓生书信录》第131页,台北:狮谷出版公司1981年。
⑤ 参阅唐德刚《胡适杂忆》第157页,北京:华文出版社,1990年。

名家,而且都是盖棺论定式的全称判断(而不是针对某本书某个观点),这就令人不能等闲视之。倘若胡适真的在哲学史、佛教史、文学史和方法论方面的研究都站不住脚,那这"学问大家"的真假可就很成问题了。好在推崇胡适学问的也大有人在,而且不乏权威人士;故胡适学问之大小恐怕一时难有结论。有趣的是,赞赏者往往是就"学者"胡适立论,而批评者则大都就"哲学史家"或"文学史家"胡适立论。两种评判眼光显然有很大区别,一是用来衡量"通人",一是用来衡量"专家"。而胡适的学问路数,恰好是在"通人"与"专家"之间,评判时自然很容易上下其手。或许问题就出在这里:生在一个学术分工日细的时代,却居然成为"学术界十项全能的杨传广"①。照唐德刚先生的说法,近百年中国的学术,"始终是停滞在'发展中学术'(developing scholarship)这个阶段之内",胡适的学问正是他那个时代的"恰当学术";正因为是了不起的"恰当学人"(appropriate scholar),胡适才可能成为"朱子以后,对中国学术思想,继往开来,影响最大的一位学者"②。此说对胡适评价是否过高可以商榷,但论者将其置于中国学术思想发展的转折关头来考察,却无疑是一种卓识。考虑胡适何以在"通人"与"专家"之间徘徊,远比单纯争论胡适学问之大小有意思;因前者实际上是古今中外学术思想交汇的一个特殊投影。

一 古老命题的现代诠释

"中西学术比较"这样的大题目,在胡适看来可能是"不通",因为无法"拿证据来"。可实际上胡适也常常谈论此类"不通"的话题,比如以

---

① 参阅唐德刚《胡适杂忆》第157页。
② 参阅唐德刚为《胡适的自传》第十二章所作的评注,《胡适的自传》第285—290页。

不同时代不同学科的中西治学方法相比较①。说好听是"触类旁通",说不好听则是"方法谬误"。当论者泛言空谈古今中西学术时,自然不能不将思路大大简化,否则无法满足两极分化、二元对立因而简洁明快易学易用的理论需要。当年胡适谈中西治学方法是如此,半个世纪后钱穆谈中西学术传统也是如此,只不过钱氏把胡适也捎进来批一通。其实,两人话语虽不同,思维方式却相当接近。胡适提倡新文化运动,使得中国学术传统断裂,学者们不再求"融通体会",而是"治学则务为专家,惟求西化"。钱穆做这一判断时,基于两个理论前提:一是"中国重和合,西方重分别";二是"求为一专家,不如求为一通人"②。后者涉及个人的学术选择,可以存而不论;前者以"和合"与"分别"、"通人"与"专家"概括中西学术的不同倾向,虽则新鲜有趣,却是个有待证实的"大胆的假设"。

就表面现象而言,钱穆的如下说法大致不错:

> 民国以来,中国学术界分门别类,务为专家,与中国传统通人通儒之学大相违异。③

可这种"通人"与"专家"的区别,到底是中西之歧,还是古今之异?亚里士多德、狄德罗、歌德都并非只是某一方面的"专门名家",而乾嘉学派也谈不上推崇"通人"。随着社会分工的日益精细,"专家之学"逐渐占上风,这点中西同例;只不过当20世纪中西学术交汇时,由于各自社会所处发展阶段不同,西方学界显得更为注重"专家之学"罢了。

---

① 比如胡适本人很看重而且确实影响很大的《治学的方法与材料》,就拿顾炎武、阎若璩比伽利略、牛顿,拿戴震、钱大昕比达尔文、柏司德。
② 钱穆:《〈现代中国学术论衡〉序》,《现代中国学术论衡》,长沙:岳麓书社,1986年。
③ 同上。

其实,这种"通人"与"专家"之争,在中国"古已有之",不过"于今为烈"罢了。"古之儒者,博学虖六艺之文"(《汉书·儒林传》),自是无所谓专家与通人之分。秦始皇焚书坑儒,"六学从此缺矣";及至汉武帝立五经博士,方才出现"一经说至百余万言"的专家。有死守一经离章析句的专家,也就有但通训诂遍习五经的通人①。班固本人是"不为章句,举大义而已"(《后汉书·班固传》),自然重通人而轻专家;不过《汉书·艺文志》中对中国学术史上这一重大转折的描述还是大致可信的:

> 古之学者耕且养,三年而通一艺,存其大体,玩经文而已,是故用日少而畜德多,三十而五经立也。后世经传既已乖离,博学者又不思多闻阙疑之义,而务碎义逃难,便辞巧说,破坏形体;说五字之文,至于二三万言。后进弥以驰逐,故幼童而守一艺,白首而后能言;安其所习,毁所不见,终以自蔽。此学者之大患也。

司马迁提及"通人达才",但未作界定(《史记·田敬仲完世家》);班固描述了这一古今学术分途,但未拟专名;到了王充,才将"能说一经"的"儒生"与"博览古今"的"通人"并举(《论衡·超奇篇》)。王充所论的"儒生",近乎后世的"专家";而他所论的"通人",则与后世"通人"有别:因其博闻强识弘畅雅闲但未必能"精思著文",故不若"文人"与"鸿儒"等第高。即便如此,学界中专家与通人的分野大致就此确立;此后学风代变,历朝历代都有围绕这一问题的争论。

讨论为什么在某种历史氛围中"专家之学"(或"通人之学")占上

---

① 汉人论学,往往"章句"与"训诂"对举,以示不同学术路数。张舜徽先生《广校雠略》第138页,北京:中华书局,1963年)对此有一合理的解释:"盖两汉之世,训诂与章句有辨,离章析句者语必求详,失之繁琐;若但通训诂,则博习经传,期于明练旧典而止,有融会贯通之功,无专己守残之蔽。"

风,是个很有趣而又很复杂的学术思想史课题,并非单凭常识就能解答。这里只想指出,胡适面对的是个古老的论题,这个论题由于西学东渐而显得更富挑战性:今日学术界期待的通人,不只需要"古今兼通",更需要"东西兼通";而要达到这个目标,谈何容易!当然,"虽不能至,心向往之"的,还是大有人在,起码胡适就是一个。钱穆批评胡适开启了注重专门之学的现代学术传统,其实是过奖了;综观整个学术生涯,胡适始终在"通人"与"专家"之间依违徘徊。其学问缺陷在此,其在学术思想史上的意义也在此。

几乎在留学时期,胡适就清醒地意识到自己所选择的学术路向可能出现的问题和面临的陷阱。《胡适留学日记》中翻来覆去讨论"博学与专精"的关系,即便再三"自省""立誓",也无法掩饰其时内心的矛盾。对许多留学生来说,读书与择业是顺理成章的事,用不着费心思捉摸;而略有汉学根基但又充满报国热忱的青年胡适,却踌躇满志地忙于学术上的自我设计。1914年初,胡适作了一番痛切的自省:

> 余近来读书多所涉猎而不专精,泛滥无方而无所专注,所得皆皮毛也,可以入世而不足以用世,可以欺人而无以益人,可以自欺而非所以自修也。后此宜痛改之。①

可同年年底,胡适又对这种专才教育的价值表示怀疑,似乎又倾向于追求博学多才:

> 若终身守一物,虽有所成,譬之能行之书橱,无有生趣矣。今日

---

① 《胡适留学日记》第168页,上海:商务印书馆,1947年。

> 吾国学者多蹈此弊,其习工程者,机械之外,几于一物不知,此大害也。①

晋人葛洪以"藏书之箱箧"喻博涉群书而胸迷苍素者②,胡适则以"能行之书橱"喻学虽有成但了无生趣者,也算是有异曲同工之妙。毕竟正在受严格的学院式训练,胡适当然明白现代学术的专业化趋向。第二年开春,胡适的观点趋于折中,既求精也求博:

> 学问之道两面而已,一曰广大(博),一曰高深(精),两者须相辅而行。务精者每失之隘,务博者每失之浅,其失一也。③

这话绝对正确;可就因为太正确,谁都懂,也就没有多少信息量。十年后,胡适把这个意思编成两句粗浅的口号:

> 为学要如金字塔,要能广大要能高。④

这两句格言之所以流传甚广,与其说传授了什么治学秘诀,不如说道出了读书人共同的苦恼:博与精何曾能"相辅而行"?学者只能根据自己更希望成为"专家"或"通人",而选择"精"或"博"为主攻方向。

胡适无疑是明白这一点的。当他自称"余失之浅者也。不可不以高深矫正之"时⑤,显然是以"专家"的标准要求自己。起先还计划"读书

---

① 《胡适留学日记》第462页。
② 参阅唐人刘知几《史通》卷十八"杂说下"。
③ 《胡适留学日记》第538页。
④ 胡适:《读书》,《胡适文存三集》卷二,上海:亚东图书馆,1930年。
⑤ 《胡适留学日记》第538页。

以哲学为中坚,而以政治、宗教、文学、科学辅焉"①,后来发现这样安排骛外太甚失之肤浅,决心"屏绝万事,专治哲学"②。"专治哲学"的决心刚刚下定,胡适又兴致勃勃地研究诗词进化的规则和白话文的发展趋向去了。不断的忏悔自省,并不能保证胡适成为治绝学的第一流专家,徒然显示出学院派背景给他造成的沉重的心理压力。终其一生,胡适都在这种心理压力下"紧张"地工作。就志趣与性格而言,胡适倾向于"通人";而就训练与才情而论,胡适则更接近于"专家"。因外在环境的改变,胡适治学的兴奋点不断转移;可"务精"兼"务博"这一悲壮的努力一直没有完全放弃。

二 "具有广博学识"的专家

1915年5月,在决心专治哲学时,胡适给自己下了个颇为精彩的判断:

> 吾生平大过,在于求博而不务精。③

后人批评胡适的学问,也多着眼于其能"浅出"而不能"深入"。可作为一代学术大师,胡适治学还是有其根据地的。余英时称胡适学术的"起点和终点都是中国的考证学"④,这话稍为刻薄了点。不过,考据学确实是胡适学问的根基。当年留美考试,"乱谈考据的短文"得了一百分⑤;

---

① 《胡适留学日记》第563页。
② 同上书,第654页。
③ 同上书,第653页。
④ 余英时:《中国近代思想史上的胡适》第72页,台北:联经出版事业公司,1984年。
⑤ 胡适:《四十自述》第89—90页,上海:亚东图书馆,1933年。

应聘北京大学,主要是考据文字的功劳①;奠定胡适在中国学术界地位的《中国哲学史大纲》出版时,蔡元培首先强调的是其"禀有'汉学'的遗传性"②;即使在此书早被超越的半个多世纪之后,另一位哲学史家冯友兰也仍然认为,此书"既有汉学的长处又有汉学的短处"③。

以考据为根基,治学风格必然趋于小心谨慎,不至于肆无忌惮放言空论。胡适治学讲究"小题大作",目的是力求专精,这自然是"专家之学"的路子。1928年,胡适为提倡"新学风"而立下如下"戒约":

> 我们要"小题大作",切忌"大题小作"。例如顾亭林举一百六十多个例来证明"服字古音逼",这是小题大作。若作二三百字来说"统一财政",或"分治合作",那便是大题小作,于己于人都无益处。④

胡适后来屡次以此策略指导青年治学⑤。不过,将"小题大作"解释为缩小题目以便于集中精力作精深研究,似乎未尽其意。之所以称"大作",主要还不在于例证多且论证严密,更在于题目虽小而内涵丰富,经深入开掘能有重大发现,对整个学科的发展有深远意义。也就是说,并非每

---

① 胡适晚年回忆蔡元培聘他到北京大学教书,是因见到他19岁时写的《诗三百篇言字解》(见《胡适之先生年谱长编初稿》第294页),此说大致可信。因除此文(刊于1913年的《留美学生年报》和《神州丛报》)外,1916年前胡适只发表数则读书札记,而1917年1月陈独秀致胡适信中已称:"孑民先生盼足下早日回国,即不愿任学长,校中哲学、文学教授俱乏上选,足下来此亦可担任"(《胡适来往书信选》上册第6页,北京:中华书局,1979年)。

② 蔡元培:《〈中国哲学史大纲〉序》,《中国哲学史大纲》卷上,上海:商务印书馆,1919年。胡适直到晚年才纠正他是乾嘉之际名学者胡培翚后人的说法(见《胡适的自传》第一章),大概以为此说虽不准确,但有道理,汉学确是其治学根基。

③ 冯友兰:《三松堂自序》第223页,北京:三联书店,1984年。

④ 胡适:《〈吴淞月刊〉发刊词》,《胡适文存三集》卷七,上海:亚东图书馆,1930年。

⑤ 参见胡颂平编《胡适之先生年谱长编初稿》第992页、3497页,台北:联经出版事业公司,1984年。

个"小题"都适合于"大作",并非每篇严谨的考据文章都能称为"小题大作"。"小题"只是强调了选择的对象,"大作"方才真正道出了治学的策略与方法。同是一个字的精彩考证,可能是"小题小作",也可能是"小题大作",这就看研究者学术眼光之高低。胡适在"小题大作"与"大题小作"两种治学策略之间做了明确的选择,可他没考虑还有第三、第四种可能性:"小题小作"与"大题大作"。因回避"大题"而失去从事"大题大作"的尝试固然可惜,因偏爱"小题"而陷入"小题小作"的困境也实在不应该——胡适后期的治学,就有这种令人扼腕的偏颇。学者选择何种治学策略,旁人实在无权说三道四;只不过因胡适占据足以影响一代学风的特殊地位,其相对漠视"义理"与"大题"的治学态度,受到了不少学者的攻击①。

  反对大题目,是因为做大题目易流于空泛。胡适论人衡文,推崇从小题目小事情做起,并有将学问与人品挂钩的倾向。从"问题与主义"之争起,胡适关于社会只能逐步改良的论调迅速为国人所熟知;因此,他治学注重小问题似乎不足为奇。在胡适看来,"进步是一点一滴的积累造成的",故"我一生只提出一两个小问题,锲而不舍的做去,不敢好高骛远,不敢轻谈根本改革"②;同理,"文化是一点一滴的造成的",故"我们只想就各人的兴趣,提出一些范围比较狭小的问题,做一点细密的考究"③。无论事功还是学问,胡适都讲功效,"细密"与"锲而不舍"因而也就成了其求学

---

① 徐复观批评作为"中央研究院"院长的胡适:"他所选的'中央研究院'的院士,在人文科学方面,似乎只注重做了若干整理资料,校对若干文献的学者,他们始终以一个研究者的助手所作的工作,为自己最高的殿堂。"徐氏讥此等学人"有点像寺院里的尼姑,高贵而没有生育"(《中国思想史论集》第256页,台北:学生书局,1988年)。撇开个人恩怨(徐氏骂胡适不懂文学、哲学、史学、科学、佛学一事见《胡适之先生年谱长编初稿》第3858页),徐氏说法虽刻薄但不无道理。

② 胡适:《高梦旦先生小传》,《东方杂志》第34卷第1号,1937年。

③ 胡适:《〈文史〉的引子》,《大公报》1946年10月16日。

与做人的基本准则。胡适晚年教人治学,总讲"勤谨和缓"四字诀。有时说是"态度",有时说是"方法",有时又说是"习惯";其实是兼而有之,即将为人与治学统一起来。这自然无可非议,即使有时显得有点迂腐,可也固执得可敬可爱。去世前一年,身为"中央研究院"院长的胡适,居然会为了晚报上一篇《美国接吻的学校》的小文章大动肝火,写信表示抗议并要求作者出示"证据"。在他看来,此类"毫无常识的造讪",不只是对美国教育的侮辱,更重要的是对"读者常识的一种侮辱"[1],自然也是对终生提倡"拿证据来"的胡适本人的一种侮辱。大人物管小事情,做小学问,而且一点也不难为情,这种境界颇难得。

可如果因为胡适总讲"有几分证据,说几分话",就相信他没讲过外行话或没"大题小作"过,那未免太天真了。谁都有讲外行话的时候,更何况身为学界领袖因而也就必须到处作报告写序言的适之先生。晚年因讲了外行话受人嘲笑,胡适告诫自己"切不可轻谈自己本行以外的专门问题"[2]。可综观胡适一生,在学问上讲外行话的时候并不少——尤其是当他"大题小作"纵论中西文化的时候。有趣的是,提倡做学问应"小题大作"的胡适,其实也是"大题小作"的好手。翻开胡适著作目录,一个突出印象是,题目小者小得惊人,题目大者也同样大得惊人。花三两千字谈中国文化特质或国际发展趋势,比他所嘲笑的用二三百字说"统一财政"好不到哪里去;而胡适本人恰好写了不少此类文章。像用无政府主义的抗议、自由主义的教育哲学、极权政治的崛起和无为政治的试行四点来概括中国古代政治思想(《中国古代政治思想史的一个看法》),像将8世纪到20世纪的中国文化分为文艺、哲学、学术三次文艺复兴(《中国传统与将来》),像以新的科学、新的工业和民主自由来描述近三百年世界文化的大

---

[1] 参阅《胡适之先生年谱长编初稿》第3789页所录胡适致《大华晚报》编辑信。
[2] 同上书,第2798页、3068页、3655页。

趋势(《三百年来世界文化的趋势与中国应采取的方向》)……这一类文章,姑且不问其到底有多大的"科学性",单是立论的过于大胆与论证的过于粗疏,都与胡适提倡的"小题大作"大相径庭。有的是对外国人讲中国文化,有的是根据演讲稿改写,读者对象和文章形式决定了只能"大题小作";可也有出于胡适的自觉选择的。这就不能不涉及胡适治学的另一个特点:博。

尽管留学日记中一再对自己治学务博因而失之浅表示忏悔,可实际上胡适还是倾向于博学而非专精。1936年,胡适给他最喜欢的学生之一,后来成为著名物理学家的吴健雄写信,劝她在专业学习之外,"多读文史的书,多读其他科学",这样才能"胸襟广大""见解高明"。一句话,"我是要你做一个博学的人"。胡适教人治学讲究因材施教,所谓"取精用宏""由博返约",不是每个学人都能通过努力达到的。"凡治学问,功力之外,还需要天才",龟兔之喻是对中人以下讲的,而对有天才者则可以讲融通博学①。讲"小题大作"是治学的具体经验,而且中人以下都能采用,功效明显;讲融通博学则知音少且流弊多,非得其人不传。公开演讲与私下交谈之所以说法不一,就因为胡适在具体研究策略上主张精深的"专家之学",可内心深处还是向往博大的"通人之学"。

胡适作文写诗讲究一个"通"字,晚年评论历代诗文,仍然以"通"与"不通"作为衡量标准②。可论学时胡适讲"博"不讲"通";即使偶尔提及"通人",也未作认真界定③。这跟胡适治学风格大有关系。虽然早年有过

---

① 参阅《胡适之先生年谱长编初稿》第1541页。
② 参阅胡颂平编著《胡适之先生晚年谈话录》第61页、66页、77页、99页等,台北:联经出版事业公司,1984年。
③ 胡适1937年日记中有"作诗人必须有见地,只有通人可作诗人"语,这里"通人"只作"有见地者"解,并非中国学术传统中推崇的"通人"。参见《胡适的日记》第541页,北京:中华书局,1985年。

用社会学、人类学和民俗学方法治神话和《诗经》的设想与尝试①,但胡适基本上是传统的文史学者,而且不大注意人文社科各学科之间的融会贯通。严格地说,胡适在人文科学方面的研究,也是"博"远胜于"通"。如何借助于"兼通"的知识结构优势来做成"贯通"的大学问,胡适似乎不大考虑。

胡适对自己之知识广博是引以为傲的。国人如此评价不足为奇,连罗素在《中国的问题》一书中也称赞胡适"具有广博的学识"②,这可就非同寻常了。胡适晚年有一段表面十分谦虚实则相当高傲的"自嘲":

> 我到了六十二岁,还不知道我专门学的什么。起初学农;以后弄弄文学,弄弄哲学,弄弄历史;现在搞《水经注》,人家说我改弄地理。③

抱怨自己没专业,实则夸耀自己不为某一学科某一专业所限制,不至于像他早年所批评的"终身守一物"的专家那样纵有所成亦无生趣。除了农业早被放弃外,文史哲各学科胡适都有许多专业水平甚高的论著。口述自传时,胡适除了突出他在各个不同学科的贡献外,更专门引录了1950年代中期中国大陆"胡适思想批判讨论工作委员会"所拟批判胡适的九个专题(其中涉及哲学思想、政治思想、历史观点、文学思想、哲学史观点、文学史观点、考据学、《红楼梦》研究等),然后颇为得意地称:

> 这张单子给我一个印象,那就是纵然迟至今日〔一九五八〕,中国共产党还认为我做了一些工作,而在上述七项工作中,每一项里,我

---

① 参阅《胡适留学日记》第447页、《胡适的日记》第336页和胡适等人《"野有死麕"之讨论》(《歌谣周刊》第94号,1925年)。
② 参阅《胡适之先生年谱长编初稿》第460—461页。
③ 胡适:《工程师的人生观》,《胡适演讲集》(三),台北:远流出版公司,1986年。

都还留有"余毒"未清呢!①

几百万字的批胡文章,据说胡适本人还是读的;可不但没把他批倒批臭,反而使他自我感觉更加良好②。除了政治观点歧异影响学术判断外,更在于胡适作为一个开风气的人物,即使具体学术观点过时,也仍有其特殊价值(即"余毒"未清),这场大批判反而帮他从反面做了学术总结。余英时曾经这样描述胡适在学术思想界的地位:

> 在许多思想和学术的领域内——从哲学、史学、文学到政治、宗教、道德、教育等——有人亦步亦趋地追随他,有人引申发挥他的观点和方法,也有人和他从容商榷异同,更有人从各种不同的角度对他施以猛烈的批评,但是几乎没有人可以完全忽视他的存在。这一事实充分地说明了他在中国近代史上所占据的枢纽地位。③

在近代中国学术思想史上,与胡适地位相称而且学风相近的,大概只有梁启超了。而梁启超对自己的学问有过清醒的估计,其《双涛园读书》诗云:

> 我生大不幸,弱冠窃时名。
> 诸学涉其樊,至竟无一成。④

诗人吟诗总是"言过其实",不过梁氏这一自省还是真诚而且深刻的。十余年后,梁启超在《〈墨子学案〉序》中又表达了大致相同的看法:

---

① 《胡适的自传》第 221 页。
② 参阅唐德刚《胡适杂忆》第 156 页。
③ 余英时:《中国近代思想史上的胡适》第 6 页。
④ 梁启超:《饮冰室合集·文集》第十六册,上海:中华书局,1936 年。

> 若启超者,性虽嗜学,而爱博不专;事事皆仅涉其樊,而无所刻入;何足言著述?①

治学中"博"与"专"几乎是无法克服的矛盾,就像胡适早年所慨叹的,"务精者每失之隘,务博者每失之浅"。要做到"博大精深"不容易,不过时刻警惕自己的治学风格所先天具有的缺陷,并做些力所能及的补救,那还是不难办到的。可胡适晚年缺少此类自省,反而为"批胡"所反衬出来的自家学问之广博和在中国现代学术思想史上的重要性所陶醉,这无疑是十分可惜的。

当然,胡适偶尔也会做点自我批评,可那只是抱怨自己没能完成既定的写作计划(如完成《中国哲学史》和《白话文学史》),而不是认真检讨自己的学术路向。也就是说,在胡适看来,他的问题是如何利用时间努力工作,百尺竿头更进一步,而不是在学术上做某些必要的调整和修正。至于感慨改行太早,科学课程读得太少,以致不懂现代的数理、生物和化学②,那更是大言欺世,谈不上真诚的自我反省。后辈学人之所以对胡适有过苛的批评,跟他本人后期学术上长进不大而又自我感觉过于良好大有关系。1916年6月,青年胡适在日记中表达了他对前辈学人马君武的强烈不满:

> 其所专治之学术,非吾所能测其浅深。然颇觉其通常之思想眼光,十年以来,似无甚进步。其于欧洲之思想文学,似亦无所心得。先生负国中重望,大可有为,顾十年之预备不过如此,吾不独为先生惜,亦为社会国家惜也。③

---

① 梁启超:《梁任公近著第一辑》下卷,上海:商务印书馆,1923年。
② 参阅《胡适之先生年谱长编初稿》第2771页。
③ 《胡适留学日记》第934页。

近半个世纪后,轮到胡适的学生辈来"为先生惜"了。只是由于在四五十年代的中国,学术诤言与政治批判很容易搅和在一起,这一特殊情境促使胡适心安理得地拒绝几乎一切批评。这一点既使得胡适思想前后一致,不至于为顺应潮流而曲学阿世;也使得他某种程度上自我封闭起来,学术上无大进展。孰得孰失,恐怕一时难以说清。

三 "博学的人"与"国人导师"

胡适在学术上因求博而失之浅,除了个人因素外,更牵涉到中国的学术传统和五四时代的特殊思想文化氛围。中国学界之推崇"通人",不只是因其"博通古今",更因其有卓识能用世。汉人王充不单讥"守信一学,不好广观"的儒生"无温故知新之明,而有守愚不览之暗",对"胸中怀百家之言"的"通人"也颇有微词(《论衡·别通篇》):因为在他看来,"凡贵通者,贵其能用也",而在"能用"这一点上,"好学勤力博闻强识"的"通人"就远不如"著书表文论说古今"的"鸿儒"(《论衡·超奇篇》)。后世不再将书生分为四等,"鸿儒"的功能因而并入"通人"。如唐人刘知几批评"或耽玩一经,或专精一史"的专门名家,可对博览群书而漫无主见者也很不以为然:

> 假有学穷千载,书总五车,见良直而不觉其善,逢牴牾而不知其失,葛洪所谓藏书之箱箧,五经之主人。而夫子有云:虽多亦奚用为?其斯之谓也。(《史通·杂说下》)

读书当有慧眼卓识,并借论说古今影响世道人心或革新思想文化,这与主张直接介入现实政治斗争的经世致用之学仍有很大区别。前者立足于"道问学",只不过保持学者的人间情怀;并非为政治而学术,也不以治国平天下为终极目的。当然,这里的界线有时很难划清,学界的"通人"也不无"为王者师"的想法。不过,一般而言,划分有学问的政治家与有议政参政意识的学者,还是可以办到的。今人谈论学人中之"通人"者,有强调"既需会通,又求切合时宜"①,也有主张"托政治于学术",将"学术与政治,打成一片"②,都不只限于学问之博大精深。

胡适提倡做学问"当存一个'为真理而求真理'的态度",坚决反对治学中"狭义的功利观念"③。这一治学态度,很大程度得益于他在美国所受严格的学术训练。可当他面对中国古老的学术传统,或者考虑他在中国所能发挥的作用时,不能不修正他的"纯学术"追求。其实,这一矛盾早在留学美国时就已经出现,只不过那时身在"学院","专家"的一面自然占上风;一旦回国,形势迅速逆转,"通人之学"更令胡适向往。1915年,胡适为自己治学之"求博而不务精"作了如下辩解:

> 盖吾返观国势,每以为今日祖国事事需人,吾不可不周知博览,以为他日为国人导师之预备。④

这已经不是考虑学问怎么做更深入,而是怎么做更有用,有悖于其"为真理而求真理"的治学准则。当然,日记中胡适对这种"谬想"做了自我批评。可后来的实践证明,青年胡适的这一想法,其实根深蒂固不可动摇,根本不是一两次自我批评所能清除。为当"国人导师",胡适不得不"周知博览",也不得不求学有所用,自然只能倾向于"通人之学",与他原来"专治哲学"或"为学术而学术"的设想颇有距离。

---

① 钱穆:《〈现代中国学术论衡〉序》。
② 吴敬恒:《通人与学人》,《国风》第12期,1943年。
③ 胡适:《论国故学——答毛子水》,《胡适文存》一集卷二,上海:亚东图书馆,1921年。
④ 《胡适留学日记》第653页。

第四章　专家与通人

在 20 世纪的中国,学术有用无用之争,是个很棘手的问题。正如王国维所指出的:

> 顾新旧中西之争,世之通人率知其不然;惟有用无用之论,则比前二说为有力。

王国维断然否定"有用之学"与"无用之学"之争,并以决绝的口气称:

> 凡立此名者,均不学之徒,即学焉,而未尝知学者也。①

可像王氏这样旗帜鲜明地主张"为学术而学术",并将其贯穿整个治学生涯,在同辈或晚辈学人中实不多见。更多的好学之士是在"有用"与"无用"之间徘徊,因时势之转移心境之变迁,而从"为学术而学术"跳到"托政治于学术"(或反之)。梁启超如此,胡适也是如此。留学美国时,胡适批评"白香山抹倒一切无所讽喻之诗,殊失之隘",并对自己少年时代"不作无关世道之文章"的议论表示忏悔②。可一回到国内,目睹诸多黑暗,又忍不住大作有关世道之文章(先是思想文化革新,后更打破"二十年不谈政治,二十年不干政治"的戒约,直接议政参政),对白居易、元稹的文学主张自是刮目相看,将其概括为"文学要为人生而作,不为文学而作",并称这一自觉的文学革新开创了"中国文学史上一个很光荣灿烂的时代"③。这当然不只是对某个作家评价的改变,而是对整个文学艺术功能理解的偏移。相对来说,"为真理而求真理"的治学态度,胡

---

① 王国维:《国学丛刊序》,《王国维遗书》第四册,上海:上海古籍书店,1983 年。
② 《胡适留学日记》第 737 页。
③ 胡适:《元稹、白居易的文学主张》,《新月》第 1 卷第 2 期,1928 年。

适本人一直没公开否定；不过是在具体实践中，逐渐突出学术之"用"。

当胡适要求吴健雄作一个"博学的人"时，举的榜样是丁文江和翁文灏，而这两位科学家当时正是胡适创办的《独立评论》的重要作者。从办《努力周报》起，胡适就希望他们这批学有所长而又不靠政治吃饭的学者，能站出来"为国人导师"，引导国内政治走上正轨。胡适曾回忆他和丁文江等人办"努力"社时所立的两个标准："一是要有操守，二是要在自己的职业上站得住。"[1]第一条很平常，第二条有意思。第一流的专家不一定是第一流的政论家，学者议政，其实并非依靠他本行的知识（如丁文江之地质学）。之所以强调"在自己的职业上站得住"，除了增加发言的权威性外，更显出这批人的学者本色：博通之中必须有专精在。或许在他们看来，在本行成为第一流专家只是"专精"；出而议政，"为国人导师"，方才算得上"博通"。

这自然与中国书生以天下为己任的古老传统大有关系，可也更因二三十年代的中国，留学生相对受重视，颇有"安石不肯出，将如苍生何"（《世说新语·排调篇》）的自我感觉。当年胡适宣布下海谈政治，理由是"中国的舆论界仍然使我大失望"[2]。一方面国内人才奇缺，一方面学者自视甚高，两下一凑合，胡适辈也就不会满足于死守书斋了。作几篇精彩的学术论文，与引导整个社会向前发展，两相比较，"通儒达人"自然选择了后者。1937年4月，《独立评论》复刊，收到许多朋友的贺信；胡适选刊了复堂的来信并表示由衷的感谢，就因为其多少表达了他本人的想法：

> 在北平的环境中，学者们很自然的要流于汉学化。在过去，且

---

[1] 胡适:《丁在君这个人》，《独立评论》第188号，1936年。
[2] 胡适:《我的歧路》，《胡适文存二集》卷三，上海：亚东图书馆，1924年。

> 有不少自命爱护胡适之的人,每嗟惜适之何不绝对汉学化。记得前年瞿秋白临死时对新闻记者谈话,也有这种口调。这是一种错误。社会上花多少力量,造成一个领导者,难道他的归宿,只在《艺文志》一类典籍中增加几行记述! 何况我们的民族国家是什么一个境界呢!①

这话说得相当沉痛,国难当头,学者无权闭门读书。可这话还有潜台词,那就是:"专家易得,而通人难求。"这里的"汉学化"并非专指考据训诂(《独立评论》主要作者中也就胡适一人对考据感兴趣),而是指"专家之学"。"专家之学"固然无法在短期内使一个民族起死回生,可难道"通人之学"就有如此神奇的效用? 胡适显然被此类热情洋溢的"读者来信"蒙蔽了,以为我辈之出而议政真能左右历史进程。1948年底,国民党政权失败几乎已成定局,胡适在南京拜会美国大使司徒雷登时老泪纵横,俨然要对这场战争的失败负重要责任:

> 他痛悔抗战胜利之后这些年他没把〔他的〕才能用在这方面(指思想斗争——引者注),而是像他过去做的那样自私地又埋头于他所感兴趣的学术活动了。②

胡适说这话时或许是真诚的;可正因为如此,更显得胡适实在过分夸大了"通人之学"的作用。问题不在于胡适本人能否挽狂澜于既倒,而在于中国书生这种"为王者师"的传统思路在现代社会中是否仍然有效。

---

① 复堂的来信和胡适的复书均刊《独立评论》第231期,1937年。
② 此乃司徒雷登向美国国务卿的报告,转引自格里德著《胡适与中国的文艺复兴》中译本第327页,南京:江苏人民出版社,1989年。

表面上,1930年代后胡适与蒋介石私交不错,胡氏屡进国策(包括送自著《淮南王书》),蒋氏也甚表礼遇。可胡适应该明白,在这场精彩的政治游戏中,最关键的是双方各自的"姿态"。至于治国方略,哪里用得着胡适这样的大学者来插嘴,自有"权力意志"和"集团利益"在。这里不想评判胡适的政治行为,而只是指出胡适将"通人之学"扩大到议政参政,不能不相对忽视了"他所感兴趣的学术活动",大大影响了其治学的实绩。作为一个启蒙思想家来评价,胡适此举是"得";而作为学者来要求,胡适此举则是"失"。这就难怪当学者谈论20世纪中国学术史上的"通人"时,宁愿举王国维、陈寅恪等,反而不大谈及有意追求"通人之学"的适之先生。自然,这是两种不同的"通人"观,一重学术发展,一重思想建设。要论在近代中国思想文化史上的地位,王、陈二位远不及胡适;可要讲论著的学术价值,胡适可就只能退避三舍了①。

四 从"开山斧"到"绣花针"

胡适在学术上最受人诟病的,是其治学有头无尾,故难得深入。最特出的例子是半部《中国哲学史大纲》和半部《白话文学史》,终其一生都没能续完。此事令胡适十分尴尬,不断预言而又不断食言,大损学者胡适"清誉"。《中国哲学史大纲》上卷初版于1919年,《白话文学史》上卷初版于1928年,在此后三四十年的学术生涯中,胡适曾经多次努力,可就是没能如愿。难怪学界人士颇有由此怀疑胡适的学术潜力的。胡适当然明白完成这两部著作的象征意义,61岁那年立"生日决议案":谢

---

① 余英时称:"对于这样一个启蒙式的人物,我们既不能用中国传统'经师'的标准去衡量他,也不能用西方近代专业哲学家的水平去测度他。"(《中国近代思想史上的胡适》第62—63页)唐德刚也说:"我们如果把胡适看成个单纯的学者,那他便一无是处";"但是吾人如果把他看成一个开文化新运的宗师,那他就高不可攀了"(《胡适杂忆》第79页)。

绝一切长期职务,专心致志完成这两部著作①。此前此后,胡适也不断谈论这笔"学术上的旧债",一直到去世前撰写《〈淮南王书〉手稿影印本序》(未完稿),还对此耿耿于怀。可以说,没能完成这两部开山之作,是胡适平生治学最大的遗憾。

尽管"会通之义大矣哉",可"能极古今之变"(郑樵《通志总序》)者不必一定撰写通史。胡适之所以醉心于通史的写作,并订下计划由专题研究和资料长编做起,大概以为不如此不能体现其"通人之学"的治学趋向。1950年代口述自传时,胡适称自己从事的批判性的整理国故工作有两大目标:一是中国文学史,一是中国哲学史②。两大课题也都积累了许多研究成果,却总是无法贯通古今成一家之言。胡适历来称"哲学是我的职业,文学是我的娱乐"③,文学史没写完还情有可原,哲学史续集一直难产可就说不过去了。到底是什么因素使得很想撰写完整的《中国哲学史》(胡适更喜欢称为"中国思想史")的适之先生半途而废呢?这或许也算中国现代学术史上一个不大不小的"谜"。

尊崇胡适的人归因于他治学严谨,晚年不愿轻易著文;批评胡适的人则嘲笑他江郎才尽,只好学乖藏拙。或许问题稍为复杂,论者不应该意气用事。最简单的托词,当然是议政参政忙,故没时间治学。这样既显得忧国忧民,又不会有人怀疑其学术潜力。1920年代胡适曾批评"但苦没时间"这一"今日中国学者的通病"④,轮到自己大概也就不大好意思如此辩解了。虽也偶尔抱怨社交活动太多,可实际上四五十年代胡适

---

① 参阅《胡适之先生年谱长编初稿》第2195页。
② 《胡适的自传》第262页。
③ 胡适:《我的歧路》。另,胡适晚年自称:"如哲学算是我的职业的话,文学、历史,都是我的玩意儿";可同时他也承认,他的中央研究院院士,是历史组而不是哲学组选出来(见《胡适之先生年谱长编初稿》第2773页)。
④ 《胡适的日记》第440页。

有的是时间埋头研究《水经注》,就是不理会那半部《中国哲学史》。除了若干禅宗史料考辨和大而化之的思想史性质演讲外,胡适从抗战起就基本没再从事中国哲学史研究。只不过每当旧书重印或记者追问时,胡适都不忘虚晃一枪,表示仍在继续奋斗。在去世前尚未完稿的《〈淮南王书〉手稿影印本序》中,胡适追述他原来的研究计划:

> 我在民国十八年到十九年之间,妄想我一个人去做几十篇"中古思想史"里的专题研究,当然是太大胆的野心,当然是不容易成功的。①

可毕竟在六七年间,胡适完成了《中国中古思想史长编》七章14万字,还撰写了《说儒》《荷泽大师神会传》《楞伽宗考》《颜李学派的程廷祚》等一批很有分量的学术论文。照此方向努力,完成《中国哲学史》的写作不是没有可能的。

在我看来,胡适之所以没能写完《中国哲学史》,主要并非缺少研究时间或工程过于浩大,而是胡适自身有点"怯阵"。1930年代的中国哲学史研究界,非五四时期可比。不算专题研究著作,综论性质的就有蒋维乔的《中国哲学纲要》、李石岑的《中国哲学十讲》、范寿康的《中国哲学史通论》等;而最具挑战性的当属冯友兰的《中国哲学史》上、下卷。陈寅恪、金岳霖分别为冯著写《审查报告》,不约而同地将其与胡适《中国哲学史大纲》作比较,并明显地扬冯抑胡。胡适对此不会毫无感触,可除了就老子年代与冯友兰等人争论外,不曾有其他表示。倘若意识到冯著实际上已取自己的《中国哲学史大纲》而代之,身为学界领袖的胡适将有何感想?学术研究本来就是后来居上,谁也不会否认胡适开创之

---

① 此文收入1962年9月台北商务印书馆版《淮南王书》。

功;可作为被超越者,胡适难道不想重新领袖群伦?一直到1958年,胡适已是68岁高龄,在为台北版《中国古代哲学史》作"自记"时,除照样强调这部著作"在当时颇有开山的作用"外,还表示"将来我写完了《中古思想史》和《近世思想史》之后,我可以用我中年以后的见解来重写一部《中国古代思想史》"。① 自然,这些愿望最终都没能实现;不过于其中也不难见出胡适的学术抱负。

这种学术抱负以及1920年代以后胡适在中国学术界的领袖地位,反而成为其没能完成《中国哲学史大纲》的重要心理因素。当年写作《中国哲学史大纲》卷上,正是少年气盛,又"当此初次尝试的时代",胡适虽借"导言"纵论哲学史写作方法和宗旨,并悬出"理想中的《中国哲学史》",即便未能达此目的,也有开天辟地的殊勋。既然是"一部建立典范的开风气之作,而同时又具有'示范'的作用"②,具体结论之对错也就可以略而不计了,胡适本人对此有充分自信。只是当时没能完成,十年二十年后再写续编,学界风气已成,后来者已经赶上甚至超越,真不知胡适该如何落笔。要说"开风气",只有"卷上"和写完"卷中""卷下",意义是一样的;要说另辟蹊径,超越时贤和超越自己,则又谈何容易。胡适后来之所以不想修订《中国哲学史大纲》,准备另写中国思想史,显然是想走第二条路。1919年胡适在北京大学开设"中古哲学史"课程,并编有七章讲义;十年后改为撰写《中古思想史长编》,整个研究角度和计划都做了调整。这一调整,使得完成全书的希望更加渺茫。胡适是有学术眼光和学术抱负的,知道该如何超越自己,可就是力不从心。勉强出手,贻笑大方,那还不如深藏不露,让人莫测高深。成名后过分注重自己在学界的名声和形象,使得他不可能像早年那样初生牛犊不怕虎,相信

---

① 胡适:《中国古代哲学史》,台北:商务印书馆,1958年。
② 余英时:《〈中国哲学史大纲〉与史学革命》,《中国近代思想史上的胡适》一书附录。

"自古成功在尝试"。

胡适晚年曾慨叹:"一生受了暴得大名之累。"①这话怎么理解都行,胡适本人似乎倾向于指外界压力,我则以为还必须添上"自我形象"这一沉重的精神负担。1920年代,胡适曾就浙江一师毒案发表文章,专论大名之累:

> 古人说,"暴得大名,不祥。"这句话是很有理的。名誉是社会对于一个人或一个机关的期望的表示。……期望愈大,愈容易失望;失望愈大,责备也愈严重。所以享大名的人,跌倒下来,受的责备比常人更大更多。所以古人说,暴得大名是一件不祥的事。②

胡适说这话的时候,很可能融进了自己的心理体验。其时,三十刚出头的胡适已是新文化运动的领袖,"名满天下,谤随之至"。可惜胡适没意识到"暴得大名"者可能出现的另一种困境:为了不让社会(公众)失望而曲学阿世或为了防止跌倒而畏缩不前。公众(包括专家同行)对享有大名者的期待以及近乎苛刻的挑剔,很容易使其相信:要不不出手,出手就必须气概不凡,方能博得满堂彩。胡适后来提倡"勤谨和缓"四字诀,不断修改自己的文章,去世后留下一大批未刊文稿③,固然如一般研究者指出的,体现了胡氏治学的认真严谨,可似乎也显示出其治学时巨大的精神压力。别人可以随便写,他胡适就不能随便写;别人满足于"抛砖引玉",他胡适则必须"一锤定音"。悬的过高,以致成为精神负担,自然不利于开拓性的学术研究。1940年代以后,胡适之所以不再贸然全

---

① 胡适致胡光麃信,参阅《胡适之先生年谱长编初稿》第2824页。
② 胡适:《一师毒案感言》,录自《胡适之先生年谱长编初稿》第535页。
③ 这些学术文章后来编成《胡适手稿》十集(每集线装三册),1966—1970年由台北"中央研究院"胡适纪念馆影印出版。

力以赴撰写中国思想史,或许症结就在这里。

当然,这也跟胡适选择的治学路向有关。胡适平生治学,希望既博通又专精,始终在"专家之学"与"通人之学"之间徘徊。早年胡适"暴得大名",靠的是《中国哲学史大纲》等博通之作,那是"打倒一切成见,为中国学术谋解放"的年代①,粗疏一点无所谓;五四退潮后,学界转入常规建设,追求扎实严谨,专精之作更受推崇。常能得风气之先的适之先生,放下"开山大斧",拿起"绣花针",撰写了不少专题论文。1922年,在完成《章实斋先生年谱》后,胡适解释了他的学术转向,也表达了某种忧虑:

> 此书是我的一种玩意儿,但这也可见对于一个人作详细研究的不容易。我费了半年的闲空工夫,方才真正了解一个章学诚。作学史真不容易!若我对于人人都要用这样一番工夫,我的《哲学史》真没有付印的日子了!我现在只希望开山辟地,大刀阔斧的砍去,让后来的能者来做细致的工夫。但用大刀阔斧的人也须要有拿得起绣花针儿的本领。我这本《年谱》虽是一时高兴之作,他却也给了我一点拿绣花针的训练。②

不幸而言中,胡适的哲学史"真没有付印的日子了"。不过并非如胡适所慨叹的野心太大时间不足,而是"绣花针"与"开山斧"本就难以同时并举。挥得动"开山斧"的人,很可能捏不稳"绣花针";反之亦然。这是两种不同的学问路数,学者很难兼备而又不互相牵制。胡适由于其实验主义哲学和汉学根底,顺利地实现了由"开山斧"到"绣花针"的转向。

---

① 《胡适的日记》第438页。
② 同上书,第273页。

可捏稳了"绣花针"后,回头再看那些"开山辟地"之作,但见纰漏和空疏,而不见其气魄和雄才。1940年代以后,胡适玩考据上瘾,学术趣味不允许他再写《中国哲学史大纲》那样"开风气"但"多纰漏"的著作。

胡适终生提倡"拿证据来",而且称其为"不单是研究史学的精神,更是伦理、道德乃至于宗教家的精神"①。早年靠这一口号"截断众流",撰《中国哲学史大纲》,从老子、孔子讲起,一时石破天惊;成名后也因这一口号"作茧自缚",不敢再挥"开山斧"。真是"成也萧何,败也萧何"。1936年,他的学生罗尔纲撰《清代士大夫好利风气的由来》,胡适批评"这种文章是做不得的",因为没法"拿证据来"。"我们做新式史学的人,切不可这样胡乱作概括论断。"②"胡乱"自是不妥,可"概括论断"却不能不做。过分追求"准确无误",力图避免"概括论断",使得胡适不敢"大题大作","开山辟地"的工作也就只能成为美好的回忆了。至于晚年泛论东西文化异同及世界文化发展趋向,并非严格意义上的学术论文,可以存而不论。

当然,这里还牵涉到胡适"大胆假设,小心求证"的方法论以及其对清学的继承与扬弃,这只能留待另文论述了。

---

① 参阅《胡适之先生年谱长编初稿》第2378页。
② 胡适:《给罗尔纲的信》,录自《胡适之先生年谱长编初稿》第1522页。

第五章　作为新范式的文学史研究

作为学者,胡适的最大贡献无疑是治中国文学史与中国哲学史——后者胡氏喜欢改称"中国思想史"。1950年代口述自传,胡适称这两项工作是其"整个四十年成熟的生命里[学术研究]的主要兴趣之所在"。① 半部《中国哲学史大纲》与半部《白话文学史》,既是胡适的名山事业,也是其最大的心病。1930年代拒绝从政,理由是"我个人在学术上负的旧债太多,哲学史与文学史皆有头无尾,而两鬓已斑白了"②;1950年代立"生日决议案","决心谢绝一切长期职务来还债",首先要还的仍是这"有头无尾"的哲学史与文学史。③ 尽管这两部专史最后还是只有卷上没卷下,可几十年间胡适撰写大量相关论著,略加排列,不难发现其努力方向。如果把《先秦名学史》《中国中古思想史纲要》《说儒》《评论近人考据〈老子〉年代的方法》《戴东原的哲学》《颜李学派的程廷祚》以及关于禅宗史若干论著考虑在内,胡适在中哲史研究上花的工夫并不少。文学史的撰写也是如此,胡适在明清小说研究上的突出成就,可补《白话文学史》没能如愿修订的不足。④ 更重要的是,胡适的这两部大书都

---

① 《胡适口述自传》第279页,北京:华文出版社,1992年。
② 《胡适致汪精卫》,《胡适来往书信选》中册第208页,北京:中华书局,1979年。
③ 参阅胡颂平编《胡适之先生年谱长编初稿》第2195页,台北:联经出版事业公司,1984年。
④ 胡适在《白话文学史》(上海:新月书店,1928年)的"自序"中录有此书的"新纲目",包括宋词元曲和明清小说。

是建立"典范"(paradigm)之作,既开启了新途径,引进了新方法,提供了新观念,又留下了不少待证的新问题。后来者可以继承它,也可以批判它、超越它,但无法漠视它的存在。这种"起了划时代的作用"的大著,①有下卷和没下卷其实关系不大;其意义主要不在自身论述的完美无瑕,而在于提供了示范的样板。这点胡适心里其实非常清楚,几次提及,都强调其"开山的作用",着重在"特别立场、特别方法"上做文章。②

同样是立"典范"之作,胡适的文学史研究可能比其哲学史研究影响更为深远。尽管留学时期主攻方向是哲学,拿博士学位和获取教职也靠的是哲学,可胡适登上近代中国历史舞台,借助的却是文学革命的东风。没有《新青年》倡导的文学革命,哲学教授胡适不可能如此声名显赫。而胡适的文学史研究,与这一场改变历史的"文学革命"密切联系在一起;有的是这场革命的理论准备,有的是这一场革命的自然延伸,有的本身就是这场革命的重要组成部分。1930年代以后,《中国哲学史大纲》的"示范"作用逐渐丧失;陈寅恪和金岳霖为冯友兰著《中国哲学史》作审查报告,都明显地扬冯抑胡,可见学界风气的转移。③ 相对来说,胡适文学史研究的学术生命要长些,直到今天,胡氏提出的不少理论假设,仍参与文学史家的"对话"。

胡适治学之所以能独辟蹊径,一个重要原因是其"方法的自觉"。讨论胡适的学术贡献而不涉及其终生提倡的"科学方法",那是不可思

---

① 余英时《中国近代思想史上的胡适》(台北:联经出版事业公司,1984年)第29页指出:"他在中国思想史和文学史(特别是小说史)方面都起了划时代的作用";在《〈中国哲学史大纲〉与史学革命》和《近代红学的发展与红学革命》二文中,余氏具体分析胡适所著哲学史和文学史的典范意义。

② 参阅胡适的《整理国故与"打鬼"》《中国古代哲学史台北版自记》和《胡适口述自传》第236页。

③ 陈寅恪、金岳霖的审查报告主要批评胡著根据一种哲学主张来撰史,对古人学说缺乏"了解之同情"。这其实是胡适等新文化人"整理国故"时的通病,故令陈、金二位"长叹息"的非只一人一书。

议的。在介绍治学方法时,胡适最喜欢举的例子是其小说考证的成绩。可能因其"假设"与"求证"的脉络清晰便于叙说;但也不排除包含胡适本人对其学术研究的自我评价。倘若只是进行具体作品的学术定位,《中国哲学史大纲》当然是胡氏的第一大手笔;可研究胡氏的学术思路及方法论,《白话文学史》等或许更为合适。

一 从"大胆假设"到"小心求证"

在中国现代学术思想史上,没有人比胡适更喜欢"介绍我自己的思想"。少年得志,万众瞩目,再加上身处社会(知识)转型期,"先知先觉"的胡适之先生,于是再三强调"我要教人一个思想学问的方法"。这"科学方法"说来很简单,"只不过'尊重事实,尊重证据'";或者可以概括为"大胆的假设,小心的求证"十个字。[①] 从1919年撰写《清代学者的治学方法》,到1952年在台湾大学做题为《治学方法》的连续演讲,胡适几十年金针度人,都是在"假设与求证"上做文章。"一以贯之"的好处是旗帜鲜明,以至今人一提到"科学方法",似乎便带上"胡记"的痕迹;褒贬暂且不论,单是一般读书人的这一最初印象,便足证胡适的成功。当然,这种高度化简因而便于传播和接受的"科学方法",从一开始提倡就受到不少专家的质疑。正因为如此,半个多世纪关于胡适学术功过的争论,往往围绕其"科学方法"展开。

胡适一生所写"注重学问思想的方法"的文章,据说总数约在百万言以上。[②] 这种统计当然是依照胡氏本人再三表白的,将其"用偷关漏

[①] 胡适:《介绍我自己的思想》,《胡适文选》,上海:亚东图书馆,1930年;《治学的方法与材料》,《新月》第1卷第9号,1928年11月。

[②] 参阅许冠三《新史学九十年》上册第139页,香港:香港中文大学出版社,1986年。

税的方法,来讲做学问的方法的"小说考证包括在内。① 1921年《胡适文存》首版,胡氏首次强调其各式各样的讲学文章,都可做方法论文章读,因"我的唯一的目的是注重学问思想的方法"②。晚年回首平生,胡氏依然提醒读者注意其著书立说均围绕"方法"打转,故"'方法'实在主宰了我四十多年来所有的著述"③。只是胡适在金针度人时,有时指的是思想原则,有时指的是治学方法,有时又力图把这两者结合起来。

　　胡适自述思想,总是强调赫胥黎和杜威的影响。④ 前者的怀疑主义以及"拿证据来"口号,使其得以展开对中国传统思想文化的全面批判;后者的思想五步法,使其提出名扬四海的"大胆的假设,小心的求证"。可是,作为一种思想原则的"怀疑"与"评判"(相对于"迷信"与"盲从"),乃五四新文化运动的基本立场,不一定跟赫胥黎挂得上钩。连胡适论述"新思潮的精神是一种评判的态度时",引述的也是尼采的"从新估定一切价值"。⑤ 所谓摆脱古今中外的偶像,防止被各式各样权威"蒙着眼睛,牵着鼻子走",撇开具体语境及针对性,这只是新文化人普遍认可的怀疑精神;胡适的特出之处是把"做学问的方法"与"做人处事的态度"结合起来。⑥ "把态度和方法连在一起说",强调"科学心态"(scientific attitude of mind)和"思想习惯"(habit of thought)的重要性,这点杜

---

① 胡适:《治学方法》,颜振吾编:《胡适研究丛录》第285页,北京:三联书店,1989年。
② 《〈胡适文存〉序例》,《胡适文存》一集,上海:亚东图书馆,1921年。
③ 《胡适口述自传》第105页。
④ 胡适在《介绍我自己的思想》(《胡适论学近著》,上海:商务印书馆,1935年)中称:"我的思想受两个人的影响很大;一个是赫胥黎,一个是杜威先生。赫胥黎教我怎样怀疑,教我不信任一切没有充分证据的东西。杜威先生教我怎样思想,教我处处顾到当前的问题,教我把一切学理理想都看作待证的假设,教我处处顾到思想的结果。"
⑤ 胡适:《新思潮的意义》,《胡适文存》一集卷四第163页、153页。
⑥ 胡适在《介绍我自己的思想》中将"寻求事实,寻求真理"的"科学精神""只认得事实,只跟着证据走"的"科学态度"以及"大胆的假设,小心的求证"的"科学方法"三者并存陈说,作为其"教人一个思想学问的方法"的具体内涵。

威、胡适师徒一脉相承。① 不过,胡适之得以在中国思想学术界独树一帜,主要还是归功于其将杜威"思维术"与清人考据学巧妙地结合起来,弄出一套"对于中国社会简直是'对症下药'"②,因而极其容易推广运用的"科学方法"。专家们尽可指手画脚说三道四,可"大胆的假设,小心的求证"作为这一科学方法的通俗表述,仍然不胫而走,成为20世纪中国最响亮的学术口号。这里准备探讨的,并非口号本身学理上的得失,而是胡适本人如何运用这一"科学方法"从事学术研究。也就是说,不把胡适几十年著述作为其宣扬的"科学方法"的注脚或例证;而是借助其"假设与求证"的分析框架,来评判其学术功过。

讲了一辈子"科学方法",可根基在1919年——那一年将作为胡适的"方法年"进入史册,此后的无数文章都不过是在此基础上引申发挥。年初出版的《中国哲学史大纲》卷上和年底发表的《新思潮的意义》,都涉及一点"科学方法"(比如"评判的态度"或"审定史料之法");可正面展开论述的当推《实验主义》《少年中国之精神》《论国故学》和《清代学者的治学方法》四文。正是在这四篇文章中,胡适把杜威的思维术和清代的考据学做了成功的"嫁接",为日后大张旗鼓"整理国故"准备了有效的理论武器。

杜威论思想,分作五步说:疑难的境地;指出疑难所在;假设解决方法;决定何者有效;证明。这五步中,关键在第三步,故"杜威一系的哲学家论思想的作用,最注意'假设'"③。随着胡适的兴奋点逐渐从介绍

---

① 参阅周策纵《胡适风格——特论态度与方法》(《传记文学》1987年第3期)所录胡适答周氏问"态度"信,以及对杜威《怎样思想》(*How We Think*)1910年初版本和1933年修订本如何论述"态度的重要"的介绍。

② 殷海光:《论"大胆假设小心求证"》,《思想与方法》第158—159页,台北:文星书店,1964年。

③ 《实验主义》,《胡适文存》一集卷二第120页、127页。

杜威思想转为提倡科学方法,"假设"与"求证"的位置发生微妙的变化。先是思想五步法被化简为重事实、重假设和重验证的科学方法三要旨,强调的是一切理想学说在未经验证之前,"都只是待证的假设"。① 这一程序的转换,跟其时注重怀疑反叛权威的"新思潮"相吻合,且便于与胡适别有会心的考据学接榫。果然,在《论国故学》中,胡适表彰清儒的考据"暗合科学的方法",今后的任务只是如何"把'汉学家'所用的'不自觉的'方法变为'自觉的'"②。清儒"有'科学'的精神",在胡适看来,此乃"中国学术史的一大转机"。除了赞扬其实证精神外,胡适当然也不会忘了指出汉学家"很能用假设"。于是,清代学者的治学方法,经过一番杜威思维术的洗礼,就成了如下两点:

(1)大胆的假设,(2)小心的求证。假设不大胆,不能有新发明。证据不充分,不能使人信仰。③

从"最注意假设"到"大胆假设小心求证",再到后来提出的不二法宝"拿证据来"④,胡适对"科学方法"的理解与阐扬,越来越偏向于实证。

这种误读,与胡适本人的学术根基在文史考据大有关系。早在接受杜威思维术或赫胥黎的存疑主义之前,胡适就对清人的治学方法感兴趣。《藏晖室札记》中记载早年考据文章的试作以及中外考据学思路的比较,都明显体现乾嘉学术的影响。杜威对有系统思想的分析,使得胡适加深对科学研究基本步骤的理解;更重要的是,使得胡适悟出现代科学法则与古老中国的考证学在内在精神上是相通的。这一东西方治学

---

① 《少年中国之精神》,《少年中国》第1卷第1期,1919年7月。
② 《胡适文存》一集卷二第287页。
③ 《清代学者的治学方法》,《胡适文存》一集卷二第216页、220页、242页。
④ 《存疑主义》,《努力》第23期,1922年10月。

方法原本一致的发现非同小可①,它既使胡适终生服膺的"科学方法"得以广泛传播,也使杜威的思维术和赫胥黎的怀疑说进入中国时几乎毫无阻力。借助于清儒家法来引进杜威和赫胥黎,这种东西合璧的"科学方法",自然只能以其最小公约数"实证"为根基。

世人总是假定留学生长于西学而短于中学,归国之初胡适喜谈考据,或许不无策略的考虑。这无疑是一着高棋,没人因此怀疑胡适对西洋哲学是否真的精通,只顾赞赏其"能兼治'汉学'"。蔡元培序《中国哲学史大纲》,首先指出的正是胡适的"禀有'汉学'的遗传性";而梁启超著《清代学术概论》,更断言其"亦用清儒方法治学,有正统派遗风"。②前辈名流的褒扬,使得新秀胡适迅速在学界站稳脚跟,可无形中也为其塑造了新旧兼通少年老成的形象。为了满足这种社会期待,"暴得大名"的胡适不自觉地日渐"汉学化"。别人犯点常识性错误问题不大,他胡适则必须字字言之有据,免得留下千古笑柄。成为学术明星后,胡适治学日趋严谨,不大敢像早年那样,"乱发议论"。1930年代还有些"小胆的假设"(如关于《醒世姻缘传》作者的考辨等)③,1940年代后则基本上只从事"小心的求证"。

自认有"历史考据癖"的胡适,愿意为庐山的一座塔费几千字的考据,或者为一部《水经注》的版权花二十年的工夫④,这本无可非议。就

---

① 参阅《胡适口述自传》第107—108页。
② 蔡元培:《〈中国哲学史大纲〉序》,《中国哲学史大纲》卷上,上海:商务印书馆,1919年;梁启超:《清代学术概论》,《梁启超论清学史二种》第6页,上海:复旦大学出版社,1985年。
③ 《治学方法》中称其《红楼梦》自说说"是"小胆的假设",而关于蒲松龄著《醒世姻缘传》的猜测才是"大胆的假设"(《胡适研究丛录》第283页、287页);在我看来,二者刚好相反。
④ 参阅胡适的《庐山游记》(《新月》第1卷第3号,1928年5月)和《〈水经注〉考》(《胡适研究丛录》)。胡适屡言"治《水经注》五年",研究者则认定胡生命最后二十年的学术兴趣,重点在考此《水经注》案。参见费海玑《胡适著作研究论文集》,台北:商务印书馆,1970年。

像胡适致赵元任信中表示的:"我还在玩我的《水经注》。"① 既然是"玩",全看个人兴致,旁人实在无权说三道四。只是由于胡适领袖群伦的特殊地位,连"玩考据"也得说成是学界的头等大事,这可就勉为其难了。晚年胡适花许多笔墨为自家研究《水经注》案辩解,可越说越不清楚。这也是名人的悲哀,公众的期待成为一种沉重的负担:学界领袖胡适既不敢"大胆假设",又无权只是"小心求证"。

1920年代著《戴东原的哲学》,胡适明显重"通核"而轻"据守"。承认"清儒治学最重立言有据"乃是其"绝大贡献",可不忘强调"心知其意,而一时寻不着证据"时,"不妨大胆提出假设,看他能不能解决困难,能不能贯串会通"②。这种"通核之学",必须有一点"高远的想象力",非只"勤谨和缓"四字诀所能囊括。③ 1930年代中期胡适曾批评罗尔纲《清代士大夫好利风气的由来》一文"题目根本就不能成立",因"我们做新史学的人,切不可这样胡乱作概括论断"。胡乱作概括论断当然不可取;可坚持"有几分证据说几分话",只能回避文献考订之外的所有"假设"。六天后胡适再次去信,其中一句话或许有助于我们对其心境和思路的理解:

> 凡治史学,一切太整齐的系统,都是形迹可疑的,因为人事从来不会如此容易被装进一个太整齐的系统里去。④

---

① 录自《胡适之先生年谱长编初稿》第2029页。另,胡适晚年屡次提及做考证文章"好玩",可见"玩我的《水经注》",并非一时戏言。
② 《戴东原的哲学》第121页,上海:商务印书馆,1927年。
③ "想象力"见《〈国学季刊〉发刊宣言》;"四字诀"参阅《论治学方法——给王重民的一封信》《致陈之藩》和《〈水经注〉考》。
④ 参阅罗尔纲《师门辱教记》第49—53页,桂林:建设书店,1944年。

第五章 作为新范式的文学史研究

这话太像陈寅恪此前几年对其《中国哲学史大纲》的批评——"其言论愈有条理统系,则去古人学说之真相愈远"①,以至于令人怀疑两者之间有某种内在的联系。即使这只是巧合,1930年代日渐专业化的学术界,对胡适"高远的想象力"造成的压抑,几乎是不言而喻的。学术研究进入常规建设阶段,不像五四时期到处是吓人的"大假设"和"大结论";加上学界群雄并起,很难再允许谁独领风骚。胡适深知其中利害,治学时不免如履薄冰。

余英时曾指出兼长考证与义理的戴震,"对来自考证派方面的批评的敏感在他的心理上造成了高度的紧张";胡适似乎也有类似的表现。只是深爱义理的戴震,"时时有'超越的冲动',不甘心训诂字义自限";②而以哲学为职业的胡适,则逐渐丧失提出"假设"的能力和愿望,陶醉于真能"拿证据来"的考据之学。这一点胡适或许不如他为之辩诬的前辈先贤,也有违早年超越汉宋会通中西的学术初衷。不过,倘因此认定胡氏的学术功过主要在考据③,则又言过其实。在我看来,尽管胡适的"历史考据癖"吸引过无数青年学子,其"拿证据来"的口号也曾响彻云天,但胡适对中国现代学术的贡献,仍以早年的"大胆假设"为主。

胡适研究中国文学史的基本思路,或者说其主要假设,不外乎"双线文学观念""历史演进法"和"《红楼梦》自传说";再就是孕育和推广这些"假设"的"文学革命"和"整理国故"。胡适无疑是这两大思潮——尤其是后者——的始作俑者,解读这些"假设"之得以形成的"思潮",有

---

① 陈寅恪:《金明馆丛稿二编》第247页,上海:上海古籍出版社,1980年。
② 余英时:《论戴震与章学诚》第102页,香港:龙门书店,1976年。
③ 如冯友兰在《三松堂自序》第223页(北京:三联书店,1984年)指出:胡适的《中国哲学史大纲》"既有汉学的长处又有汉学的短处";余英时在《中国近代思想史上的胡适》第72页认定,"胡适学术的起点和终点都是中国的考证学"。另外,1950年代中国大陆的"胡适批判",其中一个重要项目便是其考据学方法(参阅三联书店出版的八辑《胡适思想批判》)。

利于我们对胡适学术功过的理解和把握。

二 双线文学观念

在《胡适口述自传》的最后一章中,有一节专门介绍他在研究中国文学史时的主要假设"双线文学的观念":

> 特别是我把汉朝以后,一直到现在的中国文学的发展,分成并行不悖的两条线这一观点。……这一个由民间兴起的生动的活文学,和一个僵化了的死文学,双线平行发展,这一点在文学史上有其革命性的理论实在是我首先倡导的;也是我个人(对研究中国文学史)的新贡献。①

将中国文学按其"表现工具"(文言或白话)一分为二,构成互相对立平行发展的"古文传统史"和"白话文学史",这一"大胆的假设",确是胡适首创的。尽管后来者对"死文学"和"活文学"的提法有很多非议,可"双线文学"这一基本框架仍在今天的文学史研究中发挥作用。关键不在于对具体作家作品或者流派思潮的评价是否得当,而在于这一研究思路打破了此前按朝代或文体讨论文学演进的惯例,找到了一根可以贯穿二千年中国文学发展的基本线索。自此以后,中国文学史再也不是"文章辨体"或"历代诗综",而是具备某种内在动力且充满生机的"有机体"——这一点曾使不少文学史家兴奋不已,也因此催生出不少名噪一时的文学史著。可以这样说,"双线文学观念"是20世纪中国学界影响最为深远的"文学史假设"。这一假设被不断修订完善,甚至衍生出许

---

① 《胡适口述自传》第289—290页。

多新的学术命题;人们往往关注这些具体命题(如乐府、弹词、说书的研究等),而忘却使这些命题得以成立(进入学者视野)的理论框架。时过境迁,胡适的"大思路"已经变成常识,而其论述的空疏与偏颇则日益成为后来者攻击的理由。这无疑是不公允的。

从《藏晖室札记》中关于"死文学""活文学"的思考,到《文学改良刍议》中的"白话文学之为中国文学之正宗,又为将来文学必用之力器,可断言也",再到《五十年来中国之文学》和《白话文学史》中借"古文—白话"的消长起伏构建文学史,二十多年间,胡适不只推动了以白话文为先导的文学革命,也为中国学界提供了一种崭新的文学史观。照胡适的说法,这种"新的文学史观","给全国读文学史的人们戴上一副新的眼镜,使他们忽然看见那平时看不见的琼楼玉宇,奇葩瑶草,使他们忽然惊叹天地之大,历史之全"。① 这里将着重剖析这副"新眼镜"的构成、功用及其制作过程。

在论及白话文运动成功的原因时,陈独秀强调经济变革这一"最后之因",胡适突出个人思考以及友朋争论这一"逼上梁山"的过程,钱玄同则提醒我们注意"梁任公先生实为近来创造新文学之一人"。② 陈独秀和胡适都曾在清末发表白话文章,从《安徽俗话报》《竞业旬报》走到《新青年》,历史线索十分清晰。晚清志士之提倡白话文,蔚为风气,而且从启蒙教育逐步扩展到文学革新,如梁启超就大谈"俗语文体"之审美价值:

> 文学之进化有一大关键,即由古语之文学,变为俗语之文学是

---

① 胡适:《〈中国新文学大系·建设理论集〉导言》,《中国新文学大系·建设理论集》第21页,上海:良友图书印刷公司,1935年。
② 参阅陈独秀《〈科学与人生观〉序》、胡适《逼上梁山》和钱玄同《寄陈独秀》等。

也。各国文学史之开展,靡不循此轨道。①

刘师培进一步论证中国文学史也"循此轨道",并痛斥陋儒之攻击"俗语入文"大趋势:

> 及观之中国文学,则上古之书,印刷未明,竹帛繁重,故力求简质,崇用文言。降及东周,文字渐繁;至于六朝,文与笔分;宋代以下,文词益浅,而儒家语录以兴;元代以来,复盛兴词曲:此皆语言文字合一之渐也。故小说之体,即由是而兴,而《水浒传》、《三国演义》诸书,已开俗语入文之渐。陋儒不察,以此为文字之日下也。然天演之例,莫不由简趋繁,何独于文学而不然?②

这种循"天演之例"而力倡"语言文字合一"的主张,与后来胡适的"历史进化的文学观念"有不少相通之处;只是前者大都"不薄俗语爱古文",不像后来者那样直截了当地宣判"古文"(实为"文言文")死刑。

胡适正是凭借这一点区别两种"白话观",指责文言、白话并存这一主张是"把社会分作两个阶级,一边是'我们'士大夫,一边是'他们'齐氓细民"③。在读书人纷纷标榜站在劳动人民一边的年代,这一指责是致命的。可当事人之不废古文,其实非"阶级立场"一词所能涵盖。就如刘师培之主张"文言合一"但不废"古代文词",着眼点便是在保存中国传统文化:

---

① 《小说丛话》中饮冰语,《新小说》第7号,1903年9月。
② 刘光汉:《论文杂记》,《国粹学报》第1期,1905年2月。
③ 胡适:《〈中国新文学大系·建设理论集〉导言》,《中国新文学大系·建设理论集》第11页。

> 故近日文词,宜区二派:一修俗语,以启瀹齐民;一用古文,以保存国学,庶前贤矩范,赖以仅存。①

这里涉及不同的文化立场,胡适平生讲改良,可在语言(文体)上却是彻底的革命派。不废文言能否推广白话,那是个策略问题,不应该成为否定"并存说"的理论根据。时至今日,"文言"仍然没有完全死亡,可见胡适的假设不无缺陷。

可正是这不无缺陷的"假设"——"用死了的文言决不能做出有生命有价值的文学来"②,掀起了一场波澜壮阔且影响极为深远的文学革命。也就是说,提倡白话文(作为启蒙工具或文学表现手段)实非胡适首创;胡适的发明权在于宣判"文言"的死刑。这一"判决书"1916年酝酿于美国,第二年、第三年逐渐完善并宣判于北京。

1915年8月,胡适的演讲题目还是"如何可使吾国文言易于讲授",立论前提是"吾国文言,终不可废置"。第二年起开始讨论"作诗如作文"以"救此文胜之弊"以及中国文学史上的六次"文学革命",基本上还没超越传统中国文学改革思路。③ 按照胡适本人追忆,大约在1916年二三月间,"思想上起了一个根本的新觉悟",悟出"一部中国文学史只是一部文字形式(工具)新陈代谢的历史,只是'活文学'随时起来替代了'死文学'的历史"④。落实在《藏晖室札记》中,就是:"白话的文学为中国千年来仅有之文学(小说、戏曲,尤足比世界第一流文学)。其非白

---

① 刘光汉:《论文杂记》,《国粹学报》第1期。
② 胡适:《建设的文学革命论》,《新青年》第4卷第4号,1918年4月。
③ 《胡适留学日记》(即《藏晖室札记》)第759页、844页、862页,上海:商务印书馆,1947年。
④ 胡适:《逼上梁山》,《中国新文学大系·建设理论集》第9页。

话的文学,如古文、八股,如札记小说,皆不足与于第一流文学之列。"①由于施耐庵、曹雪芹等人早已证明"小说之利器在于白话",而梁启超等新小说家的努力也使"小说为文学之最上乘"成为可能,胡适的"尝试"主要集中在以白话吟诗作文。继《文学改良刍议》立白话文学为"中国文学之正宗"后,胡适在《历史的文学观念论》中论证"白话之文学,自宋代以来,虽见屏于古文家,而终一线相承,至今不绝";在《建设的文学革命论》中又有"大胆的假设":"这二千年的文人所做的文学都是死的,都是用已经死了的语言文字做的。死文字决不能产出活文学。"②至此,"文学革命"轰轰烈烈展开,胡适关于"文言—白话"的思考也大致完成。以后胡适不断宣讲"白话文学",直到晚年还是认定中古时代文章"不通"的原因是"用死的文字来写活的语言"③。

以1920年各大报刊改用白话、教育部颁令改用国语、白话文运动取得决定性胜利为界,此前,有很深历史癖的胡适,借"指出古今文学变迁的趋势"和"从文学史的趋势上承认白话文学为'正宗'",作为"打倒古文学的武器";此后,有强烈现实感的胡适,又借文学革命的成果"推翻向来的正统"。④ 从一个文学革命倡导者转为文学史家,胡适的优点是有成见,缺点则是太有成见。倘若只是以史为鉴,胡适的文学史知识绰绰有余,也足以支撑其提倡白话文学之主张。可作为一个史家,胡适抱定"白话正宗"说,闲置其终生信仰的"历史的眼光",将一部中国文学史简化为"古文文学的末路史"和"白话文学的发达史"⑤,其牵强附会之

---

① 《胡适留学日记》第943页;此段话录入《逼上梁山》时略有删改。
② 参见《中国新文学大系·建设理论集》第43页、57页、129页。
③ 参阅胡颂平编著《胡适之先生晚年谈话录》第77页,台北:联经出版事业公司,1984年。
④ 胡适:《〈中国新文学大系·建设理论集〉导言》,《中国新文学大系·建设理论集》第20页。
⑤ 胡适:《白话文学史·引子》,《白话文学史》,上海:新月书店,1928年。

处,甚至远比《中国哲学史大纲》为多①。即便如此,胡适的文学史著仍然具有某种典范意义,因其毕竟提出了一套崭新的研究思路。

这种重建"文学正统"的努力,既体现为突出此前"不登大雅之堂"的小说在文学史上的地位,更体现为断言"白话文学史即是中国文学史"。虽然胡适本人强调将章回小说作为"一项学术研究的主题,与传统的经学、史学平起平坐",乃是其主要的学术贡献②;实则清末新小说家已有此趋向,海外汉学家也已着先鞭,同时代中鲁迅起步早成就高,连胡适也不讳言。③ 从梁启超之认定"自宋以后,实为祖国文学之大进化",到陈独秀的主张"元明剧本,明清小说,乃近代文学之粲然可观者",④小说之升值及成为学术主题,已是大势所趋。也就是胡适所再三表述的,近人受西洋文学影响,渐渐懂得小说、戏曲的价值,"于是我们对于文学史的见解也就不得不起一种革命了"⑤。

真正属于胡适独创的,是借"白话文学史"与"古文传统史"的对抗来把握两千年中国文学发展的大趋势。这一假设的前提,套用胡适早年

---

① 金岳霖在冯友兰著《中国哲学史》的《审查报告》中批评胡适之《中国哲学史大纲》"牵强附会",理由是:"哲学要成见,而哲学史不要成见。哲学既离不了成见,若再以一种哲学主张去写哲学史,等于以一种成见去形容其他的成见,所以写出来的书无论从别的观点看起来价值如何,总不会是一本好的哲学史。"这话移用来批评《白话文学史》照样合适。对古人思想学说的体味与同情,其实不可能也没必要完全抹杀研究者的"成见";只是在批评太多成见以至"牵强附会"这一点上,这种"不要成见"的说法才得以成立。
② 《胡适口述自传》第258页。
③ 胡适《白话文学史·自序》称小说史研究"最大的成绩自然是鲁迅先生的《中国小说史略》";日本学者盐谷温的《中国小说史略》1921年已有郭希汾译本问世;关于新小说家的文学观念,参阅陈平原《小说史:理论与实践》(北京:北京大学出版社,1993年)第十七章。
④ 参阅《小说丛话》(《新小说》第7号)中饮冰语以及陈独秀《文学革命论》(《新青年》第2卷第6号,1917年2月)。
⑤ 参阅胡适《〈中古文学概论〉序》和《〈曲海〉序》,见《胡适古典文学研究论集》第171页、648页,上海:上海古籍出版社,1988年。

几篇文章中的两句半话,即:(一)"中国的文学凡是有一些价值有一些儿生命的,都是白话的";"用死了的文言决不能做出有生命有价值的文学来";故白话文学乃"中国文学之正宗"。(二)中国文学曾经"言文合一";言文分离后"二千年的文人所做的文学都是死的";"在古文传统压迫下白话文学仍一线相承,至今不绝"。(三)"若把雅俗两字作人类的阶级解",则文言只能属于"雅人",而与"小百姓"无缘。① 第三句话明显"不完整"。这种以"文言""白话"配"贵族""平民"的思路,开始不被重视;只是在陈独秀主张推倒"贵族文学"以建设"国民文学"、周作人提倡"平民文学"之后,②胡适才悟出这两者的深刻联系。1920 年代以后,胡适在"死文学""活文学"的标签外,又为"文言文学"和"白话文学"找到了两顶稍为合适的帽子:"贵族文学"与"平民文学",或曰"庙堂文学"与"民间文学"。③

　　前两句话作为白话文运动的理论武器十分有效。尽管朱经农、梅光迪、胡先骕等人的批评都有学理依据④,可运动并不因此改变方向。提倡白话文的成功,显然使得胡适夸大了他这一"假设"的适应性。在随后撰写的《五十年来中国之文学》和《白话文学史》中,仍以上述两句话为立论的根基,很少认真考虑批评者的意见。为了扩大理论的涵盖面,使得"白话文学史"真的成为"中国文学史",胡适采取了两个补救措施。

---

① 参阅胡适写于 1917、1918 年的《文学改良刍议》《历史的文学观念论》《建设的文学革命论》和《答朱经农书》。
② 参阅陈独秀《文学革命论》和周作人《平民文学》(《每周评论》第 5 期,1919 年)。
③ 胡适《〈中古文学概论〉序》,《胡适古典文学研究论集》第 171 页。
④ 朱经农致胡适信中称:"'文学的国语',对于'文言''白话',应该并采兼收而不偏废"(《胡适文存》一集卷一第 112 页);梅光迪指出:"古文白话之递兴,乃文学体裁之增加",故宋元以降白话昌而古文不废(《评提倡新文化者》,《学衡》第 1 期,1922 年 1 月);胡先骕则批评胡适以古文比附拉丁文而以白话比附英、德、法文,乃"以不相类之事,相提并论,以图眩世欺人,而自圆其说"(《评〈尝试集〉》,《学衡》第 1 期)。

一是拓展"白话"的范围,将"白话"释为三义:俗语;明白如话;"白话便是干干净净没有堆砌涂饰的话,也不妨夹入几个明白易晓的文言字眼"。二是拉长"白话文学"的历史:从"古文在二千年前已经成了一种死文字"那一天起,就有"民间的白话文学"存在,于是这二千年中就有了"五个时期的白话文学"①。经过这么一番改造,"白话文学"作为中国文学史的中心部分,总算勉强确立。可时人马上对胡适"白话之定义"、文言文死于二千年前的假设、论诗只讲"浅显易解"的趣味以及以一己之文学主张剪裁历史的学术路数提出尖锐的批评②。

《白话文学史·引子》所标榜的两大目标,"要大家知道白话文学是有历史的",获得了巨大成功;而"要大家都知道白话文学史就是中国文学史的中心部分",则留下许多问题。胡适的功绩在于其对"白话文学"的发现(包括对乐府歌辞的制作及其深远影响、对佛教文学及故事诗的流播、对王梵志和寒山的生平考证以及对晚清北方的评话小说和南方的讽刺小说的描述等),其缺陷则在于为了重建"文学正统"而故意贬低乃至抹杀二千年的"古文传统"。1920年代初期胡适为了提倡戏曲研究,批评前人之囿于"正统文学":

> "正统文学"之害,真烈于焚书之秦始皇!文学有正统,故人不识文学;人只认得正统文学,而不认得时代文学。③

这一反"正统文学"的理论武器,实在是一把"双刃剑":既指向"文言正

---

① 参阅胡适《答钱玄同》(《新青年》第4卷第1号,1918年1月)、《五十年来中国之文学》第十部分,以及《白话文学史》的"自序"。
② 参阅胡先骕《评胡适〈五十年来中国之文学〉》(《学衡》第18期,1923年6月)和素痴(张荫麟)《评胡适〈白话文学史〉上卷》(《大公报》1928年12月3日《文学副刊》第48期)。
③ 胡适:《读王国维先生的〈曲录〉》,《读书杂志》第7期,1923年3月4日。

统",也指向"白话正统"。可惜胡适撰史时,忘了当初自己对"正统文学"的攻击。相对来说,胡适关于"庙堂文学"与"民间文学"的对抗构成二千年中国文学发展动力的假设,似乎更有理论活力,至今仍在发挥作用。

有趣的是,最早提醒胡适注意民间文学的革命意义的,竟然是日后的论敌梅光迪。1916年3月,胡适接到"研究过西洋文学史"的梅光迪来信,表示赞同其推崇宋元"白话文学"的主张,并补充道:"文学革命自当从'民间文学'(folklore, popular poetry, spoken language, etc.)入手,此无待言。"①正因为"此无待言",留学生们大都不在此做文章。五四新文化的倡导者普遍认可文学革命应从外国文学和民间文学汲取养分这一思路,并积极从事各种民间文学的搜集整理;至于历史上"庙堂文学"与"民间文学"的关系,反倒缺乏认真的研究。在《五十年来中国之文学》中,胡适开始构建"贵族文学"与"民间文学"对峙的研究框架;随后又在《〈中古文学概论〉序》中描述"民间文学升作正统文学"的过程,由注重二者的"对抗"转为注重二者的"对话"。但所有这一切关于民间文学的文学史思考,只有到1926年《〈词选〉自序》发表,才得到完整的表述:

> 但文学史上有一个逃不了的公式。文学的新方式都是出于民间的。久而久之,文人学士受了民间文学的影响,采用这种新体裁来做他们的文艺作品。文人的参加自有他的好处:浅薄的内容变丰富了,幼稚的技术变高明了,平凡的意境变高超了。但文人把这种新体裁学到手之后,劣等的文人便来模仿;模仿的结果,往往学得了形式上的技术,而丢掉了创作的精神。天才堕落而为匠手,创作堕落而为机械。生气剥丧完了,只剩下一点小技巧,一堆烂书袋,一套

---

① 《胡适留学日记》第845页。

烂调子！于是这种文学形式的命运便完结了，文学的生命又须另向民间去寻新方向发展了。①

一部《白话文学史》，正是这一"文学史通例"的最好说明。除了论证"中国三千年的文学史上"，"一切新文学的来源都在民间"，胡适着重研究"乐府"这种制度如何促成民歌与文人的接触和相互影响。文人之仿作民歌，"一方面是文学的民众化，一方面是民歌的文人化"。而唐代文学的辉煌成就，正是因其"充分承认乐府民歌的文学真价值，极力效法这五六百年的平民歌唱和这些平民歌唱所直接间接产生的活文学"。具体分析盛唐诗歌之借鉴乐府歌辞，胡适断为三步："第一步是诗人仿作乐府。第二步是诗人沿用乐府古题而自作新解，但不拘原意，也不拘原声调。第三步是诗人用古乐府民歌的精神来创作新乐府。"②《白话文学史》没能按计划写完，因此乐府精神的失落也就没能真正展开，也就是说这种"文学方式的命运"尚未完结。按照胡适原先设计的"公式"，每种文体都有其生、老、病、死的过程。

促使胡适将"白话文学正统说"和"文学有机体"的设想结合起来的，是他的学生傅斯年。胡适晚年在傅斯年逝世两周年纪念会的演讲中，承认1926年巴黎聚会时，傅斯年关于"中国一切文学都是从民间来的，同时每一种文学都经过一种生、老、病、死的状态"的设想，"影响我个人很大"③。一方面是胡适当年名气远比傅斯年大，且文章正式发表在前；另一方面傅斯年在将文学史类比生物史时，过于注重"有机体的生命"衰老的必然，描述文人借用"来自田间"的文学这一过程时，缺乏

---

① 《胡适古典文学研究论集》第554—555页。
② 胡适：《白话文学史》第19页、33页、63页、262页。
③ 《傅孟真先生的思想》，《胡适演讲集》第二集第57—58页，台北：远流出版公司，1986年。

必要的弹性①,故其《中国古代文学史讲义》远不及《白话文学史》影响大。

1930年代以后国人所撰文学史著,或多或少或明或暗都受到胡适描述的所谓"文学史通例"的制约。就连鲁迅、郑振铎两位大家的研究思路,也打上这一印记。鲁迅1930年代称:"旧文学衰颓时,因为摄取民间文学或外国文学而起一个新的转变,这例子是常见于文学史上的";"士大夫是常要夺取民间的东西的,将竹枝词改成文言,将'小家碧玉'作为姨太太,但一沾着他们的手,这东西也就跟着他们灭亡"。② 而郑振铎在《中国俗文学史》第一章描述"俗文学"和"正统文学"的互动关系时,基本上照抄胡适的说法。③ 将民间文学作为中国文学发展的原动力,这一颇有新意的假设,到1950年代演变成为"民间文学主流论"④,越来越暴露其理论缺失。时至今日,过分贬低"文人文学"而高扬"民间文学",仍是研究者必须面对的五四遗产——这一"遗产"的创造者当然包括极力推崇"白话文学"与"平民文学"的胡适之先生。

三　历史演进法

在自称"最精彩的方法论"的《古史讨论的读后感》中,胡适赞扬顾颉刚"层累地造成的古史"乃今日史学界一大贡献,其方法可概括为"用

---

① 参阅《中国古代文学史讲义·叙语》,《傅斯年全集》第一册,台北:联经出版事业公司,1980年。
② 《门外文谈》《略论梅兰芳及其他(上)》,《鲁迅全集》第六卷第95页、第五卷第579页,北京:人民文学出版社,1981年。
③ 参阅郑振铎《中国俗文学史》上册第2—3页,上海:商务印书馆,1938年。
④ 参阅《中国文学史讨论集》(北京:中华书局,1959年)中"关于民间文学在文学史上的地位和作用问题"一辑。

历史演化的眼光来追求每一个传说演变的历程"。由于顾氏曾自述其研究方法源于胡适辩论井田和考证《水浒》的文章,胡氏对此也乐于承认,这篇古史讨论的总结,其实可作胡适学术自述读。① 所谓"历史演进的方法",胡适将其概括成下列公式:

(1) 把每一件史事的种种传说,依先后出现的次序,排列起来。

(2) 研究这件史事在每一个时代有什么样子的传说。

(3) 研究这件史事的渐渐演进:由简单变为复杂,由陋野变为雅驯,由地方的(局部的)变为全国的,由神变为人,由神话变为史事,由寓言变为事实。

(4) 遇可能时,解释每一次演变的原因。

照胡适的说法,"这个根本观念是颠扑不破的":"古史上的故事没有一件不曾经过这样的演进,也没有一件不可用这个历史演进的(evolutionary)方法去研究"②。何止是"古史上的故事",所有流传久远的故事、传说乃至与此相关的小说、诗歌、戏剧等,都可借重这一方法。"历史演进法"在逻辑与实际上都展开为文学批评中对章回小说的解读和史学研究中对古史传说的考辨这么两种不同的取向,胡适的主要成就不在古史辨,而在为中国小说研究开辟新境界。从 1920 年作《〈水浒传〉考证》,到 1925 年撰《〈三侠五义〉序》,胡适用故事的演进以及母题的生长来把握某一类型的中国小说,取得意料不到的成果,其基本思路直到今天仍然有效。

在明代"四大奇书"中,起码有三种不是作家白手起家一气呵成创作出来的,而是经过几百年漫长历程,从若干小故事逐渐演变成为长篇

---

① 参阅胡适《介绍我自己的思想》和顾颉刚《〈古史辨〉第一册自序》第 40 页。

② 胡适:《古史讨论的读后感》,顾颉刚《古史辨》第一册第 192—194 页,上海:上海古籍出版社,1982 年。

的章回小说。考虑到《三国演义》《水浒传》和《西游记》在中国小说史乃至中国文化史上的崇高地位，其独特的生产过程值得关注。此前的研究者（不管是评点派还是考证派），着眼的都是孤立的"文本"；只有胡适借同一故事的不同流变考察此类小说的生产过程，强调解读几百年文学进化造成的《水浒传》等，应该有不同于一般文人文学的批评眼光和研究方法。这一思路的形成，首先得益于历史的眼光，其次是主题学方法，最后落实为以版本考据为中心的"剥皮主义"。

胡适治学，不重"新奇之学说，高深之哲理"，而重"求学论事观物经国之术"，故方法是第一位的。早年谈"方法"，多治学之入门常识；在解释"历史的眼光"时逐渐融进了自己的体会，总算颇具自家面目。1914年初，留学美国的胡适之先生终于发现了新大陆："有三术焉，皆起死之神丹也：一曰归纳的理论；二曰历史的眼光；三曰进化的观念。"将此起死之神丹运用于古老的中国，果然大见成效。1921年撰《国语文法的研究法》，胡适列"归纳的研究法""比较的研究法"和"历史的研究法"为"三种必不可少的方法"。到1923年为整理国故发宣言，胡适又提出"历史的眼光""系统的整理"和"比较的研究"作为同人努力的方向。① 其中"归纳"乃治学之根基，"比较"则是身处东西方文化碰撞中学人的共识，而"进化"又被糅进"历史的眼光"中，故最能代表胡适创见的，当属"历史进化的文学观念"。

提倡文学革命时，胡适以"历史进化之眼光"重读中国文学史，得出"一时代有一时代之文学……凡此诸时代，各因时势风会而变，各有其特长"的结论。② 拆开来看，这结论并不新鲜，刘勰已有"文变染乎世情，

---

① 参阅《胡适留学日记》第167页；《国语文法概论》（初刊《新青年》时题为《国语文法的研究法》），《胡适文存》一集卷三第36页；《〈国学季刊〉发刊宣言》，《国学季刊》第1卷第1号，1923年1月。

② 《文学改良刍议》，《新青年》第2卷第5号，1917年1月。

兴废系乎时序"的断语(《文心雕龙》),焦循则明言一代文学有一代文学之胜(《易余龠录》),王国维说得更绝:"凡一代有一代之文学:楚之骚,汉之赋,六代之骈语,唐之诗,宋之词,元之曲,皆所谓一代之文学,而后世莫能继焉者也。"①胡适的结论之所以石破天惊,就在于其在"江山代有才人出,各领风骚数百年"之"历史的见解"中②,掺进了"进化"的价值判断。不只是文学随时代变迁,故一时代有一时代之文学;胡适强调的是两千年中国社会和中国文学不曾停滞也不曾倒退,而是始终在发展进步。文言变为白话是进步,传奇变为话本是进步,"唐朝的诗一变而为宋词,再变而为元明的曲,都是进步"③。这种植根于达尔文和斯宾塞理论的文学进化观,在19世纪的西方曾经风行一时④;胡适、郑振铎等新文化人之所以对此特别青睐,关键在于其足以否定中国人根深蒂固的崇古、拟古和复古的文学观念,为文学革命鸣锣开道。

从文学革命转入整理国故,胡适对"历史的眼光"的诠释略有不同。不再强调文学发展一浪高一浪,而是突出文学演进过程中的"遗形物"——借此理解某一文类或某一作品赖以生存的文学时代。讲"遗形物"本是解释文学进化过程中,每经过一个时代,必然带着此时代留下的许多"无用的纪念品"(如戏曲中的脸谱、台步等)。照胡适原先的设想,"这种'遗形物'不扫除干净,中国戏剧永远没有完全革新的希望"⑤。所谓"扫除旧日的种种'遗形物'"的大胆假设,很快证明行不通。倒是

---

① 王国维:《宋元戏曲考·序》,《王国维遗书》第十五卷,上海:上海古籍书店,1983年。
② 胡适读赵翼此诗"大惊喜",慨叹"不料他有这种历史的见解",参见《胡适的日记》第399页,北京:中华书局,1985年。
③ 参阅《历史的文学观念论》《论短篇小说》和《胡适的日记》第124页。
④ 参阅韦勒克著、丁泓等译《批评的诸种概念》中"文学史上进化的概念"章,成都:四川文艺出版社,1988年。
⑤ 胡适:《文学进化观念与戏剧改良》,《新青年》第8卷第3号,1920年11月。

在解读各种"遗形物"时,胡适的"历史的眼光"充分发挥作用。有感于许多学者品诗论文时不分秦汉混淆古今,胡适提出研究国学的第一步应是"各还他一个本来面目"。不管是古来神圣的高文典册,还是今日民间小儿女的歌唱,都有个重新定位的问题。首先是还其本来面目,然后才谈得上评判各家是非。在文学方面则是:

> 应该把《三百篇》还给西周东周之间的无名诗人,把《古乐府》还给汉魏六朝的无名诗人,把唐诗还给唐,把词还给五代两宋,把小曲杂剧还给元朝,把明清的小说还给明清。每一个时代,还他那个时代的特长的文学,然后评判他们的文学的价值。不认明每一个时代的特殊文学,则多诬古人而多误今人。①

每个时代的文学,既有其"特长",也有其"特短"。史家的任务不只是对其褒贬抑扬,更重要的是理解这种"特殊性"。解读一部流传久远且定本较晚的章回小说,就好像翻阅一个民族的文学历史,同样可以发现"时代的烙印"。拿这种眼光阅读"四百年的'梁山泊故事'的结晶"《水浒传》,胡适得出一个"根本的文学观念":"这种种不同的时代发生种种不同的文学见解,也发生种种不同的文学作物。"接下来一大段不懂得宋元明三代的时代背景与文学进化的程度,就不懂得水浒故事何以如此发达变化的论述②,与 1930 年代以后风行一时的唯物史观,颇有相通之处,都是强调社会变迁对于文学发展的根本制约。只是对于胡适来说,这与其说是一种文学观念,不如说是一种研究策略。胡适对文学与人生(时势)之理解,大体不出传统的诗教说和 19 世纪现实主义文

---

① 胡适:《〈国学季刊〉发刊宣言》,《国学季刊》第 1 卷第 1 号,1923 年 1 月。
② 《胡适文存》一集卷三第 90 页、144—145 页。

学观,说不上有多少新发明。倒是其从"历史进化的文学观念"引申出来的"历史演变法",为解读中国古代章回小说另辟蹊径,至今仍有其魅力。

据胡适考证,《三国演义》《水浒传》和《西游记》都有"五六百年的演化的历史"①,其中既有原初的民间传说,又有历代作家的改造,最后再添上写定者的艺术想象,故整部小说缺乏统一性,常有互相矛盾之处。阅读此类积淀着不同时代文学趣味的长篇小说,不妨也来个艺术上的"还原",先寻得"底本",然后借同一故事的不同变形来理解作家的艺术创造。胡适"最爱看年谱",就因为其能显示谱主"思想学说变迁沿革的次序"②;为一部有五六百年演化历史的小说编"年谱",不也能显示其"变迁沿革的次序"?只是胡适"用历史演变的眼光来追求每一个传说演变的历程",并非只是移用年谱的研究思路,而是别有渊源。最能体现胡适理论框架的,是《三侠五义》中关于母题演变的一段话:

> 传说的生长,就同滚雪球一样,越滚越大,最初只有一个简单的故事作个中心的"母题"(motif),你添一枝,他添一叶,便像个样子了。后来经过众口的传说,经过平话家的敷演,经过戏曲家的剪裁结构,经过小说家的修饰,这个故事便一天一天的改变面目:内容更丰富了,情节更精细圆满了,曲折更多了,人物更有生气了。③

此类"传说生长史",既落实为古人把一切罪恶都堆到桀、纣身上,而把一切美德赋予尧、舜;又体现在不同时代的读者都喜欢为感兴趣的故事

---

① 《〈西游记〉考证》,《胡适古典文学研究论集》第899页。
② 《〈章实斋先生年谱〉自序》,《胡适文存二集》第275页,上海:亚东图书馆,1924年。
③ 《〈三侠五义〉序》,《胡适古典文学研究论集》第1193页。

添枝加叶。前者胡适称为"箭垛式的人物"——此说过于轻巧,用于传说人物(如周公、包龙图)甚妙,用于历史人物(如屈原、曹寅)则易出偏差。① 胡适的贡献主要在于后者:借母题的生长与扩张,理解中国章回小说的演进。

除小说外,胡适也曾试用"母题演进"来解读《孔雀东南飞》,只是不及顾颉刚的孟姜女故事研究精彩②。实际上胡适、顾颉刚师徒二人互相激励互相启迪,借鉴的都是民俗学方法。顾颉刚乃中国民俗学研究的开山祖,其《孟姜女故事研究集》至今仍有典范意义③;胡适虽无专门著述,却屡次表示引民俗学方法入文学批评的愿望④。"母题"作为文学批评概念,在德国文学中渊源最为久远,也发展得最为完整,这与格林兄弟收集编辑的童话故事在其文学史上的重要意义,以及德国学者对民间文学的浓厚兴趣有关。因此,一般将以母题研究为重点的"主题学",视为在19世纪德国的民俗学热中培育出来的一门学问。⑤ 很难说胡适、顾颉刚等人对西方的民俗学或主题学研究有多深入的了解,只不过五四新文化运动改变了已有的文类等级观念,此前不登大雅之堂的各种"俗文学"(民谣、童话、民间故事等),如今身价百倍。⑥ 研究此类"大同小异"的故

---

① 参阅胡适的《〈三侠五义〉序》《读〈楚辞〉》和《与顾颉刚书》(1921年5月30日)。
② 《白话文学史》第105—106页。
③ 陈鹏翔《主题学研究与中国文学》一文高度评价顾颉刚的《孟姜女故事研究》,认为此文"民间故事衍变的关键与凭借以及近年来西方主题学理论所强调的研究价值所在全都触及了"(《主题学研究论文集》第16页,台北:东大图书公司,1983年)。
④ 胡适几次提及用民俗学、社会学方法研究《诗经》的设想,可都浅尝辄止。参阅《胡适古典文学研究论集》第287页、296页、333页。
⑤ 参阅P. 怀纳编《观念史大辞典》中译本第三卷第245页,台北:幼狮文化事业公司,1988年;U. 韦斯坦因著、刘象愚译《比较文学与文学理论》第126页,沈阳:辽宁人民出版社,1987年。
⑥ 参阅钟敬文《"五四"前后的歌谣学运动》,《钟敬文民间文学论集》上册第354—370页,上海:上海文艺出版社,1982年。

事或民谣,自然有别于古来的品诗论文,无法强调其"独创性"。引进"母题"这一概念,建立起故事的系谱图,此类作品的价值才得以凸显。理论上胡、顾都承认,每一母题在演进过程中,"添上了不少的'本地风光',吸收了不少的无名诗人的天才与风格";而且"随顺了文化中心而迁流,承受了各时各地的时势和风俗而改变,凭借了民众的情感和想象而发展"①。可实际操作中,系谱的残缺与无名诗人的难以确认、探寻"说话者的意念"的努力,往往被"时势和风俗"的精彩描述所掩盖。这一点对于故事或民谣的研究尚非致命的弱点,可对于《水浒传》等文学名著的研究来说,却是难以原谅的缺失。在"因袭"与"创作"之间,研究者明显重前者而轻后者。像胡适那样轻率地断言《三国演义》的写定者为"平凡的陋儒"的固然不多②,可此类研究常常精于故事传说的排列而疏于作者心态的探求,不免抹杀了天才作家的贡献。

这一偏差,与胡适本人对母题研究的理解,依附于清代考据学的思路颇有关系。胡适曾将顾颉刚"层累地造成的古史"这一大胆假设,比喻为"剥皮主义",并称其源于崔述的《考信录》③;无独有偶,在论及戴震和阮元的学术贡献时,胡适照样突出其"剥皮主义":

> 剥皮的意思,就是拿一个观念一层一层地剥去后世随时渲染上去的颜色,如剥芭蕉一样,越剥进去,越到中心。……我们对于一切哲学观念也应该常常试用这种剥皮手段。④

---

① 参阅胡适《白话文学史》第 101 页和顾颉刚编著《孟姜女故事研究集》第 72 页,上海:上海古籍出版社,1984 年。
② 《〈三国演义〉序》,《胡适古典文学研究论集》第 741 页。
③ 胡适:《古史讨论的读后感》,《古史辨》第一册第 192 页。
④ 胡适:《戴东原的哲学》第 163 页,上海:商务印书馆,1927 年。

哲学史家阮元搜罗古今论"性"的话,"略依时代的先后,排列比较,使我们容易看出字义的变迁沿革"①;文学史家胡适则搜罗几百年间有关"水浒故事"或"包公故事"的作品,同样"略依时代的先后,排列比较",目的则是看出传说的"变迁沿革"。二者研究范围不同,可基本思路却相当接近:都是在返求"古本"的过程中理解时世变迁与文化学术的演进。清儒为了这种学术上的"还原",发展出一整套考据学理论与方法,这正是胡适所赞叹不已的"科学精神"。在《清代学者的治学方法》和《戴东原的哲学》中,胡适概括汉学家治学的根本观念为:"历史的眼光"与"证据的注重"。到1928年撰《校勘学方法论》,胡适强调校勘学的根本方法是:"先求得底本的异同,然后考定其是非";研究者必须先"遍求别本",然后"实事是正,多闻阙疑"。除此以外,还必须有关于所校书籍的背景知识,因为,"要懂得一个时代的书,必须多懂得那个时代的制度,习俗,语言,文字"。这一切,在胡适看来,"是中国与西洋校勘学者共同遵守的方法"。②从留学时读《大英百科全书》中关于"版本学"(textual criticism)条目,悟出"中西校勘学的殊途同归"③,到晚年花二十年时间重审《水经注》案,胡适对文献考据始终持有高度热情。正因为有此"历史癖与考据癖",一旦胡适将小说作为与传统经学、史学平起平坐的学术主题,必然以清儒治经史的方法治小说。以本事考异与版本校勘为根基,再贯以历史的眼光与母题研究思路,如此中西合璧的学术视野,使胡适得以在章回小说研究中纵横驰骋。或许是三国故事的考辨和水浒版本的比较太有诱惑力了,胡适常常沉醉于此,而相对忽略了小说本身的

---

① 胡适:《戴东原的哲学》第159页。
② 胡适:《校勘学方法论——序陈垣先生的〈元典章校补释例〉》,《国学季刊》第4卷第3期,1928年3月。
③ 参阅《胡适口述自传》第140—144页。

艺术价值。① 更重要的是，故事考辨和版本校勘可以做到言之有据确凿无疑，不像艺术分析那样"诗无达诂"——对于提倡"拿证据来"的适之先生，后者是必须尽量避开的危险的陷阱。"避虚就实"的研究策略，使得胡适的小说史研究功底扎实，可相对缺乏灵气——这一点比较鲁迅的《中国小说史略》不难明白。"文学史"作为一门学科，既是史学又是诗学；了解"板本变迁演革的痕迹"，不等于就"建立了科学的中国小说史学"②。胡适重"史"轻"诗"，对小说的艺术表现兴趣不大；即便论及，也都不甚精彩。以史学眼光读"诗"说"诗"，有其偏颇，也有其深刻之处。重要的是引进了"历史演进"这一观念，打破了此前诗品、文论、小说评点中常见的随意鉴赏和直觉评论③，找到了理解文类发展和作品形成奥秘的关键。至于由此造成的另一种缺失，只能由下一代学者来弥补。

四 《红楼梦》自传说

"双线文学观念"为整个中国文学史的研究建立了新的理论框架，"历史演进法"为章回小说的解读提供了有效的眼光与方法，"《红楼梦》自传说"则为新红学的发展奠定了根基——这一叙述并不意味着三者的学术价值依次递减。实际上由于"新红学"在20世纪中国学界声名显赫，再加上读书人中"嗜红成癖"者代不乏人，"自传说"影响的深入与

---

① 如《〈三国演义〉序》以李商隐、段成式诗文论证晚唐已有说三国故事的，然后顺流而下，理清五百年三国故事的演变；《〈水浒传〉后考》则排列各种已知或假设的本子，做《水浒》渊源表》。参阅《胡适古典文学研究论集》第736页、814页。

② 1930年代胡适为孙楷第的《日本东京所见中国小说书目提要》作序，将"目录学的根基"与"小说史学"混为一谈，并非不可理解。见《胡适古典文学研究论集》第1271页。

③ 此乃五四新文化人的共识，参见郑振铎《研究中国文学的新途径》，《中国文学研究》上册，上海：商务印书馆，1927年。

持久,甚至可能在前两者之上。今人开口说"红楼",多少总是将其与曹雪芹的生平联系在一起,这一"共识"其实源于胡适的大胆假设。"自传说"远不只是为《红楼梦》考订作者,更重要的是提供一种阅读趣味与研究思路。胡适"介绍我自己的思想"时,喜欢强调其《红楼梦》考证教人思想与学问的方法;而几十年间红学界围绕胡适的风风雨雨,也都远远超越作者或版本的争辩,涉及不同的思想立场和学术思路。这里讨论"自传说"的出场与"新红学"的建立,同样希望将其置于较为广阔的学术史背景下,作为"典范"转移的最佳例证来解读。这方面余英时的《近代红学的发展与红学革命》已有精彩的论述[1],需要进一步展开的是这一"典范"的核心概念"自传说"的酝酿与形成。

《〈红楼梦〉考证》乃"新红学"的开山之作,也是胡适最为成功的学术论文之一。胡适此文的改定,得益于他的学生顾颉刚和俞平伯。顾氏曾用两句话概括胡适此文在学术史上的意义:

> 适之先生第一个从曹家的事实上断定这书是作者的自述,使人把秘奇的观念变成了平凡;又从版本上考定这书是未完之作而经后人补缀的,使人把向来看作一贯的东西忽地打成了两橛。[2]

这两点既是胡适研究《红楼梦》的主要贡献,也是"新红学"的基本命题。此后的许多著述,都是沿袭这一思路,只不过考得更细论得更精。所谓"后四十回乃高鹗所补,非曹雪芹原作"这一假设,其实是从"自传说"引申出来的——没有追寻曹家历史以证小说的冲动,也就不会疑及著者原

---

[1] 借用库恩(T. S. Kuhn)关于"典范"(paradigm)的改变的理论来为胡适作学术史定位,是余英时的一贯思路,参见《近代红学的发展与红学革命》《〈中国哲学史大纲〉与史学革命》《〈胡适之先生年谱长编初稿〉序》等文。

[2] 顾颉刚:《〈古史辨〉第一册自序》,《古史辨》第一册第46页。

意是否落实以及小说是否完整。不管是胡适本人还是论友论敌,都将"自传说"作为《红楼梦》研究中这一新典范的核心。后世学者将胡、蔡之争作为"真正的红学"的开端,正是看中"自传说"挑战"影射说"所代表的学术转型。① 相对来说,版本考订以及高鹗续书的评价,尽管对具体阅读可能更有意义,可在学术史上远不及前者有挑战性。因此,代表这一新典范的,只能是胡适的《〈红楼梦〉考证》,而不是俞平伯的《红楼梦辨》——后者对《红楼梦》本文的辨析以及高鹗续书的研究,明显比胡适精细。

胡适将《红楼梦》定为"将真事隐去"的"自叙传",这个后人看来"极平常的见解",一旦与作者身世的考辨结合起来,便有了石破天惊的结论:

> 曹雪芹即是《红楼梦》开端时那个深自忏悔的"我"!即是书里的甄、贾(真假)两个宝玉的底本!懂得这个道理,便知书中的贾府与甄府都只是曹雪芹家的影子。②

强调"影子""底本"以及"深自忏悔"的叙述者"我",这比后来为了旗帜鲜明将曹雪芹直接等同于贾宝玉巧妙多了。"自传小说"与"自传"不是一回事,这点稍有文学常识的人都明白。胡适之先生再有"考据癖",也不该将二者混为一谈。正因为胡适及其同道过于沉醉在以作者家世证小说的成功,忽略了小说家"假语村言"的权力,"红学"逐渐蜕变为"曹学","自传说"引来越来越多的批评。1950年代初俞平伯对此有过认真的反省,承认《红楼梦》至多是自传性质的小说,不能把它径作为作者

---

① 参阅潘重规《红学六十年》第1页,台北:文史哲出版社,1974年。
② 《〈红楼梦〉考证》,《胡适文存》一集卷三第219页。

的传记行状看啊"①。其实这种区别传记与小说的警惕,胡适等人当初未尝没有,只是"拿证据来"的诱惑实在难以抗拒,这才有了"红学"向"曹学"的转变。

蔡元培关于既然真事隐去怎能以书中事为真,既然是自叙传又何必有甄、贾两宝玉的反批评②,胡适等人立说之初早已面临。顾颉刚发现史料呈现出来的曹雪芹与小说中的贾宝玉颇有距离,俞平伯则大观园在南在北尚且说不清——这些并没动摇"自传说"的根基,因为"孤冷"的性格与"闹热"的生活经历并非绝对不相容,况且自叙传小说"虽记实事,却也不全是信史"③。既非"信史",所谓"写实",也只是"以真事为蓝本",而不是史家的"实录"。胡适甚至将《老残游记》也称为自传④,可见其心目中的自叙传小说,只是有作家本人身世的"影子"。可落笔为文,为了强调与索隐派穿凿附会的区别,胡适等人尽量坐实贾府与曹家以及宝玉与雪芹之"若合符节",有意无意间泯灭了自传与自叙传小说的区别。即便如此,"自传说"仍是20世纪《红楼梦》研究中最为成功的假设。原因在于它为"新红学"的发展奠定了坚实的根基,这一点是其他论著所无法比拟的。后世学者可能对王国维的《红楼梦评论》更感兴趣⑤,但王氏用艺术创作的一般规律来批评"作者自道其生平"的假设,近乎无的放矢。虽也承认考证"作者之姓名"与"作书之年月"对理

---

① 俞平伯:《〈红楼梦研究〉自序》,《红楼梦研究》第1页,北京:人民文学出版社,1973年。
② 《〈石头记索隐〉第六版自序》,《蔡元培全集》第三卷第73页,北京:中华书局,1984年。
③ 参阅《胡适红楼梦研究论述全编》第50页、54页,上海:上海古籍出版社,1988年;俞平伯《红楼梦辨》第111页、116页,北京:人民文学出版社,1973年。
④ 1921年胡适在日记中称《老残游记》为"一种自传"(《胡适的日记》第214页);1925年为《老残游记》作序,胡适改口称此书第一回乃作者的"自叙或自传",整部小说则是"作者发表他对于身世,家国,种教的见解的书"(《胡适古典文学研究论集》第1251页、1255页)。
⑤ 如刘梦溪便认为王国维在红学史上也是一个树立典范的学者,其工作甚至比胡适还要优越,参见其《红学》第257页,北京:文化艺术出版社,1990年。

解《红楼梦》至关重要,王国维此文重点在发挥论者之悲剧观念,无法为后来者进一步的研究提供立足点。① 同样对《红楼梦》的悲剧精神有深刻领悟,鲁迅比较王、胡二家意见,认可胡适的"自传说",且以作者"独于自身,深所忏悔"的叙述语调,印证此书的自叙色彩。②

在《〈红楼梦〉考证》文末,胡适提出"打破从前种种穿凿附会的'红学';创造科学方法的《红楼梦》研究"的口号,明显摆出重建学术规范的架势。这一新"典范"的理论假设是"自传说",其方法论意识则是"实证"。胡适对此有明确的表述:

> 我在这篇文章里,处处想撇开一切先入的成见;处处存一个搜求证据的目的;处处尊重证据,让证据做向导,引我到相当的结论上去。③

这一注重证据的"科学方法",其实已经内在地规定了胡适的《红楼梦》研究只能在"著者"与"本子"上下功夫。在胡适看来,只有这两者,才是"《红楼梦》考证的正当范围"。针对蔡元培文学阅读重点在著作而不在作者的批评,胡适强调"作者的生平与时代是考证'著作之内容'的第一步工夫";可胡适本人如此执着于"第一步",从没希望再往前走,原因是后者无法"拿证据来",不符合他所信仰的"科学方法"。④ 这就难怪胡适推出"自传说"时,只以索隐派为旧典范的代表,而只字不提早已存在且仍在发挥作用的评点派。

---

① 参阅《王国维遗书》第五卷《静庵文集》第58—61页,上海:上海古籍书店,1983年。
② 参阅《中国小说史略》第二十四篇"清之人情小说",《鲁迅全集》第九卷第235—238页,北京:人民文学出版社,1981年。
③ 《〈红楼梦〉考证》,《胡适红楼梦研究论述全编》第118页。
④ 参阅《胡适红楼梦研究论述全编》第86页、139页。

顾颉刚将旧红学归纳为"浮浅的模仿,尖刻的批评,和附会的考证"三类①,何以胡适单挑出"附会的考证"作为论敌? 就因为胡适对金圣叹式的小说评点绝无好感,认定此类发掘"微言大义"且带"八股选家气"的批评毫无意义;撰《〈水浒传〉考证》时还花笔墨扫荡一番,到考证《红楼梦》时连提都不提。② 时人论及红学派别,颇有将索隐派、考证派、批评派三足鼎立者③,其实应该先分重史、重文两大阵营,然后再往下分门别派。胡适晚年分别两种文学研究方法,并称自己的小说考证"完全是文学史的看法,不是研究文学的看法"④。此文因系答问,并非正式论文,有点语焉不详;可细察胡适一贯思路,不难明白他是将可以"拿证据来"的传记考证与历史演变的追寻作为"文学史的看法",而把带有明显主观色彩的艺术分析作为"研究文学的看法"。这种分类落实在红学研究中,便是以"史家"抑或以"文人"的眼光读小说。胡适之所以愿意与索隐派一比高低,就因为二者都以史家眼光读小说,有共同语言,也有可比性。考"本事"、考"作者"或考"版本",都是实证研究,都得尊重证据。对于信仰"证据"的胡适来说,艺术分析根本就不是学问,无法使小说研究成为"与传统的经学、史学平起平坐"的学术主题。胡适的这一偏见至老未改,认定注重批评的林语堂等人文章不值得收集,四十年来新红学的发展只是在其开创的作者和版本的考订上增加新资料。⑤ 从"假设"必须得到"证明"这一方法预设,胡适选择了"自传说";而排斥文本

---

① 顾颉刚:《〈红楼梦辨〉顾序》,《红楼梦辨》第 1 页。
② 参阅《胡适古典文学研究论集》第 745—748 页、《胡适红楼梦研究论述全编》第 75—84 页。
③ 余英时《近代红学的发展与红学革命》称对自传派构成挑战的有索隐派、斗争论和文学批评;刘梦溪《红学》第 259 页将斗争论作为小说批评的变形,主张三分天下。
④ 《什么是"国语的文学"、"文学的国语"》,《胡适讲演》第 274 页,北京:中国广播电视出版社,1992 年。
⑤ 《答李孤帆书》,《胡适红楼梦研究论述全编》第 357 页。

批评,固然意在纠正前人之"穿凿附会",也跟其现实主义的文学观以及对自传的浓厚兴趣有关。

胡适议政时少谈主义而多讲问题,论学时也不例外。即使轰动一时的"八不主义",也只是针对具体问题的对策。五四新文化人喜欢谈论的现实主义、浪漫主义、象征主义等,胡适不大擅长。偶尔论及,胡适明显倾向于现实主义。1918年撰《论短篇小说》,胡适称唐人小说属于理想主义,宋明话本近乎写实主义,蒲松龄的《聊斋志异》则是于理想主义中带几分写实的性质。这里对"理想主义"与"写实主义"似乎不分轩轾,可很快地胡适对世人争谈"新浪漫主义"深表不满,并强化其现实主义立场。① 其实胡适对现实主义并没深入研究,只是欣赏其"为人生而艺术"的创作态度以及写实的笔法——后者使得小说能够提供史家感兴趣的社会史料。如此期待视野,带有传统中国文人"诗史"及"诗教"说的印记。

早年发誓"不作无关世道之文字",留美时念了几本文学概论,明白可以有专求美感的"无所为而为之"的文学,回过头来对白居易之类专讲"济用"的"实际家"可就不以为然了。② 只是胡适天生无法"浪漫"或"唯美",回国后转而重新要求文学关注世道人心,承担修齐治平的重担。于是元稹、白居易将文学作为"救济社会,改善人生的利器"的主张,又得到胡适的高度赞赏,以为其开创了"中国文学史上一个很光荣灿烂的时代"。胡适将元、白的文学革新主张翻成现代术语:"为人生而作文学"加上"写实主义"。二者之所以密不可分,就因为"文学既是要'救济人病,裨补时阙',故文学当侧重写实"。③ 依此思路,胡适对"空中

---

① 参阅《胡适的日记》第75—76页。
② 《胡适留学日记》第737页。
③ 参阅胡适《白话文学史》第423—446页。

楼阁"之类的说法不感兴趣,褒扬《红楼梦》时不忘强调其真价值在于"平淡无奇的自然主义"①。"写实"在胡适眼里,不只是一种创作方法,更代表作家的良心与社会责任感。

胡适明明知道元、白的讽喻诗太重功效,不留余韵,故"往往有史料的价值,而没有文学的意味",仍然对其推崇备至。② 这种重史轻文的阅读趣味,在小说研究中表现得更为突出。不管是读《儿女英雄传》,还是读《官场现形记》《老残游记》,胡适都强调其中"社会史料"的价值;至于挑出女儿国一段,断言《镜花缘》"将来一定要成为世界女权史上的一篇永远不朽的大文",着眼点仍然是社会历史而不是文学。③ 蔡元培读小说喜欢那些"有影事在后面"的④,其《红楼梦》研究注重索隐;胡适读小说欣赏"社会史料",其《红楼梦》也就偏于考证。都是对清代学术别有会心,也都像王国维所讥讽的那样,"以考证之眼"读小说⑤,蔡元培与胡适的红学观居然势不两立。除所谓"方法不同,训练不同"外⑥,更重要的是二位在小说中想找的东西本来就不一样。对于文学史家来说,方法与趣味往往纠合在一起,学术训练不能也不该完全剔除论者的"主观色彩"。胡适对此缺乏清醒的认识,过分标榜其跟着证据走的"科学方法";忘记了制约着"自传说"的出场的,仍然是一种并非"六根清净"的阅读趣味。欣赏写实笔法,注重社会史料,再加上汉学功底,胡适选择"自叙传"的假设,可以说是顺理成章。

另外,讨论"自传说"的出场,不能不涉及胡适本人对传记、年谱、日

---

① 《〈红楼梦〉考证》,《胡适红楼梦研究论述全编》第108页。
② 胡适:《白话文学史》第458页。
③ 参阅《胡适古典文学研究论集》第1164页、1232页、1260页、1145—1146页。
④ 蔡元培:《追悼曾孟朴先生》,《宇宙风》第2期,1935年10月。
⑤ 《红楼梦评论》,《王国维遗书》第五卷《静庵文集》第58页。
⑥ 参阅《对潘夏先生论〈红楼梦〉的一封信》,《胡适红楼梦研究论述全编》第224页。

记、自叙等文体持续且浓厚的兴趣。胡适晚年自述其《红楼梦》研究思路,有一句话近乎"泄露天机":

> 必须先作这种种传记的考证,然后可以确定这个"作者自叙"的平凡而合情理的说法。①

没有曹家身世的考订,"自传说"无法证实,这只是研究过程的描述;为什么选择传记考证作为文学研究的入手处,这一进入具体操作前的方法设定,或许更值得关注。胡适对人格进化的轨迹以及历史演进的过程有特殊兴趣,尤其是对其中起决定因素的"时间"格外敏感。早在留学时期,胡适就开始比较东西传记的长短,特别强调中国的传记"静而不动",西方传记则注重"人格进化之历史(the development of a character)";中国缺少长篇自传,但"吾国人自作年谱日记者颇多,年谱尤近西人之自传矣"。② 世人多已注意到胡适提倡传记文学以及身体力行的努力③,其实胡适更感兴趣的不是为他人作传,而是自我"树碑立传"。

这种说法并非语带嘲讽。胡适认定大小人物都有其悲欢离合,也都受制于时代风云,倘能"纪实传真","赤裸裸的记载他们的生活",便能"给史家做材料,给文学开生路"。此类自传,必定比出于仇敌的诋诬之作或出于亲友的谀墓文章有价值。④ 除了到处鼓动长辈师友撰写自传,

---

① 《胡适红楼梦研究论述全编》第 223 页;《胡适口述自传》第 263—270 页也有类似的说法。

② 《胡适留学日记》第 415—418 页。

③ 参阅唐德刚《胡适杂忆》第 139—144 页,北京:华文出版社,1990 年。另外,可参见易竹贤《胡适传》(武汉:湖北人民出版社,1987 年)第九章中"'传记热'与《四十自述》"节和章清《胡适评传》(南昌:百花洲文艺出版社,1992 年)第四章中"传记文学的身体力行"节。

④ 参阅胡适《〈南通张季直先生传记〉序》(《胡适文存三集》,上海:亚东图书馆,1930 年)和《〈四十自述〉自序》(《四十自述》,上海:亚东图书馆,1933 年)。

胡适1930年代有《四十自述》，1950年代有"夫子自道的'胡适学案'"《胡适口述自传》①；如果再加上《逼上梁山》《我的歧路》《介绍我自己的思想》《我的信仰》等单篇文章，胡适自述生平及思想的文字数量可观。虽然因心境变迁，早就许愿的《五十自述》《六十自述》最终未能完成②，但胡适的"自叙传"并未因此而失落，翻阅台北远流出版公司1989年版十八册《胡适日记：手稿本》，不难明白这一点。藏自传于日记，这种设想并非无稽之谈。早年称国人之日记年谱近于西人之自传，晚年几次提及《胡适留学日记》即是其自传的一部分。③ 唐德刚称胡适"是个很可观的'日记作家'（diarist）"，这话不是没有道理的。④ 这不只是说胡适几十年记日记不辍，对自家日记十分珍视；更重要的是胡适始终将日记作为一种独特的文体，记录一时一地之思想及感受，目的是有朝一日公之于众。意识到读者眼睛的存在，落笔为文时不免有所顾忌。胡适的日记并非像他自己所说的"赤裸裸"，而是颇多修饰。1915年8月，身在异国的胡适"偶作绮语"，填了一首词；日记中录下这首词的同时，写下如下注解："词中语意一无所指，惧他日读者之妄相猜度也，故序之如此。"同年10月，胡适复母亲信辩解并无别娶之意，其中有些权宜之语，日记中也加以删节。⑤ 鲁迅对"以日记为著述"的李慈铭颇不以为然，认为从《越缦堂日记》中"看不见李慈铭的心，却时时看到一些做作"。在文章

---

① 关于胡适如何口述自传以及这部口述自传的特点，参阅唐德刚为此书中文版所作的《写在书前的译后感》（《胡适口述自传》）以及《胡适杂忆》第30—31页、246—263页。
② 参阅胡颂平《胡适之先生年谱长编初稿》第2371页。
③ 胡适有时称《胡适留学日记》为"自传原料"，有时径称其为"自传的一部分"，见《胡适之先生年谱长编初稿》第2371页、3194页。
④ 唐德刚：《胡适杂忆》第140页。
⑤ 参见《胡适留学日记》第749页和耿云志《胡适研究论稿》第349页，成都：四川人民出版社，1985年。

末尾,鲁迅顺便扫了"也在做日记,并且给人传观了"的胡适之先生一笔。①

胡适确实欣赏《越缦堂日记》,断言其价值在于"可补历史",并因读此书而"重提起做日记的兴趣"②。一求见人心,一图补历史,鲁迅、胡适读日记的角度不一样,所撰日记也风格迥异,没必要强分高低。

与李慈铭的"以日记为著述"略有不同,胡适更倾向于"以日记为自传"。不单如此,胡适似乎对一切带有自述色彩的文体都感兴趣。司马迁的《自序》、班固的《叙传》、王充的《自纪篇》不用说,就连宋人把编年一体应用到"一人之史"而产生的"年谱",也大受胡适青睐。胡适认定"年谱乃是中国传记体的一大进化",称《罗壮勇公年谱》为"最近一二百年来最有趣味的传记";③其所撰《章实斋先生年谱》体例上颇多创新,为梁启超、姚名达师徒所激赏。④ 至于表彰《师门五年记》这样描写做学问的经验和师友切磋乐趣的自传中的"创体",以及晚年赞赏各种回忆录,除看中其"保存史料"的价值外,更注重叙述的真切与表达的自由。⑤

注重"自传",这点胡适真的有家学渊源。适之先生的父亲名传,字铁花,号钝夫,有《钝夫年谱》及《日记》等著述多种。胡适对此非常得意,私下里告诉友人"《钝夫年谱》是一部很好的自传,可惜没有写完";

---

① 《马上日记》,《鲁迅全集》第三卷第308页;《怎么写》,《鲁迅全集》第四卷第24页。
② 《胡适的日记》第411页、24页。
③ 参阅胡适《〈章实斋先生年谱〉自序》和《传记文学》(《胡适讲演》第197—200页)。
④ 梁启超《中国近三百年学术史》(上海:中华书局,1936年)第335页称赞此书"不惟能撷谱主学术之纲要,并及其时代思潮",乃"近代学术界一盛饰也";姚名达为本年谱作增补,并在序言中将此书"体例的革新"概括为:"打破了前人单记行事的体裁;摘录了谱主最重要的文章;注意谱主与同时人的关系;注明白史料的出处;有批评;有考证;谱主著述年月大概都有了"(《章实斋先生年谱》,上海:商务印书馆,1933年)。
⑤ 参阅《胡适之先生年谱长编初稿》第2040页、2828页、3340页。

如果加上《日记》，这样就"可以成一部自传"。①对传记、年谱、日记、自传等文体的一往情深，早在从事《红楼梦》研究之前。这种阅读趣味，对胡适建构"自传说"的理论框架，不可能没有影响。前人虽已有作者自道生平的提示，可真把《红楼梦》当自传读，还是需要勇气与胆识。"诗""史"互证，就研究方法而言并不新鲜；令人惊叹的是其把一部长篇小说读为"自叙传"的这一"大胆的假设"。此后的"拿证据来"，纯为汉学家法，其实并非胡适的"绝活"。时人多注意胡适跟着证据走的"科学方法"，而难得探究其建立假说的内在动因——包括其文体意识、欣赏趣味以及学术品格。

五　整理国故思潮

胡适的文学史著述，大都酝酿于文学革命运动时，成形于整理国故思潮中。从文学革命到整理国故，既是胡适从事著述的学术背景，也是其作为学界领袖的内在思路。在这不大协调的两大思潮之间架桥铺路的，正是这位胡适之先生。单就个人著述而言，从《中国哲学史大纲》到《〈水浒传〉考证》，不算多么突兀的转折；可从文化思潮着眼，从《新青年》到《国学季刊》，确实已经斗换星移。虽然留学时即有"文章革命何疑"的豪言壮语，胡适天性温和，五四时期激进的反传统姿态，很大程度是受陈独秀影响②。谈白话文学时强调其唐宋以下"一线相承，至今不绝"，论中国哲学时注重"古学昌明"的清代学术，甚至以之比拟欧洲的文艺复兴③，这些都不是真正的"革命家"口吻。就在文学革命摧枯拉朽

---

① 参阅《胡适之先生年谱长编初稿》第3220页、3169页。
② 参阅胡适《尝试集》第194页，上海：亚东图书馆，1922年；《五十年来中国之文学》，《胡适古典文学研究论集》第155页。
③ 参阅《胡适古典文学研究论集》第47页、胡适《中国哲学史大纲》第9页。

的1919年,胡适连续写了《新思潮的意义》《论国故学——答毛子水》《清代学者的治学方法》三篇很能体现其"历史癖"的文章,正式亮出"整理国故"的旗帜。首先将新思潮概括为"研究问题,输入学理,整理国故,再造文明"四个密不可分的环节;其次以"人类求知的天性"为出发点,确认"现在整理国故的必要,实在很多";最后论证"中国旧有的学术,只有清代的'朴学'确有'科学'的精神",俨然有提倡用朴学方法整理国故的意思①。因最后一点引起不少误解和指责,胡适后来改用较为笼统的"科学方法"。可问题不在这里,而在于以"输入学理"著称的胡适之先生,一转而"整理国故"去了,让刚被唤醒而从古书堆中冲杀出来的青年学子茫然若失。

"文学革命"远不只是以白话取代文言,更牵涉到对整个中国传统文化的评价,故各方人士纷纷表态。1919年1月,拥护和反对新文化运动的北京大学师生,分别成立《新潮》社和《国故》社。前者主张"学术原无所谓国别",中国应"渐入世界潮流";后者则以"昌明中国固有之学术为宗旨"。② 除了对新文化运动评价决然对立以外,更大的分歧在于对待"国学"或"国故"的态度。新文化运动的反对者大多并非浅学之士,都对西方思想学说有一定的了解,起码没有公开表示拒绝西学。若林纾、严复、胡先骕、梅光迪等,也只是反对"取他人文化以代之",强调"欲创造新文学,必浸淫于古籍"③。就连被鲁迅讥为不值一"衡"的《学衡》

---

① 三文均作于1919年下半年,并收入《胡适文存》一集;《清代学者的治学方法》初刊《北京大学月刊》时,题为《清代汉学家的科学方法》,更是直接将"汉学"与"科学方法"挂钩。
② 参见《〈新潮〉发刊旨趣书》,《新潮》第1卷第1号,1919年1月;《〈国故〉月刊成立纪事》,《北京大学日刊》1919年1月28日。
③ 引文见梅光迪《评提倡新文化者》和胡先骕《中国文学改良论》(上),载《中国新文学大系·文学论争集》第132页、106页,上海:良友图书印刷公司,1935年。另外,林纾和严复的见解可参阅《中国新文学大系·文学论争集》第78—81页和《严复集》第三册699页,北京:中华书局,1986年。

杂志,其宗旨不过将"昌明国粹"搁在"融化新知"之前①。同样道理,新文化人之推崇西学而贬抑国学,也主要是一种策略考虑:对中国人根深蒂固的复古思想保持高度警惕。表面上阵垒分明势不两立,突然间新文化主将胡适临阵倒戈,大谈起"整理国故"来,昔日的朋友颇多表示不以为然。鲁迅还只是对那些"所谓'国学'"嬉笑怒骂,陈独秀则直接指责胡适的研究国学"不过是在粪秽中寻找香水";成仿吾和郭沫若的态度稍为温和些,不主张笼统地反对国学,只是批评提倡者"欠少科学的素养",一味"承袭清时的考据家",且"大锣大鼓四处去宣传",容易在社会上煽起"乱翻古书"的复古风气。②茅盾的《进一步退两步》把新文化人因担心"反动派""借了整理国故的光"而回潮,故采取决绝态度的心理表现得十分清楚:

> 我也知道"整理旧的"也是新文学运动题内应有之事,但是当白话文尚未在全社会内成为一类信仰的时候,我们必须十分顽固,发誓不看古书……③

正因为只是策略考虑,鲁迅等人与胡适在整理国故问题上的冲突,其实不像后世想象的那么尖锐。事实上此时的鲁迅、茅盾、郭沫若,都已开始或即将开始从事专门的中国古代小说、神话、社会研究。

在新文化人把工作重点从文化批判转为学术研究这一自我调整过

---

① 参阅鲁迅《估〈学衡〉》,《鲁迅全集》第一卷第377—379页;《学衡杂志简章》,《学衡》第1卷第1期,1922年1月。

② 参阅鲁迅的《所谓"国学"》,《鲁迅全集》第一卷第388页;陈独秀的《国学》,《陈独秀文章选编》中册第404页,北京:三联书店,1984年;成仿吾的《国学运动的我见》,《创造周报》第28号,1923年11月;郭沫若的《整理国故的评价》,《创造周报》第36号,1924年1月。

③ 《茅盾全集》第十八卷第445页,北京:人民文学出版社,1989年。

程中,胡适的"整理国故"主张起了很大作用。并非所有的新文化人都对此不理解,1921年文学研究会成立,其《简章》宣布"本会以研究介绍世界文学整理中国旧文学创造新文学为宗旨";1923年《国学季刊》创刊,"整理国故"颇遭非议,郑振铎主编的《小说月报》上刊出一组题为《整理国故与新文学运动》的讨论文章,"都是偏于主张国故的整理对于新文学运动很有利益一方面的论调"。① 其中郑振铎论证"重新估定或发现中国文学的价值",正是新文学运动的重要责任;王伯祥强调"'整理国故'和'新文学运动'在学术研究上的地位,实在同样的重要";顾颉刚则主张分途发展,喜欢文学创作的人尽可不做"历史的研究","至于性情宜于整理国故的人,不可不及早努力"。② "国故"迟早需要整理,问题是从什么角度用何种方法来整理。郑振铎、顾颉刚等支持者之所以理直气壮,不只是意识到这一工作的重要性,更因为自认掌握了整理国故的"科学方法"。

在1920年代初的中国学界,"科学方法"几乎成了胡适的"专利"。《论国故学》提出的"为真理而求真理"的学术境界、《新思潮的意义》提出的"评判的态度,科学的精神"以及《〈国学季刊〉发刊宣言》提出的"历史的眼光""系统的整理""比较的研究",所有这些加起来,大概就成了"新青年"们心目中的"科学方法"。③ 为了使"科学方法"能顺利地在中国传播,胡适借助于清代的考据学传统,且将其简化为"拿证据来"。

---

① 参见《文学研究会简章》,《小说月报》第12卷第1号,1921年1月;郑振铎为《整理国故与新文学运动》专栏写的《发端》,《小说月报》第14卷第1号,1923年1月。

② 参阅郑振铎的《新文学之建设与国故之新研究》、王伯祥的《国故的地位》和顾颉刚的《我们对于国故应取的态度》,均见《小说月报》第14卷第1号,1923年1月。

③ 顾颉刚对此有明确的表述,参阅《〈古史辨〉第一册自序》,《古史辨》第一册第78页、94—95页;《当代中国史学》第126页,香港:龙门书店,1964年。另外,郑振铎的《研究中国文学的新途径》则基本复述经过胡适诠释的"方法",见《中国文学研究》上册,上海:商务印书馆,1927年。

这么一来,"科学方法"固然满天飞,可胡适所设想的"为中国学术谋解放"的"新史学"①,也就不免被世人误解为"新汉学"。胡适并非没有意识到这一危险,在作为整理国故纲领的《〈国学季刊〉发刊宣言》中,重提"高远的想象力",并对清学重功力而轻理解的学术倾向表示不以为然:

> 这三百年之中,几乎只有经师,而无思想家;只有校史者,而无史家;只有校注,而无著作。②

如此严厉的批评,尽可看作胡适本人"自我救赎"的努力。在此后的《戴东原的哲学》中,胡适仍然坚持批评清代"'襞绩补苴'的汉学风气",赞赏戴东原"由考核以通乎性与天道"的学术路向。③ 尽管如此,有"历史癖与考据癖"的胡适之先生,仍然抵挡不住"科学"的考证学的诱惑,其治学风格日趋汉学化。而且这不只是胡适的个人兴趣,当年北京学人中颇有不满提倡"直觉"高谈"主义"因而"大有倾向陆王的趋势"的时尚,故意强调实证研究的。④ 一个有趣的例证是,就在胡适大谈"高远的想象力"的《国学季刊》创刊号上,除了胡适、王国维的两篇译文,所刊论文几乎一式考据:马衡的《石鼓为秦刻石考》、陈垣的《火祆教入中国考》、朱希祖的《萧梁旧史考》、顾颉刚的《郑樵著述考》、王国维的《五代监本考》以及沈兼士的《国语问题之历史的研究》。在同时期的文化学术刊物中,没有比这更"汉学化"的了。由于北京大学以及胡适等人在全国学界举足轻重的影响,以科学方法"整理国故"的提倡,实际上对相对重理解而轻功力的学者造成一种压迫,以至必须为自己非考证的研究方法

---

① 《胡适的日记》第438页。
② 《〈国学季刊〉发刊宣言》,《国学季刊》第1卷第1号,1923年1月。
③ 胡适:《戴东原的哲学》第121—122页。
④ 同上书,第196页。

辩护。①

至于胡适本人,则为其口号及名声所累,不敢言之无据,也就谈不上"高远的想象力"或"大胆的假设"。这一点对文学史家的胡适影响甚大。研究文学毕竟不同于治经治史,考据不能解决所有问题。胡适在把小说研究提高到与传统的经学史学平起平坐的同时,也把清儒治经治史的方法引进文学批评。早年也曾嘲笑"强为穿凿附会"的历代注《诗》腐儒,主张"用文学的眼光来读《诗》"②。其实"没有文学的赏鉴力与想象力的人",何止"不能读《诗》",也无法从事真正的文学批评。一方面是不断出现的新史料让胡适应接不暇,没时间在作品的本文上下功夫;③另一方面胡适的文学鉴赏力也确实不高,批评时常有失误之处。不管是《白话文学史》中对律诗的声讨,还是《中国章回小说考证》中的艺术风格分析,都明显地暴露了胡适的缺陷。最令人难堪的是,新红学的开山祖胡适之先生居然对《红楼梦》没有多少好感,认定其"思想见地"不如《儒林外史》,"文学技术"则比不上《海上花列传》和《老残游记》。④ 这种偏差似乎不能用"诗无达诂"来解释,1940年代末胡适曾自述其读《水浒传》的感受:

> 我正看得起劲,忽然我的历史考据癖打断了我的文章欣赏!⑤

---

① 表面上有郭沫若嘲笑考证派不懂文学(见上引《整理国故的评价》),也有俞平伯辩解考证无碍于文艺的领略(《红楼梦辨》第212页),似乎鉴赏派占上风,其实大不然。

② 参阅《胡适留学日记》第737—741页、《胡适的日记》第337页和《胡适古典文学研究论集》第326页。

③ 顾颉刚为《红楼梦辨》作序,称:"适之先生常常有新的材料发见;但我和平伯都没找着历史上的材料,所以专在《红楼梦》的本文上用力。"胡适治学之所以特重新材料,与他身处学界中心,不论研究《红楼梦》还是重审《水经注》案,都能得到许多珍贵的版本有关。

④ 《答苏雪林书》《与高阳书》,见《胡适红楼梦研究论述全编》第279—280页、290页。

⑤ 《胡适之先生年谱长编初稿》第1997页。

这并非只是一次"偶然事件",对于相信"有证据的知识,才是真正的知识"①的胡适之先生来说,阅读中由"文章欣赏"迅速滑向"历史考据",完全可以理解。过分迷信"科学",以至将"拿证据来"作为其学术研究的中心,使得胡适的文学批评和哲学思考缺乏深刻的体味与阐发,并因此招来许多批评。②

顾颉刚在描述20世纪初中国的学术思潮时称:"整理国故的呼声倡始于太炎先生,而上轨道的进行则发轫于适之先生的具体的计画。"③关于胡适的提倡整理国故颇受章太炎影响,从《中国哲学史大纲》中多处引述章氏著作并向其致谢意,以及《研究国故的方法》指出"自从章太炎著了一本《国故论衡》之后,这'国故'的名词于是成立",不难看出其中的蛛丝马迹。④ 但同是研究"中国的一切过去的文化历史",章、胡立足点很不一样。章太炎在《原学》中强调中国文化有其独立价值,反对世人之"以不类远西为耻",理由是:

> 饴豉酒酪,其味不同,而皆可于口。今中国之不可委心远西,犹远西之不可委心中国也。⑤

---

① 《胡适之先生年谱长编初稿》第2711页。

② 以哲学研究为例,章太炎批评胡适误以说经之法治诸子,故多谈训诂而少及义理(《与章行严论墨学第二书》);梁启超称胡适"凡关于知识论方面,到处发见石破天惊的伟论;凡关于宇宙观人生观方面,什有九很浅薄或谬误"(《评胡适之〈中国哲学史大纲〉》,《时事新报·学灯》1922年3月13—14日);熊十力肯定胡适提倡科学方法,但不满其"仅及于考核之业","无可语于穷大极深之业"(《纪念北大五十周年并为林宰平先生祝嘏》,《国立北京大学五十周年纪念一览》[1948年出版])。

③ 顾颉刚:《〈古史辨〉第一册自序》,《古史辨》第一册第78页。

④ 参阅胡适的《中国哲学史大纲》第30页和《再版自序》,《胡适讲演》第47页。

⑤ 章太炎:《国故论衡》第149页,上海:大共和日报馆,1912年。

故章太炎之主持国学讲习会、国学振兴社等,目的是"振起国学发扬国光"①;这无疑与胡适整理国故是为了"打鬼"的想法大相径庭。

新文学运动的主将转而"整理国故",胡适当年确实承受了很大的压力。为了缓和同人的不满,以免八面受敌,胡适强调自己钻进"烂纸堆",目的是"捉妖""打鬼",证明所谓国故"也不过如此"②。抱定"化神奇为腐朽"的宗旨来整理国故,必然难得细心体会中国文化的长处。五四新文化人大都有此倾向,劈头就是"中国文学不发达的原因",或者如何"研究这疮痍满体的中国文学",③提问题的方式和角度已经决定了中国文学的位置。在同时代的研究者中,胡适还算对中国文学有较多的理解和同情。但即便如此,套用西洋文学观念来批评中国小说和诗文,仍是胡适此类著述的主要毛病。"输入学理"与"整理国故"之间,虽非关山万重不可逾越,也不像胡适当初设想的那么"和谐"。对于真地开启了新的学术时代的胡适之先生来说,这毕竟是一个不小的遗憾。

---

① 参阅《民报》第 7 号、9 号(1906 年 9、11 月)所刊《国学讲习会序》和《国学振兴社广告》。

② 胡适:《整理国故与"打鬼"》,《现代评论》第 5 卷第 119 期,1927 年 3 月。

③ 参阅茅盾的《中国文学不发达的原因》,《茅盾全集》第十八卷第 97 页;郑振铎的《中国文学研究者向那里去?》,《中国文学研究》第 1165 页,北京:作家出版社,1957 年。

第六章　关于经学、子学方法之争

在20世纪的中国学界,章太炎的"提倡国学"与胡适之的"整理国故",都曾引起广泛的关注。胡氏并不讳言其对"国故"的理解得益于章氏,顾颉刚更直接点明二者的历史联系①。虽说同治国学,章、胡二君其实大有差异——这种差异某种程度上代表了学术转型期"承上""启下"两代学者间的隔阂。这里的"上""下"主要指学术训练(传统书院或新式学校),而不包含价值判断。1922年4—6月,章太炎在上海做系列"国学讲演";1923年1月,北京大学出版了由胡适撰写"发刊宣言"的《国学季刊》。可以把这作为两代学者交接的象征:此前谈国学者以章太炎为翘楚,此后则是胡适们的天下。章、胡述学,有同更有异,本文只是借发生在"交接期"的一场小小的争论,窥探两种不同的学术思路。

一　"治学方法上的根本问题"

1923年11月,正热衷于发通电议国事、并已在报上"通启"暂停专家著述的章太炎,就因为章士钊的"撩拨",重谈墨学。二章在互相表彰

---

① 参阅胡适的《研究国故的方法》(《东方杂志》第18卷第16期,1921年8月)和顾颉刚的《〈古史辨〉第一册自序》。

的同时,连带批评任公、适之治墨学之"武断"。胡适年少气盛,出而应战;梁启超则"视而不见",大概明白自己只是"陪绑"。争论诸文,收入《胡适文存二集》时,被冠以《论墨学》之题。其中太炎先生二书,与《华国月刊》刊出者词句略有出入,不过无关大局。这场争论,表面上是因《墨经》"辩争彼也"一句的训解不同引起,其实关涉到不同的治学方法以及两代学者间的隔阂,大有深意在,值得认真探究。

先是章士钊批评胡适将"辩争彼也"中之"彼"断为误字乃失之武断,接着是章太炎给章士钊第一信,称胡适"所失非独武断而已",最大的毛病是"未知说诸子之法,与说经有异"。敏感的胡适撇开章士钊的具体批评,反而请其代为询问太炎先生,"究竟说诸子之法,与说经有什么不同"?胡适自称"浅学的人",可此问并非没有答案:"经与子同为古书,治之之法只有一途,即是用校勘学与训诂学的方法,以求本子的订正与古义的考订。"为了证明治经与治子方法上确无区别,胡适抬出高邮王氏父子以及章太炎的两位师长俞樾、孙诒让作为例证。

正如胡适所强调的,说诸子与说经是否有异,此乃"治学方法上的根本问题",章太炎也"不敢轻易放过"。其致章士钊第二书,除了继续墨学之争,主要是答复胡适的提问:

> 前因论《墨辩》事,言治经与治诸子不同法。昨弟出示适之来书,谓校勘训诂,为说经说诸子通则,并举王、俞两先生为例。按校勘训诂,以治经治诸子,特最初门径然也。经多陈事实,诸子多明义理(此就大略言之,经中《周易》亦明义理,诸子中管、荀亦陈事实,然诸子专言事实,不及义理者绝少)。治此二部书者,自校勘训诂而后,即不得不各有所主。此其术有不得同者。故贾、马不能理诸子,而郭象、张湛不能治经。若王、俞两先生,则暂为初

步而已耳。①

适之虽同意太炎之讥"但做校勘训诂的工夫而不求义理学说的贯通"者为"暂为初步而已耳",可认定"今之谈墨学者,大抵皆菲薄初步而不为",故还是必须大谈"暂为初步"的校勘训诂。

由毕业于哥伦比亚大学哲学系的胡适之来提倡校勘训诂,而由出身杭州诂经精舍的章太炎来批评清学,这本身就有点发人深思。针对章太炎的批评,胡适的辩解也颇有力:讲义理不能不"根据于校勘训诂",而"欲求训诂之惬意,必先有一点义理上的了解"②。认真追究起来,"义理"与"训诂"之辨,很容易陷入诠释的循环;再掺杂一点个人意气,就变成了"古已有之"的汉宋之争。在《菿汉微言》中,章太炎称学者治学当"各从其志",只要如"四民各勤其业","汉宋争执,焉用调人"③。"平视汉宋"之类的说法固然通达,可实行不易;就因为落实到具体的历史情境,每个发言者都有其特定的"忧虑"。主张"疏通知远好为玄谈"抑或"文理密察实事求是",除了学者个人的天性与志向外,更是一种针砭时弊的"对策"。有趣的是,晚年重提这场争论,章太炎竟忘了自己当初的立场:

> 曩胡适之与家行严争解《墨经》,未有所决。余尝晓之曰:昔人治诸子多在治经后,盖训诂事实,待之证明,不欲以空言臆决也。今人于文字音义多未昭晰,独喜治诸子为名高,宜其多不安稳矣。④

---

① 《华国月刊》第1卷第4期(1923年12月)所刊《与章行严论墨学第二书》似有脱漏,这里以收入《胡适文存二集》的《太炎先生的第二书》为准。
② 《胡适文存二集》卷一第222页,上海:亚东图书馆,1924年。
③ "章氏丛书"本《菿汉微言》第74页,杭州:浙江图书馆,1919年。
④ 章太炎:《菿汉闲话》,《制言》第13期,1936年3月。

可见治诸子之学,训诂、义理同样不可偏废。这道理实在太平常了,难怪后人不大在意章氏之区分治经与治子。但在我看来,章太炎此说,既体现他本人的学术追求,也包含他对整个中国学术史的思考,以及对五四以后学术走向的批评,不能等闲视之。

二 《庄子》的挑战

其实,章氏所争不在义理与训诂孰先孰后孰重孰轻,而在治经治子经过校勘训诂这一"最初门径"后必须"各有所主"。在章太炎看来,说经之学,其用在考迹异同,发明历史真相,乃"客观之学",讲究实事求是,"以比类知原求进步";诸子之学,其要在寻求义理,陈说人生奥秘,乃"主观之学",讲究自坚其说,且"以直观自得求进步"①。章氏之不满王、俞诸先贤,就因为其以治经的方法来治子,只把先秦诸子作为史学而不是哲学来研究;这正像近人之争《墨辩》局限于辞义辨正,而不及于哲理探求。强调经学与子学不只在目录学上,而且在学术史上有很大区别,进而突出治经与治子两种不同的学术路向,这是章太炎的一贯思路。前一年章氏应江苏省教育会邀请在沪讲授国学,强调治哲学需"直观自得",不该如清人讲学之"但从文字上求之"②,本就有对新派学人旁敲侧击的意味;这回正好借谈墨学正面表达他对胡适之乱捧清学的不满。

自留学美国时借嫁接中国的考据学、西洋的版本学(textual criticism)与杜威的思维术来领悟治学方法③,胡适就对清学颇多好感。受聘北大得益于一篇考据文章,《中国哲学史大纲》出版后更因"能兼治汉

---

① 参阅《章太炎政论选集》(北京:中华书局,1977 年)中"诸子学略说"一文和《国学概论》(香港:学林书店,1971 年)中"国学之进步"章。
② 参阅张冥飞笔述《章太炎国学讲演集》第 171 页,上海:新文化书社,1935 年四版。
③ 参阅《胡适的自传》第六章"青年期逐渐领悟的治学方法"。

学"受揄扬①,胡适似乎对自己的考据功力过于自信,竟接二连三著文谈清学。以 1919 年为例,先是在《中国哲学史大纲》的"导言"中将清代学术比诸欧洲的文艺复兴,继而又在《论国故学》中表彰清儒的考据"暗合科学的方法",在《清代学者的治学方法》中强调汉学家"有假设的能力,又能处处求证据来证实假设的是非",故其研究有"科学的价值"。一时间"拿证据来"的口号满天飞,"科学方法"一转而为"考据学",再转而为"清儒家法"。面对这些似是而非的议论,被梁启超许为能替清学"大张其军"的余杭章炳麟②,竟没有公开反驳。其中一个重要原因是,胡适提倡清儒家法,唯一表彰的当世学人便是此章君。太炎先生自然不会过拂人情,接读《中国哲学史大纲》后复信,虽有相当严厉的批评,但未循例公开发表。倘若不是现藏北京中国社科院的"胡适存件"逐渐公开,读者不会想象胡适 1950 年代之忏悔其《庄子时代的生物进化论》一章乃"年轻人的谬妄议论",正是接受四十年前章太炎的批评③。

胡适之治中国哲学史,受章太炎影响甚大。《中国哲学史大纲》初版后两个月即重印,胡适兴奋之余,对有功于此书的诸位师友表示感谢:

> 我做这部书,对于过去的学者我最感谢的是:王怀祖、王伯申、俞荫甫、孙仲容四个人。对于近人,我最感谢章太炎先生。北京大

---

① 据胡适晚年回忆,蔡元培聘他到北京大学教书,是因见到他的《诗三百篇言字解》(《胡适之先生年谱长编初稿》第 294 页)。"能兼治汉学"云云,见蔡元培为《中国哲学史大纲》写的"序"。

② 梁启超:《清代学术概论》,《梁启超论清学史二种》第 77 页,上海:复旦大学出版社,1985 年。

③ 参见白吉庵《胡适传》第 119 页所录"胡适存件第 574 号",北京:人民出版社,1993 年以及胡适《〈中国古代哲学史〉台北版自记》,《胡适学术文集·中国哲学史》第 4—5 页,北京:中华书局,1991 年。

学的同事里面,钱玄同、朱逖先两位先生对于这书都曾给我许多帮助。①

二王给予胡适的帮助主要是校勘与训诂;余下的四人全与章太炎关系密切,要不师长,要不学生。钱、朱不治子学;俞、孙虽以子学名家,仍以校勘训诂为主。既然认定清儒"多不肯做贯通的工夫","到章太炎方才于校勘训诂的诸子学之外,别出一种有条理系统的诸子学"②,这就难怪《中国哲学史大纲》中征引国人著述,涉及哲理者仅太炎一家。

这种征引甚少,既体现了胡适当年确实读书不多,也大致反映了其时诸子学研究的现状。晚清诸子学兴起,乃中国学术史上的一大转机,这点越来越为研究者所重视③。梁启超称清儒之研究诸子学,先是唯古是尚,借诸子以校经,而后"校其文必寻其义,寻其义则新理解出矣"④,此说大致可信。可也不排除学者从挑战主流意识形态的角度选择诸子作为研究对象,汪中便是一个很好的例证。梁启超说墨学既废二千年,清中叶后随考证学而复兴,"汪容甫最初治此学";侯外庐则称清初墨学便已逐渐引起学者的关注,"顾亭林傅青主都有崇章墨学之嫌,而颜习斋则六经其表而墨学其里者"⑤。前者描述学术发展,后者着眼思想潜流,可互为补充。起码从汪中起,治荀治墨便不仅仅是作为校经的辅助工具,《荀卿子通论》和《墨子序》不正因为如此而被梁、侯视为二千年来

---

① 《〈中国哲学史大纲〉再版自序》,《胡适学术文集·中国哲学史》第3页。
② 《胡适学术文集·中国哲学史》第27页。
③ 如张灏《危机中的中国知识分子》第一章(中译本1988年由山西人民出版社刊行)将诸子学的兴起作为影响晚清思想潮流的三大本土资源之一;王汎森《章太炎的思想》(台北:时报文化出版公司,1985年)第二章第二节勾勒晚清诸多学者对诸子学的看法,值得参考。
④ 《清代学术概论》,《梁启超论清学史二种》第49—50页。
⑤ 参阅梁启超《中国近三百年学术史》,《梁启超论清学史二种》第359页和侯外庐《近代中国思想学说史》第481页,上海:生活书店,1947年。

"思想蜕变之枢机"? 即便纯粹的考据著作,也蕴涵着价值评判。俞樾之所以"治经之暇旁及诸子",固然有"西汉经师之诸论已可宝贵,况诸子又在其前欤"的考虑,可也因"周秦两汉诸子之书亦各有所得"①。意识到诸子义理上的价值,不等于就能把这种价值发掘出来。清儒治学普遍重实证轻玄谈,即便平视经书与子书,将诸子作为"专门学"来研究,也不见得在义理上能钩玄发微。清儒复兴诸子,用力最多成绩最大的当数荀子和墨子,至于老庄则"既非所嗜,益非所长"。胡适和梁启超都强调章太炎的《齐物论释》之所以"石破天惊",与其精于佛学和"纯粹哲学",故长于思辨有关②。

章太炎治诸子,最为世人称道的当属墨学和庄学。前者任公、适之均赞叹不已,后者梁氏以为未必符合《庄子》原意,胡氏则虚晃一枪,而后闭口不提③。《中国哲学史大纲》中论庄子的第九篇最为薄弱,这与胡适的哲学训练无法对付这种"东方神秘主义"有关,也与其过分追求"明白清晰"的学术思路有关。这一章事先曾以《庄子哲学浅释》为题刊于《东方杂志》,另加的小序更显出胡适读庄子确无多少心得:

> 从来的人,只因把庄子的哲学看得太神秘玄妙了,所以不能懂得庄子。依我个人看来,庄子的学说其实并没有什么十分玄妙神秘之处。所以我这篇述庄子的文字便叫做"浅释",不但要用浅近的文字去讲庄子的哲学,并且要使人知道庄子的哲学只是粗浅的寻常

---

① 俞樾:《〈诸子平议〉序目》,"国学基本丛书"本《诸子平议》,上海:商务印书馆,1935年。

② 参阅《胡适学术文集·中国哲学史》第27页、《梁启超论清学史二种》第363页。

③ 同上。另,胡适在《中国哲学史大纲》的"导言"中称赞章太炎的"《原名》、《明见》、《齐物论释》三篇,更为空前的著作"。前两篇正文中屡见征引,《齐物论释》则未再出现,大概是慑于其大名而不得不提及。

道理。①

如此说庄子,绝非章太炎所能苟同。1908年章太炎在东京民报社为许寿裳、朱希祖、钱玄同及周氏兄弟等讲学,除了《说文》《尔雅》,还讲《庄子》和《楚辞》②。讲《庄子》部分整理为《庄子解诂》,第二年连载于《国粹学报》上,文首的题记云:

> 若夫九流繁会,各于其党,命世哲人,莫若庄氏。《逍遥》任万物之各适,《齐物》得彼是之环枢,以视孔、墨,犹尘垢也。又况九渊、守仁之流,牵一理以宰万类者哉。③

于诸子百家中独推庄子,这种想法章氏后来有所修正,如《菿汉微言》中便以"文孔老庄"同为"域中四圣",且等乎"大乘菩萨"。不过佛家"出世之法多而详于内典",孔、老"世间之法多而详于外王",兼是二者唯有庄周④。而对《齐物论》这一"内外之鸿宝",章太炎终生喜爱,且下了很大功夫。其《齐物论释》自诩"一字千金","千六百年未有等匹"⑤,岂是胡适所能望其项背?故章太炎复信批评《中国哲学史大纲》,便专在庄子上做文章。

---

① 胡适:《庄子哲学浅释》,《东方杂志》15卷11、12期,1918年11、12月。
② 鲁迅的《关于太炎先生二三事》和许寿裳的《章炳麟》都只提及《说文》和《尔雅》;现存北京图书馆的《朱希祖日记》则有听讲《庄子》和《楚辞》的记载。同时受业的汪东更述及章氏以佛解庄的特色:"所讲以《说文》、《庄子》为主,其说《庄子》,除明训诂外,启发玄言,多与释氏相契,后简括其义为《庄子解诂》。"见《寄庵随笔》第6页,上海:上海书店,1987年。
③ "章氏丛书"本《庄子解诂》第1页,杭州:浙江图书馆,1919年。
④ "章氏丛书"本《菿汉微言》第38页、26页。
⑤ 参阅章太炎《自述学术次第》,《太炎先生自定年谱》第53页,香港:龙门书店,1965年和《与龚未生书》,《章太炎政论选集》第702页。

三　清儒之得失

学者治学,各有宗旨,胡适抓住诸子的"名学方法"展开论述,不免有所舍弃。梁启超称《中国哲学史大纲》"凡关于知识论方面,到处发见石破天惊的伟论;凡关于宇宙观人生观方面,什有九很浅薄或谬误"①,这批评不算过于苛刻。可惜胡适对此缺乏必要的自省,过分陶醉在蔡元培序言所表彰的"汉学家法"中,此后教人治学,由"大胆假设"逐渐走向"小心求证"②。章太炎之批评胡适以治经方法治子,显然不局限于《墨辩》的一字之争,而是对其整个研究思路的概括。胡适举出王氏父子及俞樾、孙诒让之治经治子无别为自己辩护,恰好证明他对清儒治学方法的局限性不大清醒。当初讲诸子学在清代的发展,主要是"附庸蔚为大国",以及体例之"支离碎琐"变为"融会贯串",很少及于内在思路。到了服膺清儒治学的严谨,到处宣讲钱大昕考古音、王念孙说虚字,就更加无暇细辨清学之得失。

章太炎作为清学殿军俞樾、孙诒让的高徒,对清儒治学的得失有远比胡适切身的体会。所谓"经师六法",便非未深入堂奥者所能道出:

> 审名实,一也;重左证,二也;戒妄牵,三也;守凡例,四也;断情感,五也;汰华辞,六也。六者不具,而能成经师者,天下无有。③

紧接着的品评当世经师,以"研精故训而不支,博考事实而不乱,文理密

---

① 梁启超:《评胡适之〈中国哲学史大纲〉》,《时事新报·学灯》1922 年 3 月 13—14 日。
② 参阅本书第五章"作为新范式的文学史研究"。
③ 《定经师》,《民报》第 10 号,1906 年 12 月。

察,发前修所未见,每下一义,泰山不移"的俞、孙二师为第一等。胡适大概以为举出章氏如此推崇的俞、孙二位,将使对方无法反驳;没想到连俞、孙也被斥为"暂为初步而已耳"。并非为了论战故意"危言耸听",这里牵涉到章太炎的学术理想以及对清学的整体评价。在评骘俞、孙诸经师的同时,章氏还著文介绍颜元、戴震等大儒①。也就是说,在章太炎心目中,即便是俞、孙等一流经师,也非治学至境。

区分九流之儒与经师之儒,乃章氏理解中国学术史的特殊视角。章太炎对经师与儒者的分疏与抑扬,随着时势的推移颇多变迁。这里只能略述其对清学以及戴震的评价,因这一话题与胡适的治学关系密切。

章太炎文章中牵涉清代学者甚多,其间不少根于道德判断,与其提倡"民族大义"相呼应,褒贬时难免有所偏颇(如对黄宗羲的前尊后抑,对龚自珍、魏源的全盘否定)。不过在整体判断上,章氏的立场大致一贯。最能代表章太炎对清学的看法的,当属前期的《清儒》和后期的《汉学论》。前者的讥今文经学和后者的骂疑古史学,颇有借题发挥的意味,但又都与其学术立场相通,无碍其基本立论。初见于1904年《訄书》重印本的《清儒》,有一段综述清代文化的断语,为后世不少学人所引申发挥:

> 清世理学之言,竭而无余华;多忌,故歌诗文史枯;愚民,故经世先王之志衰(三者皆有作者,然其弗逮宋明远甚)。家有智慧,大凑于说经,亦以纾死,而其术近工眇踔善矣。

具体到清儒治学,除今文经学外,大致的特点是"不以经术明治乱,故短于风议;不以阴阳断人事,故长于求是"。就经师述学而言,清儒成绩卓

---

① 《悲先戴》,《民报》第9号,1906年11月。

著,如日中天。去世前一年发表《汉学论》,章氏仍持此说:

> 清时之言汉学,明故训,甄度制,使三礼辨秩,群经文曲得大通,为功固不细。

可这些赞美之辞,都是在排除经世与言理的可能性之后做出的。章氏理解清代读书人处境的艰难,绝不同意魏源对戴震等人"争治汉学"的攻击①。但这不等于章太炎对清儒治学的路径与方法完全认同。

东京讲学时,章太炎把《清儒》一文中没有正面表达的"潜台词",明白无误地披露出来:"到底清朝的学说,也算十分发达了。只为没有讲得哲理,所以还算一方偏胜。"②随着对魏晋玄学领悟的日益深入,章氏一改晋人治经"附会凿空"的旧说③,在《汉学论》中强调:

> 文有古今,而学无汉晋,清世经说所以未大就者,以牵于汉学之名,蔑魏晋使不得齿列。④

章氏之推崇魏晋经学,其中包含门户之见。如称其抛弃今文经学的穿凿附会,故"无所牵也";"渐知尊信古文",故"虽精到不及汉儒,论其大体,实后胜于前"⑤。但有一点很重要,章太炎注意到魏晋学者不再独尊儒

---

① 《学隐》,《章太炎全集》第三卷第 161 页,上海:上海人民出版社,1984 年。
② 《教育的根本要从自国自心发出来》,《章太炎的白话文》第 56 页,台北:艺文印书馆,1972 年。
③ 戴震《与某书》批评世人"以己之见硬坐为古圣贤立言之意",追溯"晋人附会凿空益多"之过;章太炎在《訄书·清儒》中承其说,称经学"乱于魏晋,及宋明益荡",《章太炎全集》第三卷第 155 页。
④ 《清儒》见《章太炎全集》第三卷,《汉学论》见《章太炎全集》第五卷。
⑤ 参阅《汉学论》和《经学略说》(《章氏国学讲习会讲演记录》3、4 期,1935 年 11 月)。

术,而是广采众说,自立新义,旁理诸子,探研佛典,多"覃思自得";故"真以哲学著见者,当自魏氏始"①。此等好老庄善清谈,甚至"往往与佛经相参"的玄言之士,虽不适合于治经,却长于治子,如郭象的《庄子注》和张湛的《列子注》,都能发挥哲理。

清人不懂魏晋玄学的价值,一味追随贾逵、马融,殊不知贾、马能说经"不能理诸子",更不能言"玄理"。清儒也有读佛典说诸子的,可不及玄理,终难大成。章太炎自称中岁以后宗师法相,兼事魏晋玄文,方才明白清学的这一致命弱点:

> 尝意百年以往,诸公多谓经史而外,非有学问。其于诸子佛典,独有采其雅驯,摭其逸事,于名理则深甚焉。平时浏览,宁窥短书杂事,不窥魏晋玄言也。其文如是,亦应于学术耳。②

若是经师治学,只讲音韵训诂名物制度,如此读书倒也无大碍;可一旦由"多陈事实"的"经"转为"多明义理"的"子",清儒之"不尚空谈"便成为明显的缺陷。1909 年章太炎致信《国粹学报》,解释其东京讲学为何选择音韵与诸子:

> 盖学问以语言为本质,故音韵训诂其管龠也;以真理为归宿,故周秦诸子其堂奥也。③

章氏意识到以"求真理"而不是"释名物"的态度来治诸子,"非汉学专门

---

① 《案唐》,《章太炎全集》第三卷第 451 页;章太炎:《论中古哲学》,《制言》第 30 期。
② 章太炎:《自述学术次第》,《太炎先生自定年谱》第 59 页。
③ 章太炎:《致国粹学报社书》,《国粹学报》己酉年第十号,1909 年。

之业",与当世学人大异,不免有知音难遇的感叹:"使魏晋诸贤尚在,可与对谈。"

胡适其实也注意到章太炎治诸子学的革命意义,不过囿于学术兴趣,多从"贯通"与"系统"着眼,而不大涉及章氏最有心得的"玄言"与"哲理"。对章太炎超越清儒窠臼、不再"以治经的方法治子"的学术思路,胡适不大了然;但对与此相关的表彰戴震,胡适则心悦诚服,且"萧规曹随"。

四　章、胡之戴震论

正如钱穆和侯外庐所指出的,"近儒首尊东原者自太炎",其《检论》《释戴》等"启发了近人研究东原的学术"①。论及戴学在 20 世纪的走红,除章氏的开启之功,便是胡适的阐扬之力。1923 年,胡适、梁启超及钱玄同、朱希祖等章门弟子发起戴震诞生二百周年纪念会,不无借此为"整理国故"思潮张目的意味。此前论及清学,似乎群星灿烂;此后"东原真成独霸了"——这一切都与胡适不遗余力的阐扬有关②。以至后人探讨戴学的复兴,总是把章太炎与胡适之作为关键来把握。

1930 年代钱穆著《中国近三百年学术史》,其中论戴东原一章只提章太炎而不提胡适之,可其中许多论断明显针对胡适的《戴东原的哲学》。1940 年代侯外庐著《近代中国思想学说史》,评论这场没有正面展开的论战,称胡适承五四时代打倒孔家店余绪,刻意高扬戴震的"反理学",甚至将其推为"清代哲学的大本营的元帅",乃拔高了戴震思想;

---

① 钱穆:《中国近三百年学术史》第 359 页(北京:中华书局,1986 年);侯外庐:《近代中国思想学说史》第 379 页。

② 《戴东原在中国哲学史上的位置》,《胡适学术文集·中国哲学史》第 1106 页。

"钱氏与胡氏相反,把东原哲学的历史地位轻轻抹杀",除了过分注重承传而相对忽略创新外,更因其"卫道的主观态度"。按照侯氏的定位,东原哲学并非如胡适所说的"哲学的中兴","而仅仅是在有限范围内清初哲学的继承"①。1970年代钱穆的学生余英时重新肯定戴震及其代表的学术思潮,兼采章、胡、钱诸家之说,态度比较超然,因其不再纠缠理学优劣,而是从"儒家智识主义的兴起"角度来强调"18世纪的考证学在思想史上的意义"②。1980年代日本的高田淳又以侯氏为媒介,重提章、胡、钱之争,不过其重点是分四个阶段评介章太炎的"戴震论"③。

我的工作重点是研究章太炎的"戴震论"在多大程度上影响胡适的学术思路,而不只限于撰写《戴东原的哲学》一书。从1900年的《学隐》,到去世前一年的《诸子略说》,章太炎著作中论及戴震的地方很多,大致可分为政治态度、哲学思想、治学方法三个层面。胡适称人多知戴东原为清代经学大师,不知他是"朱子以后第一个大思想家大哲学家"④;其实,在1923年开始研究戴东原哲学以前,胡适基本也是将其作为经学大师看待。《中国哲学史大纲》的"导言"部分提及"戴震以下的汉学家"注古书时有法度、用佐证、少猜测;《清代学者的治学方法》引戴震论《尚书·尧典》"光被四表"的"光"字,作为胡适提倡的治学方法的最佳例证。1923年初发表的《〈国学季刊〉发刊宣言》,批评清代"只有经师,而无思想家;只有校史者,而无史家;只有校注,而无著作"时,将戴震、章学诚和崔述列为例外,已经意识到东原哲学的价值。这与此前

---

① 参阅《近代中国思想学说史》第七章第二节"戴东原学术底历史地位何在?"
② 参阅余英时《论戴震与章学诚》(香港:龙门书店,1976年)一书"自序"和第三章"儒家智识主义的兴起"。
③ 参阅高田淳《辛亥革命と章炳麟の齐物哲学》(东京:研文出版,1984年)中"章炳麟の戴震论"一章。
④ 《戴东原在中国哲学史上的位置》,《胡适学术文集·中国哲学史》第1105—1106页。

作《章实斋先生年谱》、此后与章门弟子组织戴震纪念会不无关系。最早强调东原绝诣不在名物制度的考订,而在论性原善之义理者,前有章学诚,后有章太炎。很难说治经、治子之争给予胡适多大刺激,但紧接着撰写的《戴东原的哲学》明显受太炎先生启发。

太炎先生论戴震,影响最大的是分别见于《悲先戴》和《释戴》中的两段话:

> 戴君生雍正乱世,亲见贼渠之遇士民,不循法律,而以洛、闽之言相稽。哀矜庶戮之不辜,方告无辜于上,其言绝痛。
>
> 震自幼为贾贩,转运千里,复具知民生隐曲,而上无一言之惠,故发愤著《原善》、《孟子字义疏证》,专务平恕,为臣民朔上天。明死于法可救,死于理即不可救。

此前,在东京留学生欢迎会上,章太炎也曾引述戴震,称雍正酷虐是理学助成的,并由此证明满洲之可恨①。正因为如此,钱穆将章氏此类论述,解释为"皆一时权言耳"②。著《学隐》《悲先戴》和《释戴》时,章太炎或许不无借题发挥的意图;但完成于1914年的《菿汉微言》仍持此说,可见非"一时权言"。更具说服力的是,去世前一年作《诸子略说》,章氏仍一如既往地强调,批判宋儒"以理杀人",乃东原论学主旨③。五四时代的打孔家店、反理学家,本就与章太炎颇多关联;章氏关于戴震述学动机的发掘,很合胡适的口味,几被全部接受,只是补充了一点《大义觉迷录》的材料④。

---

① 章太炎:《东京留学生欢迎会演说辞》,《民报》第6号,1906年7月。
② 钱穆:《中国近三百年学术史》第359页。
③ 章太炎:《诸子略说》,《章氏国学讲习会讲演记录》第7、8期。
④ 胡适:《戴东原的哲学》第56页,上海:商务印书馆,1927年。

《戴东原的哲学》论及宋明理学时,称其在历史上的作用有好有坏。侯外庐认为此说根本不通,还须"请教于适之所师的章太炎",无论是戴还是章,都不曾说过"好的宋儒理学"①。外庐先生大概没有注意到,从《释戴》起,章氏对理学的态度有所转变。一方面肯定东原"自下摩上,欲上帝守节而民无瘅"的抗议精神,另一方面又认为欲不可绝、理欲不相外之类的说法,会导致否定廉节而鼓励奢淫。因此,理学也有其合理性:"洛、闽所言,本以饬身,不以隶政,震所呵又非也。"胡适将理学的合理性从"饬身"扩展到"理性""平等"以及"争自由",是否一厢情愿是一回事,但不能说与章太炎决然相反。与此相联系的是,章氏的日渐调和戴震与朱熹,也对胡适颇有影响。《菿汉微言》中有这么一段话:

> 是故东原之术,似不与朱氏相入;而观其会通,则为朱学之干蛊者,厥惟东原。②

胡适的说法与此极为相近:戴震虽反理学,但与程朱同属致知穷理的学派,故"戴学实在是程朱的嫡派,又是程朱的诤友"③。

或许更应该注意的,是章氏表彰戴东原对胡适学术思路的影响,因其与上述治经、治子方法的争论不无关系。戴震的"求学深邃"以及著作的"规摹闳伟"④,不待章氏表彰也都举世皆知;太炎先生"戴震论"的最大特色,在于强调《原善》《孟子字义疏证》的哲理性,以及其"推本于晚周大师"的述学风格。章氏指出,"法不去欲"很难说是"孟子意",实

---

① 参阅胡适《戴东原的哲学》第53—55页,侯外庐《近代中国思想学说史》第384—386页。
② "章氏丛书"本《菿汉微言》第47页。
③ 《戴东原的哲学》第192页。
④ 参阅《章太炎全集》第三卷第157页、162页。

取自老庄与荀子,只不过其时"学者以老、庄、商、韩为忌",故戴震只好"以孟子为冢子"。如此以孟子为"寓言",章氏不讥其"凿空",而讥其对老庄领会不深,就因为此乃"治子"而非"治经"①。章太炎历来将孟子视为先秦诸子之一,《清儒》中论及"十三经",称"《孟子》故儒家,宜出";《经的大意》更明言"《孟子》分明是子书"②。戴震当初作《孟子字义疏证》,自以为是治经;可在章太炎看来,那是治子。既然是治子,着重在发明义理,是否"凿空"也就不必深究了。故章氏评价此作,前后有别,可都是在义理而不是考据上做文章。

虽然对"哲学"一词略有保留,1920年代以后章太炎还是徇俗,或称"古代关于哲学之书,以子类为最多";或干脆断言"我国的诸子学,就是现在的西洋所谓哲学"。因此,治子且主"不遏抑人欲"的戴东原,就被作为哲学家来论述了③。章氏这轰动一时的系列讲演,就发生在章、胡之争前一年;想来胡适不曾留心,否则对其区分治经与治子不该感到如此诧异。虽然在复信中胡适仍强调"训诂明然后义理可定",似乎没接受章太炎的意见④;可在随后关于戴东原的论述中,胡适对清学的评价明显改观。首先是强调戴震在清儒中的特异之处是:"他不甘心仅仅做个考据家;他要做个哲学家。"戴氏的学术理想之所以能够实现,就因为他既反明人的"空谈心性",也反清人的"襞绩补苴";既有"格物穷理的方法",又有"哲学化的能力"。其次,胡适感叹戴震门下有传经学的,有传音韵学的,有传古制度学的,唯独哲学方面没有传人。可见清儒仍然

---

① 章太炎:《悲先戴》,《民报》第9号,1906年11月。
② 《清儒》见《訄书》重订本,《经的大意》见《章太炎的白话文》;晚年作《经学略说》,章氏仍主张"《孟子》应入子部"。
③ 参阅《章太炎国学讲演集》第115—116页、139页和《说新文化与旧文化》一文,《太炎学说》,1921年。
④ 《论墨学》,《胡适文存二集》卷一第221页。

习惯于"埋头做那'襞绩补苴'的细碎功夫,不能继续做那哲学中兴的大事业"。最后的"明志"尤其有意思,胡适大谈戴东原竟是为了反对近年国中学者倾向陆王的趋势,而提倡一种"科学的致知穷理的中国哲学"。这里无意讨论《戴东原的哲学》学理上的得失,只是想指出,这篇"中间屡作屡辍,改削无数次,凡历二十个月方才脱稿"的长文,不只在"戴震论"上受章太炎影响,而且在"治学方法"以及"学术功能"的理解上,也受章太炎影响。如区分经学与哲学:"经学家只要寻出古经典的原来意义;哲学家却不应该限于这种历史的考据,应该独立地发挥自己的见解,建立自己的系统";又如批评清人不能理解戴震之以考据谈义理:"若考订之学不能修正义理的旧说,那又何必要考订呢?"①但是,这种影响只是使得胡适对清学的得失有较为深刻的理解,并在一段时间内警惕过于"汉学化"的倾向,而不可能改变其基本的学术思路。因后者与个人的生活经历和文化理想密切相关,也与晚清到五四学术范式的转换不无联系。

五 对于"汉学"的推崇与超越

章太炎乃晚清古文经学大家,其文字音韵之学、其以佛学解老庄,都非清学所能限,故梁启超称:"应用正统派之研究法,而廓大其内容延辟其新径,实炳麟一大成功也。"梁氏述清学,连带提及"绩溪诸胡之后"的胡适之,称其"亦用清儒方法治学,有正统派遗风"②。一是"非清学所能

---

① 《戴东原的哲学》第 26 页、82—83 页、103 页、196—197 页、142 页、97 页。
② 《清代学术概论》,《梁启超论清学史二种》第 78 页、6 页。先是蔡元培在《〈中国哲学史大纲〉序》中称"适之先生生于世传'汉学'的绩溪胡氏,禀有'汉学'的遗传性";后又有梁启超将胡适列为世传经学的"绩溪诸胡之后"。这种对胡适颇为有利的"误会",适之先生一直到 1950 年代口述自传时才予以纠正(参阅《胡适的自传》第一章),不无可议之处。

限"，一是"有正统派遗风"，二者凸显了章、胡学术背景的差异。从清学冲杀出来的章太炎，与有意承继清学的胡适之，在评价清学时出现较大分歧，这一点也不奇怪，因各有各的"期待视野"。虽说都对小学、史学、哲学感兴趣，不曾真正治过经的胡适之，谈论以治经为主体的清学，难免有点隔阂。好在所谓"治经治子之争"，其实与经学关系不大，主要是讨论能否满足于像俞樾那样"用《群经平议》之例，为《诸子平议》"。

就在与胡适争辩经学、子学方法之前一年，章太炎曾著文批评时人之"好言诸子"乃"务苟简而好高名"，并称治诸子比治经、治史还难：

> 其训诂恢奇，非深通小学者莫能理也；其言为救时而发，非深明史事者莫能喻也；而又渊源所渐，或相出入，非合六艺诸史以证之，始终不能明其流别。近代王怀祖、戴子高、孙仲容诸公，皆勤求古训，卓然成就，而后敢治诸子。然犹通其文义，识其流变，才及泰半而止耳。其艰涩难晓之处，尚阙难以待后之人也。若夫内指心性，旁明物曲，外推成败利钝之故者，此又可以易言之耶？①

诸子学之所以难治，除了文义艰涩、流变不清，更因懂哲理者知其内不知其外，明兴废者识其外不识其内。章氏之强调诸子难治，在针砭时弊的同时，不无自我揄扬的意味。答胡适问时称王、俞以治经方法治诸子，"特最初门径然也"，并非一时冲动信口开河。出身于杭州诂经精舍、受过严格的朴学训练的章太炎，当然明白"通其文义，识其流变"的重要性，只是觉得此等入门功夫不必细说。针对时人之"好言诸子"，章氏突出"通其文义"；针对胡适之限于训诂，章氏又强调"内指心性"。"以朴

---

① 章太炎：《时学箴言》，转录自汤志钧《章太炎年谱长编》第661页，北京：中华书局，1979年。

学立根基,以玄学致广大"的章太炎①,兼有治诸子学必不可少的两大基本功;即便如此,也仍感叹"精理诸子,信其不易"②。对于"少时治经谨守朴学"的章太炎来说,治子之"不易",主要在"玄言"而不在"名物"。在《菿汉微言》和《自述学术次第》中,章氏将其从经史政术走向佛学老庄作为自家学术变迁的关键,且着力渲染领悟"华梵圣哲之义谛,东西学人之所说"时的喜悦③。这种对于"清谈玄理"的执意追求,其实包含着太炎先生的自我反省。1900年,正值学术转折关头的章太炎,称学者有二病,病实者宜泻,病虚者当补:

  鄙人夙治汉学,颇亦病实。数年来,以清谈玄理涤荡灵府,今实邪幸已泻尽。④

正因为对汉学家之"病实"有深切的感受,章太炎才敏感地意识到其时已名满天下的胡适之及其《中国哲学史大纲》学术上的缺陷。

  胡适的情况恰好相反,若借用章氏的说法,大概属于"病虚者当补"。虽说考留美官费生得益于一篇考证文章,其实胡适从小接受的主要是新式教育,汉学并无根底⑤。其留学日记中谈汉学之处甚至比谈哲学还多,就因为后者是主修,且正在做博士论文;前者乃自学,只能记下零星感受。胡适读书兴趣固然很广,但"专治哲学,中西兼治,此吾所择业也"⑥。作为

---

① 许寿裳:《纪念先师章太炎先生》,《制言》第25期,1936年9月。
② "章氏丛书"本《菿汉微言》第52页。
③ 参阅"章氏丛书"本《菿汉微言》第72—74页和《太炎先生自订年谱》第53—54页。
④ 章太炎:《致宋燕生书三》(1900年10月1日),《中国哲学》第9辑,北京:三联书店,1983年。
⑤ 参阅胡适《四十自述》,上海:亚东图书馆,1933年。
⑥ 《胡适留学日记》第654页,上海:商务印书馆,1947年。

留学生,胡适之治汉学,只能说是"补课"。即便如此,也都甚为难得——尤其是在那"尊西人若帝天,视西籍如神圣"的年代里。故蔡元培为《中国哲学史大纲》作序,首先表彰的便是其"能兼治'汉学'";至于"哲学",乃胡君所专修,似乎更不在话下。胡适大概也有这种想法,《中国哲学史大纲》第一篇"导言"论哲学史写作包括"明变""求因""评判"三部分,可重点落在史料的搜集与审定,至于自家的哲学立场反倒没有认真界说①。相对于朴学家出身的章太炎,胡适之的哲学训练应该说更系统也更完备。从早年"以哲学为中坚,而以政治、宗教、文学、科学辅焉"的读书计划,到晚年喜欢说的哲学是我的"职业",历史是我的"训练",文学是我的"娱乐"②,胡适始终以治哲学为第一选择。可世人谈论胡适的哲学史著,偏偏在考据而不在思辨上做文章。蔡元培指出《中国哲学史大纲》四大优点,第一点便是"证明的方法",即考实年代、辨别真伪的汉学功力;冯友兰则称胡适此书"既有汉学的长处又有汉学的短处","对于资料的真伪,文字的考证,占了很大的篇幅,而对于哲学家们的哲学思想,则讲得不够透,不够细"③。胡、冯二位历来哲学思想和研究方法大异,且冯氏此说出于几十年后;但排除意气之争,此说仍有合理处。讲哲学而偏重实证,且以"汉学"见称于世,与其归因于胡适服膺的实验主义哲学,不如追溯其借赫胥黎的怀疑说、杜威的思维术糅合中西考据学思路而形成的"科学方法"。

---

① 《中国哲学史大纲》的"导言"称"述学的所以难,正为史料或不完备,或不可靠";1950年代在《〈中国古代哲学史〉台北版自记》中胡适方才强调其"在当时颇有开山的作用"的"特别立场",即"抓住每一位哲人或每一个学派的'名学方法'"。

② 参阅《胡适留学日记》第563页、《胡适之先生年谱长编初稿》第2773页,台北:联经出版事业公司,1984年和唐德刚《胡适杂忆》第37页,台北:传记文学出版社,1980年。

③ 蔡元培:《〈中国哲学史大纲〉序》;冯友兰:《三松堂自序》第223页,北京:三联书店,1984年。

《中国哲学史大纲》当年之所以有"石破天惊"的震撼力,除了"截断众流,从老子孔子讲起",让"充满着三皇五帝的脑筋"大受打击外,更因其"排比时代比较论旨"等"系统的研究",使得中国哲学显出"递次演进的脉络"来①。正如蔡元培所说的,"中国古代学术从没有编成系统的记载",近人之治哲学史不能不依傍西洋人的著述形式。尽管20世纪初就有梁启超的《中国史叙论》和章太炎的《中国通史略例》——后者的《訄书》《国故论衡》和《齐物论释》等更不乏精彩的哲学史论,但现代意义上的"哲学史",却只能从胡适的大著说起。胡适批评前人著述"流于支离碎琐",自称"我做这部哲学史的最大奢望,在于把各家的哲学融会贯通,要使他们各成有头绪条理的学说"②。五四以后的学术著述,注重"脉络"与"系统",鄙视传统诗文评和札记、注疏的"不成体系",甚至有讥为"简直没有上过研究的正轨过"的③。这就难怪胡适提倡整理国故,特别注重"条理系统的整理"。古人很少"历史进化的眼光",其学术思想及著述"没有条理,没有头绪,没有系统",故必须"从乱七八糟里面寻出一个条理脉络来,从无头无脑里面寻出一个前因后果来"。这种研究,以"构造"包括哲学史在内的"历史的系统"为归宿④。也就是说,胡适所提倡的"现代学术",不只涉及治学方法,还包括著述体例。在《五十年来中国之文学》中,胡适称两千年中国学术史上,只有《文心雕龙》《史通》《文史通义》《国故论衡》等寥寥七八部体例严谨、"内容与形式

---

① 参阅蔡元培《〈中国哲学史大纲〉序》和顾颉刚《〈古史辨〉第一册自序》。
② 《胡适学术文集·中国哲学史》第28页。
③ 郑振铎:《研究中国文学的新途径》,《中国文学研究》第4页,上海:商务印书馆,1927年。
④ 《新思潮的意义》,《胡适文存》卷四第162页,上海:亚东图书馆,1921年;《〈国学季刊〉发刊宣言》,《胡适文存二集》卷一第11—18页。

两方面都能'成一家言'"的"著作"①。对传统学人著书立说时之不讲体例,缺乏论证,只是"结集""语录""稿本"深表不满,胡适希望其《中国哲学史大纲》《白话文学史》等"新式史学"能为中国学界开一新天地。这种"新式史学",除了胡适历来强调的文字浅显明白、思路条理清晰外,还包括著作分章分节、引文注明出处、使用标点符号、开列参考书目、"去据而用证"等西方学术论文的写作方式②。从蔡元培和张荫麟对这两部开山之作的批评中,可以看出胡适的"尝试"效果甚佳;至于陈寅恪的批评治哲学史者过求"条理统系"而远离"古人学说之真相",因牵涉到别的问题,留待下面再说③。

不知章太炎对胡适之的褒扬有何感想,这种著述体例"西化"或曰"科学化"的倾向,其实正是章氏所大不以为然的。1902年致书梁启超谈修"中国通史"事,章太炎批评日本人模仿西方著作体例撰写的中国史"无关闳旨","要之彼国为此,略备教科,因不容以著述言也"④。日本讲学时代,章氏更针对时人对中国史学"不合科学"的批评,反讥其开卷便是"历史的统系,历史的性质,历史的范围"乃"油腔滑调"。在章氏看来,中西历史发展不同,著述体例自然也大有差异。西洋有"哲学史",中国有"学案";西洋有"文学史",中国有"文士传",很难说孰高孰低。

---

① "胡适作品集"本《五十年来中国之文学》第104页,台北:远流出版公司,1988年。

② 《胡适留学日记》第752页批评中国人习惯于"据"而不懂得"证",即只知"据经典之言以明其说",而不晓得依事实、法理归纳演绎。冯友兰《三松堂自序》第216页称《中国哲学史大纲》一改为古人作注、以古人的话为主的传统著述形式,"把自己的话作为正文",对当年的青年学子有很大的触动。胡适对学术著述的"形式"相当讲究,1937年2月22日的日记在赞叹陈寅恪治史学渊博且有识见的同时,不忘指出:"但他的文章实在写的不高明,标点尤懒,不足为法。"

③ 参阅蔡元培《〈中国哲学史大纲〉序》、陈寅恪为冯友兰《中国哲学史》写的《审查报告》以及素痴(张荫麟)的《评胡适〈白话文学史〉上卷》(《大公报》1928年12月3日)。张文表彰胡著"方法上,于我国文学史之著作中,辟一新蹊径",其中多为学术思路及著述体例。

④ 《章太炎来简》,《新民丛报》第13号,1902年。

只不过现在为了便于初学,必须编删繁就简、条理清晰的教科书;但不能说这就是理想的著述。本来"教科的书"就不同于"著作的书",只求"简约"不求"繁杂",故容易显得"科学":

> 若说合科学的历史,只在简约,那么合了科学,倒不得不"削趾适履",却不如不合科学的好。①

章氏对新式教育颇多非议,以为远不及"搜徒索偶,以立学会",故其平生于颠沛忧患之中,三次倡办国学讲习会,可就是不愿进大学教书。除了"幼慕独行",无法"屈意去做提学使的属员",以及不满学校成为"利禄之途"外②,更重要的是鄙视学校的教学宗旨:

> 制之恶者,期人速悟,而不寻其根柢,专重耳学,遗弃眼学,卒令学者所知,不能出于讲义。

这一攻击主要针对"最为猖披"的文科,因其谈论文学、哲学时只懂征引"远西之文",而不懂"明道定性象山立大之术";只懂写作条理清晰的教科书,而不懂"寻其根柢","提要钩玄"③。这里暂时撇开两种著述体例和两种教育体制各自利弊得失的探求④,单从学术思潮角度理解章、胡之争。

---

① 章太炎:《中国文化的根源和近代学术的发达》,《章太炎的白话文》第22—23页。
② 参阅章太炎的《论学会有大益于黄人亟宜保护》,《时务报》第19册,1897年3月;《留学的目的和方法》,《章太炎的白话文》第1—12页;《与王鹤鸣书》,《章太炎全集》第四卷第151—153页。
③ 《救学弊论》,《章太炎全集》第五卷第102页,上海:上海人民出版社,1985年。
④ 参见本书第二章"官学与私学"以及《小说史:理论与实践》第26—33页,北京:北京大学出版社,1993年。

六　以西学剪裁中国文化？

　　章太炎受的是传统的书院教育,自称"余学虽有师友讲习,然得于忧患者多"①。新式教育全凭讲授,学生囿于耳学,章氏认定最多只能获得些许高等常识,而无法探究玄妙的哲理。在章太炎看来,哲学研究不同于经学史学,"不能直观自得,并非真正的哲理"②。半年后,梁启超也讲治国学有两条大路,一重客观分析,一重内省功夫;不过梁氏的"内省"主要针对"躬行实践"而不是"玄言哲理"③。但有一点是一致的,都对胡适等人讲"科学"而不讲"会心"的研究方法不大以为然。此前章、梁二位都曾对胡适的《中国哲学史大纲》发表评论,梁启超之称此书长于知识论而短于宇宙观、人生观,其实还算客气④;章太炎的批评更是致命:

　　　　诸子学术。本不容易了然。总要看他宗旨所在。才得不错。如但看一句两句好处。这都是断章取义的所为。不尽关系他的本意。⑤

虽然也说说"尽有见解"之类的好话,可这段评语等于否定了胡适的治学方法。章氏治学,历来主张"识其大体",也就是此信所说的"看他宗旨所在",而对"寻章摘句"乃至"断章取义"的做法大不以为然。日本讲

---

① 《太炎先生自定年谱》第14页。
② 章太炎主讲、曹聚仁记述:《国学概论》第108页。
③ 梁启超:《治国学的两条大路》,《时事新报·学灯》1923年1月23日。
④ 梁启超:《评胡适之〈中国哲学史〉大纲》,《时事新报·学灯》1923年3月13—14日。
⑤ 章太炎:《致胡适之》,转录自白吉庵《胡适传》第119页。

学期间多次抨击西方和日本的"汉学",其中一个重要话题便是嘲笑其不识大体而只务琐碎。晚年之攻击甲骨学与疑古史学,也与其不满"专在细微之处吹毛索瘢"的治学风格有关①。这里明显体现其时新、旧两派学人以及东、西方两种不同学术思路和著述体例的差异。

胡适对此有充分的自觉,1922 年 8 月 28 日的日记中虽也谦称自己为"半新半旧的过渡学者",但重点是将王国维、罗振玉、叶德辉、章炳麟列为"旧式学者",并断言章"在学术上已半僵了",而罗与叶的著作又"没有条理系统"②。胡适将梁启超与自己同列"过渡学者",就因为梁氏的著述从语言到体例,在同辈学者中最为西化。至于像《菿汉微言》那样深邃但零碎的著述,确实很难为胡适所欣赏。胡适著作的条分缕析、论证翔实,代表了现代中国学术发展的方向。但章太炎的批评也并非毫无道理,尤其是其注重研究时的"个人体味"与研究对象的"论学宗旨",更足以为胡适的"提倡"补缺纠偏。章太炎晚年为《制言》杂志重写"论以后国学进步"的四大路径,只是把当初作"国学讲演"时的经史一分为二;胡适晚年口述自传,也大段大段抄录《〈国学季刊〉发刊宣言》,可见章、胡二君都把这作为其"研究国学的'宣言'"。这两份宣言刚好都提出三大对策,不妨略作比较。胡适的设计突出历史的眼光、系统的整理和比较的研究,注重各学科共同的"科学方法";章太炎的设计则区分经学、文学与哲学的不同路径,注重各学科自身的特征。可见章、胡之争,远不止治经、治子是否有异。提倡放之四海而皆准的共同方法的胡适之,强调其各式各样的著作都可作方法论文章读,因"'方法'实在主宰了我四十多年来所有的著述";而主张不同民族、不同学科的研究需有不同路径的章太炎,虽也不满足于解决具体问题,但只是如戴东原之每

---

① 参阅章太炎 1933 年所做演讲《历史之重要》,《制言》第 55 期。
② 《胡适的日记》第 440 页,北京:中华书局,1985 年。

有著述皆"发凡起例,始立规摹,以待后人填采"①。都有教人治学的意图,"方法"注重各学科的共同性,而"凡例"则必须更多考虑具体课题的特殊性,这里隐约可见章、胡二君思维方式的不同。

针对章氏的批评,适之先生的辩解是:"诸子所明义理,亦何一非史家所谓事实?"将一切思想学说都作为"史料"或曰"事实"来研究,是胡适的一贯思路。这一"平等的眼光",使得胡适大大扩展了国学的研究范围,"上自思想学术之大,下至一个字、一只山歌之细",都具有同等的研究价值②。但胡适此说只是注重"某一学派持何种义理"这一"极重要的事实",而相对忽略"义理"本身的内涵,颇有将"哲学史"等同于"社会史"的倾向。这与其治禅宗史不谈教义、治《水经注》不谈地理、治《红楼梦》不谈艺术一样,胡适关注的始终是"文本"产生的历史,而不是"文本"自身③。后起的冯友兰正是从这里寻求突破,其《中国哲学史》的"自序"开宗明义:"吾非历史家,此哲学史,对于'哲学'方面,较为注重。"陈寅恪、金岳霖为此书作"审查报告",在表彰冯著能"神游冥想",对古人立说孤诣"具了解之同情"的同时,或明或暗批评胡适的《中国哲学史大纲》"隔阂肤廓",像是美国人在讨论中国思想④。

这里除了对中国哲学体会的深浅外,还包括如何看待研究中的"西

---

① 参阅《〈胡适文存〉序例》、《胡适的自传》第五章"实证思维术"一节和《自述学术次第》,《太炎先生自定年谱》第53页。

② 参阅胡适收于《论墨学》中的两封信和《〈国学季刊〉发刊宣言》。

③ 常有人据此嘲笑胡适不懂佛学、不懂文学,这不大公平。适之先生的辩解是:"研究文学有两种看法",他的小说考证属于"文学史"而不是文学批评,《胡适演讲集一》第240页,台北:远流出版公司,1986年;治禅宗史也有两种基本立场,铃木大拙和柳田圣山乃"禅宗信徒","而我是一个中国思想史的'学徒',是不信仰任何宗教的",《胡适手稿》第七集上册卷一第31页,台北胡适纪念馆刊行。

④ 参阅冯友兰《中国哲学史·自序》和陈寅恪、金岳霖分别为冯著写的《审查报告》,见《中国哲学史》,上海:商务印书馆,1930年、1933年。

洋眼光"。《中国哲学史大纲》的"导言"明白宣布：

> 我们若想贯通整理中国哲学史的史料,不可不借用别系的哲学,作一种解释演述的工具。

《〈国学季刊〉发刊宣言》中提倡的"用比较的研究来帮助国学的材料的整理与解释",也是这个意思。金岳霖承认不该置普遍哲学于不顾而讨论所谓"特别学问"的"中国哲学",现代中国学者也无法完全摆脱"西学的影响",但总须尽量避免"牵强附会",尤其不能像胡适那样"根据于一种哲学的主张"来写哲学史。①

类似的说法章太炎早就表述过,只不过并非针对胡适。章氏批评世人治学"好举异域成事,转以比拟,情异即以为诬,情同即以为是";如此"闻一远人之言,则顿颡敛衽以受大命",学术焉能自立？严复固然有照抄"远西一往之论"而"引以裁断事情"的毛病,沈曾植的完全否认征引西学也非章太炎所能苟同："是故知别相而不知总相者,沈曾植也;知总相而不知别相者,严复也。"②如何调适中西学术,兼顾"总相"与"别相",不是一件简单的事情。章太炎本人非常注意汲取西学,三次东渡日本,恰好完成三阶段的西学吸收③。只是论及中国固有之学问,章氏又颇为倨傲,根本不把洋人放在眼里,文中常见挖苦"汉学家"的尖酸话语。"本国的学问,也能向别国去求么？"如此提问,大有闭关自守的嫌

---

① 金岳霖:《〈中国哲学史〉审查报告》。
② 《信史上》,《章太炎全集》第四卷第 64 页;"章氏丛书"本《菿汉微言》第 50 页。
③ 参阅唐文权、罗福惠《章太炎思想研究》第二章,武汉:华中师范大学出版社,1986 年;近藤邦康:《章太炎与日本》,见章太炎纪念馆编《先驱的踪迹》第 29—45 页,杭州:浙江古籍出版社,1988 年。

疑；但章氏针对的主要是其时甚嚣尘上的"欧化主义"①。批评不以"自己思量为准"而专门"借重日本欧洲"的"无聊新党"，称其著述必然出现"比附""支离"与"谬妄"，固然有现实的针对性②，但更立足于章氏"依自不依他"的一贯思路——明知如此立说可能"偏于我见"，但相对于世人之猥贱怯懦，"厚自尊贵""径行独往"仍"于中国前途有益"③。

章太炎的这种学术态度，根源于其多元文化观及"齐物哲学"。这里暂不涉及"齐其不齐，下士之鄙执；不齐而齐，上哲之玄谈"④，因此等"玄谈"，非三言两语所能说清。倒是《原学》中的一段话，与其批评"欧化主义"直接关联：

> 饴豉酒酪，其味不同，而皆可于口。今中国之不可委心远西，犹远西之不可委心中国也。⑤

这种说法大概很难为胡适所接受。尽管留学时胡适说过"吾于家庭之事，则从东方人，于社会国家政治之见解，则从西方人"；而且后人也有认定其为人为学均"三分洋货七分传统"的，但在几十年的东西方文化论战中，胡适的基本立场无疑是"西化"。将东西文化的差异理解为"进步程度之不同"，故致力于用先进的西方文明来改造落后的东方文明的胡适之先生⑥，著书立说时自然倾向于用西学作为"解释演述的工具"。

---

① 参阅《留学的目的和方法》《东京留学生欢迎会演说辞》。
② 《教育的根本要从自国自心发出来》，《章太炎的白话文》第 61 页、69 页。
③ 《答铁铮》，《章太炎全集》第四卷第 371 页、374—375 页。
④ 《齐物论释定本》，《章太炎全集》第六卷第 61 页，上海：上海人民出版社，1986 年。
⑤ 章太炎：《原学》，《国故论衡》第 149 页，上海：大共和日报馆，1912 年再版。
⑥ 胡适关于东西方文化比较的论述很多，这里从略。可参阅《胡适留学日记》第 443 页关于"家庭之事则从东方人"的表态，唐德刚《胡适杂忆》中"三分洋货七分传统"章，以及耿云志《胡适研究论稿》中"评胡适的中西文化观"章，成都：四川人民出版社，1985 年。

作为现代中国不可多得的大学者,胡适治学注重怀疑精神和历史眼光,常常修正自己先前的具体观点;但适之先生唯独不大"怀疑"其以西学剪裁中国文化的学术思路。1950年代检讨《中国哲学史大纲》之以生物进化论比附庄子,结论竟是"真是辱没了《物种由来》那部不朽的大著作了"①。适之先生为何不反省其"辱没了"《庄子》这部同样不朽的大著作呢?须知先生治的是"哲学史"而非"生物史",要道歉首先是面对庄子而非达尔文。这种微妙之处,很能见出胡适的价值观。从去世前三个月所作的最后一篇重要演讲《科学发展所需要的社会改革》看,适之先生不单没有改变对中国文化的偏见,而且仍然坚持用西方概念来"剪裁"中国思想。

章、胡的东西文化观及其相关的哲学思想,并非本文论述的重点;这里只想指出由于对中国文化的评价不同,导致"整理国故"时策略的差异:章氏重在发掘"中国特别的长处",胡氏则是为了"捉妖""打鬼";章氏强调体会古人(中国)立说的苦衷,胡氏则突出今人(西方)思想的合理;章氏主张"守旧"而后"出新",胡氏则认定"破旧"方能"立新"。

1920年代以后的中国学界,就学术思路而言,基本上走的是胡适之而不是章太炎的路。这里无意大作翻案文章或取而代之,只是发掘被埋没的"另一种可能性"。胡适的"科学方法""文化理想"以及"著述形式",自有其合理性;但因几十年处于主流地位,正日益暴露其内在缺陷。理解章氏为代表的相对古老且正在被遗忘的"述学"传统,或许有助于我们调整学术思路——正是基于这种设想,本文不大讨论太炎先生学术上明显的"门户之见"。

---

① 《〈中国古代哲学史〉台北版自记》,《胡适学术文集·中国哲学史》第5页。

第七章 晚清志士的游侠心态

1906年12月,章太炎在《民报》一周年纪念会上发表演说,区分古今革命之不同:"以前的革命,俗称强盗结义;现在的革命,俗称秀才造反。"秀才造反的最大特点,在于舞枪弄棒的同时,不忘舞文弄墨:既宣传政治主张,又表达豪情壮志。这就为后人研究"造反者"的心态留下了珍贵的史料。我们几乎无法知道陈胜、黄巢或者李自成揭竿而起时的真实心态(尽管有一些传说、诗文和告示,但多涉及军事行动而非历史人物的心理活动),而晚清志士则为此提供了大批文献。除了后者的革命获得成功,有关史料得到很好的保存;更因后者本来就是擅长舞文弄墨的秀才,有意无意地在造反的同时创造关于革命的神话。把"历史"与"神话"对照起来阅读,有利于把握这代人的特殊心态。当然,这么一来,涉及的史料,跨越一般的政治史和文学史两个不同领域。其研究思路,接近于法国年鉴学派提倡的心态史学与想象史学。

时贤多注意到晚清知识界的激进主义思潮,这一思潮对此后近百年的中国政治运作影响甚大。本文之阐释晚清志士认同于中国古代游侠这一特殊心态,或许有助于世人对激进主义思潮的解读。

一 游侠之"逍遥法外"

晚清乃中国历史上少有的大变动时代,面对此国运飘摇风雨如晦的

第七章 晚清志士的游侠心态

艰难局面,崛起一大批救亡图存的仁人志士。这些人分属于不同的政治集团,彼此间有过咬牙切齿的论战与纷争。从政治学角度考察革命与改良两大派别的功过得失是必要的,而我更倾向于将这种论战视为策略(激进与保守)之争。在改良群治变革中国社会,推动中国历史近代化进程这一根本点上,两派宗旨大致相通。至于以身许国的志向,更不会因政治策略的得失而磨灭其光辉。有趣的是,这一代充满担当精神与悲剧意识的仁人志士,颇多以游侠许人或自许的诗文,而其生存方式与行为准则也有古侠遗风。

如果只是"南社四剑"(剑公高旭、君剑傅尃、剑华俞锷、剑士潘飞声)、剑霜、剑灵、剑侯或者公侠、孟侠、心侠、鉴湖女侠之类的字号,也许可以理解为文人好为大言的积习,可晚清报刊书籍中那么多以剑以侠自号或谈剑论侠的文人,不单坐而论剑,而且起而行侠,不能不令人刮目相看。"拔剑欲高歌,有几根侠骨,禁得揉搓"①——谭嗣同的感慨,表达的是那一代人特有的共同心态。乱世英雄起四方,可时人不一定非炫耀侠骨不可。英雄与游侠虽然都是卓异之士,但安身立命之处不同,澄清天下之术也有异。晚清是个英雄辈出的时代,其人却偏喜欢以豪侠相标榜。

梁启超称谭嗣同"好任侠、善剑术"②;陈去病称秋瑾"好《剑侠传》,习骑马,善饮酒,慕朱家、郭解之为人"③。至于诗文中直接称壮士(烈士)为某侠者更比比皆是。"任侠"不分阶层与出身,不论是文人学士还是江湖豪客,只要投身革命,作传者似乎都喜欢强调其豪侠性情。1910年,光复会首领陶成章著《浙案纪略》,列传部分即突出诸烈士之侠骨。如陈伯平"专习剑击事","常语人曰:'革命之事万端,能以一人任者,独

---

① 蔡尚思等编:《谭嗣同全集》第 150 页,北京:中华书局,1981 年。
② 同上书,第 543 页。
③ 陈去病:《鉴湖女侠秋瑾传》,《南社》第九集《文集》,1914 年。

有作刺客'"；马宗汉"祖道传，素任侠，贫民皆倚为重"；徐顺达"善拳勇，以信义推重于乡里"；余孟庭"喜技击术，有大志，不屑从事农商"；刘耀勋"虽曰办事愦愦，然其重然诺、轻死生之气概，有足多者"；徐象辅"以身殉友，为知己死，其即古聂政、豫让之流亚也与"。① 老同盟会员冯自由三四十年代撰写《革命逸史》，也渲染革命志士的任侠好义。如杨衢云"为人仁厚和蔼，任侠好义，尤富于国家思想"；秦力山"赋性豪侠，好与会党游"；李纪堂"性任侠，好与秘密会党游"；杨卓霖"少以任侠闻于乡，邑中秘密会党多乐与之游"；许雪秋"性慷慨，任侠好客，缙绅大夫江湖侠客咸乐与之游，有小孟尝之称"；王和顺"少负奇气，以行侠尚义闻"；王汉"觉亡国无日，愤慨而究兵书，讲剑术，结纳当代豪俊"；张百祥"少有大志，自负非凡，任侠好义，排难解纷，隐以朱家、郭解自命"②；等等。似乎不能简单归因于史家(如陶成章、冯自由)的概念贫乏，将"任侠好义"作为一句随意赠送的套语；因诸多后人视为大英雄者，也都喜欢谈剑论侠。

以辛亥革命后曾任陆军总长的黄兴为例，诗文中不乏此类游侠口吻："英雄无命哭刘郎，惨澹中原侠骨香"(《挽刘道一烈士》)；"穷图又见荆卿苦，脱剑今逢季札贤"(《为宫崎寅藏书条幅》)；"不道珠江行役苦，只忧博浪锥难铸"(《蝶恋花·赠侠少年》)；"吴楚英豪戈指日，江湖侠气剑如虹"(《和谭人凤》)。最典型的是黄兴为被孙中山称为"今之侠客"的宫崎寅藏③所作的一首七律：

---

① 《浙案纪略》，汤志钧编《陶成章集》第374页、375页、381页、388页、384页、388页，北京：中华书局，1986年。
② 冯自由：《革命逸史》第一集第4页、85页、92页，第二集第158页、183页、199页，第三集第188页，第五集第182页，北京：中华书局，1981年。
③ 孙中山：《〈孙逸仙〉序》，"中国近代史资料丛刊"《辛亥革命》(一)第92页，上海：上海人民出版社，1957年。

第七章　晚清志士的游侠心态

> 独自苍茫自咏诗，江湖侠气有谁知。
> 千金结客浑闲事，一笑逢君在此时。
> 浪把文章震流俗，果然意气是男儿。
> 关山满目斜阳暮，匹马秋风何所之？

此诗若出于高旭、柳亚子之手，一点也不稀奇；可由职业革命家黄兴口中吟出，总觉得别有一番意味。因为，宋元以降，文人退居书斋，连游侠诗文也难得一见。晚清志士不但拔剑高歌，而且真的舞剑上阵，一时间"江湖侠气剑如虹"，创下了不朽功业。面对着这一代"最后的游侠"，后人可以批评其政治信仰、斗争策略，但对其飞扬踔厉的生命形态，或许只有品味而无评判的权利。

只是什么是"游侠"，历来众说纷纭：急公好义趋人之急是侠，锄强扶弱借交报仇是侠，狂放不羁、慷慨好施是侠，被酒杀人、鸡鸣狗盗也是侠。侠之为名，可谓多且杂矣。表面上晚清志士歌吟赞叹的侠客，大都局限于《史记》"游侠列传"和"刺客列传"中的人物，似乎认可了司马迁对游侠的诠释。可实际上"侠"并非特定的社会阶层，"侠风""侠气""侠骨""侠情"的解说更是变幻不定，"侠"的观念往往因时因地因人而异①。也就是说，千古传颂的"侠"，其实"不是一个历史上客观存在的，可用三言两语描述的实体，而是一种历史记载与文学想象的融合、社会规定与心理需求的融合，以及当代视界与文类特征的融合"②。因此，讨论游侠文学或者游侠心态，着眼点应是这种"融合"的趋势与过程，而不在于给出一个确凿的定义。探究晚清志士的特殊心态，所争不在所谓的

---

① 龚鹏程称："试比较秦汉、南北朝、隋唐以及明清、民初各个时期对侠的看法，就可知道，侠并不是个固定的类型或人物。"《大侠》第48页，台北：锦冠出版社，1987年。
② 参阅陈平原《千古文人侠客梦——武侠小说类型研究》第2页，北京：人民文学出版社，1992年。

"古侠"的真面目是否被歪曲,而是这代人如何在自己特有的期待视野中重新诠释"游侠",以及由此体现出来的价值取向。

游侠"以布衣之细,窃杀生之权",为大一统帝国的统治者所绝对不能容忍。汉人荀悦称游侠"生于季世,周秦之末尤甚。上不明,下不正,制度不立,纲纪废弛"(《汉纪》卷十),近人梁启超论"中国之武士道,与霸国政治相始终",兴起于春秋,极盛于战国,汉初尚有流风余韵,不过已成强弩之末,天下一统,封建绝迹,"此后亦无复以武侠闻于世者矣"①。二者价值观迥异,却都是强调大一统帝国对游侠生存的致命威胁。经汉代文、景、武三朝的明摧暗残,"千百年养之而不足,数十岁锄之而有余"的游侠连同其代表的尚武精神,从此一蹶不振。"但每到统一集权政府崩坏而农民蜂起的时候,还是有相类的人物出现"②。只要"制度不立,纲纪废弛",原有的阶层划分和道德规范失落,个人游离于社会组织与社会结构的可能性大大增加,游侠就得以纵横驰骋。魏晋以降,不乏兵荒马乱、改朝换代的年头,游侠因则得以大展身手。但如要讲侠风高扬,仍当推晚清。

柳亚子诗云:"乱世天教重侠游,忍甘枯槁老荒丘"(《题钱剑秋〈秋灯剑影图〉》)。不只是"以中材而涉乱世之末流"(《史记·游侠列传》)者,格外需要游侠的拯救,侠客崇拜心理易于弥漫流播;更因只有乱世,才为侠客之磨剑与舞剑提供必要的舞台。晚清内忧外患,自是"制度不立,纲纪废弛",更值得注意的是,晚清志士之得以"仗剑远行游",很大程度上得益于朝廷鞭长莫及的日本和中国香港地区以及国内租界的存在。"游侠"不再只是隐身江湖以逃避朝廷的捕杀,而是流亡海外继续抗争,这一侠客行游空间的拓展,对晚清侠风高扬起了重要的作用。如果

---

① 梁启超:《〈中国之武士道〉自序》,《饮冰室合集·专集》第六册,上海:中华书局,1936年。
② 陶希圣:《辩士与游侠》第98页,台北:商务印书馆,1971年。

考虑到晚清最激进的言论和行为多出自海外(尤其是日本)留学生和流亡者,而孙中山等人也都将海外和香港作为输入革命的基地,你就不难理解这个时代的知识者反叛心理的特殊性。不必要揭竿而起落草为寇,只要踏出国门,你就可以放言高论,不把朝廷权威放在眼里。这对于此前的士大夫来说,几乎是不可想象的。孙中山回忆最早"致力于革命之鼓吹"时,"常往来于香港澳门之间,大放厥辞,无所忌讳"①;此后虽有伦敦蒙难日本被逐种种困厄,但只要不入国门,清政府便不能将其"明正典刑"。

身在异国他乡,可以"无所忌讳"地讨论、计划革命,这对于酝酿情绪激动人心是至关重要的。虽有《民报》被封等等事件,但起码在日本骂清帝倡造反是没有生命之虞的,这与"避席畏闻文字狱,著书都为稻粱谋"(龚自珍《咏史》)的乾嘉学子,真是天差地别。晚清学人之指点江山慷慨激昂,固然是民族情绪高涨民主思想汹涌的必然产物,可也与清廷无力像文、景、武三代对待游侠那样"绝其将衰者于现在,而刈其欲萌者于方来"②有关。眼睁睁地看着反清志士一出国门即"逍遥法外",在清廷是无可奈何,在士民则大受鼓舞。至于流亡者对游侠的认同,除了反抗官府外,可能也与"仗剑远行游"这一意象和四海为家所产生的漂泊感有关。真不敢想象当初若没有此等海外反清基地的存在(包括出国游学的自由),知识者是否如此勇敢,侠风是否如此高扬,革命能否如此迅速成功。

章士钊在回忆1903年上海发生的《苏报》案时称:"前清末造,士夫提倡革命,其言辞之间,略无忌讳,斥载湉为小丑,比亲贵于贼徒者,惟香港东京之刊物能为之,在内地则不敢,抑亦不肯。"③正如章氏所言,查晚

---

① 《建国方略》,《孙中山选集》第192页,北京:人民出版社,1981年。
② 梁启超:《中国之武士道》,《饮冰室合集·专集》第六册第61页。
③ 章行严:《苏报案始末记叙》,《辛亥革命》(一)第387页。

清内地报纸放言革命自甘灭亡者,"《苏报》实为孤证"。而《苏报》案中"主犯"章太炎、邹容等固然大有舍生取义的侠风①,可如此案情如此判决,也只能发生在晚清的上海租界。孙中山曾述及此案当时的政治影响:"此案涉及清帝个人,为朝廷及人民聚讼之始,清朝以来所未有也。清廷虽讼胜,而章、邹不过仅得囚禁两年而已。于是民气为之大壮。"②不是清廷宽厚,只因涉及租界的治外法权,故屡欲置章、邹于死地而不得。章太炎事后追忆,颇有得意之色:"时清政府自贬,与布衣讼","闻者震诧";"时清廷自处原告,故不得不假判决于各国公使,然自是革命党与清廷居然有敌国之势矣"③。不再是独掌生杀定夺大权,堂堂大清帝国居然无力惩治政敌;对簿公堂,则成了"汉满两种族大争讼"④。初时,清政府也曾以"大逆不道,煽惑人心,谋为不轨"的罪名,力争将章、邹"引渡",以便处以极刑杀一儆百,只因公使团之间的矛盾以及社会舆论的压力,只好改由会审公廨从轻发落。此案改由上海会审公堂审判,则"清官之绝望,党人之重生,皆意中必有之事"。因此案不只关涉章、邹等人性命,更直接影响上海乃至整个中国的风气舆论。"向使清官既可以封报,又可以杀人,未尝不少沮国民之锐气;而今有一线之光明也。倘借黄帝在天之灵,幸而获免,则虽封苏报,而如苏报者既可以兴;虽捕党人,而为党人又可以脱"(《黄帝魂·苏报案》)。故时人特别看重此案的判决,审判结果因而也才会使得"民气为之大壮"。

各领事及工部局所以不把案件移交清政府,主要并非出于维持正

---

① 章、邹狱中联句《绝命辞》中不乏侠客意象:"击石何须博浪椎(邹),群儿甘自作湘累(章)。要离祠墓何处在(章),愿借先生土一坯(邹)。"
② 《建国方略》,《孙中山选集》第200页。
③ 章太炎:《赠大将军邹君墓表》,《章太炎全集》第五卷第229页,上海:上海人民出版社,1985年;《太炎先生自定年谱》第10页,香港:龙门书店,1965年。
④ 《咄!汉满两种族大争讼》,《江苏》第4期,1903年6月。

义,而是保护租界的治外法权。这一点章太炎看得很清楚。就在公使团与清政府就是否引渡争持不下之时,章太炎作《狱中答〈新闻报〉》,称"吾辈书生""相延入狱,志在流血","而租界权利为外人所必争,坚持此狱,不令陷入内地。此自各行其志,与吾辈宗旨不同"①。说这话似乎很不领情,就因为租界的存在固然可以成为晚清志士宣传和策划革命的基地,但毕竟是中国的耻辱。两者虽则相关,可宗旨不同,不能混为一谈:"一方面是外力入侵的基点,中国主权被剥夺的象征;另一方面也是西洋文化的橱窗,中国改革的借鉴,政治犯的庇护所。"②此前此后,革命党人乐于利用租界不受清廷干涉这一有利条件,办报出书集会演讲,宣传政见乃至直接策划暗杀和武装暴动。对此,蹈海自尽以图警醒国人的陈天华在述及《苏报》案时,说了两句大白话:一是"报馆开在租界内,中国不能干涉,所以该报馆敢如此立言";一是"那些志士,幸得在租界,稍能言论自由,著书出报,攻击满洲政府,也算不幸中之一幸"③。正因为有此"不幸中之一幸",章、邹等人才得以肆无忌惮地攻击清政府。如此立说,并非有意抹杀志士之豪气,只是强调即使在内地,晚清志士之行侠,也比宋元明及清中叶以前之侠客多了个"庇护所"——这一"可能"的庇护所的存在,应该也是晚清"民气为之大壮"、侠风日益高扬的必要条件。

二 "中国之武士道"

"世间无物抵春愁,合向苍冥一哭休。四万万人齐下泪,天涯何处

---

① 《狱中答〈新闻报〉》,汤志钧编《章太炎政论选集》第234页,北京:中华书局,1977年。
② 张玉法:《清季的革命团体》第133页,台北:"中央研究院"近代史研究所,1982年。
③ 陈天华:《狮子吼》第七回,《陈天华集》第159页,长沙:湖南人民出版社,1982年。

是神州"——谭嗣同的《有感》作于1896年中日甲午战争后,可作为其时有良知的知识者的共同心声解读。晚清国势日益衰微,随时有亡国灭种的危险。仁人志士奔走呼号,只求警醒世人起来救亡图存。《孽海花》中的奴乐岛,《老残游记》中的沉船,还只是寓言笔法;《瓜分惨祸预言记》则干脆断言"中国光绪甲辰年以后,万民遭劫,全国为墟"。志士们似乎也相信中国难逃此厄运,陈天华蹈海前留下《绝命辞》,预言"中国去亡之期,极少须有十年,与其死于十年以后,曷若于今日死去,使诸君有所警动,去绝非行,共讲爱国",这样"中国或可以不亡"①。这种强烈的危机感,促使这代人上下求索。

"新民为今日中国第一急务"②,不只是梁启超,几乎所有仁人志士都持此见解。只是如何"新民",诸家说法才不一致。严复开出的药方是:"是以今日要政,统于三端:一曰鼓民力,二曰开民智,三曰新民德。"③梁启超说得更干脆:"一言以蔽之,曰广民智振民气而已。"④至于何以民智民气必须并重,《杭州白话报》的解释最为精彩:"不开民智,便是民气可用,也是义和团一流的人物;不作民气,便是民智可用,也不过是作个聪明的奴隶。"⑤开民智的办法很多,主要是介绍西方的各种人文思想与科学知识,大体可用五四时期的德先生和赛先生来涵盖。振民气则集中在"招国魂",一如金天翮的诗篇所云:"瓜分惨祸免不得,魂兮归来我祖国"(《招国魂》)。

有感于近代中国的积弱贫困,屡遭列强欺侮,梁启超等不免感叹

---

① 《绝命辞》,《陈天华集》第235页。
② 梁启超:《新民说》,《饮冰室合集·专集》第三册第1页。
③ 《原强》,《严复集》第一册第27页,北京:中华书局,1986年。
④ 梁启超:《〈清议报〉一百册祝辞并论报馆之责任及本馆之经历》,《饮冰室合集·文集》第三册第54页。
⑤ 《谨告阅报诸公》,《杭州白话报》第1年第33期,1902年6月。

"诗界千年靡靡风,兵魂销尽国魂空"(《读陆放翁集》)。虽说其时呼唤的国魂包括冒险魂(山海魂)、军人魂(武士魂)、游侠魂、宗教魂、平民魂等①,关键还在于重铸兵魂。也就是说,要重新高扬尚武精神。

晚清文人颇多悔儒冠而尊兵剑之作,绝非矫揉造作故吐豪言,实有切肤之痛。周实诗云"四海寻仇凭侠剑,百年多难悔儒冠"(《重九》);陈去病则"宁惜毛锥判一掷,好携剑佩历三边"(《将赴东瀛赋以自策》);柳亚子感慨"忍看祖国沦非种,苦恨儒冠误此身"(《元旦感怀》)。金松岑则认定"儒者有死容而侠者多生气,儒者尚空言而侠者重实际",故"国亡于儒而兴于侠,人死于儒而生于侠",欲"铸吾国民之魂",必先"溲儒冠、裂儒服"(《国民新灵魂》)。倒是"我家数世皆武夫,只知霸道不知儒"(《湖南少年歌》)的杨度不无得意之色。当然,最好还是"学书成时去学剑,健儿身手文豪才"(柳亚子《回忆诗》);可有谁能保证此等文武双全的如意算盘到头来不是"少年击剑吹箫意,剑气箫心两渺茫"(柳亚子《惆怅词六十首·四月十七日夜作》)?当务之急,还是努力改变国人"好铁不打钉,好男不当兵"一类重文轻武的积习。

国家练兵固然要紧,更重要的是国人须弘扬尚武精神。早在戊戌变法前,谭嗣同就对古往今来"儒者之轻诋游侠,比之匪人"很不以为然,认为"莫若为任侠,亦足以伸民气,倡勇敢之风,是亦拨乱之具也"②。这一思路为各派志士所沿袭。1901年梁启超作《中国积弱溯源论》,强调"为君相者不可以好兵,而为国民者不可以无勇",并呼唤尚武精神之"中国魂"③。1902年蔡锷在《新民丛报》著文宣传军国民精神,批评"汉族之驯良懦弱,冠绝他族",此乃"二千余年来,鲜不为异族所践踏"之根

---

① 《国魂篇》,《浙江潮》第1、3、7期,1903年;壮游(金松岑):《国民新灵魂》,《江苏》第5期,1903年。

② 蔡尚思等编:《谭嗣同全集》第344页。

③ 《中国积弱溯源论》,《饮冰室合集·文集》第二册第25页。

本原因①。杨度则把国民之懦弱归因于杨朱之学盛行以及"秦汉以前轻死尚侠之武士道"的失落:"以儒教为表,以杨教为里,而斩除此武士道者,中国之所以弱也。"②一时间讨论尚武精神成为热门话题,"尚武尚武之声","日不绝于忧时者之口"。所谓"秦汉以来,日流文弱",士子"终身袖手雍容",以致遗传成为天性,不只体骨柔弱,"其志气亦脆薄而不武,委靡而不刚",无力抵抗异族之侵陵③,几乎成为晚清志士的共识。最能代表这一思潮的是梁启超《新民说》中的《论尚武》:"尚武者国民之元气,国家所恃以成立,而文明所赖以维持者也。"至于中华民族之"不武",梁氏"察其受病之源",一为国势之一统:不若战国时首重国防,"人骛于勇力,士竞于武功",而是"习为礼乐揖让,而相尚于文雅","重文轻武既成,于是武事废堕,民气柔靡";二为儒教之流失:孔子也曾以刚强剽劲激发民气,只可惜"后世贱儒,便于藏身,摭拾其悲悯涂炭矫枉过正之言,以为口实,不法其刚而法其柔,不法其阳而法其阴";三为霸者之摧荡:"一人刚而万夫皆柔,一人强而天下皆弱,此霸有天下者之恒情也",这一统治术的诀窍在于,不柔不弱者杀无赦,"经二十四朝之摧陷廓清,士气索矣,人心死矣";四为习俗之濡染:"中国轻武之习,自古然矣","学人之议论,词客所讴吟,且皆以好武喜功为讽刺,拓边开衅为大戒",此恶风潮漂荡,必然使得世人雄心颓损豪气消磨。④

对于宋元以下中国人过崇文雅而贬斥武事,读书人手无缚鸡之力,以至国难当头空有许身之志,此前也有过零星的批评,可从来不曾如此尖锐且集中。世人之批评"中国以文弱闻于天下,柔懦之病,深入膏肓"⑤,除了

---

① 《军国民篇》,毛注青等编《蔡锷集》第20页,长沙:湖南人民出版社,1983年。
② 杨度:《〈中国之武士道〉叙》,《饮冰室合集·专集》第六册。
③ 蒋智由:《〈中国之武士道〉叙》,《饮冰室合集·专集》第六册。
④ 梁启超:《新民说·论尚武》,《饮冰室合集·专集》第三册第108—118页。
⑤ 同上书,第111页。

国事日非外,更重要的是日本"大和魂"的启示。时人有谈斯巴达的,有谈华盛顿的,可对中国人刺激最深的,还是"蕞尔小国"日本的崛起。据说日本的崛起主要得益于"大和魂"的铸造,梁启超于是感叹:"吾闻日本人有所谓日本魂者,谓尚武精神是也。呜乎!吾国民果何时始有此精神乎?"①

最早注意到日本民族的尚武精神的,或许当推黄遵宪。"日本二千年,本以武立国"(《陆军官学校开校礼成赋呈有栖川炽仁亲王》);"况复五百年来武门尚武国多贲、育俦"(《赤穗四十七义士歌》)。《日本杂事诗》中对日人游侠习气的歌咏,对时人影响尤大:"解鞘君前礼数工,出门双锷插青虹。无端一语差池怒,横溅君衣颈血红。"黄氏自注云:"士大夫以上,旧皆佩双刀,长短各一,出门横插腰间,登席则执于手,就坐置其旁。《山海经》既称倭国衣冠带剑矣。然好事轻生,一语睚眦,辄拔刀杀人,亦时时自杀。今禁带刀,而刺客侠士犹纵横。史公称'侠以武犯禁',惟日本为甚。"中国古代也有士大夫佩剑之俗,可正如李贽抱怨的,"古者男子出行不离剑佩,远行不离弓矢,日逐不离觿玦",本意在"文武兼设",而后世则成了纯粹的装饰品(《焚书·读史·无所不佩》),绝无以武犯禁的侠气。黄遵宪对日本衣冠带剑、好事轻生的习俗还只是客观介绍,谭嗣同则将此风习断为日本民气激荡国势强盛的内在原因:"其变法自强之效,亦由其俗好带剑行游,悲歌叱咤,挟其杀人报仇之气概,出而鼓更化之机也。"②此后,不断有人吟诗撰文,推崇日本"书生剑客,慷慨国事"之尚武精神(章太炎《变法箴言》)。唐才常的《侠客篇》云:"我闻日本侠,义愤干风雷,幕府权已倾,群藩力亦摧,翻然振新学,金石为之开。"梁启超《自由书·祈战死》和《新民说·论尚武》均称颂日本之武士

---

① 《中国积弱溯源论》,《饮冰室合集·文集》第二册第26页。
② 蔡尚思等编:《谭嗣同全集》第344页。

道:"入队之旗,祈其战死;从军之什,祝勿生还。好武雄风,举国一致。"①蒋智由、杨度为梁启超《中国之武士道》一书作序,也都将日本之强盛,归因于其"向所固有之武士道"。至于梁启超的《记东侠》、陈独秀的《东海兵魂录》、黄海锋郎的《日本侠尼传》、舟子的《尚武说》等,都是颂扬日本的"荆、聂肩比,朱、郭斗量",②轻死好战,尚武轻文。更有推而广之,将日本及欧美维新、独立、革命之成功,全都归之于"日本男儿之侠肠""美利坚人之侠骨"与"法兰西人之侠心"③。

推崇祈战死的"大和魂",目的自然是在中国呼唤尚武精神。像邹容那样怒斥国人"不复有仗义敢死之风","不敢为乡曲豪举、游侠之雄"是一条路④,像陈独秀那样编完《东海兵魂录》,再编《中国兵魂录》与之对抗又是一条路⑤。明知"今欲以一新道德易国民,必非徒以区区泰西之学说所能为力也"⑥,故"用国粹激动种性,增进爱国的热肠"⑦——在这一点上,梁启超和章太炎(改良派与革命派)并没有什么区别。蔡锷慨叹在四千年中国历史中寻找尚武之国魂,"盖杳乎其不可得矣"⑧,那只能怨蔡氏过执名相不晓变通。若梁启超先前也曾慨叹"我所谓中国魂者,皇皇然大索于四百余州,而杳不可得",但既然"今日所最要者,则制造中国魂是也"⑨,于是乎上下求索,很快找到此国魂,且著成一册《中

---

① 梁启超:《新民说·论尚武》,《饮冰室合集·专集》第三册第108—118页。
② 分别刊于《时务报》第39册,1897年9月;《安徽俗话报》第8—9期,1904年7—8月;《杭州白话报》第2年第1—3期,1902年6月;《第一晋话报》第3期,1905年9月。
③ 壮游(金松岑):《国民新灵魂》,《江苏》第5期,1903年。
④ 邹容:《革命军》,《邹容文集》第48页,重庆:重庆出版社,1983年。
⑤ 《中国兵魂录》,刊《安徽俗话报》第17—18、20期,1904年12月、1905年6月。
⑥ 梁启超:《新民说·论私德》,《饮冰室合集·专集》第三册第131页。
⑦ 章太炎:《东京留学生欢迎会演说辞》,《章太炎政论选集》第272页。
⑧ 《军国民篇》,毛注青等编《蔡锷集》第38页。
⑨ 梁启超:《自由书·中国魂安在乎》,《饮冰室合集·专集》第二册第38—39页。

国之武士道》,"发吾宗之家宝以示子孙",使世人得以"取古人武勇之精神,因时势而善用之"①。梁启超"既述春秋战国以迄汉初,我先民之以武德著闻于太史者,为《中国之武士道》一卷",乃作《自叙》述志:"泰西、日本人常言,中国之历史,不武之历史也;中国之民族,不武之民族也。呜乎!吾耻其言,吾愤其言,吾未能卒服也。"考我先民好气任侠慷慨悲歌,"横绝四海,结风雷以为魂;壁立万仞,郁河岳而生色,以视彼日本人所自侈许曰武士道武士道者,何遽不逮耶?何遽不逮耶?"②只不过统一专制政体确立,民族武德逐步沦丧,难得再有以武侠闻于世者。

"欲返将来祖国魂,凭兹敢战英雄气"(杨度《湖南少年歌》)。由国势衰微而招国魂、呼唤尚武精神;因求尚武而追忆、发掘早就隐入历史深处的游侠儿。终于,游侠儿在被正统士大夫抛弃了近两千年后,再次浮出历史地表,迎接欧风美雨的严峻挑战。"十载江湖求女侠,隐娘红线已无多"(柳亚子《梦中偕一女郎从军杀赋,奏凯归来,战瘢犹未洗也,醒成两绝纪之》);"我亦十年磨剑者,风尘何处访荆卿?"(柳亚子《题钱剑秋〈秋灯剑影图〉》)不要说荆卿难访隐娘无多,即便江湖中果有此等奇才,复出的游侠承担得了救亡图存的重任吗?时人对于桀骜不驯的游侠在政治斗争中的作用是否估计过高?或者说,如何将"以躯借交报仇"的游侠儿转变为有明确政治信仰的斗争力量,并不是一件很轻松的事情。

三 对于流血的崇拜

高旭《海上大风潮起放歌》吟道:"中国侠风太冷落,自此激出千卢

---

① 蒋智由:《〈中国之武士道〉叙》,《饮冰室合集·专集》第六册。
② 梁启超:《〈中国之武士道〉自序》,《饮冰室合集·专集》第六册。

骚。要使民权大发达,独立独立声嚣嚣。"卢梭乃晚清志士的精神导师,《民报》创刊号刊人类历史上四大伟人图片,卢梭赫然在列(余三者为黄帝、华盛顿和墨翟)。只是卢梭等西方思想家的民权、独立、平等、自由等观念,与游侠又有何关系?倘若不是侠风冷落,难道就没必要"激出千卢骚"?卢梭的出现,居然促使中国文人追忆起千古游侠来。这种因接受西方近代思潮而礼赞某些早被历史尘封的古人的倾向,在晚清相当普遍。这里面蕴涵着一种思想方式,那便是将古人现代化。重新诠释游侠形象,此乃游侠浮出历史地表的必要前提。尽管此前(宋至清中叶)也出现过一些游侠诗文,但像晚清志士们那样真把它当回事、真把它作为改造社会的重要力量,尚属首创。因此,游侠的复出,首先必须正名:务使世人相信游侠不只是借交报仇,更重要的是舍生取义,完全值得志士们推崇和效仿。

追忆游侠,本就是为应付世变而求助于传统资源;诠释游侠,更离不开这一思路。说是托古改制也罢,古为今用也罢,传统的创造性转化也罢,晚清志士必须让"儒、墨皆排摈不载"(《史记·游侠列传》)的游侠,获得某种具有权威性的传统思想的支持。尽管实际上是卢梭的思想、虚无党的行为触发了世人对游侠的追忆,可不经过一番有效的价值转换,游侠还是不能为文明社会所接纳。

对"游侠"的重新解读,得益于晚清诸子学与佛学的复兴。平生"抚剑起巡酒,悲歌慨以慷。束发远行游,转战在四方"(《河梁吟》)的谭嗣同,颇喜"斗酒纵横,抵掌《游侠》之传"①,《仁学》中对"任侠"极为推崇,《自叙》则将其归于墨。"墨有两派:一曰任侠,吾所谓仁也"。② 此一"任侠"之墨,即谭氏自我表白的"挟一摩顶放踵之志,抱持公理平等诸

---

① 蔡尚思等编:《谭嗣同全集》第8页。
② 同上书,第289页。

说,长号索偶,百计以求伸"①。侠出于墨之说,晚清以降相当流行。梁启超1902年作《论中国学术思想变迁之大势》,分墨为兼爱、游侠、名理三派,并断言游侠一派自战国以至汉初极盛,"朱家、郭解之流实皆墨徒也"②。蒋智由不说侠是否出于墨,而是强调区分大侠小侠公武私武。朱家、郭解借交报仇,非国之大侠,远不及"墨家者流,欲以任侠敢死,变国风,而以此为救天下之一道也"。以"侠之至大,纯而无私,公而不偏"为标尺,以墨家"为千古任侠者之模范"③,与其说是一种历史溯源,不如说表达了现代人对大侠的期待。

同样是对急公好义的大侠精神的召唤,以"侠骨峥嵘"著称的章太炎,则倾向于将侠与儒挂上钩。时人也有"侠之不作,皆儒之为梗""儒为专制所深资,侠则专制之劲敌"④之类的说法,章氏却"儒侠"并举,且称"世有大儒,固举侠士而并包。而特其感慨奋厉,矜一节以自雄者,其称名有异于儒焉耳"⑤。世人言儒多近仁柔,章氏则举出《韩非子·显学》中漆雕氏之儒与《礼记·儒行》中的十五儒,前者"最与游侠相近",后者"皆刚毅特立者"。既然儒者不懦不弱,而侠者"杀身成仁""除国之大害"的宗旨又与儒之义之用相若,又有什么理由禁止儒侠并举呢?虽说"漆雕氏之儒废,而闾里有游侠"的溯源未足以服人,但强调游侠"当乱世则辅民,当治世则辅法"⑥,实际上已为被九流摈斥的侠士争到一席地位。"天下有亟事,非侠士无足属"⑦,这才是晚清志士心里最想说的,

---

① 蔡尚思等编:《谭嗣同全集》第266页。
② 《论中国学术思想变迁之大势》,《饮冰室合集·文集》第三册第21页。
③ 蒋智由:《〈中国之武士道〉叙》,《饮冰室合集·专集》第六册。
④ 揆郑(汤增璧):《崇侠篇》,《民报》第23号,1908年8月。
⑤ 《儒侠》三篇,《章太炎全集》第三卷第12页,上海:上海人民出版社,1984年。
⑥ 同上书,第141页。
⑦ 同上书,第11页。

至于侠到底出于墨抑或出于儒,考据均未见精彩。黄侃释侠时,明显追随章氏,一句"侠之名,在昔恒与儒儗。《儒行》所言,固侠之模略",考证就此带过;主要落笔在"古之圣哲,悲世之沉沦,哀烝民之失职,穷阨不变其救天下之心,此侠之操也"①。梁启超很可能也受章太炎影响,1904年作《中国之武士道》,改称墨子为"救世之患,急人之难"的"圣人",而以孔子为中国武士道之开端。同样引《韩非子·显学》,以漆雕氏之儒为"后世游侠之祖",且称颂"孔门尚武之风,必甚盛矣",而讥"《说文》训儒为需弱,其去孔子之真,不亦远乎"。②

　游侠归儒归墨的学术论争,时人其实不大关注,只不过是想以墨家的"摩顶放踵以利天下"或者儒家的"杀身成仁"来规范游侠狂荡不羁的生命活力,将其改造成为利国利民而不是报恩报怨的理想的"大侠"。章太炎将世人推崇的游侠分为四等,头等为"不世出"的大侠,其次为朱家、剧孟,再次为荆轲、高渐离,最后一等是"冒法抵禁"的郭解、原涉③。何以如此分等,章氏没有明说。梁启超倒是表白了他对史书记载的游侠的取舍原则,不过与章氏的分等眼光不大相同。《中国之武士道》之"凡例"称:"本编去取,微有权衡。如专诸与荆、聂同类,以其为一私人野心之奴隶,非有所不得已,且无与全国大计,故黜之。如季布与朱、郭齐名,以其亡命龌龊,且贵后无所建白,而以暮气损民族对外之雄心,故黜之。"去专诸而取荆轲、聂政,与去季布而取朱家、郭解,或出于政治眼光,或出于道德修养,都是突出侠之利民与成仁,努力洗刷掉这一古老的历史形象身上可能存在的污点。经过一番意味深长的选择与改造,大侠作为圣洁的殉道者与拯世济难的英雄,重新出现在世人面前。

---

① 运甓(黄侃):《释侠》,《民报》第18号,1907年12月。
② 梁启超:《中国之武士道》,《饮冰室合集·专集》第六册第2页。
③ 《儒侠》三篇,《章太炎全集》第三卷第12页。

于是,游侠不只是"赴士之阨困"(《史记·游侠列传》),更"以夹辅群生为志";且"儒者言仁义,仁义之大,舍侠者莫任矣"①。游侠也不只是"时扞当世之文罔"(《史记·游侠列传》),其理想之高,近乎"今所谓无政府论者"②。游侠更不只是报一人之恩仇,而是像曹沫那样"安国家定社稷",建"旷古之奇功"。最后,游侠"非膂力之谓,心力之谓也",胸有大志的张良外表如妇人好女,仍不失为"天下之大侠也"③。经过章太炎、梁启超、黄侃等人再三诠释的"游侠",自是有百利而无一弊。梁启超还只是为古侠之以武犯禁辩解:"侠之犯禁,势所必然也。顾犯之而天下归之者何也,其必所禁者,有不慊于天下之人心;而犯之者,乃大慊于天下之人心也。"④黄侃则干脆认可游侠之永恒魅力:"抟抟大地,自西自东,自南自北,苟强种不除,暴政不戢,富人不死,侠其得群黎百姓之心乎?"⑤

在对游侠的诸多溢美之词中,尚武精神、平等意识、锄强扶弱等等都不是关键;最令晚清志士倾心的,其实是其"尚侠轻生"(译成儒家语言是"杀身成仁")。对"流血"的崇拜,以及对"牺牲"的渴望,使得晚清志士们在解读游侠形象时容易将其刺客化——不只因其暗杀的手段,更因其必死的信念:在最后一击中体现(鉴赏)生命的辉煌,这一意象令时人深深陶醉。最著名的莫过于谭嗣同戊戌变法失败后的拒绝出走:"各国变法,无不从流血而成。今日中国未闻有因变法流血者,此国之所以不昌也。有之,请自嗣同始!"⑥这种烈士心态,在晚清志士中相当普遍。所谓"文明者

---

① 运甓(黄侃):《释侠》,《民报》第18号,1907年12月。
② 《儒侠》三篇,《章太炎全集》第三卷第440页。
③ 梁启超:《中国之武士道》,《饮冰室合集·专集》第六册第49页。
④ 同上书,第60页。
⑤ 运甓(黄侃):《释侠》,《民报》第18号,1907年12月。
⑥ 蔡尚思等编:《谭嗣同全集》第546页。

购之以血","列国文明皆自流血购来"①这样的判断,以及法国大革命的场景、虚无党人的气概,都让这代人坚信:"我今早死一日,我们之自由树早得一日鲜血;早得血一日,则早茂盛一日,花方早放一日。"②

认准"流血成河,死人如麻,为立宪所无可幸免者"③,暴力革命自然是最佳选择。革命需要流血,"流血"因而也就获得一种神圣感。在革命派与改良派的论争中,主张革命者在道义上占有明显优势,因其敢于欣赏"流血"。章太炎称革命之难得成功,根本原因在于党人之缺乏道德,而"道德者,不必甚深言之,但使确固坚厉,重然诺,轻死生,则可矣"④。主张"激烈""破坏"并真能轻死生的吴樾,在《敬告我同志》中这样指责论敌:"夫至今日而言建设、言平和,殆亦畏死之美名词耳。"⑤黄侃批评立宪党人,也是抓住"畏死"二字做文章:"今既嚣嚣然以救国自豪,而畏死特甚,则其心直可谓之仅能好名、慕势、竞利,而不能救国,可也。"政治策略可以争论,学术思路也可以争论,唯独"敢死"与"畏死"二者在道德天平上之倾斜与高低,无可争论。这就难怪黄侃喊出"吾党之志,以敢死为先"⑥这样响亮但含糊的口号。其时,"敢死"与否几成了品评人事的最高尺度。陈天华述及暗杀时称:"此无论所抱持之主义与吾党同,或与吾党立于正反对之地位,其敢死有足多者。"⑦只要"敢死",便"有足多者",就因为世人皆贪生怕死,能克服这一怯懦天性者,不论其政治主张如何,都值得敬仰。陈天华蹈海自尽,时人有作《敢死论》,讥

---

① 梁启超:《新中国未来记》;杨笃生:《湖南之湖南人》等。
② 《熊烈士供词》,《辛亥革命》(三)第241页。
③ 章太炎:《驳康有为论革命书》,《章太炎政论选集》第201页。
④ 章太炎:《革命之道德》,《章太炎政论选集》第311页。
⑤ 《吴樾遗书》,"《民报》临时增刊"《天讨》,1907年4月。
⑥ 不佞(黄侃):《论立宪党人与中国国民道德前途之关系》,《民报》第18号,1907年12月。
⑦ 《怪哉上海各学堂各报馆之慰问出洋五大臣》,《陈天华集》第228页。

其"乃类于匹夫匹妇之所为";章太炎为此文加"附识",认定"自戕之风,当开之,不当戒之"。理由是:"若必选择死所,而谓鸿毛泰山,轻重有异,则虽值当死之事,恐亦不能死矣。"①先秦法家反对世人对待犯禁的游侠"罪之,而多其有勇也"(《韩非子·五蠹》)的模棱两可态度,现代政治家也不会赞赏"与吾党立于正反对之地位"的"敢死"者。而晚清志士则管不了那么多,当务之急是激励民气,"主义之争"倒在其次。故"今欲伸民气,则莫若行此暗杀主义"②。

要论"敢死",古代的游侠与刺客无疑是第一流的:"侠客不怕死,只怕事不成"(元稹《侠客行》);"纵死侠骨香,不惭世上英"(李白《侠客行》)。无论是《史记》《汉书》,还是此前此后无数评头品足的骚人墨客,对游侠、刺客的道德修养与政治作用评价抑或有高低,但没有人怀疑这些"亡命之徒"的确"不爱其躯"。晚清志士之推崇游侠,很大程度正是敬佩这种献身精神。大概时人真的相信"何必怯舟师,何必畏利器;苟得死士心,无敌有大义"(黄节《宴集桃李花下,兴言边患,夜分不寐》),因而,置生死于度外便成了慷慨赴国难的第一要求:"一念轻死生,千秋定是非"(王大觉《赠周志伊狱中》);"我欲天涯求死所,十年磨剑悔蹉跎"(柳亚子《次韵和陈巢南岁暮感怀之作》)。正是这种"轻死生""求死所"的烈士心态,使得晚清志士很容易认同游侠的生命意识。

四 暗杀风潮之鼓吹

晚清志士歌咏之游侠,其实多近于刺客。秋瑾《宝刀歌》:"不观荆

---

① 章太炎:《敢死论跋语》,《章太炎政治选集》第 352 页。
② 《吴樾遗书》,"《民报》临时增刊"《天讨》,1907 年 4 月。

轲作秦客,图穷匕首见盈尺;殿前一击虽不中,已夺专制魔王魄";高旭《侠士行》:"荆卿歌市中,闻者肝胆裂;渐离击筑和,相乐更相泣";柳亚子《闻万福华义士刺王之春不中感赋》:"君权无上侠魂销,荆聂芳踪黯不豪。如此江山寥落甚,有人呼起大风潮。"当初司马迁著《史记》,刺客和游侠分别立传,实不无深意。游侠以武犯禁,"时扞当世之文罔",虽有"不爱其躯,赴士之阨困"的壮举,但并非政治斗争的得力工具。而刺客虽也被酒使气,但讲剑术报恩仇,一怒而天下惊,"流血五步,天下缟素"(《战国策·魏策》),成为列国争强的重要手段。魏晋诗人基本上还是游侠与刺客分咏,只是陶渊明的"抚剑独行游"中已出现"风萧萧兮易水寒"的意象(《拟古》其八)。到了唐代诗人和小说家手中,游侠与刺客已混为一谈,不再界限分明了①。晚清志士要让游侠死国事守大义,而不只是逞强恃勇睚眦必报,必然驱使其走上刺客一路。而晚清暗杀风潮的形成,与仁人志士对"游侠"的这一解读互为因果。

暗杀从来就是政治斗争的一种重要手段,只不过在晚清推翻清廷的革命中,扮演了特别重要的角色。革命党人将其定为排满的两大途径之一(一为暴动一为暗杀)②,报刊书籍大谈暗杀的好处,而接二连三的暗杀案,也确实激励斗志振奋精神。以至当你思考辛亥革命的成败得失时,无论如何不该漠视暗杀的作用。

戊戌变法失败后,康有为流亡海外,在与宫崎寅藏谈话中,大赞日本志士之游侠精神,"终乃漏其欲藉此等侠士之力,狙击西后之意",被宫崎以不掠头功为理由拒绝③。同属改良派的梁启超虽有《中国之武士道》和《论俄罗斯虚无党》之作,但对现实斗争中的暗杀影响甚微。晚清

---

① 参阅陈平原《千古文人侠客梦——武侠小说类型研究》第26—28页。
② 参阅蔡元培《我在教育界的经验》、吴樾《暗杀时代》、宋教仁《既设警部复置巡警道果何为耶》等。
③ 宫崎寅藏著、黄中黄译:《孙逸仙》,《辛亥革命》(一)第104页。

的暗杀活动及其宣传,大致皆革命党人所为。而按照时人的理解,"暗杀主义,非有游侠主义不能担负之"①。

从1900年兴中会会员史坚如谋炸两广总督德寿,到武昌首义革命成功,中间十几年发生过许多起暗杀事件。值得注意的是,这些赴死的刺客大都是热血沸腾的读书人,而不是秘密会党或职业杀手。而且,这些杀身成仁的"刺客",有的甚至还在行刺之前或之后,就"暗杀"这一行为的意义与作用做过专门论述。如吴樾行刺前著《暗杀时代》,称"排满之道有二:一曰暗杀,二曰革命。暗杀为因,革命为果。……今日之时代,非革命之时代,实暗杀之时代也"②。温生才枪杀广州将军孚琦后被捕,针对"一将军死,一将军来,于事何济"的讥刺,慷慨陈词:"杀一孚琦,固无济于事,但借此以为天下先。"③这是一批有清醒政治头脑的特殊刺客,或许只有俄国虚无党人的行为可以与之媲美。

实际上,晚清志士之热衷于暗杀,正是受虚无党人的刺激与启示。"慷慨苏菲亚,艰难布鲁东"(柳亚子《偕刘申叔……约为结社之举,即席赋此》),晚清歌咏苏菲亚的诗文小说可谓车载斗量。20世纪初,一批旅欧、留日的知识分子被虚无党人的纲领及奋斗精神所吸引,将其作为20世纪"执牛耳握霸权主盟全球"的新主义④,介绍到中国来。1902年,马君武译《俄罗斯大风潮》,大赞"无政府党人者,各国政府之最大公敌也"⑤;1903年,马叙伦著《二十世纪之新主义》,称"彼无政府党者,其宗旨高,其识见卓,其希望伟,帝国主义遇之而却步,民族主义遭之而退

---

① 壮游(金松岑):《国民新灵魂》,《江苏》第5期,1903年。
② 《吴樾遗书》,"《民报》临时增刊"《天讨》,1907年4月。
③ 《温生才击孚琦》,《辛亥革命》(四)第172页。
④ 马叙伦:《二十世纪之新主义》,《政艺通报》第14—16期,1903年。
⑤ 马君武:《〈俄罗斯大风潮〉序言》,《俄罗斯大风潮》,上海:广智书局,1902年。

走"①。其后,张继、蔡元培、金一、刘师培、李石曾等人都曾热心于无政府主义的介绍。对于晚清志士来说,虚无党人之值得钦佩,除了其"抱至高无上之宗旨,具无坚不摧之愿力"外,更因其"以杀戮官吏为正义者"这一手段以及"视死如归之精神"②。也许是中国人崇拜牺牲,也许是中国人熟读游侠与刺客传,太欣赏"十步之内,剑花弹雨浴血相望,入驷万乘,杀之有如屠狗"③这一斗争方式了,因此,虚无党人的政治理想远不及其"敢死的刺客"形象更广为传颂并深入人心。1903年在上海出版的张继编译的《无政府主义》一书,对这一阅读倾向的形成起了不容忽视的作用。此书上编辑录革命党人和无政府党人提倡暗杀之言论,下编是截止到1901年各国无政府党人暗杀政府要人的记录。而燕客为此书写的《序》,更强调暗杀手段的有效性:"羡暗杀手段,其法也简捷,而其收效也神速。以一爆裂弹,一手枪,一匕首,已足以走万乘君,破千金产;较之以军队革命之需用多,准备烦,不秘密,不确的者,不可同时而语。"这一说法为不少革命党人所接受,在此后讨论游侠或暗杀的文章中可以不断听到其回音。

如果真像孙中山先生说的,1900年史坚如的暗杀只是史个人自行决定④,那么,1903年成立的军国民教育会,以鼓吹、起义、暗杀为三大策略⑤;1904年蔡元培组织光复会,"本为暗杀计,然亦招罗暴动者"⑥,便都是有组织有宗旨有计划的暗杀团。1905年同盟会成立后,暗杀活动

---

① 马叙伦:《二十世纪之新主义》,《政艺通报》第14—16期,1903年。
② 自然生(张继):《无政府主义及无政府党之精神》,《无政府主义思想资料选》上册第28、34页,北京:北京大学出版社,1984年。
③ 金一:《〈自由血〉绪言》,《无政府主义思想资料选》上册第53页。
④ 孙中山《建国方略之一:心理建设》称史坚如谋炸德寿是临时自行决定的;冯自由《革命逸史》第五集第16页则称孙中山派史坚如等赴广州,本就有"组织起事与暗杀机关"二职。
⑤ 参阅冯自由《革命逸史》初集第112页。
⑥ 陶成章:《浙案纪略》,《陶成章集》第334页。

更为活跃。参与暗杀清廷大吏的青年书生,虽也进行过一些初步的训练,但成功率不高,常令人有"惜哉剑术疏,奇功遂不成"(陶渊明《咏荆轲》)的感慨。但不管暗杀是否成功,都起了激励民气的作用,并对大吏要员形成某种威慑力量。这里不准备讨论革命党人采用暗杀手段在政治操作中的得失,而是探究促成其采用这一特殊手段的心态。

革命党人之选择暗杀,首先是出于双方力量对比的考虑。虽说清朝江山岌岌可危,但以其军事力量镇压各地零星起义还是绰绰有余的。蔡元培等人之所以"觉得革命止有两途:一是暴动,一是暗杀"①,很大原因是其时发动大规模暴动有困难,不单是人力,还有财力的困难。康有为、孙中山都曾因海外筹款未能及时运到,导致起义失败,因而受到同人严厉责难。梁启超分析俄国虚无党"何故不行暴动手段,而行暗杀手段"时,特别强调革命之成本:"凡暴动者必借巨款","啸聚草泽,其最少数亦必须千人以外",故"暴动必兼赖他力,而暗杀则惟赖自力"②。林獬在论及刺客容易成功时,也首先指出其"第一不要多花钱"③。既然发动一次起义需动员大量人力物力,而派出一两名刺客相对简单多了,何乐而不为?黄侃解释"救民之道"众多何以独取暗杀时称:"夫孤身赴敌,则逸于群众之揭竿;忽得渠魁,则速于军旅之战伐。"④汤增璧的意见大致相同:"去干戈而用爆弹,舍群团而取狙击,盖手腕捷,心志专,莫善于此。"⑤黄、汤二文均刊于《民报》,而《民报》乃晚清倡导暗杀最力的刊物,各期所刊照片有一半以上与暗杀有关。只是革命成功不能单靠暗杀,这点谁都明白,即便最热心暗杀的人也都承认:"匹夫提剑,屠恶有

---

① 《蔡元培自述》第 39 页,台北:传记文学出版社,1967 年。
② 梁启超:《论俄罗斯虚无党》,《饮冰室合集·文集》第五册第 26—27 页。
③ 白话道人(林獬):《论刺客的教育》,《中国白话报》第 17—18 期,1904 年 8 月。
④ 运甓(黄侃):《释侠》,《民报》第 18 号,1907 年 12 月。
⑤ 揆郑(汤增璧):《刘道一》,《民报》第 25 号,1910 年 1 月。

限,殆非吾党之专策。"①其时虽有"当急军人而缓刺客"抑或"刺客之与军人,相须为命,何有缓急之分"之类的争论②,但决策的关键其实在于时机而不在原则。据说孙中山对暗杀问题"不为绝对之主张",暗杀"惟与革命进行事机相应,及不至摇动我根本计划者,乃可实行耳"③。明知"革命断非一次就可以成功",而人民尚未觉醒,要想唤起民众,"则莫若行此暗杀主义"④,起码可以起到"伸民气""铸国魂"的作用。至于是否会因此牺牲骨干或滥杀无辜,实无暇顾及。

对暗杀活动的大力鼓吹,很大原因还在于晚清志士多为热血青年,而不是成熟的政治家。因而,他们更多考虑理想与信念,而不是实际操作。革命是一个复杂的"系统工程",需要综合的考察以及周密的计算;而晚清志士的政党意识、组织观念大都不强(章太炎甚至反对政党形式),政治理想也较为简单空泛,因而不免时时自作主张,意气用事。将"社会种种不进化的缘故"归因于一二政治家或贵绅、族长,不能说是高明的政治主张;而由此推导出"要想把众生拔出地狱","只有单刀匹马以做刺客为不二的法门",⑤也并非高明的斗争策略。不过,这一思维方式倒是更接近于古代独掌正义的游侠,而不是率兵打仗的战将。这也是他们在诗文、言谈中格外推崇古代刺客和游侠的原因。黄侃称"荆轲、聂政之事,盖胜于陈涉、吴广"⑥;汤增璧则赞烈士刘道一"其心纯洁高尚,张良、豫让、荆轲、聂政,乌能比其烈欤"⑦。而柳亚子以"胡尘遍中

---

① 揆郑(汤增璧):《崇侠篇》,《民报》第23号,1908年8月。
② 寄生(汪东):《刺客校军人论》,《民报》第16号,1907年9月。
③ 参阅《胡汉民自传》,见《革命文献》第3辑,台湾1958年。
④ 白话道人(林獬):《论刺客的教育》,《中国白话报》第17—18期,1904年8月。
⑤ 同上。
⑥ 运甓(黄侃):《释侠》,《民报》第18号,1907年12月。
⑦ 揆郑(汤增璧):《刘道一》,《民报》第25号,1910年1月。

原,侠风久不作"开篇的悼诗,历数从史坚如到秋瑾诸多英烈事迹,并描摹了他们的共同心愿:"得当竟报汉,一击天地复。"(《有悼二首,为徐伯荪烈士作》)醉心于"流血五步,世界之幸福以进"①的戏剧性后果,再加上对牺牲的崇拜,晚清志士当然推崇充满个人英雄主义色彩的刺客,而不欣赏现代战争中起决定作用的大军团的士兵或将军。游侠的个人魅力,经过千百年骚人墨客的渲染张扬,早就深深烙在这代人的脑海里。一方面是晚清志士用新的政治理想来重新诠释、改造古老的游侠作风和刺客精神,另一方面是充满神奇色彩的游侠梦始终制约着晚清志士的思维方式以及其对斗争策略的选择。

　　大批文人投身革命并舞文弄墨提倡(歌颂)暗杀,固然使得革命党人慷慨赴难杀身成仁的光辉形象广泛传播,但也使这种最为血腥惨烈的活动在某种程度上文学化了。不少诗文不大注重暗杀的实际政治作用,反倒有欣赏其审美价值的倾向。史家多从政治斗争的策略以及英雄史观的偏颇来谈论晚清的暗杀风潮,其实还必须关注这批志士的知识结构以及心理特征。并非久经考验的职业革命家(如孙中山),大部分是血气方刚的青年知识者,既有献身精神与浪漫激情,又因对语言文字的过分沉迷而容易冲动与兴奋。暗杀之所以形成风潮,除了政治家的有意引导,还有时人对暗杀意象(而非实际手段)的迷恋。其时谈论暗杀的文章,绝少论及刺客的命运,似乎守大义死国难是一件很容易的事。革命高潮中,像吴樾那样真心相信与其"奴隶以生",不如"不奴隶而死"②,或者如陈天华那样"遇有可死之机会则死之"③者,当不在少数。可我还是觉得晚清志士游侠诗文中体现的轻视生命的倾向,与其用审美眼光来看

---

① 《意大利暗杀历史之一》,《新世纪》第 23 号,1907 年 11 月。
② 《吴樾遗书》,"《民报》临时增刊"《天讨》,1907 年 4 月。
③ 《绝命辞》,《陈天华集》第 235 页。

待"死亡"这一意象有关。汤增璧在《崇侠篇》中呼唤"匹夫提剑"刺杀专制魔王,文章结尾处特别渲染易水悲歌这一场景的美感:"且易水萧骚,落日荒凉,亲朋咽泪,至以白衣冠饯送,而酒酣拔剑,击筑高歌,怒发上指,气薄虹霓,大丈夫不稍短气,近儿女沾巾之态,此古之侠风,则有然矣,宁独不可再见于今日耶?"①此等颇具文采的宣传鼓动文字,对于绿林豪杰或许丝毫不起作用,可晚清志士不乏因此而悲歌一曲慷慨赴死的。最让他们醉心的,还不是临危一击的实战效果,而是"酒酣拔剑,击筑高歌"的意境,于此可见其文人心态。

这原也不无道理,晚清志士注重的是"烈士精神",而不是技击本领。暗杀乃"谋事在人成事在天",偶然性太大了,不能以成败论英雄。因此,晚清志士之大谈刺客,不少只是希望在国民中养成一种随时可以赴国难的"烈士精神",而并非真地想鼓吹或实行暗杀。英雄建功立业得益于天时地利,而刺客则特立独行不借他力;前者取其才智,后者扬其精神。而在时人看来,"得一英雄诚不如得一烈士",因为"英雄罕能真,烈士不可伪也"。英雄不一定死国难,而刺客几乎注定是"壮士一去兮不复还"。"故曰刺客之道,必死之道也"。② 对于崇尚牺牲的晚清志士来说,刺客因而远比英雄更有魅力。

千古文人谈游侠、刺客而怦然心动者大有人在,而晚清志士更是感慨良多。康有为《读〈史记·刺客传〉》诗云:"迁史愤心尊聂政,泉明诗咏慕荆轲。要离有冢谁能近,博浪无椎可奈何。"康氏还只是叹惜"羞甚苍生四百兆,岂闻一客剑横磨",章太炎则以身作则,1914年冒险入京力挽狂澜时高歌:"时危挺剑入长安,流血先争五步看"(《时危》)。只不过

---

① 揆郑(汤增璧):《崇侠篇》,《民报》第23号,1908年8月。
② 伯夔(汤增璧):《革命之心理》,《民报》第24号,1908年10月;寄生(汪东):《刺客校军人论》,《民报》第16期,1907年9月。

康、章二人之采用刺客典故,只是表示报国情怀与必死信念,而并非真地准备采用暗杀手段。

五 联络会党的策略

在晚清各社会阶层中,最接近古代游侠生存方式者,莫过于秘密会党。革命党人为了壮大反清力量而采取联络会党的斗争策略,也是影响晚清志士游侠心态形成的一个重要因素。

孙中山先生在回忆当初革命思潮刚起之时势及所作的战略思考时说:"内地之人,其闻排满之言而不以为怪者,只有会党中人耳。然彼众皆知识薄弱,团体散漫,凭借全无,只能望之为响应,而不能用为原动力也。"①其时的革命志士颇有主张慎用会党者,因其没有明确的政治理想,且多桀骜不驯难以驾驭。如陈天华称"会党可以偶用,而不可恃以为本营"②;就连长期在浙江联络会党且很有成绩的陶成章也承认:"欲得会党之死力也难。"③但是否联络会党不是个理论是非问题,而是个斗争策略问题。会党标榜"反清复明",与革命派之主张"革命排满",宗旨大致吻合;另外,会党深入社会底层,有极大的活动能量,这一点是革命党人所望尘莫及的。在新军没有被感化改造以前,会党可以说是革命党人能够利用的主要武装力量。

戊戌变法失败后,晚清志士再也无法从上而下地实行改革,只好依赖下层社会力量。而1900年"自立军起义,乃是我国第一批近代知识分子群,首次与下层会党群众在反清目标下的初步联合"④。据周锡瑞统

---

① 《建国方略》,《孙中山选集》第197页。
② 《绝命辞》,《陈天华集》第236页。
③ 陶成章:《浙案纪略》,《陶成章集》第425页。
④ 蔡少卿:《中国近代会党史研究》第287页,北京:中华书局,1987年。

计分析,在有案可查的参加起义的六十四人中,二十二人是秘密会党头领,五人在军队里面(秘密会党力量的重要据点),三十七人为知识分子①。此后革命党人的历次起义,大都与秘密会党的合作分不开。

自立军起义被镇压后,湖南巡抚俞廉三有一奏折,分析此次起义:"大抵此项匪徒中有二等:一系文人,皆曾在各处学堂肄业,及曾经出洋学生,与康有为等交往素密;一系痞匪,即内地旧有之会匪痞徒,贪利与之联合。"在他看来,"军营散勇无业游民"之"偷窃劫掠"本不足为虑,因其"手无利器巨赀,胸无远谋大志";值得担忧的是此种"文人"与"痞匪"的结合②。后来的事实证明,俞氏的担心颇有先见之明。不管是革命派还是改良派,都在努力争取会党的支持与合作。若孙中山的兴中会,黄兴的华兴会,陶成章、秋瑾的浙江光复会等,都与会党携手,因而在反清斗争中发挥了巨大的作用。

正如研究者指出的,"在某些方面,革命派和秘密会社是天然盟友。两者都被宣布为亡命之徒,都由进不了传统社会等级的人组成,都憎恨外国人的统治"③。曾朴先后写作的《孽海花》,都提到陈千秋奉孙中山命"联络各处会党",以及哥老会头目表示愿"率江上健儿,共隶于青年会会长孙君三色旗之下"。至于联合的理由,据说是"内忧外患,岂可同室操戈"④。其实,联合的根本原因在于会党需要"读书人"的新思想和财政支持,而"读书人"则需要会党的组织系统和军事力量。在二者联手开展反清斗争的过程中,革命党人不曾忘记用新思想逐步改造会党。

---

① 周锡瑞著、杨慎之译:《改良与革命》第 22—23 页,北京:中华书局,1982 年。

② 《光绪二十六年闰八月二十一日湖南巡抚俞廉三奏折》,《辛亥革命》(一)第 273 页、271 页。

③ 费正清、刘广京编,中国社会科学院历史研究所编译室译:《剑桥中国晚清史》下卷第 560 页,北京:中国社会科学出版社,1985 年。

④ 参见小说林本《孽海花》第 4—5 回、真善美本《孽海花》第 29 回。

陶成章称"其开导之方法,则多运革命书籍,传布内地";"而革命之思想,亦遂普及于中下二社会矣"①。改造会党不是一件简单的事情,不过由于新时代交通及信息传播的发达,加以革命党人于所到之处登台演说民族大义,有利于会党中人增进知识开阔眼界,因此昔日散漫贪财的会党,有可能如秦力山预言的,成为"满洲之司命阎罗"②。

冯自由在谈及会党在晚清的作用时称:"至戊戌庚子二次变乱之后,遂有革命志士乘时奋兴,日以联络会党为事,由是诸会党乃渐浸染民族民权两种思想,而满清末祚从此多事矣。"③革命党人之联络会党,有两种不同的操作方式。一是因会党之势力"日见其强大,时势逼人",而与之合作,"为之助其焰而扬其波"④。具体做法包括提供武器与财政资助,怂恿其独立举事或联合起义。如1907年宋教仁赴东北联络大孤山"马贼",表示"欲与公等通好,南北夹攻,共图大举"⑤;黄兴则希望为北方之会党提供费用,促其举事,"以惊撼北京,此则为出奇者也。势虽不成,牵制北清之兵力有余"⑥。这基本是一种利用会党制造社会动乱,分散清廷军事力量,以便乘机发动武装起义的策略。也就是说,以会党为偏师,而以革命党人自己掌握的武装为"原动力"。另一种方式则是由革命党人直接参加会党,掌握领导权,使其成为可以"依为心腹"的革命力量。1908年,远在巴黎以宣传无政府主义为宗旨的《新世纪》,曾发出"去矣,与会党为伍!"的呼号,理由是"中国会党之力,实足为中国近代

---

① 陶成章:《浙案纪略》,《陶成章集》第342页。
② 秦力山:《革命箴言》,转引自王德昭《从改革到革命》第195页,北京:中华书局,1987年。
③ 冯自由:《革命逸史》第五集第42—43页。
④ 陶成章:《浙案纪略》,《陶成章集》第335页。
⑤ 《宋教仁日记》第356页,长沙:湖南人民出版社,1980年。
⑥ 《复孙中山书》,《黄兴集》第19页,北京:中华书局,1981年。

史上之伟观"①;可在此之前,孙中山一派早就实行了这一策略。如孙中山之"令史坚如入长江,以联络会党;命郑士良在香港设立机关,招待会党,于是乃有长江会党及两广、福建会党并合于兴中会之事也"②。革命派之运动会党,最为典型的当推浙江光复会的活动。陈去病为徐锡麟作传,谓其"运动绍属会党,尽交其酋豪,旁及金华诸府,由是草泽间往往知君名",至开办大通学校,"绿林之豪,麇集其间,而势力亦益盛"③。此大通学校的开办,据参与主持其事的陶成章介绍,竟是"遍招各处会党头目",而且规定本学校学生咸为光复会会友,"于是大通学校遂为草泽英雄聚会之渊薮矣"。后来秋瑾甚至"编制各洪门部下为八军,用'光复汉族,大振国权'八字为八军记号",随时准备武装起义④。

革命党人之运动会党,确是一高招。尽管在推翻清廷的最后一击中,新军起了决定性作用,但会党激发社会危机的作用,以及其在新军中的强大势力,都使它在晚清"革命排满"斗争中有举足轻重的地位。而革命党人之所以能运动会党,除了共同的反清宗旨外,还由于其对游侠的一致推崇。也就是说,撇开政治理想与组织形式,单就个人气质而言,晚清志士和会党中人都可能赞赏或认同"仗义行侠"。

或许正因为这样,晚清志士颇能理解这些被"正人君子"所鄙视的草莽英雄。当初宋教仁为联络满洲"马贼",致信其头领李逢春等,称赞其"集义辽海之间,以扶弱抑强,抗官济民为志",并引为同志⑤。这并非只是权宜之计。革命党人对民众参加会党的心理以及会党的性质见解相当通达,如孙中山称"其固结团体,则以博爱施之,使彼此手足相顾,

---

① 反:《去矣! 与会党为伍》,《新世纪》第42号,1908年4月。
② 《建国方略》,《孙中山选集》第197页。
③ 南史氏(陈去病):《徐锡麟传》,《民报》第18号,1907年12月。
④ 陶成章:《浙案纪略》,《陶成章集》第378页。
⑤ 《宋教仁日记》第356页。

患难相扶,此最合夫江湖旅客、无家游子之需要也"①;陶成章称其"会员之宗旨,专崇义气,取法刘、关、张;既崇义气,力求平等主义,故彼此皆称兄弟,政体主共和"②。而吴稚晖等人主编的《新世纪》发表《去矣!与会党为伍》和蔡元培等人主持的《俄事警闻》发表《告会党》,甚至赞扬江湖好汉会党中人"视死如归,大有古武士风";"个个像《三国志》里的张飞,《水浒传》里头的鲁智深",是"军国民的材料"③。至于侠民的长篇小说《中国兴亡梦》,干脆让红胡子党("马贼")的统帅大谈其如何"每喜拔刀助人","以此屡触法网",俨然司马迁笔下的古侠④。会党中人以"患难相扶"为主要宗旨,其讲义气求平等是受《三国》《水浒》的影响,这一点已为现代学者所证实⑤。

会党中人虽则大多愚昧放荡,但也可能因其粗豪脱略、讲义气守信用、喜打抱不平的性格,为晚清志士所赏识。孙中山物色到的第一个同志郑士良即"曾投入会党",而吸引孙中山的正是其"为人豪侠尚义,广交游,所结纳皆江湖之士,同学中无有类之者"⑥。这一选择几乎带有象征意味:会党中的佼佼者很可能因其"豪侠尚义"而与同是"豪侠尚义"的晚清志士走到一起。并非每个晚清志士都天性豪侠,但能联络会党者,大都喜拔剑高歌使气任侠。

"好任侠,善剑术",为"物色豪杰"浪迹天涯的谭嗣同⑦,倘若不是早

---

① 《建国方略》,《孙中山选集》第 195 页。
② 陶成章:《浙案纪略》,《陶成章集》第 423—424 页。
③ 《去矣!与会党为伍》,《新世纪》第 42 号;《告会党》,《俄事警闻》1903 年 12 月 20 日。
④ 《中国兴亡梦》,《新新小说》第 2 期,1904 年 10 月。
⑤ 蔡少卿《中国近代会党史研究》第 19 页称:"我们查考了有清以来各地主要会党的结会情况,发现它们的基本宗旨,大多为实行患难相助";罗尔纲《〈水浒传〉与天地会》(《会党史研究》,上海:学林出版社,1987 年)则论证天地会"其思想来源出自《水浒传》"。
⑥ 《建国方略》,《孙中山选集》第 192 页。
⑦ 蔡尚思等编:《谭嗣同全集》第 543 页。

死,大概是联络会党的最佳人选。谭氏去世后,其"刎颈交"唐才常即"七尺微躯酬故友,一腔热血溅荒丘"(《临难诗》),其重要策略正是联络会党举事。而唐才常等筹组自立军并以富有山堂统一长江之所以进展如此神速,除本人赋性豪侠易得会党中人好感外,更因其很早就意识到"兵乱将起",故"于风尘中稍物色豪杰之士,而与之交"①。在革命党人联络会党的工作中,浙江光复会成绩卓著,陶成章、徐锡麟为此付出了巨大努力。而"身不得,男儿列,心却比,男儿烈"(秋瑾《满江红》)的鉴湖女侠秋瑾,居然也能统领、驾驭会党,更令人惊叹不已。这自是与其"不拘小节,放纵自豪,喜酒善剑","尤好《剑侠传》,慕朱家、郭解为人"②的豪侠性格有关:"不惜千金买宝刀,貂裘换酒也堪豪"(秋瑾《对酒》);"宝刀侠骨孰与俦,平生了了旧恩仇"(秋瑾《宝刀歌》)。也许,正是这种豪气与侠骨,慑服或倾倒了会党中人,才使得他们心甘情愿服从一个"女流"的指挥。

革命党人联络会党,一开始很可能只是一种斗争策略,可改造是双向的;尤其是在情感气质和行为方式等与政治理想距离较远的方面,革命党人实际上不可能不受其盟友的影响。既然在"豪侠尚义"这一点上双方找到了共同话语,就难保晚清志士不会因与会党结盟而强化其游侠心态。

六 大小传统之沟通

晚清乃中国历史上至关重要的转折关头,这一点大概谁也不会否

---

① 《致唐次丞书》,《唐才常集》第 244 页,北京:中华书局,1980 年。
② 徐自华:《鉴湖女侠秋君墓表》,《秋瑾集》第 185—187 页,上海:中华书局上海编辑所,1962 年。

认。有争议的是,在这一社会转型中,传统到底起了怎样的作用。思考晚清社会变革和文化转型中,先行者如何借助西学激活传统,完成传统的选择与重构,使之成为促进改革的重要思想资源,无疑是十分重要的。从梁启超、钱穆到侯外庐、张舜徽、余英时等,都注意到清中叶以后诸子学的复兴及其对作为主流意识形态的儒学的冲击①。张灏更将诸子学的复兴、大乘佛学的重新崛起以及儒家传统中致用思想的凸现这三种主导思潮,作为晚清志士思想得以形成与成熟的中土思想背景②。这一思想背景的形成,既有调整结构回应社会危机的功能,也与外部世界的冲击(从坚船利炮到制度文明)不无关系。清理这一思想背景,必须在抛弃"挑战—应战"的研究模式的同时,防止过分执着中国史自身的"剧情主线"因而漠视西学的巨大影响③。将中学与西学的对话,与传统的内部对话重叠起来透视,方才能够理解晚清社会思潮的纷纭复杂。

即便只是考虑传统的内部对话,诸子学与佛学的复兴以及儒学的自我调整,仍不足以说明晚清思想界的动荡与变革。这三种主导思潮的崛起,确实使得某些原先非主潮非正统的学说从边缘向中心移动,进而牵发、影响了社会思潮的激荡。可这种描述并非天衣无缝,因其忽略了"小传统"或曰"通俗文化"的存在对思想界和社会思潮的制约。传统的内部对话,不应只是局限于士大夫中儒释道的此起彼伏,也应包括以儒释道为代表的精英文化与民间通俗文化的对话。

一般而言,大传统(精英文化)和小传统(通俗文化)之间既互相独立,

---

① 如梁启超《中国近三百年学术史》、钱穆《中国近三百年学术史》、侯外庐《近代中国思想学说史》、张舜徽《清代扬州学记》、余英时《中国近代思想史上的胡适》等。

② 张灏著、高力克等译:《危机中的中国知识分子》第一章,太原:山西人民出版社,1988年。

③ 参阅柯文著、林同奇译:《在中国发现历史》第四章,北京:中华书局,1989年。

又互相交流,绝对的封闭和绝对的开放都是不可想象的。余英时曾说,相对于其他源远流长的文化,"中国大、小传统之间的交流似乎更为畅通,秦汉时代尤其如此";只是"汉代以后,中国大、小传统逐渐趋向分隔"①。唐宋以下,自然还有个别卓异之士,努力沟通大小传统;但作为主流意识形态维护者的儒生,基本上是鄙视、排斥小传统的。晚清社会动荡纲纪废弛,草野间崛起大批仁人志士,因其特殊的社会地位与斗争策略,大小传统之间的交流较为畅通。尤其是晚清志士游侠心态的形成,更是主要得益于民间文化精神的熏陶。

对于古侠的起源,学术界至今仍众说纷纭②;顾颉刚关于战国时"古代文武兼包之士至是分歧为二,惮用力者归'儒',好用力者为'侠'"的设想③,也受到诸多攻击。但顾氏强调社会分工与文武分途发展的关系,描述秦汉间游侠的兴盛与衰落的历史轨迹,大致是可信的。东汉以下史家不再为游侠列传,不只是统治者必欲诛之而后快,士大夫也鄙视其以武犯禁或自掌杀生大权。即便历朝历代仍有不少轻生重义锄强扶弱的侠士,不过气势与规模都绝难追踪秦汉。文人学士偶尔还会歌吟游侠,但此时的"游侠"已不再只是"失意杯酒间,白刃起相仇"(鲍照《代结客少年场行》),而必须"慷慨赴国难,视死忽如归"(曹植《白马篇》)。借助于"仗剑行侠—驰骋边关—立功受赏"这么一个三部曲,使得侠客少年时代的不法行为不但可以原谅,仿佛还是日后保家卫国的前奏,以便让这令人仰慕又令人害怕的逸出常轨的"流浪儿"重新回到文明社会④。此等赴公义而不报私仇,骁勇善战而非狂荡不羁的游侠,已与英

---

① 余英时:《士与中国文化》第132、138页,上海:上海人民出版社,1987年。
② 参阅崔奉源《中国古典短篇侠义小说研究》(台北:联经出版事业公司,1986年)"绪论"部分对各家说法的介绍。
③ 顾颉刚:《武士与文士之蜕化》,《史林杂识》第89页,北京:中华书局,1963年。
④ 参阅陈平原《千古文人侠客梦——武侠小说类型研究》第16—26页。

雄相差无几,这也是越到后世游侠诗越与边塞诗混在一起的原因。现实中的游侠,因其"不轨于法","时扞当世之文罔",必然处于社会底层;在一个相对稳定的社会里,其价值观不可能被有希望出将入相的举子所认可。至于文人所追忆的游侠,实际上是一种历史人物与文学想象的混合,并且经过当代主流思想的重新诠释。傅山、金圣叹和黄宗羲同处社会急剧动荡的明清之际,自是较能领悟游侠的难能可贵,一称"每耽读刺客、游侠传,便喜动颜色,略有生气矣"(傅山《霜红龛文集·杂记三》);一道"读《虬髯客传》,不亦快哉"(金圣叹《〈西厢记〉批语》);一赞"有儒者抱咫尺之义,其所行不得不出游侠之途"(黄宗羲《陆周明墓志铭》)。游侠之被追忆,仍局限于"怀古",而且还要被儒家思想约束与规范。读书人并没希望为游侠全面平反,更不要说起而效之。

晚清可就不一样了,如果说康有为的"抚剑长号归去也,千山风雨啸青锋"(《出都留别诸公》)还只是表示报国情怀与豪放之气,谭嗣同和柳亚子则干脆以侠自许,以侠许人:"生随李广真奇数,死傍要离实壮游"(谭嗣同《丙申之春……》);"已拼侠骨成孤注,赢得英名震万方"(柳亚子《吊鉴湖秋女士》)。晚清诗文中的"侠骨刚肠还自赏"(周实《书愤》),并非只是游戏文字,这代人颇多认同游侠的行为方式,有的甚至用鲜血和生命重写失落千载的"游侠传"。

晚清志士游侠心态的形成,既源于政治策略,也基于文学想象。而这两者都与晚清思想文化界中大小传统的交流与沟通密切相关。带有理想主义色彩的晚清志士,既然无力从上而下励精图治,只有借改良群治推动社会进步。力图唤起民众的启蒙者,与作为"革命事业之中坚"的"下等社会"之间[1],并非只是改造与被改造的关系,而是一种广泛而

---

[1] 《民族主义之教育》,《游学译编》第 10 期,1903 年 9 月。此文所述"下等社会",包括秘密社会、劳动社会和军人社会。

深刻的"对话"。精英文化在改造通俗文化的同时,也被通俗文化所改造。小传统的升值及其向主流意识形态的挑战,使得不少有识之士开始调整眼光与趣味,在某种程度上认可其价值观念。晚清志士之部分恢复"文武兼设""带剑行侠"的古老士风,主要得益于这一大小传统的对话。

醉心革命的晚清志士们立誓"勿言温和,唯言破坏"①,反观历史,必然认可历朝历代揭竿而起的绿林豪杰。称陈涉为"中国革命家第一人",洪秀全为"汉族好男儿",即便嗜杀成性的张献忠也是"莽英雄",就因为他们都曾立志"推倒政府,普救国民"②。只有梁启超大唱反调,对"今日国中迷信革命之志士"不问"革命之结果",只管运动会党输入军械以推翻政府这一"下等社会革命"方式甚不以为然。梁氏所期待的"中等社会革命"没有出现,而革命党人所赖以举事的下等社会,"其血管内皆含黄巾、闯、献之遗传性也"③,这就是晚清志士所面临的困境。在改良与革命的论争中,革命派以"敢死"的道德优势占了上风;可是梁启超的担忧并非毫无道理。强调破坏与反叛,选择暗杀手段,部分认同会党的生存方式,使得以知识者为主体的革命党人逐渐向下层社会的政治意识和文化观念靠拢。

这一倾向落实在思想文化界,就是力图以"侠"来打破儒释道三分天下的传统局面。侠无书,没有独立的思想学说,与九流十家不是一个层次上的概念。尽管游侠"不爱其躯,赴士之阨困"的精神气概"亦有足多者"(《史记·游侠列传》),令千古文人感叹不已;但只有到了晚清,读书人才会想起争论侠出于儒抑或出于墨。前此,"侠"主要是一种民间文化精神,为下层社会所崇拜和效仿。侠的增值意味着儒的贬值。"儒

---

① 亚卢(柳亚子):《中国立宪问题》,《江苏》第6期,1903年9月。
② 亚卢《中国革命家第一人陈涉传》、复汉种者《新国史略》、金一《莽英雄杀人记》,三文分别刊于《江苏》第9—10期、6期、7期。
③ 梁启超:《中国历史上革命之研究》,《饮冰室合集·文集》第五册第31—41页。

侠"并称,已是打破儒学的独尊地位;更何况还有像章、黄师徒那样将实现儒家仁义理想的重任全部搁在侠士肩上①。而"墨侠"的提法,同样意味着儒家中心地位的衰落,以及中国文化中大小传统的沟通。

"游侠"作为一种文学想象,在晚清同样呈现大小传统对话的态势。晚清志士喜欢将国势衰弱归因于中国人主文而不尚武的习俗,进而追究"中国历代诗歌皆言从军苦"的责任②。其实,六朝之游侠诗与唐代之边塞诗,何尝没有"祈战死"的慷慨悲歌。只不过宋元以降,中国诗歌确实偏于柔美。不过,中国文学还有偏于阳刚的一面,世人何以视而不见?从《水浒传》到《三侠五义》,明清小说中只要贴近民间传统的,多尚武粗豪之气(文人味浓的小说偶尔也会出现"侠客",但多是假的,如《儒林外史》第十二回中的张铁臂;即此一端,可见文人心态)。只因小说(尤其民间气息浓的章回小说)未登大雅之堂,时人才会纷纷感慨中国文学缺乏尚武精神。

晚清志士为配合其改良群治的政治运动,提出"小说界革命"口号,将前此贬为"小道"的小说提高到"文学之最上乘"。从推崇诗文到注重小说,这一文学转向的核心是意识到"小说有不可思议之力支配人道",希望"六经不能教,当以小说教之"③。接受一种文学形式,同时意味着接受其蕴涵的文化精神与审美趣味。梁启超一开始摆出全面批判传统小说的架势,将《水浒传》《红楼梦》作为诲盗诲淫的代表④;可曾几何时,梁氏等新小说的提倡者又大赞起《水浒》《红楼》来。一方面是受西方民

---

① 参阅章太炎十几年间三次写作的三篇《儒侠》和黄侃的《释侠》。
② 梁启超:《自由书·祈战死》,《饮冰室合集·专集》第二册第37页。
③ 参阅康有为《〈日本书目志〉识语》和梁启超《论小说与群治之关系》,《二十世纪中国小说理论资料》第一卷,北京:北京大学出版社,1989年。
④ 梁启超:《译印政治小说序》,《清议报》第1册,1898年12月。

主精神的启迪,大谈《水浒传》"纯是社会主义"①;另一方面则是受粗豪尚武的民间文化精神熏陶,欣赏《水浒传》之"鼓吹武德,提振侠风","遗武侠之模范,使社会受其余赐"②。新小说家不但重评《水浒传》,而且续写《水浒》再造"梁山"(如西泠冬青和陆士谔各著有《新水浒》)。至于结合《水浒传》传统与虚无党小说,大讲暗杀复仇,联络会党发动起义者,如王妙如的《女狱花》、海天独啸子的《女娲石》、怀仁的《卢梭魂》、陈景韩的《刺客谈》等,更能"鼓吹武德,提振侠风"。流风所及,小说家即便不以"尚武"为中心,也喜欢在小说中插入几段关于侠士或暗杀的描写,如曾朴的《孽海花》、林纾的《剑腥录》、李伯元的《文明小史》、旅生的《痴人说梦记》等。陈景韩更编有专门"以侠客为主义"的《新新小说》杂志,每期刊登各种类型的"侠客谈"。一时间主尚武谈侠客,成为小说创作中的热门。

1907年,宋教仁前往东北,联络他称之为"二十世纪之梁山泊"的"满洲之马贼"③。就在致信通好希望"共图大举"的那一天,他"至一中国书店,购得《大八义》及《儿女英雄传》"④。宋氏日记中没说明购书目的,不过揣测当时心境,大概与联络"马贼"一事不会毫无关系。此事颇有象征意味,晚清志士要联络会党共同举事,必然会认可这些表彰绿林豪杰江湖好汉的"海盗"小说。而新小说家之投入"尚武"小说的创作,也必然会努力改造清代侠义小说传统;最突出的一点,就是将侠客的立足点重新从官府移回江湖——不再"为王前驱",而是"替天行道"。这一价值观念的转换,对此后武侠小说的繁荣至关重要。

借助于大小传统的对话,原来流行于下层社会的侠义小说得到民主

---

① 蛮:《小说小话》,《小说林》第1期,1907年2月。
② 《小说丛话》中定一语,《新小说》第15号,1905年4月。
③ 劫(宋教仁):《二十世纪之梁山泊》,《二十世纪之支那》第1期,1905年6月。
④ 《宋教仁日记》第356页。

思想的洗礼,而晚清志士则受其"提振侠风"的刺激,进一步强化其游侠心态。只是辛亥革命后,游侠精神再度失落。当年"立身儒与侠,知己剑兼箫"(周实《无尽庵独坐》)的志士们,一旦坐起江山来,着眼点从破坏转为建设,依靠力量由会党转为士绅,暗杀行为受到一致谴责(起码表面上如此),不轨于法的游侠只能再次遁入江湖。从孙中山就任总统的第二天起,各省都督陆续发布取缔会党的布告①,新的当权者照样不允许闾巷之侠"以匹夫之细窃杀生之权"(《汉书·游侠传》)。新政府取缔会党作为一种政治策略的功过得失不在此论,但没有绿林豪气,没有暗杀风潮,即便有个别推崇尚武精神的特立独行之士,也无法真正"提振侠风"。三四十年代国难当头,不少文人学者又开始谈兵论侠②,大概希望借此激励民气,可再也无力像晚清志士那样坐而论剑起而行侠。

"此日穷途士,当年游侠人"(黄侃《效庚子山咏怀》)。晚清一代志士或许是大侠永远隐入历史深处前的回光返照。现代人不只失落了借以行侠的宝剑,连游侠诗歌也吟不成篇,唯一剩下的,是近乎"过屠门而大嚼"的武侠小说。

晚清志士推翻清廷的功绩不时被人提及,而我则更欣赏其作为一种精神气质的游侠心态,包括担当精神、悲剧意识、激进情绪、反抗与破坏欲、临危一击根本解决问题的思想方式,以及剑气豪气江湖气与流氓气等等。晚清特殊的思想文化背景及晚清志士采取的特殊政治策略,使得这代人在某种程度上实现了千古文人的侠客梦。单凭这一点,也值得后人羡慕与怀念——尽管其思想方式与政治策略其实并不值得效仿。

---

① 蔡少卿:《中国近代会党史研究》第313—329页,北京:中华书局,1987年。
② 如顾颉刚、郭沫若、闻一多、雷海宗等都有专文论述。

附　录　自立门户与径行独往
——章太炎的学术品格

钱穆先生在《余杭章氏学别记》中曾赞扬章太炎治学能"守平实"，"不偏尊一家，轻立门户"，大别于"极恢奇"的康有为。称章氏不"偏尊一家"没错，可说其不"轻立门户"则未必。世人常将偏尊一家与自立门户混为一谈，章太炎恰好是主张自立门户以破偏尊一家的。故章氏后期的主张诸科平等，兼取汉宋，与前期的推崇"矜己自贵，不相通融"，其实并没有根本性矛盾，只不过侧重点不同而已。

太炎先生论学，门户之见相当明显，而且似乎并不想隐瞒这一点。因为在他看来，现代中国学术界并非过多门户，太讲独立，而是"其病多在汗漫"。学者立论之所以漫无标准不着边际，其表是缺乏己见不能自立，其里则是慑于一尊不敢放言。救治之法是重新高扬先秦诸子自立门户百家争鸣的学术精神：首先是敢于自立门户，然后才谈得上百家争鸣。若都一味依人门下，所谓争鸣最多不过是补苴罅漏的小把戏，谈不上别树一帜推陈出新。当然，是否能够自立门户，还有个客观环境的限制，若汉武帝罢黜百家独尊儒术，既"定一尊于孔子，虽欲放言高论，犹必以无碍孔氏为宗"，这就难怪学者"强相援引，妄为皮傅，愈调和者愈失其本真，愈附会者愈违其解故"（《诸子学略说》）。衡量一个时代学术成就的高低，很重要的一个标志就是学者能否自立，能否别创新说。社会能否允许百家争鸣是一回事，学者本身有没有自立的意识和要求又是一回事。章氏主要着眼于后者,希望后世学人能追踪先秦诸子,"各为独立,无援引攀附之事"。

古学主独立,"虽同在一家者,犹且矜己自贵,不相通融";不像今学多调和,明明风马牛不相及,也硬要说是殊途同归。章氏在评述孔墨之后"儒分为八,墨离为三"时称:

> 此可见当时学者,惟以师说为宗,小有异同,便不相附,非如后人之忌狭隘、喜宽容、恶门户、矜旷观也。盖观调和独立之殊,而知古今学者远不相及。(《诸子学略说》)

门户之见并不如世人描述的那么可恶,因其能独立;宽容之态也不像世人设想的那么可喜,因其只是调和。章氏本人议政论学,颇多惊世骇俗之举,与其力主独立的学术宗旨甚为相符。

认准"中国之学,其失不在支离,而在汗漫"(《诸子学略说》),章氏于是极力诋毁近世学人之貌似博学通达,实则无卓识难自立。这其间对具体学者(如魏源、康有为)的评价或许过分苛刻乃至充满偏见,但以能否自立来衡文量人,确能"见大体",时有出人意表的精彩之论。至于怎样才算学能自立,章太炎没有专门论述,可考察其零星散论,至少应包括如下几个层面。

首先,学求专精,切忌博杂无所归依。在章太炎看来,"闻见杂博,喜自恣肆",无论为学还是作文,都非正道,虽说比"凌乱无序"或"剽窃成说"好些,可远未及"成一家言者"值得推崇(《说林下》)。1906年章太炎致书刘师培,专论"泛览群籍,未若专精一家",对世间俗儒之道听途说,纵偶有所得,亦如孤魂野鬼一样无所归依非常不以为然。章氏论学旗帜鲜明,"经术则专主古文,无取齐学",故对今文经学大家廖平多有抨击,列为近世经师末等。可即便如此,章氏对廖平仍不乏敬意,晚年更为其撰写墓志铭。就因为在他看来,廖氏虽"智虑过锐,流于谲奇",可毕竟"学有根柢,于古近经说无不窥"。能专精,有家数,尽管是论敌,也还值得尊重;章太炎最看不起的是学界"漫羡无所归心"的"荡者"。

其次,学主独立,并非鼓励"放恣之论"。章太炎对康有为师徒的攻击正是"狂悖恣肆,造言不经"。这既包括为人,也包括论学。章氏本人虽自视极高,且多非常之举奇异之论,可治学毕竟讲究师承。七年诂经精舍打下考名物诂经史的牢固基础,所谓"觉定宇、东原真我师表",并非只是一句空话。而学有师承学有根基,说白了就是了解并能够遵守某种学界大致认可的学术规则,并因此使得自己的研究进入某一学术传统。学术研究中存在着某些"规矩",随着时代的推移学术的发展,"规矩"自然也会变动;可在特定历史阶段,这些"规矩"大致凝定。承认不承认这些规矩的权威性,或者说遵守不遵守这些规矩,可以成为区分不同学派的最佳标尺。但也有些规矩超越学术派别,比如除非不搞考据或者存心犯规,否则附会臆测不足以定论这一"规矩"你就不能不遵守。古文经学派的章太炎固然是主张"实事求是""无征不信";今文经学派的康有为不也称"无征不信,则当有据;不知无作,则当有考,百学皆然"(《长兴学记》)?正是在这意义上,章氏主张治学守规矩。对"自谓精审"的《刘子政左氏说》和《新方言》,章太炎专门做了"然皆履蹈绳墨"的自我表白。

完全不守规则,只能是野狐禅,纵有所得,绝难大成;完全守规则,最多只能算入大门走正道,离大成也甚远。其实,问题不在于要不要规则,而在于如何在遵守规则中超越规则,也就是章太炎说的:

> 学无绳尺,鲜不眯乱,徒知派别,又不足与于深造自得者。(《与人论国学书》)

这个尺度实际上不大好把握,只能大致说,对初学之士讲"履蹈绳墨",以保证其学入门上路;对积学之士讲"深造自得",以免囿于师门裹足不前。不过,第一步应是入正门守师法,未入门而大谈破门而出超越前贤,近于痴人说梦。"守一家之学,为之疏通证明",虽不若"发前修所未见,每下一义,泰山不移",却也算二等经师,远胜于"侈谈大义而杂以夸言"者(《说林下》)。

乾嘉时代,学术规则的权威性被普遍承认,学界之弊或许在太守师法,缺乏创新精神。而在清末民初,世人争言变革,唯新是从,奇谈怪论风靡天下,学界之弊则在太不守师法,太多浮泛汗漫之论。章氏早年之推崇刘师培,晚年之赞赏黄侃,都是因其学有所守,学有根基。有感于"中国士民,流转之性为多,而执著之性恒少,本无所谓顽固党"(《箴新党论》),章氏论学特重师法。但学有所守,不等于墨守师法,更不同于党同伐异。真正有所持守者,师法不同仍然可以沟通;最可怕的是随时流转,永远追赶潮流,随时准备反戈一击。

不入门而侈谈创新,必然"杂糅瞀乱,直是不古不今非汉非宋之学";入了门则须破除门户之见,"兼采古今",方才能"独树一帜"——章太炎之讥魏源与褒王闿运,用的正是这一标尺。赞俞樾为近世经师第一等,也是因俞氏符合这一有家法而又不为家法所囿的标准:

> 为学无常师,左右采获,深疾守家法违实录者。(《俞先生传》)

章氏之非难墨守,并非只是消极的破家法门户之见,而是着眼于自创新说,自坚门户。重要的是"字字征实,不蹈空言,语语心得,不因成说",有心得自然出新意,有新意自然超越家法门户之见。不是急于去破人家的门户,或者防异说的浸染,而是敢于独树一帜,力求自我完善。古学之所以能独立,表面在"破"(分与离),实际上却是"立"——"既立一宗,则必自坚其说"。也就是章氏总结的,"古学之独立者,由其持论强盛,义证坚密,故不受外熏也"。只有"持论强盛,义证坚密",才能"自坚其说";只有"自坚其说",才能避免"同门相党,专己守残"。世人多有攻讦"党同门妒道真"者,但若章氏那样借自立门户自坚其说,来破门户之见家法之陋者,实不多见。

民国以前,章太炎论学主独立,"但顾求真,不怕支离",力破"汗漫"与"调和",勇于向正统和权威挑战,这点学界不会有太大的争论。问题在于民国以后,章氏是否"开始流露保守的、调和的动向"。古今中外第一流的文人学者,老来不如年轻时激进,立论日趋平实公允,此乃常态;越老越偏激的毕竟罕见,而且给人"冬行春令"的感觉。康有为曾引明人顾宪成语,"学者宜从狂狷起脚,从中行歇脚",就是这个道理。晚年追悔少时好为高论,或者"激而诋孔",这只能说明章氏学术思想有所调整,不一定证实他在学术上"放弃了先前坚持门户,不忌'党同伐异'的原则"。先是著《齐物论释》,后又有《菿汉微言》,认可庄子"无物不然,无然不可"的说法,学术上颇有调和汉宋的倾向,如称:"汉宋争执,焉用调人?喻以四民各勤其业,瑕衅何为而不息乎?"不过,扬弃汉宋争执与不立门户是两回事。章氏只是承认学术上家数理路不同,各有利弊得失,"疏通知远好为玄谈者"与"文理密察实事求是者"都有其存在价值;而并非主张所有学术不分高低。即便在"操'齐物'以解纷,明'天倪'以为量"时,章氏还是有个限定:"苟外能利物,内以遣忧,亦各从其志尔"(《菿汉微言》)。换句话说,倘若外不能"利物",内不足"遣忧",此等"伪学术"也就没有存在价值了。

兼求训诂与义理,乃章太炎之超越清儒处。所谓扬弃汉宋争执,不过是个说与不说的问题。以融合"华梵圣哲之义谛,东西学人之所说"自命的章太炎,早就非汉学藩篱所能限制。早年之力主自立门户,与晚年之倾向于调和汉宋,之所以没有根本区别,就因为章氏心目中的"门户""家法",既包括思想体系,也包括学术规则。在思想体系层面上,可以百家争鸣,"各从其志";而在学术规则层面上,则必须"履蹈绳墨",不得胡搅蛮缠。其实,在1906年作《诸子学略说》赞赏"古学之独立"时,章氏就意识到这个难题,即如何区分"承受师法各为独立"与"党同门妒道真"(用今天的话说,就是既要有学派又不能闹宗派)。章太炎的答案很简单,却耐人寻味:"此说经与诸子之异也。"说经乃"客观之学","考其典章制度与其事迹而已",故必须博览群籍,不能专守一家之说,党同妒真当然不可取;诸子则是"主观之学","要在寻求义理,不在考迹异同",故"既立一宗,则必自坚其说",尽量避免"调和"与"汗漫"。也就是说,评价说经之学的标准是"实事求是",而评价诸子之学的标准则是"自坚其说"。说经之学与诸子之学学术思路不同,评价标准也不同,就好像汉宋之学各有长短,不必互相攻讦一样。不过,倘言"义理之学",确须持通达态度,不得党同伐异;而言"考据之学"(典章制度名物训诂),则有一定之规,不妨讲讲家法绳墨。章氏晚年虽不争汉宋,可仍严守古文家法,一有机会必嘲讽今文经学;至于多次指责疑古思潮和甲骨之学,更显其门户之见甚深。

章氏论学的具体内容当然前后有别,可其"不惑时论""立说好异前人",喜独树一帜自立门户,这一点则是始终未变。这与其性情志趣大有关系。《訄书》第一版上有章氏题词,劈头便是"幼慕独行"四字。这四字可以说是其一生立身处世的基本准则。论学时的自立门户与处世中的特立独行,其实是一回事。不管对章太炎如何评价,其多姿多彩的一生及其特立独行的性格,都给人留下不可磨灭的印象。

"时危挺剑入长安,流血先争五步看"(《时危》)这样的气概;"以大勋章作扇坠,临总统府之门,大诟袁世凯的包藏祸心"(鲁迅《关于太炎先生二三事》)这样的壮举,千载之下还会令人感叹不已。高旭《题太炎先生驳康氏政见诗》,其实可移为章氏一生写照:"拔剑何峥嵘,侠骨磨青天"。不只生死关头,平日立身处世乃至品评古人,都以是否"唯我独尊"、率性而行为尺度。章氏当年之提倡佛教,看中的正是其"自贵其心,不依他力,其术可用于艰难危急之时"。用世如此,论学也不例外,"儒、道、名、法,变易万端,原其根极,惟依自不依他一语"。章氏本人正是以其提倡的"排除生死,旁若无人,布衣麻鞋,径行独往"的侠士气概,纵横驰骋于清末民初的政坛与学界。

在章太炎看来,提倡游侠精神并非只是鼓吹种族革命的权宜之计。早年以独行侠自任,颇多惊人之举;晚年目睹山河破碎,重新阐扬侠士风神,将其作为真正的中国文化精华:"中国文化本无宜舍弃者,但用之则有缓急耳。今日宜格外阐扬者,曰以儒兼侠。"(《答张季鸾问政书》)从1900年到1915年,章太炎三作《儒侠》,每次都有大的修订,对侠的理解日益深入,评价也日渐提高。《訄书》初刻本中除考侠之起源及表现外,更断言"天下有亟事,非侠士无足属"。《訄书》重订本则用两句话概括侠在历史发展中的作用和功能:"当乱世则辅民,当治世则辅法。"到了编定《检论》,章氏更推盗跖"为大侠师",与伯夷"贞横虽异,本之一宗也","要其主无政府一也"。将伯夷比拟托尔斯泰,将盗跖比拟巴库宁,自是不大妥当;可强调大侠精神不再只着眼于其拯危济难或自我牺牲,而是突出其独尊自贵,否定政府的绝对权威,这点颇有新意。古侠虽有"以匹夫之细窃杀生之权",不把王权法律放在眼里的倾向,可章太炎受无政府主义思潮影响,更自觉地将个人置于国家之上。

认准"个体为真,团体为幻",章太炎因而著《五无论》《四惑论》。作为对专制统治的抗议,这一思想自有其深刻处,可"无政府"的命题毕竟只是偏激之辞。有趣的是,借用"无政府"的命题以及道、释的某些观念,章氏重新思考国家与个人的关系,批评法家之"有见于国,无见于人;有见于群,无见于孑"(《国故论衡·原道下》)。从尊重个体自由和人格尊严,反对极权统治角度,章氏进一步肯定自掌正义、放荡不羁,因而"时扞当世之文罔"的游侠,这比单从"救人于危"立论深刻得多。

以此"依自不依他""径行独往"的大侠精神治学,自是易于冲决网罗,别树一帜。只是祸福相倚伏,性拙者易于守一家之学,无大成也无大失;才大者则易率其胸臆,无视规矩,汪洋恣肆,徒以新奇矜人。用章氏自己的话说就是"庸者玩物而丧志,妄者纵欲以败度"(《王文成公全书题辞》)。章太炎提倡"以儒兼侠",目的是让血性之躯高明之士,行侠或论学时"自无逾轨之事"。这是有感而发的,提倡"儒侠相附",针对的是当时之"新说恣行,而民如麋鹿"(《菿汉昌言》)。章太炎本人历来"径行独往",立说好异前人与时人;可恰恰是章太炎,晚年往往批评时人之"好为瑰异"。

明清间说经者"人自为师,无所取正",直到惠栋"以汉儒为归",学术才走上正轨。如今又是"学者好为瑰异",轮到章太炎来反"恣为新奇之论",认定"欲导中国入于正轨,要自今日讲平易之道始"(《历史之重要》)。于世人争奇好异之时,大谈"平易之道",其实仍是"径行独往",也可以说仍是"好为瑰异之辞"。

或许,这个大转折时代,本就很不"平易",反是瑰异之辞更能道出其中奥秘。赞叹也罢,遗憾也罢,此等崇尚瑰异,只能属于那个特定的"始言变法"的年代。后人尽可嘲笑其偏激与浅薄,可其冲决网罗的气魄,自有其魅力。

第八章　现代中国的"魏晋风度"与"六朝散文"

关于"文学"的历史记忆,必定影响作家的当下写作。在此意义上,重写文学史,不可避免地介入了当代文学进程。在20世纪初正式引入"文学史"的教学与撰述之前,中国文人并没有认真区别文学理论、文学批评与文学史的必要。几乎所有的文论,都是三位一体。这么一来,提倡文学革命与重写文学史,往往合而为一。比如,标榜"秦汉文章"或者推崇"八代之文",都既是"论",也是"史";既指向往昔,也涉及当下。即便以引进西方文化为主要特征的五四新文化运动,"重写文学史"依然是其寻求突破的重要手段。谓予不信,可读读胡适的《文学改良刍议》、陈独秀的《文学革命论》等发轫之作。只有在社会分工日益加剧、学界与文坛各自为战的今天,才有必要论证"历史记忆"与"现实变革"的必然关系。

"历史"与"现实"的相对隔阂,使得本文在进入正式论述之前,有必要先解决题目的"合法性"。既是"现代中国",哪来的"六朝文章"?"魏晋"距今何止千载,岂能植入当代生活?倘若讨论嵇康对于鲁迅的影响,或者刘师培的中古文学研究,一般不会有异议。只是本文主旨不在此,更希望讨论现代作家对于"魏晋风度"与"六朝文章"的想象,如何规定着文学潮流的发展方向。

如此立说,并非"毫无疑义"。不妨先从一则轶事讲起。1940年代,周作人撰《红楼内外》,述及北大教授林损(公铎)在中国大学的兼课:

什么课呢,说是唐诗。我又好奇追问道,林先生讲那些人的诗呢?他的答复很出意外,他说是讲陶渊明。大家知道陶渊明与唐朝之间还整个的隔着一个(姑且说一个吧)南北朝,可是他就是那样的讲的。

二十年后重提此事,周作人加了个"文不对题"的批语①。着眼于史实考辨,"陶渊明"当然不属于"唐诗";但如果从接受美学的角度,在唐诗的论述框架中,未尝不可以讨论陶渊明。林损之故意违反常识,只是为了与沈尹默唱对台戏,最多只能作为"名士风度"解读。这实在有点可惜:"唐诗中的陶渊明",本来可以做成一篇别具风韵的好文章。

其实,每一代作家,都是在与先贤的对话中,体现其艺术理想;每一次文学运动,也都是在与往圣的对话中,体现其发展方向。对屈原、扬雄或者陶渊明的不同评价,以及褒贬秦汉、抑扬六朝,从来都是史家不敢轻视的"文学现象"。在"西学东渐"背景下成长起来的"二十世纪中国文学",虽曾有过激烈的"反传统"姿态,但毕竟是"剪不断,理还乱",随处可见韩柳、李杜或者王实甫、曹雪芹的身影。问题在于,除了个别作家的衣钵传承,以及国民必备的文化教养,"文学史"图像的构建,是否介入了当代文学进程?

谈论这个问题,没有创作实践的学者,或者缺乏学术眼光的作家,都不是理想的发言人。幸亏有不少兴趣广泛的"读书人",不理会学界与文坛的隔阂,纵横驰骋,上下沟通,使得我们有可能追蹑其脚步,将学者的研究与文人的视野重叠,进而勾勒"文学史"进入"当代生活"的具体途径。这里将"文章学"置于学术史视野中考察,在描述现代中国散文

---

① 参阅周作人《知堂乙酉文编》第109页,上海:上海书店,1985年;《知堂回想录》第一五七节,香港:三育图书文具公司,1974年。

发展大趋势的同时,凸显"文学革命"的另一种阅读方式,以及"古典文学"进入"当代生活"的另一种可能性。

一 被压抑的"文艺复兴"

1957年,寓居纽约的胡适开始"口述自传",距离其归国提倡文学革命正好四十周年。四十年前,归国途中的适之先生,读薛谢儿女士(Edith Sichel)著《文艺复兴》(*Renaissance*)一书,除将其改译为"再生时代",更强调"书中述欧洲各国国语之兴起,其作始皆极细微,而其结果皆广大无量。今之提倡白话文学者,可以兴矣"①。四十年后,追忆平生功业,最令适之先生感到自豪的,是其对于"中国文艺复兴"的贡献。

唐德刚编译的《胡适口述自传》,第八章题为"从文学革命到文艺复兴",称"在北京大学所发起的这个新运动,与当年欧洲的文艺复兴有极多的相似之处"。全书最后一章的最后一节"现代的中国文艺复兴",又"从广泛的历史意义"立论,将北宋初期以来的历史,概括为"中国文艺复兴阶段",具体表现为"反抗中古的宗教"以及获得"格物致知"的"新的科学方法"。由提倡科学方法而推崇清儒,由推崇清儒而上溯"朱子的治学精神",并进而以"文艺复兴"涵盖11世纪以来中国的文化运动,实在过于粗枝大叶,根本无法"小心求证"②。倒是将五四新文化运动命名为"文艺复兴",乃胡适的一贯观点,且有较为充分的阐述,值得认真关注。

在《胡适与中国的文艺复兴》一书中,格里德(J. B. Grieder)称:"除了启蒙运动外,欧洲的文艺复兴也提供了一种'五四'时代的知识分子

---

① 《胡适留学日记》第1151—1155页,上海:商务印书馆,1947年。
② 唐德刚译:《胡适口述自传》第192页、295—300页,北京:华文出版社,1992年。

们有意识地加以利用的灵感。"这一基本判断,有了以下的限定,似乎较稳妥:"与他许多的同代人比起来,胡适是更为小心地在一种严格的历史联系上来使用文艺复兴这个词的。"①也就是说,提倡新文化的主将,未见得都像胡适那样认同欧洲的文艺复兴。比如陈独秀,便对法国大革命更感兴趣。刊于《新青年》前身《青年杂志》创刊号上的《法兰西人与近世文明》,称近世文明乃欧罗巴人所独有,"而其先发主动者率为法兰西人"。着眼于政治改革与现代民族国家建设,陈独秀关注的是"使人心社会划然一新"的人权说、生物进化论和社会主义,故文艺复兴没能进入其视野。否则,以陈之学识,不至于如此独尊法兰西。考虑到陈独秀始终如一地传播西方文明,且对"盲目之国粹论者"持严厉的批判态度,称"直径取用"今日欧罗巴,较之追踪"二千年前学术初兴之晚周","诚劳少而获多"②,很难将其归入文艺复兴的精神传人。

其实,对比五四文学革命的两篇发轫之作:胡适的《文学改良刍议》与陈独秀的《文学革命论》,也能看出二者微妙的差别。前者之推崇"但丁、路得之伟业",与后者的全面排斥贵族文学、古典文学、山林文学,各自心目中"庄严灿烂之欧洲"不尽相同,文学革命的取径自然也就有不小的差异③。格里德之认定"再生主题就像贯穿在这些年文学中的一根银线"④,明显地受胡适的《中国的文艺复兴》(*The Chinese Renaissance: The Haskell Lectures for the Summer of 1933*, The University of Chicago

---

① 格里德著、鲁奇译:《胡适与中国的文艺复兴》第336页,南京:江苏人民出版社,1989年。

② 陈独秀:《法兰西人与近世文明》,《青年杂志》创刊号,1915年9月;《学术与国粹》,《新青年》第4卷第4号,1918年4月。

③ 胡适:《文学改良刍议》,《新青年》第2卷第5号,1917年1月;陈独秀:《文学革命论》,《新青年》第2卷第6号,1917年2月。

④ 格里德著、鲁奇译:《胡适与中国的文艺复兴》第336页。

Press)一书的影响。此书乃胡适1933年在芝加哥大学作"中国文化的趋势"系列演讲的结集,对英语世界的读者影响较大,也很能表现作者本人的文化理想,但难以涵盖整个新文化运动。

适之先生为了说明五四新文化运动"实在是个彻头彻尾的文艺复兴运动",追述1919年所撰《新思潮的意义》一文,尤其强调"整理国故"乃新文化运动中重要的一环,并承认章太炎《国故论衡》的启示意义①。其实,晚清的新学之士,以文艺复兴为重要的思想资源的,远不只太炎先生一人。不过,在"复兴古学"的目的、方法与途径上,尤其是如何处理"复兴古学"与迫在眉睫的政治革命的关系,各家说法不一,值得仔细玩味。

1902年,在《论学术之势力左右世界》中,梁氏高度赞赏卢梭《民约论》之提倡天赋人权以及法国大革命促成"今日之民权世界":

> 自此说一行,欧洲学界,如旱地起一声霹雳,如暗界放一光明,风驰云卷,仅十余年,遂有法国大革命之事。自兹以往,欧洲列国之革命,纷纷继起,卒成今日之民权世界。②

两年后,《论中国学术思想变迁之大势》第七章"近世之学术"发表,梁氏对欧洲文艺复兴运动也给予极高的评价:

> 欧洲之所以有今日,皆由十四、五世纪之时,古学复兴,脱教会之樊篱,一洗思想界之奴性,其进步乃沛乎莫能御。③

---

① 参阅唐德刚译《胡适口述自传》第195—196页。
② 梁启超:《论学术之势力左右世界》,《新民丛报》第1号,1902年2月。
③ 梁启超:《论中国学术思想变迁之大势》第七章"近世之学术",《新民丛报》第53—58号,1904年9—12月。

第八章 现代中国的"魏晋风度"与"六朝散文"

表面上看,"古学复兴"与"法国大革命",在晚清的思想文化界,同样受到赞赏。可实际上,后者的魅力更加无法抗拒。就拿梁氏主编的《新民丛报》来说,所推介的思想家、所关注的政治运动,基本上都局限于18—19世纪。虽有康有为之渲染流血与恐怖①,法国大革命仍是《新民丛报》极为关心的话题。至于"激进主义"的《民报》之倾心于卢梭与法国大革命,更是意料之中。对于晚清主张改革的政治家——不管是温和派还是激进派——来说,法国大革命远比文艺复兴更接近于其现实关怀。只有回到学术文化建设时,"远在天边"的文艺复兴,方才引起国人的热切关注。就在上述《论中国学术思想变迁之大势》第七章中,梁氏开始以清学的繁荣比附欧洲的文艺复兴:

> 此二百余年间总可命为中国之"古学复兴时代",特其兴也,渐而非顿耳。然固俨然若一有机体之发达,至今日而葱葱郁郁,有方春之气焉。吾于我思想界之前途,抱无穷希望也。②

1920年,梁启超为蒋方震《欧洲文艺复兴时代史》作序,再次强调清代学术潮流之"以复古为解放","与欧洲文艺复兴时代相类甚多"。此序因篇幅过长而独立成书,即后来极受思想史家关注的《清代学术概论》。蒋方震反过来为梁书撰写序言,称:"由复古而得解放,由主观之演绎进而为客观之归纳,清学之精神,与欧洲文艺复兴,实有同调者焉。"③此类假设,本有待进一步的论证;可因了胡适极力表彰"科学精神",清儒地

---

① 参阅明夷(康有为)《法国革命史论》,《新民丛报》第85、87号,1906年8—9月。
② 梁启超:《论中国学术思想变迁之大势》第七章"近世之学术",《新民丛报》第53—58号,1904年9—12月。
③ 参阅朱维铮校注《梁启超论清学史二种》第6页、82页、89页,上海:复旦大学出版社,1985年。

位迅速上升,将清代学术比附文艺复兴,似乎也就被中国学界默认了。当然,这已经是五四新文化运动以后的"故事"了。

在晚清思想界,以提倡革命著称的章太炎,也曾对欧洲的文艺复兴表示强烈的兴趣。1906年,章氏在《东京留学生欢迎会演说辞》中提及:"若是提倡小学,能够达到文学复古的时候,这爱国保种的力量,不由你不伟大的。"同年撰写《革命之道德》,称其心目中的"革命"即"光复",而讲汉学者之"追论姬汉之旧章,寻绎东夏之成事",大有益于光复大业,接着引证"彼意大利之中兴,且以文学复古为之前导,汉学亦然,其于种族,固有益无损"①。

章太炎的思路,明显得益于1905年创刊的《国粹学报》。黄节述及《国粹学报》的创刊,既有"同人痛国之不立,而学之日亡也"的现实刺激,也受文艺复兴成功的启迪:

> 昔者欧洲十字军东征,驰贵族之权,削封建之制,载吾东方之文物以归,于时意大利文学复兴,达泰氏以国文著述,而欧洲教育遂进文明。②

半年后,许守微作《论国粹无阻于欧化》,称"国粹绝而希腊衰矣",而"今日欧洲文明,由中世纪倡古学之复兴"③。紧接着,邓实发表《古学复兴论》,将提倡国粹的意图表达得淋漓尽致:

> 邓子曰:十五世纪,为欧洲古学复兴之世,而二十世纪,则为亚

---

① 章太炎:《东京留学生欢迎会演说辞》,《民报》第6号,1906年7月;《革命之道德》,《民报》第8号,1906年10月。
② 黄节:《〈国粹学报〉叙》,《国粹学报》第1期,1905年2月。
③ 许守微:《论国粹无阻于欧化》,《国粹学报》第7期,1905年8月。

洲古学复兴之世。夫周秦诸子,则犹之希腊七贤也;土耳其毁灭罗马图籍,犹之嬴秦氏之焚书也;旧宗教之束缚,贵族封建之压制,犹之汉武之罢黜百家也。呜呼!西学入华,宿儒瞠目,而考其实际,多与诸子相符。于是而周秦学派遂兴,吹秦灰之已死,扬祖国之耿光,亚洲古学复兴,非其时邪?

以上文章,均发表在章太炎东京演讲之前一年,而章与《国粹学报》诸君关系密切,立论因而遥相呼应。

周秦诸子与希腊学派,同是"轴心时代"的英才,借用邓实的说法,即"绳绳星球,一东一西,后先相映,如铜山崩而洛钟应"。"卓然自成一家言"的周秦诸子,完全"可与西土哲儒并驾齐驱者也"①,复兴其学说,应该具有同等效果。可实际上,15世纪意大利文艺复兴的盛况,并没有在20世纪初的中国出现。除了国情不同,时世变迁,更因提倡者"动机不纯"。章太炎、梁启超等表彰希腊、意大利之"复兴古学",既用"古典",也含"今事"——19世纪中叶发生在希腊、意大利的革命或独立战争,让晚清的中国人大为感动,并浮想联翩。1909年,章太炎的《新方言》刊行,刘师培在为其撰写的《后序》中,发露"太炎之志":

  昔欧洲希、意诸国,受制非种,故老遗民,保持旧语,而思古之念沛然以生,光复之勋,蘉蕴于此。今诸华夷祸与希、意同,欲革夷言,而从夏声,又必以此书为嚆矢。②

此说并非空穴来风。同年,太炎先生《与钟君论学书》中曾述及其致力

---

① 邓实:《古学复兴论》,《国粹学报》第9期,1905年10月。
② 刘师培:《〈新方言〉后序》,《新方言》,1909年东京刊本。

于文字训诂之学,乃有鉴于意大利之前例,只要"葆爱旧贯,毋忘故常",那么"国虽苓落,必有与立"①。

意大利之所以令太炎先生感慨遥深,主要因其19世纪的重新立国。如何建立现代民族国家,这样的话题,无疑更切合面临"亡国灭种"危机的国人的心境。就像梁启超更关心玛志尼等"建国三杰",冷淡但丁或米开朗琪罗一样,世人之注目意大利,主要并非因其乃文艺复兴的发祥地。专门的文艺复兴史,直到二三十年代方才出现②;而演绎意大利独立建国故事的著作,1903年前后便已蔚为奇观③。对于20世纪初普遍倾向于"以史为鉴"的中国人来说,亡国史、立宪史、革命史与独立史的编纂④,无疑更为迫切。至于文艺复兴,作为一种历史知识,世人虽也不时提及,却谈不上认真对待。

思想界之"冷落"文艺复兴,直到五四前后,仍无根本改观。1919年元旦创刊的《新潮》,其英文名称为 The Renaissance;可是,观其《发刊旨趣书》之批评国人"不辨西土文化之美隆如彼,又不察今日中国学术之枯槁如此",其取向依然是引入西潮。其标榜"文艺复兴",着眼的是学者追求真理时的"率意而行,不为情牵":

> 又观西洋"Renaissance"与"Reformation"时代,学者奋力与世界

---

① 章太炎:《与钟君论学书》,《文史》第2辑,1963年。
② 如蒋方震《欧洲文艺复兴史》(1921年)、陈衡哲《文艺复兴小史》(1930年)、傅东华《欧洲文艺复兴》(1934年)、常乃惠《文艺复兴小史》(1934年)等。
③ 除了译述的《义大利独立战史》(商务印书馆,1902年)、《意大利独立史》(广智书局,1903年)、《意大利独立战史》(作新社,1903年)、《意大利建国史》(一新书局,1903年),还有梁启超撰写的《意大利建国三杰传》(广智书局,1903年)、《新罗马传奇》(1902—1904年连载于《新民丛报》)等。
④ 参阅胡逢祥、张文建《中国近代史学思潮与流派》第三章第四节,上海:华东师范大学出版社,1991年。

魔力战,辛苦而不辞,死之而不悔。若是者岂真是好苦恶乐,异乎人之情耶?彼能于真理真知灼见,故不为社会所征服,又以有学业鼓舞其气,故能称心而行,一往不返。①

《新潮》的两员主将罗家伦、傅斯年,均在创刊号上发表文章,鼓吹的都是法国式的政治革命与俄国式的社会革命——且更偏向于后者②。至于作为刊名的"文艺复兴",反而不见"新潮"诸君专门论述。在文化选择上,新潮社属于典型的欧化派,与主张"学兼新旧"的国故派尖锐对立,不再欣赏"古学复兴"之类的说法,而是强调吸取欧洲思想,以医治"我们学术思想上的痼疾",理由是:

> 我们倘若单讲到学术思想,国故是过去的已死的东西,欧化是正在生长的东西;国故是杂乱无章的零碎智识,欧化是有系统的学术。③

这种文化革新的策略,自有其合理性;但与"文艺复兴"的基本精神,似乎不可同日而语。尽管胡适、周作人、郑振铎、顾颉刚等对"整理国故"抱有好感,也承认其必要性④,可一直到1920年代前期,新文化人仍以引进西学、反对复古为主要职责。

如果排列欧洲思想运动对中国人的深刻影响,晚清崇拜的是法国大

---

① 《〈新潮〉发刊旨趣书》,《新潮》第1卷第1号,1919年1月。
② 参阅罗家伦《今日之世界新潮》、孟真《社会革命——俄国式的革命》,均见1919年1月《新潮》创刊号。
③ 毛子水:《国故和科学的精神》,《新潮》第1卷第5号,1919年5月。
④ 参见胡适《新思潮的意义》、周作人起草的《文学研究会简章》、郑振铎《新文学之建设与国故之新研究》和顾颉刚《我们对于国故应取的态度》。

革命,五四模仿的是启蒙运动;至于文艺复兴,始终没有形成热潮。即便在其已经浮出海面的二三十年代,也仍局限于很小的学术圈子,无法让青年学生(此乃20世纪中国思想文化界风潮涌起的原动力)如痴似醉。在一个以"西学东渐"为主要标志、以"救亡图存"为主要目标的时代,相对冷淡"遥远的"文艺复兴,实在是再自然不过的了。

可是,在一个相对寂寞的角落,文艺复兴的"图像",正悄然呈现:我指的是二三十年代以后中国现代散文的历史命运。晚清以降,受西学东渐大潮冲击,中国文学的整体格局产生很大变化,其中一个重要标志,便是小说的迅速崛起与散文的走向边缘。不再承担"经国大业"的现代散文,其痛苦而成功的蜕变,无意中呼应了遥远的文艺复兴。而最早对此走向做出准确描述的,当推周作人。

周作人对欧洲文艺复兴的强烈兴趣,在其初版于1918年的《欧洲文学史》中,已有所表现。此书乃作者在北京大学的讲义,是过去十年间阅读欧洲文学及文学史著作的一个总结。具体论述或许不够深入,颇有将前人成果"拿来做底子"的,但毕竟是中国人编写的第一部欧洲文学史。更重要的是,通过教书、编讲义,督促其"反复的查考文学史料"①,此等丰厚的西方文化修养,对其日后的写作散文大有裨益。《欧洲文学史》的第三卷第一篇,总题为"中古与文艺复兴",除讨论希腊思想与希伯来思想、各国史诗及骑士文学,更着重探究文艺复兴之前驱、文艺复兴期拉丁民族之文学(意大利、法国、西班牙)、文艺复兴期条顿民族之文学(英国、德国)等。在具体论述中,周氏强调文艺复兴"发动之精神,则仍由国民之自觉,实即对于当时政教之反动也"。一方面是"东罗马亡,古学流入西欧,感撄人心",另一方面是教会信仰渐失,民众疑窦丛生,久蛰之生机,俄忽觉醒,求自表见。"终乃于古学研究中得之,则遂竞赴

---

① 周作人:《知堂回想录》第一九九节。

之,而莫可御矣"。"古学研究"之值得重视,在于其体现了文艺复兴之真精神,即"竞于古文明中,各求其新生命",以及"志在调和古今之思想,以美之一义贯之"①。这一借"调和古今"而寻求新生命的文化理念,在其日后的社会及文学实践中,得到自觉的凸现。

比起同时代忙于追赶西方文学新潮的批评家来,周作人对于"古老的"文艺复兴,有更多的了解与同情。正因为如此,周氏对于"文艺复兴"概念的使用,不像胡适那样"无所顾忌"。同样以"文艺复兴"解释中国文化进程,周氏不但不会考虑北宋的"新儒学",连五四运动也不太合适②;只有在描述新文学的某一门类——现代散文——的进展时,"文艺复兴"方才姗然出现。1926 年,在为俞平伯重刊《陶庵梦忆》作序时,周作人借题发挥:

> 我常这样想,现代的散文在新文学中受外国的影响最少,这与其说是文学革命的还不如说是文艺复兴的产物,虽然在文学发达的程途上复兴与革命是同一样的进展。③

两年后,为俞平伯《杂拌儿》作跋,周作人再次阐述"复兴"与"革命"、"新"文学与"旧"传统的辩证关系:

> 现代的散文好像是一条湮没在沙土下的河水,多少年后又在下

---

① 周作人:《欧洲文学史》第 126 页、176 页、127 页,长沙:岳麓书社,1989 年。
② 在《代快邮》(《谈虎集》上册,上海:北新书局,1928 年)中,周作人将五四运动以来的民气作用,与"汉之党人,宋之太学生,明之东林"相比附,否定其为"国家将兴之兆",并断言:"总之不是文艺复兴!"
③ 周作人:《〈陶庵梦忆〉序》,《泽泻集》,上海:北新书局,1927 年。

流被掘了出来;这是一条古河,却又是新的。[1]

由文学革命初期的欢呼"西潮"、批判"国粹",到十年后的发掘"传统",强调其对于"现代"(艺术与生活)的积极意义,周作人的思路并非绝无仅有。在众多"寻根"之作中,周作人的特点是始终咬住散文,而且步步为营,从不泛论"文艺复兴"的可能性。

将范围缩小到散文,把时间上溯到晚清,以白话文学的自我调整为契机,在讨论中国文章转型成败得失的同时,思考如何"竟于古文明中,各求其新生命",此乃周作人的工作策略。从强调"革命"转为注重"复兴",对于传统的态度,自然也就由"反叛"变为"选择"。思想文化界的这一"大趋势",在文学创作与研究——尤其是"现代散文"的创作与研究中,得到最为突出的表现。1930年代中期,鲁迅曾感慨,新文化运动以来,"散文小品的成功,几乎在小说戏曲和诗歌之上"[2]。胡适、曾朴、朱自清、周作人等,也都有过类似的判断[3]。根据当事人的这些描述,文学史家很容易演绎出另一个更加有趣的命题:散文小品之所以获得成功,得益于其丰厚的传统资源[4]。因为,在中国文学史上,小说、戏曲很长时间里不登大雅之堂,而散文则源远流长,名家辈出,历来高居文坛霸主地位。另外,经过五四文学革命的洗礼,现代中国的小说、戏剧、诗歌等,其体制及基本精神,均与"世界文学潮流"接轨;唯独散文,尽管已经改用白话,仍保有鲜明的"民族特征"。

---

[1] 周作人:《〈杂拌儿〉跋》,《永日集》,上海:北新书局,1929年。
[2] 《小品文的危机》,《鲁迅全集》第四卷574—577页,北京:人民文学出版社,1981年。
[3] 参见胡适《五十年来中国之文学》、曾朴《复胡适的信》(《真美善》第1卷第12号)、朱自清《〈背影〉序》和周作人的《〈中国新文学大系·散文一集〉导言》等。
[4] 王瑶先生的《论现代文学与中国古典文学的历史联系》(《王瑶文集》第五卷,太原:北岳文艺出版社,1995年)一文,对此有精彩的论述,请参阅。

倘若此说成立,接下来的问题便是:到底是何种传统资源,促成了现代中国散文的辉煌?

二 逐渐清晰的文学史图像

考虑到五四作家对于域外文学的借鉴一目了然,谈论现代中国散文的发展,一般都不会忽略 Essay(小品文)的影响。倒是以白话文运动起家的"新文学",是否应该或如何借鉴"旧文学"的长处,是个值得关注的课题。即便在新文化运动初期,以白话为主,以文言为辅,力求文白合一的主张,依然占有重要位置①。胡适的提倡整理国故,象征着新文学家为取得进一步发展而求助于传统资源。只不过鉴于传统力量之强大,新文学家不得不两面作战:在发掘传统资源的同时,警惕复古派的反攻。落实到具体文类,这种"纵观古今,横览欧亚,撷华夏之古言,取英美之新说"的努力②,方才比较容易得到实现。以现代散文为例,林语堂之提倡小品笔调,乃是认定:"须寻出中国祖宗来,此文体才会生根";周作人之褒奖晚明小品,也是坚信:"新文学在中国的土里原有他的根,只要着力培养,自然会长出新芽来。"③

"传统"之浮出海面,很大程度得益于新文学家之"重写文学史"。从革命者转为史学家,胡适等人对于五四新文学的论述,不能不发生很大变化。从强调"以今世历史进化的眼光观之,则白话文学之为中国文学之正宗,又为将来文学必用之利器,可断言也",到转而论证白话文运

---

① 参见胡适的《建设的文学革命论》与傅斯年的《文言合一草议》,均见《中国新文学大系·建设理论集》,上海:良友图书印刷公司,1935年。
② 《题记一篇》,《鲁迅全集》第八卷第332页,北京:人民文学出版社,1981年。
③ 参阅林语堂《小品文之遗绪》(《人间世》第22期)和周作人《关于近代散文》(《知堂乙酉文编》)。

动之所以获得成功,就因为"一千年来,白话的文学,一线相传,始终没有断绝"①,只有短短五年时间。在胡适看来,汉魏六朝的乐府、唐代的白话诗和禅宗语录、宋代的白话诗及词、金元小曲及杂剧,以及五百年来的白话小说,分别代表了中国历史上五个时期的白话文学。五四新文化运动只是在有意提倡以及攻击古文权威这两点上,区别于此前的白话文学运动。如此叙述,自是基于其一贯遵循的"历史的文学观念"②。1935年,胡适为《中国新文学大系·建设理论集》撰写导言,依然认定白话文学运动的成功,"最重要的因子","第一是我们有了一千多年的白话文学作品:禅门语录,理学语录,白话诗调曲子,白话小说"。

为了"要人人都知道国语文学乃是一千几百年历史进化的产儿",胡适急于重写中国文学史。其具体策略是:从论证白话文学的合理性,转为力主"白话文学史就是中国文学史的中心部分"③。这一转变的顺利实现,得益于教育体制的重建。1920年,教育部颁布部令,要求国民学校一二年级的"国文"课改用国语(白话),此乃白话文运动迅速获得成功的根本保证。就像胡适在《五十年来中国之文学》中所说的,教育制度的变迁,牵一发而动全身:初小改了,初级师范及高小就不得不改;初师动了,高师也不能无动于衷。一时间,如何从事国语教学,成了教育界的热门话题。教育部于是举行国语讲习所——胡适《白话文学史》的初稿,正是在第三届国语讲习所(1921)上的讲义。这与周作人《中国新文学的源流》乃据其在辅仁大学的演讲记录整理而成,颇为相似,都是成功者的"传道授业解惑",而不是基于尝试时的"立异恐怖"④。

---

① 参阅胡适的《文学改良刍议》和《五十年来中国之文学》。
② 参阅胡适的《五十年来中国之文学》以及《历史的文学观念论》。
③ 参见胡适《白话文学史》(上海:新月书店,1928年)的"自序"与"引子"。
④ 有关《中国新文学的源流》的评述,钱锺书发表在《新月》第4卷第4期上的书评最见功力;只是"立异恐怖"一说,无助于解释周氏之立论。

不同意胡适"白话文学是中国文学唯一的目的地"这一研究思路,周作人的基本主张是:"中国文学始终是两种互相反对的力量起伏着。"依照"言志"与"载道"两大潮流之消长与起伏,周氏构建了与《白话文学史》不同的另一种文学史图像。以五四新文化运动的反对复古、主张自我,对应明末公安派之"独抒性灵,不拘格套",周氏于是得出一个相当大胆的结论:"今次的文学运动,其根本方向和明末的文学运动完全相同。"①同样是为新文学运动"溯源",不同于胡适的贪多求全——从汉魏乐府一直说到明清小说,周作人牢牢锁定在"晚明小品"这一特定朝代的特定文类,因而显得有理有据,易懂易学。如果说胡著主要着眼于历史阐释,周著则希望兼及现实写作——实际上,《中国新文学的源流》的出版,确实对 1930 年代小品文的繁荣起了决定性的作用。

周作人对晚明小品的推崇,1920 年代中期便已开始形诸文字;但是,1932 年辅仁大学的系列演讲以及《中国新文学的源流》的出版,仍是其学说大为普及的关键。林语堂之创办《论语》《人间世》,提倡"性灵"与"闲适",构成 1930 年代中国文坛别具一格的"风景线",此举与周氏的指点大有关系。尽管林氏后来上溯苏东坡、陶渊明、庄周,下及金圣叹、李笠翁、袁子才,入门向导仍是周作人"发现"的公安三袁。难怪其《四十自叙诗》称:"近来识得袁中郎,喜从中来乱狂呼。……从此境界又一新,行文把笔更自如。"②

就在小品文大行其时、论战随之而起的 1933 年,鲁迅发表了《小品文的危机》,力主"生存的小品文,必须是匕首,是投枪,能和读者一同杀出一条生存的血路的东西",而不应该是"太平盛世"的"小摆设"。依此

---

① 周作人讲校、邓恭三记录:《中国新文学的源流》第 36 页、52 页、104 页,北平:人文书店,1934 年订正三版。

② 林语堂:《四十自叙诗》,《论语》第 49 期,1934 年。

思路,鲁迅构建了另一幅文学史图像:除了强调明末小品"并非全是吟风弄月,其中有不平,有讽刺,有攻击,有破坏",更追根溯源,历数同样属于"挣扎和战斗"的晋朝清言与唐末杂文①。

倘若将论题限定在"如何解释现代中国散文的成功",胡适的禅门语录与白话小说,显得过于空泛;鲁迅的魏晋清言与唐末杂文,未曾认真阐述;林语堂的苏轼与庄周,只能算是明末小品的上溯。况且,鲁、林二说,乃是对于周作人明末小品说的回应。如此说来,影响最大且较有说服力的,还是当推周作人的假说。作为一种文学史诠释框架,借助于晚明小品来解读五四文章,自有其合理性。但有趣的是,真正谈得上承继三袁衣钵的,不是周作人,而是林语堂。周氏文章不以清新空灵为主要特征,其"寄沉痛于幽闲",以及追求平淡、厚实与苦涩,均与明末小品无缘。周氏可谓明末小品的知音,却绝非其传人。强调公安三袁与现代散文有明显的历史联系,可并非佩服得五体投地:周氏的文章趣味,与晚明小品实有不小的距离。

如何解释这种文学史主张与个人阅读趣味的差异,不妨就从《风雨谈》中一则短文说起。钱锺书在评论《中国新文学的源流》时,对周氏提及许多文学史上的流星,偏偏漏掉了"可与张宗子的《梦忆》平分'集公安竟陵二派大成'之荣誉"的《梅花草堂集》颇不以为然②。1936年,周作人撰《〈梅花草堂笔谈〉等》,正面回应钱氏的批评③:

---

① 《小品文的危机》,《鲁迅全集》第四卷第 574—577 页,北京:人民文学出版社,1981 年。

② 中书君:《评周作人的〈新文学的源流〉》,《新月》第 4 卷第 4 期,1932 年 11 月。

③ 周氏称:"若张大复殆只可奉屈坐于王稚登之次,我在数年前偶谈中国新文学的源流,有批评家赐教谓应列入张君,不佞亦前见《笔谈》残本,凭二十年前的记忆不敢以为是,今复阅全书亦仍如此想。"

> 我赞成《笔谈》的翻印,但是这与公安竟陵的不同,只因为是难得罢了,他的文学思想还是李北地一派,其小品之漂亮者亦是山人气味耳。

不要说对"假风雅"的"山人派的笔墨"不以为然,就连屡受表彰的公安、竟陵,周氏也不无批评。一方面欣赏晚明非正统文人的"勇气与生命",以为"里边包含着一个新文学运动",另一方面又对其作品的艺术价值表示怀疑:

> 我以为读公安竟陵的书首先要明了他们运动的意义,其次是考查成绩如何,最后才用了高的标准来鉴定其艺术的价值。我可以代他们说明,这末一层大概不会有很好的分数的。……我常这样想,假如一个人不是厌恶韩退之的古文的,对于公安等文大抵不会满意,即使不表示厌恶。

也就是说,相对于世人顶礼膜拜的唐宋八大家,周氏更欣赏其反叛者;基于此文学史判断,晚明小品方才值得表彰。对于1930年代出现的晚明小品热,作为始作俑者,周作人承认不无流弊,尤其担心"出现一新鸳鸯蝴蝶派的局面"。此前半年,鲁迅在《杂谈小品文》中,也曾讥讽不愿面对危难与感愤,一味提倡"抒写性灵"者,很容易变成"赋得性灵"。据鲁迅称,如此"性灵",其"可怜之状","已经下于五四运动前后的鸳鸯蝴蝶派数等了"①。对鸳鸯蝴蝶派的重新评价,并非本文的责任。这里只是借以窥探新文化人的基本立场:对于"轻佻"与"媚俗",始终保持高度警惕。

---

① 《杂谈小品文》,《鲁迅全集》第六卷第417—418页。

晚明小品的提倡，由于得到林语堂等众多文人的呼应，很快形成热潮。就在晚明小品急剧升温的时候，周作人已经转而关注六朝文章的现代意义。1932年，周氏作《〈近代散文抄〉新序》，称：

> 正宗派论文高则秦汉，低则唐宋，滔滔者天下皆是，以我旁门外道的目光来看，倒还是上有六朝下有明朝吧。我很奇怪学校里为什么有唐宋文而没有明清文——或称近代文，因为公安竟陵一路的文是新文学的文章，现今的新散文实在还沿着这个统系……①

约略完成于同时的《中国新文学的源流》，其第二讲也曾述及六朝文章的魅力，只不过重点落在这"下有明朝"的公安三袁。至于对"上有六朝"的体认与阐发，有待此后几年的努力。

1945年，周作人撰《关于近代散文》，述及二三十年代在各大学讲授"国语文学"的经过，可见其构建文学史图像的进程。时人均由"现时白话文"追溯到四大古典小说，周氏觉得此思路"虽是容易，却没有多大意思，或者不如再追上去，到古文里去看也好"。于是从《儒林外史》的楔子讲开去，由王冕一跳就到了明清之际的文人，别的白话小说就此略去。"接下去是金冬心的画竹题记等，郑板桥的题记和家书数通，李笠翁的《闲情偶记抄》，金圣叹的《〈水浒传〉序》。"至此，仍不过是新编《古文观止》而已。直到发现了可与五四新文学运动直接挂钩的李卓吾、张宗子、公安三袁等，眼界豁然开朗，终于理清了"中国新文学的源流"②。周氏此文，只讲到辅仁大学的系列演讲；其实，好戏还在后头。

此前，周作人已在孔德学校的国文课里讲起了《颜氏家训》；此后，

---

① 周作人：《〈近代散文抄〉新序》，《苦雨斋序跋文》，上海：天马书店，1934年。

② 周作人：《关于近代散文》，《知堂乙酉文编》，上海：上海书店，1985年。

周氏更在北京大学开设"六朝散文"课程。由"近代(明清)散文"而"六朝散文",不只是课程设置的变更,更代表其文学史图像的重新修订①。抗战很快爆发,周氏重写文学史的苦心孤诣,没能得到广泛的响应。不过,当年的老学生,若柳存仁、金克木、张中行等,都曾在回忆文章中,提及此别具慧心的"六朝散文"课②。可见,周氏的自信不无道理:"大家的努力决不白费。"③

周作人之追慕六朝文人及文章,有许多自我陈述,不待后人搜奇索隐。有趣的是,周氏一口咬定,兄长鲁迅与他同道,同样爱六朝文胜于秦汉文或唐宋文。在1950年代撰写的《鲁迅的青年时代》里,有四章(《鲁迅的国学与西学》《鲁迅与中学知识》《鲁迅的文学修养》《鲁迅读古书》)提及鲁迅如何"看重魏晋六朝的作品,过于唐宋,更不必说'八大家'和桐城派了"。称鲁迅读书"决不跟着正宗派去跑",不喜欢韩愈、朱熹,而推崇嵇康、陶潜,这自是在理④。可以下这两段具体叙述,可就有点离谱了:

  他可以说爱六朝文胜于秦汉文,六朝的著作如《洛阳伽蓝记》、《水经注》、《华阳国志》,本来都是史地的书,但是文情俱胜,鲁迅便把它当作文章看待,搜求校刻善本,很是珍重。纯粹的六朝文他有

---

① 周作人:《知堂回想录》第一五一节。
② 参见柳存仁《北大和北大人·不是万花筒》(《宇宙风乙刊》第36期,1941年1月)、金克木《南渡衣冠思王导》(《金克木小品》,北京:中国人民大学出版社,1992年)和张中行《苦雨斋一二》(《负暄琐话》,哈尔滨:黑龙江人民出版社,1986年)。
③ 此乃五四那代人的共同信仰。周作人《关于近代散文》中的这段话,可与胡适的"不相信有白丢了的工作"(《胡适的日记》第419页,北京:中华书局,1985年)以及"耕种必有收获"的"个人的宗教"(《胡适来往书信选》中册第296页,北京:中华书局,1979年)相参照。
④ 周启明:《鲁迅的青年时代》第60页、48页、55页,北京:中国青年出版社,1957年。

一部两册的《六朝文絜》,很精简的辑录各体文词,极为便用。他对于唐宋文一向看不起,可是很喜欢那一代的杂著……

一般文人也有看佛经的,那大半是由老庄引申,想看看佛教的思想,作个比较,要不然便是信仰宗教的居士。但鲁迅却两者都不是,他只是当作书读,这原因是古代佛经多有唐以前的译本,有的文笔很好,作为六朝著作去看,也很有兴味。①

之所以说"有点离谱",并非否认鲁迅对六朝著作及汉译佛经的兴趣,而是这两段话,与周作人本人的自述,实在太相像了。

自从孙伏园记载刘半农赠送鲁迅"托尼学说,魏晋文章"的联语,"当时的朋友都认为这副联语很恰当,鲁迅先生自己也不加反对"②,研究者论及鲁迅文章,一般都会兼及其《魏晋风度及文章与药及酒之关系》③。倘若再将《汉文学史纲要》考虑在内,则鲁迅的"文章趣味"大致可以把握。一是欣赏人格独立,二是强调文采与想象,三是从文字到文章的论述思路。关于"文笔之辨"的叙述,以及对"文学的自觉"之体认,可见刘师培的影响;至于关注魏晋风度,尤其是为人的径行独往与为文的清峻通脱,则主要得益于章太炎。

在《魏晋风度及文章与药及酒之关系》中,鲁迅直接引述的是刘师培的《中国中古文学史》;《关于太炎先生二三事》提及东京受业,怀念的是章师"战斗的文章",而非"文笔古奥",或者"经学与小学"。尽管如此,我还是认定鲁迅之发现魏晋,主要得益于太炎先生。同样,虽然有过《谢本师》的壮举,在学术思想上,周作人受章师影响也很深。单以文章

---

① 周启明:《鲁迅的青年时代》第 68 页。
② 孙伏园:《鲁迅先生逝世五周年杂感二则》,重庆:《新华日报》1941 年 10 月 21 日。
③ 王瑶《论鲁迅作品与中国古典文学的历史联系》(《文艺报》1956 年 19、20 期)对此有精辟的论述,请参阅。

论,褒扬六朝而贬斥唐宋,周氏兄弟的这种阅读趣味,明显带有太炎先生的印记。为了突出太炎先生"革命家"的一面,追忆二十几年前的东京问学,鲁迅称:

> 先生的音容笑貌,还在目前,而所讲的《说文解字》,却一句也不记得了。①

求学时所接受的具体知识,或许真的是"一句也不记得了",可学术趣味的潜移默化,却顽强地有所表现。鲁迅之以一种特殊的方式沟通了与清儒的历史联系,以及晚年仍念念不忘撰写中国字体变迁史,在在体现章太炎的影响②。好长时间里,周氏兄弟不但没有亦步亦趋,甚至颇有反出师门的意味,之所以判定其文章趣味有所师承,原因在于,章氏复兴魏晋文的努力,具有划时代的意义。相对来说,刘师培主要延续清人的思路,而章太炎及周氏兄弟则更有创造性的发挥。

在《自述学术次第》中,太炎先生自称先慕韩愈为文奥衍不驯,后学汪中、李兆洛,及至诵读魏晋文章并宗师法相,方才领略谈玄论政舒卷自如的文章之美,逐渐超越追踪秦汉文的唐宋八大家以及追踪唐宋文的桐城派,又与汪、李等追摹六朝藻丽俳语的骈文家拉开了距离,形成兼及清远与风骨的自家面貌:

> 三十四岁以后,欲以清和流美自化。读三国两晋文辞,以为至美,由是体裁初变。然于汪、李两公,犹嫌其能作常文,至议礼论政

---

① 《关于太炎先生二三事》,《鲁迅全集》第六卷第546页。
② 参阅拙文《作为文学史家的鲁迅》,《学人》第4辑,南京:江苏文艺出版社,1993年7月。

则踬焉。仲长统、崔实之流,诚不可企。吴魏之文,仪容穆若,气自卷舒,未有辞不逮意,窘于步伐之内者也。而汪、李局促相斯,此与宋世欧阳、王、苏诸家务为曼衍者,适成两极,要皆非中道矣。匪独汪、李,秦汉之高文典册,至玄理则不能言。余既宗师法相,亦兼事魏晋玄文。观乎王弼、阮籍、嵇康、裴頠之辞,必非汪、李所能窥也。……中岁所作,既异少年之体,而清远本之吴魏,风骨兼存周汉,不欲纯与汪、李同流。①

《太炎先生自定年谱》"光绪二十八年(1902年)三十五岁"则,有这么一段话,可与上述总结互相呼应:

初为文辞,刻意追蹑秦汉,然正得唐文意度。虽精治《通典》,以所录议礼之文为至,然未能学也。及是,知东京文学不可薄,而崔实、仲长统尤善。既复综核名理,乃悟三国两晋文诚有秦汉所未逮者,于是文章渐变。②

这段"文章渐变"的自述,针对的是《訄书》的文体探索。比起"其辞取足便俗,无当于文苑"的"论事",章太炎更看重自家"博而有约,文不奄质"的"述学"。最能体现其"文实闳雅"的述学风格的,章氏列举的正是《訄书》③。

《訄书》《国故论衡》等对于三国两晋文辞的借鉴,须与太炎先生此前此后对于六朝文的阐扬相结合,方更能显示其转化传统的意义。周氏

---

① 章太炎:《自述学术次第》,附录于《太炎先生自定年谱》,香港:龙门书店,1965年。
② 《太炎先生自定年谱》第9页。
③ 《与邓实书》,《章太炎全集》第四卷第169—170页,上海:上海人民出版社,1985年。

兄弟作为20世纪中国最重要的两大散文家,在继往开来,拓展章氏的创造性思考方面,起着关键性作用。1930年代以后的散文家,追摹的不再是章太炎,而是周氏兄弟。世纪末回眸,构建现代中国散文的谱系,其中借助于六朝文章而实现传统的创造性转化的,很可能是如此描述:章太炎、刘师培——鲁迅、周作人——俞平伯、废名、聂绀弩——金克木、张中行①。这一谱系的中心在于周氏兄弟,章、刘作为先驱,自是功不可没;至于周氏兄弟的弟子及后续,只是为了便于叙述而"举例说明"。

借用鲁迅的概念,或"药·酒",或"女·佛"②,魏晋文与南北朝文,其实颇有差异。只是相对于"如日中天"的秦汉文与唐宋文,六朝文的独立品格方才得以确认。这里暂不分疏各位作家与六朝文的具体联系,而只是粗枝大叶地描述此"大趋势"。同样是"举例说明",不妨先以废名的一篇短文作为"楔子":

> 中国文章,以六朝人文章为最不可及。我尝同朋友们戏言,如果要我打赌的话,乃所愿学则学六朝文。我知道这种文章是学不了的,只是表示我爱好六朝文,我确信不疑六朝文的好处。六朝文不

---

① 在废名带自传色彩的《莫须有先生坐飞机以后》中,莫须有先生鄙弃韩昌黎,而崇拜庾子山,"因为他相信庾信的文章是新文学"。俞平伯《楼头小撷》之妩媚、《古槐梦遇》之迷离,以及其力辨词藻与典故对于文学的意义(举的例子正是六朝文,参见《"标语"》),都令人怀疑所谓"竟陵传人"的说法。近读俞氏1984年致友人信,方才释怀:"相传(已数十年)我受明朝文人影响,实毫无根据";"我在大学时爱六朝文则有之"(参见吴小如《俞平伯先生的一封佚信》,《文汇读书周报》,1997年2月22日)。聂绀弩的"魏晋风度",杂文外,更落实在其人其诗。张中行如此称道周氏兄弟:"一位长枪短剑,一位和风细雨,我都喜欢。尤其喜欢老弟的重情理、有见识、行云流水、冲淡平实的风格"(《再谈苦雨斋》)。在众多后学中,最得周氏文章神韵的,当推张中行。沈祖棻《涉江诗》中忆金克木云:"月里挑灯偏说鬼,酒阑挥麈更谈玄。斯人一去风流歇,寂寞空山廿五年。"沈诗(参见金克木《珞珈山下四人行》)描述金氏性情及文章,十分传神。

② 参阅许寿裳《亡友鲁迅印象记》第50页,北京:人民文学出版社,1977年。

可学,六朝文的生命还是不断的生长着,诗有盛唐,词至南宋,俱系六朝文的命脉也。在我们现代的新散文里,还有"六朝文"。①

此文表明周作人及冯文炳师徒对于六朝文的强烈兴趣,至于其谈论现代中国的"六朝文",举的竟是以译介并模拟英国随笔著称的梁遇春。梁氏散文之"玲珑多态,繁华足媚",以及"芜杂"与"深厚",确与六朝文有相通之处;至于将其径称为"新文学当中的六朝文"②,则只有学佛的废名,方敢如此直指本心。相对于梁遇春,更适合于作为"新文学当中的六朝文"来把握与阐发的,其实应该是周作人、废名师徒。

讨论"从文言到白话",胡适的溯源章回小说,颇有说服力;探究"从白话到美文",周作人的追踪明末小品,更是风行一时。至于描述周氏兄弟文章的典范意义,上串下连,六朝文的面影于是逐渐浮现。"重写文学史"时对于六朝文的日渐重视,与"新文学当中的六朝文"的迅速成长,二者密不可分。只是具体分疏时,最好将"三国两晋文辞"与"南北朝文钞"分而治之,因其牵涉到现代中国散文两大主将的不同发展途径。

三 师心使气与把酒赏菊

1930年代中期,郁达夫为良友图书印刷公司编纂《中国新文学大系·散文二集》,周氏兄弟的文章竟占了全书十之六七,郁达夫的解释是:

> 中国现代散文的成绩,以鲁迅、周作人两人的为最丰富,最伟

---

① 《三竿两竿》,《冯文炳选集》,北京:人民文学出版社,1985年。
② 废名:《〈泪与笑〉序》,《冯文炳选集》。

大,我平时的偏嗜,亦以此二人的散文为最所溺爱。①

六十年后,重新引述此段文字,几乎不必作任何改动。也曾出现不少显赫一时的散文家,但周氏兄弟始终是两面不倒的大旗。近百年中国文坛上,小说、诗歌群雄角逐,唯有散文双峰并峙——周氏兄弟的地位无可争议。

可是,周氏兄弟的文章趣味又是如此的不同,以至从二三十年代起,论文者总喜欢以其作为"判教"的依据。周氏兄弟文章之或寸铁杀人,辛辣遒劲,或舒徐自在,清冷苦涩,与其思想倾向与文化性格大有关联,从阿英、郁达夫到近年的舒芜、钱理群等,对此都有精到的评述②。这里希望提供思考的另一维度,即"文学史写作"与其"文章趣味"之间的互动。作为新文化运动的主将,周氏兄弟都曾积极鼓吹白话文。白话文运动成功后,二位又都有意识地引文言入白话,以其略带涩味、略显古奥的独特文体,征服了广大读者。几乎与此同时,二位所撰文学史著,也都引起学界的广泛关注,并波及文学潮流。

周氏兄弟虽曾在大学教书,却并非一般意义上的专家学者,其文学史写作,颇有表明个人文学趣味的倾向。因此,其"言说"固然重要,其"沉默"同样意味深长。对"文章"的研究,鲁迅的目光集中在从先秦到魏晋,周作人则关注南北朝以降。鲁迅偶尔也会提及公安、竟陵,就像周作人之谈论庄周、孔融,远不及对方精彩。把周氏兄弟的目光重叠起来,刚好是一部完整的"中国散文史"(这里暂不考虑现代文类意义上的"散

---

① 郁达夫:《〈中国新文学大系·散文二集〉导言》,《中国新文学大系·散文二集》,上海:良友图书印刷公司,1935年。
② 参阅阿英《现代十六家小品序》、郁达夫《〈中国新文学大系·散文二集〉导言》、舒芜《周作人的是非功过》(北京:人民文学出版社,1993年)、钱理群《周作人论》(上海:上海人民出版社,1991年)。

文",与秦汉文或六朝文的区别)。1923年后的周氏兄弟,已经告别"兄弟怡怡"的情态,也不可能再有学术上的分工合作。正因如此,周氏兄弟对于中国文章的不同选择,大有深意在。讨论这一点,最好将其师长章太炎、刘师培的目光考虑在内。

鲁迅刚去世时,周作人撰《关于鲁迅》,介绍其学问上的贡献,开列九种著述,其中包括校订《嵇康集》(未刊)。二十年后,鲁迅对于嵇康的一往情深已广为人知,学界论及鲁迅与中国古典文学的历史联系,必定在此大作文章,反而是周作人的《鲁迅的青年时代》,似乎有意回避"师心以遣论"的嵇中散。在四段谈论鲁迅读古书的文字中,周作人提及不少诗文家,而出现嵇康名字的,只有轻描淡写的这一笔:

> 他爱《楚辞》里的屈原诸作,其次是嵇康和陶渊明,六朝人的文章,唐朝传奇文,唐宋八大家不值得一看,"桐城派"更不必提了。①

对唐宋八大家及桐城古文的蔑视,固然属于周氏兄弟;将嵇康与陶渊明并列,却难以表现鲁迅的文学趣味。翻阅周氏兄弟文集,明显可以感觉到兄爱嵇而弟爱陶,各有所好,且都相当执着,还由此而引发"文坛风波"。兄弟虽失和,毕竟不愿直接对垒,诸多旁敲侧击的妙语,只有还原到历史语境中,方才明白其具体所指。

从1913年到1935年,二十三年间,鲁迅先后校勘《嵇康集》达十余遍②,并撰有《〈嵇康集〉逸文考》《〈嵇康集〉著录考》《〈嵇康集〉序》《〈嵇康集〉跋》《〈嵇康集〉考》等文。在鲁迅整理的众多古籍中,《嵇康集》算

---

① 周启明:《鲁迅的青年时代》第55—56页。
② 鲁迅整理《嵇康集》的具体经过,请参阅赵英《籍海探珍——鲁迅整理祖国文化遗产撷华》第33—39页,北京:中国文史出版社,1991年。

得上是最为劳心劳神、费时费力的。1930年代初,鲁迅曾试图将此校本刊行,可"清本略就,而又突陷兵火之内"①,终于未能如愿。直到鲁迅去世后的1938年,凝聚先生多年心血的《嵇康集》,方才首次收入《鲁迅全集》。

鲁迅之接近魏晋文章,得益于章太炎的提倡及刘师培的阐发。至于在魏晋文章中独重嵇康,则更能显示鲁迅的心迹与趣味。章太炎之推崇魏晋文,最著名的莫过于《国故论衡·论式》中的一段话:

> 魏晋之文,大体皆埤于汉,独持论仿佛晚周。气体虽异,要其守己有度,伐人有序,和理在中,孚尹旁达,可以为百世师矣。

在章氏看来,汉文、唐文各有所长,也各有所短,"有其利无其病者,莫若魏晋"。魏晋文之所以值得格外推崇,因其长于持论:

> 夫持论之难,不在出入风议,臧否人群,独持理议礼为剧。出入风议,臧否人群,文士所优为也;持理议礼,非擅其学莫能至。自唐以降,缀文者在彼不在此。②

在《通程》中,章氏表达了大致相同的意见:"魏晋间,知玄理者甚众。及唐,务好文辞,而微言几绝矣。"③而在众多清峻通脱、华丽壮大的魏晋文章中,太炎先生对嵇、阮大有好感:"嵇康、阮籍之伦,极于非尧、舜,薄汤、武,载其厌世,至导引求神仙,而皆崇法老庄,玄言自此作矣。"④

---

① 《致许寿裳》,《鲁迅全集》第十二卷69页。
② 章太炎:《论式》,《国故论衡》,上海:大共和日报馆,1912年再版。
③ 《检论·通程》,《章太炎全集》第三卷第453页,上海:上海人民出版社,1984年。
④ 《訄书·学变》,《章太炎全集》第三卷第145页。

章氏的好友刘师培,对嵇、阮文章之精彩,有进一步的发挥。嵇、阮历来并称,所谓"嵇康师心以遣论,阮籍使气以命诗",正如刘师培所说的,乃互言见意①。虽则诗文俱佳,嵇、阮实际上各有擅场:阮长于诗,而嵇长于论。在《中国中古文学史》第四课中,刘氏是这样比较嵇、阮之文的:

> 嵇、阮之文,艳逸壮丽,大抵相同。若施以区别,则嵇文近汉孔融,析理绵密,阮所不逮;阮文近汉祢衡,托体高健,嵇所不及:此其相异之点也。

表面上嵇、阮不分轩轾,可同课还有正面表彰嵇康的文字。一是引述李充《翰林论》后称:"李氏以论推嵇,明论体之能成文者,魏晋之间,实以嵇氏为最。"一是评述嵇文之"析理绵密":"嵇文长于辨难,文如剥茧,无不尽之意,亦阮氏所不及也。"②

鲁迅对嵇文的评价,与章、刘大体相同,只是更强调其性格上的独立与反叛。在鲁迅看来,所谓"思想通脱",便是"废除固执","充分容纳异端和外来的思想",为了坚持思想的独立性,甚至不惜冒着生命危险"非汤武而薄周孔"③。在《〈嵇康集〉考》中,鲁迅称:"康文长于言理,藻艳盖非所措意;唐宋类书,因亦眇予征引";而在《魏晋风度及文章与药及酒之关系》中,鲁迅说得更显豁:"嵇康的论文,比阮籍更好,思想新颖,往往与古时旧说反对。"④嵇文之所以"析理绵密",与其"思想新颖"有

---

① 参阅刘勰《文心雕龙·才略篇》及刘师培《中国中古文学史》第四课。
② 刘师培:《中国中古文学史·论文杂记》第43页、46页,北京:人民文学出版社,1959年。
③ 《魏晋风度及文章与药及酒之关系》,《鲁迅全集》第三卷。
④ 《〈嵇康集〉考》《魏晋风度及文章与药及酒之关系》,《鲁迅全集》第十卷第76页,第三卷第511页。

关;之所以能够"思想新颖",与其不愿依傍司马氏更是不可分离。借用明人张溥为《嵇中散集》所作题辞:"集中大文,诸论为高,讽养生而达庄老之旨,辨管蔡而知周公之心,其时役役司马门下者,非惟不能作,亦不能读也。"①此等独立不羁的姿态,自然容易招来杀身之祸。

比起文章之高低,嵇、阮二人的不同遭遇,更为历来的论者所关注。同是德行奇伟,迈群独秀,为衰世所不容,可阮得以终其天年,而嵇则丧于司马氏之手,世人于是多喜就此大发议论。《与山巨源绝交书》中有云:"阮嗣宗口不论人过,吾每师之,而未能及。"连嵇氏本人都有此"自我批评",世人于是更心安理得地认同阮籍之处世哲学。也有直接批评嵇之心高气傲,颇有将其归结为"性格悲剧"的,最明显的莫过于《颜氏家训》:"嵇康著养生之论,而以傲物受刑";"嵇叔夜排俗取祸,岂和光同尘之流也"。②宋人叶适则另辟蹊径。在我看来,《石林诗话》对嵇殁而阮存的解释,更具洞见:

> 吾尝读《世说》,知康乃魏宗室婿,审如此,虽不忤钟会,亦安能免死邪?尝称阮籍口不臧否人物,以为可师;殊不然,籍虽不臧否人物,而作青白眼,亦何以异。籍得全于晋,直是早附司马师,阴托其庇耳。史言:"礼法之士,疾之如仇,赖司马景王全之。"以此而言,籍非附司马氏,未必能脱祸也。今《文选》载蒋济《劝进表》一篇,乃籍所作。籍忍至此,亦何所不可为。籍著论鄙世俗之士,以为犹虱处乎裈中。籍委身于司马氏,独非裈中乎?观康尚不屈于钟会,肯卖魏而附晋乎?世俗但以迹之近似者取之,概以为嵇、阮,我每为之

---

① 张溥著、殷孟伦注:《汉魏六朝百三家集题辞注》第92页,北京:人民文学出版社,1960年。
② 颜之推:《颜氏家训》之《养生篇》及《勉学篇》。

太息也。

叶氏的意见,更接近现代史学家陈寅恪、唐长孺等的论述。在《魏晋风度及文章与药及酒之关系》中,有这么一句话:"嵇康的害处是在发议论;阮籍不同,不大说关于伦理上的话,所以结局也不同。"同文,依据传统的说法,鲁迅以为嘲笑钟会"也是嵇康杀身的一条祸根"。八年后,鲁迅撰《再论"文人相轻"》,重新阐释嵇康之死:

> 嵇康的送命,并非为了他是傲慢的文人,大半倒因为他是曹家的女婿,即使钟会不去搬弄是非,也总有人去搬弄是非的,所谓"重赏之下,必有勇夫"者是也。①

作为曹家女婿,嵇康无可选择地处于司马氏的对立面。这种无法掩饰的政治立场,使得嵇康要不投降,要不对抗,没有装傻或转圜的余地。读读嵇康的《家诫》,不难明白叶适所说的致嵇康于死地的"不屈"。《家诫》当然也有世俗的一面,开篇仍见其志向远大:

> 人无志,非人也。但君子用心所欲,准行自当。量其善者,必拟议而后动。若志之所之,则口与心誓,死守无贰。耻躬不逮,期于必济。

此等"口与心誓,死守无贰"的人物,即便意识到面临的危险,仍会坚持"师心"与"使气"。

正是在这一点上,周氏兄弟出现明显的分歧。从《摩罗诗力说》赞

---

① 《再论"文人相轻"》,《鲁迅全集》第六卷第336页。

赏屈原"放言无惮,为前人所不敢言",到《汉文学史纲要》表彰司马相如与司马迁"桀骜不欲迎雄主之意",再到《魏晋风度及文章与药及酒之关系》之认同嵇康"往往与古时旧说反对",鲁迅追求的是反抗与独立。博识儒雅的周作人,则更倾向于思想通达性情温润的陶渊明。至于嵇康的剑拔弩张,与知堂趣味相去甚远,难怪后者有意回避。周作人的远离嵇康,与其极力推崇的颜之推不谋而合。颜氏批评嵇康不善养生,身处乱世而仍有那么多的牢骚与不平,这不由得令人想起林语堂的"幽默文章"《悼鲁迅》。以"儒家之明性达理",来嘲笑"战士"之"持矛把盾交锋以为乐",未免失之轻薄[1]。

周作人之追摹陶渊明,并非一蹴而就,而是历经十年的艰苦磨炼。从"在文学上寻求慰安"的《自己的园地》(1923)出发,经由"作文极慕平淡自然的景地"的《雨天的书》(1925),再到声明"闭户读书"却仍隐含忧愤的《永日集》(1929)和《看云集》(1932),终于,在1932年所撰致俞平伯信及《〈杂拌儿之二〉序》中,周氏表达了实现转变之自信:"不佞自审近来思想益消沉耳,岂尚有五四时浮躁凌厉之气乎?""这是以科学常识为本,加之明净的感情与清澈的理智,调和成功的一种人生观。"[2] 十年间,周氏的思考日渐成熟,其自我定位也日渐清晰。而1934年《五十自寿诗》的发表并引起极大争议,更使得其"现代隐士"的形象深入人心。

就在世人纷纷评说周作人之"渐近自然""把生活当作一种艺术"以及陶渊明式的隐逸时[3],周氏本人也开始大谈陶令之如何"高古旷达"。

---

[1] 林语堂:《悼鲁迅》,《宇宙风》第32期,1937年1月。
[2] 见《周作人书信》,上海:青光书局,1933年;《苦雨斋序跋文》,上海:天马书店,1934年。
[3] 参见陶明志编《周作人论》(上海:北新书局,1934年)中废名《知堂先生》、许杰《周作人论》和曹聚仁《周作人先生的自寿诗——从孔融到陶渊明的路》三文。

1929年的《麻醉礼赞》中,周氏也曾提及陶诗之三句不离酒,但并无精彩的发挥。撰写于1931年的《〈苦茶随笔〉小引》则不一样,开始强调"古代文人中我最喜诸葛孔明与陶渊明":前者的"知其不可而为之确是儒家的精神,但也何尝不即是现代之生活的艺术呢"?对于后者,"我却很喜欢他诗中对于生活的态度,所谓'衣沾不足惜,但使愿无违',似乎与孔明的同是一种很好的生活法"。周氏关于陶渊明的引证与评述,集中在1934年至1936年,且以《归园田居》《自祭文》《拟挽歌辞》等为中心,推崇其"看彻生死","乃千古旷达人",其"以生前的感觉推想死后况味","大有情致"。周氏称,此种"婉而趣"的生活态度,正是自家追慕的"闲适",亦即"大幽默"①。

对于隐者,周作人"向来觉得喜欢",就因为在他看来,"中国的隐逸都是社会或政治的,他有一肚子理想,却看得社会浑浊无可实施",于是只好当隐士去了——举出来的例子,恰好便是陶渊明②。可在具体谈论陶的诗文及人格时,周氏从来只提情致与闲适,而未及其被埋没的"一肚子理想"。即便提及陶诗里的刑天舞干戚案,也只谈校勘,而不及志向。直到已经物换星移的1950年代末,周作人方才承认《读山海经》之"慷慨激昂",显示陶令也有"很积极"的一面,并反过来批评"古来都当他作隐逸诗人,这是皮相之见"③。后一种说法明显受鲁迅影响,也是1930年代的周作人所不愿接受的。

不能否认历代文人赞叹不已的"结庐在人境,而无车马喧""采菊东篱下,悠然见南山",对于"久在樊笼里"者有极大的感召力。可陶渊明

---

① 参阅《〈颜氏家训〉》《鬼的生长》《隅卿纪念》《老年》《关于家训》《读戒律》《自己的文章》等。
② 周作人:《〈论语〉小记》,《苦茶随笔》,上海:北新书局,1935年。
③ 周作人:《谈错字》,《风雨谈》,上海:北新书局,1936年;《夸父追日》,《知堂集外文·四九年以后》,长沙:岳麓书社,1988年。

并非永远平淡恬静,《拟古》中的"少时壮且厉,抚剑独行游",已经让人刮目;《读山海经》之"猛志"与《咏荆轲》的侠情,更为历代读陶者所关注。萧统《陶渊明集序》已称"吾观其意不在酒,亦寄酒为迹者也"。所谓"语时事则指而可想,论怀抱则旷而且真",陶令不纯为世外高人,其赋辞归来、高蹈独善乃别有幽怀。朱熹更是一语破的:

> 陶渊明诗,人皆说是平淡,据某看他自豪放,但豪放得来不觉耳。其露出本相者,是《咏荆轲》一篇,平淡底人如何说得这样言语出来(《朱子语类》卷一四〇)。

在回答陶渊明与韦应物的区别时,朱熹的说法非常有趣:

> 陶却是有力,但语健而意闲。隐者多是带气负性之人为之,陶欲有为而不能者也,又好名。韦则自在,其诗直有做不著处,便倒塌了底。

顾炎武同样谈论陶、韦,称其诗"何等感慨,何等豪宕",足证其人"非直狷介,实有志天下者"(《菰中随笔》)。《咏荆轲》之"凌厉",绝非"平淡"二字所能描述,历代评陶诗者没有异议;倒是《读山海经》常被解读为"词虽幽异离奇,似无深旨耳";"皆言仙事,欲求出尘","总是遗世之志"①,很少像鲁迅那样,从"金刚怒目"的角度立论。

陶潜不只"把酒",也曾"抚剑",这一点,并非现代人的独特发现。龚自珍《己亥杂诗》中的《舟中读陶诗三首》,便将陶潜与屈原、孔明相提并论,强调其豪情与侠骨,甚至认定其性情磊落远在杜甫之上:

---

① 参见《陶渊明诗文汇评》第288—310页,北京:中华书局,1961年。

> 陶潜诗喜说荆轲,想见《停云》发浩歌。
> 吟到恩仇心事涌,江湖侠骨恐无多。
>
> 陶潜酷似卧龙豪,万古浔阳松菊高。
> 莫信诗人竟平淡,二分《梁甫》一分《骚》。
>
> 陶潜磊落性情温,冥报因他一饭恩。
> 颇觉少陵诗吻薄,但言朝叩富儿门。

唐宋以降,陶令确实主要作为隐逸诗人而受到尊崇。但同样不可忽视的是,其"带气负性",历来不乏解人。当然,渲染其"平淡",抑或突出其"豪侠",很大程度取决于读陶者的志趣与心境。

正因如此,当曹聚仁评述《五十自寿诗》,并以陶渊明比附周作人时,语调相当克制:

> 周先生近年恬淡生涯,与出家人相隔一间,以古人相衡,心境最与陶渊明相近。朱晦庵谓"隐者多是带性负气之人",陶渊明淡然物外,而所向往的是田子泰、荆轲一流人物,心头的火虽在冷灰底下,仍是炎炎燃烧着。周先生自新文学运动前线退而在苦雨斋谈狐说鬼,其果厌世冷观了吗?想必炎炎之火仍在冷灰底下燃烧着。①

只是由于周氏本人以及诸同道对于"平淡"的过分推崇,越说越玄虚,引起左翼文化人的反感,这才有鲁迅揪住一则短文大发议论的"轶事"。

---

① 曹聚仁:《周作人先生的自寿诗——从孔融到陶渊明的路》,1934 年 4 月 24 日《申报·自由谈》。

1935年12月,朱光潜在《中学生》杂志60号上发表《说"曲终人不见,江上数峰青"》。此文系答复夏丏尊关于钱起这两句诗"究竟好在何处"的提问,本是卑之无甚高论。可朱君不愿就诗论诗,希望借此发挥其别具心得的"静穆说"。于是有了以下这段被鲁迅揪住不放的妙语:

> "静穆"是一种豁然大悟,得到归依的心情。它好比低眉默想的观音大士,超一切忧喜,同时你也可说它泯化一切忧喜。这种境界在中国诗里不多见。屈原阮籍李白杜甫都不免有些像金刚怒目,愤愤不平的样子。陶潜浑身是"静穆",所以他伟大。

朱氏学有根基,将"静穆"作为艺术的最高境界,自成一家之言。只是其言必称希腊,靠"打杀"屈原、阮籍来"垫高"自家的美学理想,为鲁迅所不齿。即便如此,鲁迅反应的迅速而强烈,仍远远超出对一篇通俗文章的"斧正":

> 我总以为倘要论文,最好是顾及全篇,并且顾及作者的全人,以及他所处的社会状态,这才较为确凿。要不然,是很容易近乎说梦的……自己放出眼光看过较多的作品,就知道历来的伟大的作者,是没有一个"浑身是'静穆'"的。陶潜正因为并非"浑身是'静穆',所以他伟大"。现在之所以往往被尊为"静穆",是因为他被选文家和摘句家所缩小,凌迟了。①

这篇《"题未定"草(七)》,是和《"题未定"草(六)》同时初刊于上海《海燕》月刊第一期(1936)的,二文题旨相近,可互相参照。后者同样提及陶渊明,同样强调其并非"整天整夜的飘飘然":

---

① 《"题未定"草(七)》,《鲁迅全集》第六卷第430页。

又如被选家录取了《归去来辞》和《桃花源记》，被论客赞赏着"采菊东篱下，悠然见南山"的陶潜先生，在后人的心目中，实在飘逸得太久了……就是诗，除论客所佩服的"悠然见南山"之外，也还有"精卫衔微木，将以填沧海，形天舞干戚，猛志固常在"之类的"金刚怒目"式，在证明着他并非整天整夜的飘飘然。这"猛志固常在"和"悠然见南山"的是一个人，倘有取舍，即非全人，再加抑扬，更离真实。①

表面上一讥朱光潜"摘句"，一批施蛰存"选文"，涉及的是读书方法以及文学批评的原则。可为何又有"我每见近人的称引陶渊明，往往不禁为古人惋惜"②？分明是施、朱之外，另有所指。考虑到其时周作人正大谈陶渊明，追随者也喜欢以陶说周，而同属"京派"文人的周、朱，关系又非同寻常——后者还曾专门撰文，赞赏前者之"能领略闲中清趣"③。种种迹象表明，鲁迅对于陶潜形象的修正，与乃弟大有关系。

在众多关于《五十自寿诗》的评述中，曹聚仁的《周作人先生的自寿诗——从孔融到陶渊明的路》最值得重视。称"周先生十余年间思想的变迁，正是从孔融到陶渊明二百年间思想变迁的缩影"，此语可与前一年刘半农为《初期白话诗稿》所撰《序目》相参照：

> 这十五年中国内文艺界已经有了显著的变动和相当的进步，就把我们这班当初努力于文艺革新的人，一挤挤成了三代以上的古人，这是我们应当于惭愧之余感觉到十二分的喜悦与安慰的。④

---

① 《"题未定"草（六）》，《鲁迅全集》第六卷第422页。
② 同上。
③ 朱光潜：《周作人〈雨天的书〉》，《一般》第1卷第3期，1926年11月。
④ 刘半农编：《初期白话诗稿》，北平：星云堂书店，1933年。

与刘半农的思路不同,曹聚仁强调的是周氏的"备历世变,甘于韬藏",其以隐士生活自全,乃时势所逼,不得不然。只从时势变迁着眼,而不考虑新世代的崛起与思想潮流的转移,未免低估了周氏"隐逸"的象征意义。尽管如此,曹氏还是提供了一个很好的思考线索:从孔融到陶渊明。

正如鲁迅所说的,"陶潜之在晋末,是和孔融于汉末与嵇康于魏末略同,又是将近易代的时候"——同处风云际会而又遍地荆棘的易代之际,孔、陶的生存策略大有差异。"孔融作文,喜用讥讽的笔调",而且专与最高当局过不去,难怪曹操要将其杀掉。陶潜虽"于世事也并没有遗忘和冷淡,不过他的态度比嵇康阮籍自然得多",故博得"田园诗人"的名称①。据冯雪峰回忆,鲁迅"曾以孔融的态度和遭遇自比"②,可想而知,对"悠然见南山"的陶征士,鲁迅不会特别感兴趣。《"题未定"草》之六、之七辨白陶潜并非浑身静穆,《隐士》《病后杂谈》等,更干脆拿陶令之"雅"开玩笑。可惜的是,周氏兄弟之谈论陶渊明,多及其政治态度,而很少将其置于思想史背景来考察。

依照史家陈寅恪的观点,陶渊明的"平淡"与"自然",并非"落伍",而是一种独立的思想创造。既不同于尚老庄是自然者之"避世",也不同于尚周孔是名教者之"进取",更不同于名利兼收的"自然名教两是之徒",而是别创一种足可安身立命的"新自然说":

> 惟其仍是自然,故消极不与新朝合作,虽篇篇有酒,而无沉湎任诞之行及服食求长生之志。

寅恪先生强调,陶氏的新自然说与魏晋之际持自然说最著之嵇康、阮籍

---

① 《魏晋风度及文章与药及酒之关系》,《鲁迅全集》第三卷。
② 冯雪峰:《鲁迅论》,《雪峰文集》第四卷,北京:人民文学出版社,1985年。

血脉相连,同样涉及家世姻亲及宗教信仰,而且隐含着反抗与激情。而其"惟求融合精神于运化之中","实外儒而内道","与千年后之道教采取禅宗学说以改进其教义者,颇有近似之处"。若此说属实,则陶氏不愧为"吾国中古时代之大思想家"①。陶氏是否"大思想家"尚可商议,可将其"生活方式"作为一种思想史现象来审视,寅恪先生的眼光大可借鉴。

可惜,1930年代的中国文人,面对新文化运动退潮后同人间"有的高升,有的退隐,有的前进"局面②,无力深入到思想史层面探讨,大多只在是否坚持知识者的批判立场上作文章。局限于道德判断,不但容易持论过苛,而且可能漠视学术史、思想史上的突破与创造。正因如此,在我看来,曹聚仁等虽找了个好题目,借"从孔融到陶渊明"来解读1930年代中国知识分子的心路历程,却没有真正做好这篇大文章。

四 乱世中的"思想通达"

谈论六朝文章,嵇康与陶潜,都是题中应有之义:评价可以有高低,但无论如何绕不过去。至于颜之推,可就不一样了,在被章门师徒"发现"之前,很少有人将其作为文学家认真看待。《北齐书·文苑传·颜之推传》提及其"文致清远",不过指的是《观我生赋》。此赋与庾信的《哀江南赋》命意大同,皆哀音苦节,有赞许其"颇为悃款"者,也有称其"文情远逊"的③。但颜氏主要不以赋家名世,使其得以不朽的,无疑是

---

① 陈寅恪:《陶渊明之思想与清谈之关系》,《金明馆丛稿初编》,上海:上海古籍出版社,1980年。
② 参阅鲁迅《〈自选集〉自序》,《鲁迅全集》第四卷第456页。
③ 参阅沈豫《秋阴杂记》卷八以及钱锺书《管锥编》第四册第1547页,北京:中华书局,1979年。

《颜氏家训》二十篇。

在漫长的历史岁月中,《颜氏家训》因"篇篇药石,言言龟鉴"而广为流传。世人对于此书的理解与评价,多集中在事理与学问,如宋人沈揆《〈颜氏家训〉跋》称:

> 颜黄门学殊精博。此书虽辞质义直,然皆本之孝弟,推以事君上,处朋友乡党之间,其归要不悖《六经》,而旁贯百氏。至辨析援证,咸有根据;自当启悟来世,不但可训思鲁、愍楚辈而已。

清人黄叔琳的意见大致相同:"人之爱其子孙也,何所不至哉!爱之深,故虑焉而周;虑之周,故语焉而详。"颜著之所以度越众贤,就在于"其谊正,其意备。其为言也,近而不俚,切而不激"。清人卢文弨强调其"委曲近情,纤悉周备",此语为周作人《关于家训》所引,故广为人知。可卢氏注重的,依然是"家训"的启蒙意义:"立身之要,处世之宜,为学之方,盖莫善于是书,人有意于训俗型家者,又何庸舍是而叠床架屋为哉?"①也就是说,此书虽流传甚广,基本上是被当作"思想读物",论者只及其世事洞明与学识渊博。直到今天,将《颜氏家训》作为文章阅读的,依然是少数②。

章太炎及其弟子对《颜氏家训》的褒扬之所以值得关注,因其直接牵涉周作人的为人与为文,乃现代思想史、文学史上的一个重要关节。从嵇到陶,大约一百五十年;从陶到颜,又是一个一百五十年。借助于三

---

① 参阅黄叔琳《〈颜氏家训节钞本〉序》和卢文弨为抱经堂丛书本《颜氏家训》所作的序。
② 郭预衡《中国散文史》上册(上海:上海古籍出版社,1986年)有关于颜之推的论述;王利器《颜氏家训集解》则持传统观点,其《叙录》称此书价值有五:对于研究《南》《北》诸史,可供参考;对于研究《汉书》,可供参考;对于研究《经典释文》,可供参考;对于研究《文心雕龙》,可供参考;《音辞》一篇,尤为治音韵学者所当措意。

百年间三个文人的命运及其思想史、文学史意义的思考,周氏兄弟完成了各自的形象塑造。

章太炎以其特有的敏感,在《检论·案唐》中首先提出颜之推在中国思想史上的意义。章氏认为,唐代因科举及政俗而过分注重华辞,"韩、李之徒,徒能窥见文章华采,未有深达理要、得与微言者"。对于主张"学贵其朴,不贵其华"的太炎先生来说,作为文人的颜之推,反而值得欣赏:"若夫行己有耻,博学于文,则可以无大过。隋唐之间,其惟《颜氏家训》也。"①晚年讲学苏州,太炎依然不忘颜氏,在"文学略说"部分,称"之推文学之士,多学问语",又引《颜氏家训》之"别易会难,古人所重;江南饯送,下泣言离",说明"论感情,亦古人重于后人":"非独爱别离如此,即杯酒失意,白刃相仇,亦惟深于感情者为然。"章氏承认《颜氏家训》"言处世之方,不及高深之理"②,可欣赏其博于学且深于情。这一论述角度,与周作人颇为相似。

周作人喜欢列举其追慕的古人,谈孔丘、诸葛亮、陶渊明,取其人格及生活态度;举王充、李贽、俞正燮,注重的则是思想③。至于兼及人格、思想与文章,周氏最欣赏的,很可能是颜之推。1940 年代中期,周氏曾表示,颜之"理性通达,感情温厚,气象冲和,文词渊雅",乃是其理想的境界④。

1920 年代初,周作人在孔德学校中学部教国文课,便选用《孟子》《颜氏家训》《东坡尺牍》作为教材⑤。1930 年代中在北大讲"六朝散

---

① 《案唐》,《章太炎全集》第三卷第 450—452 页。
② 章太炎:《国学讲演录》第 237 页、245 页、237 页,上海:华东师范大学出版社,1995 年。
③ 参阅周作人《关于英雄崇拜》(《苦茶随笔》)、《启蒙思想》(《药堂杂文》,北京:新民印书馆,1944 年)及《我的杂学》(《苦口甘口》,上海:太平书局,1944 年)等。
④ 周作人:《文坛之外》,《立春以前》,上海:太平书局,1945 年。
⑤ 参见周作人《苦茶随笔》中《隅卿纪念》一文。

文",给听众留下深刻印象的,也是这部《颜氏家训》。半个多世纪后追忆,张中行、金克木都言之凿凿,前者更"由此可以推知他的'所知'是,文章要有合乎人情物理的内容,而用朴实清淡的笔墨写出来"①。相对来说,柳存仁的描述更精彩。就在鲁迅去世的第二天,周作人照样挟着一册《颜氏家训》,走进北大的教室:

> 上了一点钟的课,沉沉静静的,大家既不开口发问或表示悼慰,周先生也单是念着书本讲话。忽然,下课的铃声响了,启明先生挟起书,说:"对不起,下一点钟我不来了,我要到鲁迅的老太太那里去。"这个时候,看了他的脸色的肃穆,沉静,幽黯,真叫人觉得他悲痛的心境的忧伤,决不是笔墨或语言所能够形容出的了。他并没有哭,也没有流泪,可是眼圈有点红热,脸上青白的一层面色,好象化上了一块硬铅似的。这一点钟的时间,真是一分钟一秒钟的慢慢的捱过,没有一个上课的人不是望着他的脸,安静的听讲的。这个时候容易叫你想起魏晋之间的阮籍丧母的故事。启明先生讲的是颜之推的《兄弟》篇,这可纪念的一课也是不 rotten 的。②

如此合于礼,深于情,蕴藉温润,纯是晋人风采,很容易让人联想起谢安的故事。不知是周氏刻意摹仿,还是作者妙笔生花。《颜氏家训·兄弟》有云:"人或交天下之士,皆有欢爱,而失敬于兄者,何其能多而不能少也!人或将数万之师,得其死力,而失恩于弟者,何其能疏而不能亲也!"周氏兄弟由"怡怡"而"反目",文艺界尽人皆知;选择兄长去世的那

---

① 参阅张中行《负暄琐话》第 37 页,哈尔滨:黑龙江人民出版社,1986 年;《金克木小品》第 156 页,北京:中国人民大学出版社,1992 年。
② 柳存仁:《北大和北大人·不是万花筒》,《宇宙风乙刊》第 36 期,1941 年 1 月。

天,讲《兄弟》篇,实在太戏剧化了,或许是叙述者略加修饰,借以表达惋惜之意。

不过,借《颜氏家训》的阅读,凸显周氏兄弟的分歧,倒是一个很有趣的题目。周作人经常在文章中提及"思想通达"的颜之推,且将其与陶潜、傅山以及日本的兼好、芭蕉等相比附①,可正面论述颜书的,只有《〈颜氏家训〉》(1934年4月)和《关于家训》(1936年1月)二文。其兄长鲁迅,恰好也有两篇谈论《颜氏家训》的杂文,可供参照阅读。鲁迅在1923年5月13日的日记中,曾记下"夜重装《颜氏家训》二本",但未作任何评价。在1930年代以前,鲁迅似乎从没对此书发表意见。只是有感于当时的社会思潮,鲁迅才在1933年10月撰《扑空》,1934年5月作《儒术》。鲁迅的杂文,直接针对的,是给青年开书目的施蛰存以及在无线电台演讲的冯明权;周作人则只是介绍自己何以特别喜欢《颜氏家训》。略为排比写作时间,仔细玩味言外之意,我以为,二者不无关联。

在二三十年代的中国文坛上,宣讲颜之推且广为人知的,只能是周作人。施蛰存给青年开书目时列入《颜氏家训》,绝非"独立的发现"。鲁迅当然明白这一点,这才有文章"并非专为他个人而作的"的表白。鲁迅称,"这虽为书目所引起,问题是不专在个人的,这是时代思潮的一部"。这里所说的"思潮",当然包括乃弟。1930年代,颜氏名声迅速上扬,周氏堪称"始作俑者"。因为,太炎先生的《国故论衡》不为一般大众所了解,而苏州讲学又在日后,且传播面不会很广。《颜氏家训》之从"启蒙读物"上升为"经典著作",周作人起了关键性的作用。请看鲁迅是如何评说颜氏此书:

这《家训》的作者,生当乱世,由齐入隋,一直是胡势大张的时

---

① 参阅周作人的《鬼的生长》(《夜读抄》)和《老年》(《风雨谈》)。

候,他在那书里,也谈古典,论文章,儒士似的,却又归心于佛,而对于子弟,则愿意他们学鲜卑语,弹琵琶,以服事贵人——胡人。这也是庚子义和拳败后的达官,富翁,巨商,士人的思想,自己念佛,子弟却学些"洋务",使将来可以事人:便是现在,抱这样思想的人恐怕还不少。①

关于教子弟学鲜卑语事,鲁迅记忆有误,把颜之推的态度弄反了。好在鲁迅很快作了自我更正。在《教子》篇中,颜之推是如此对待齐士的热心介绍经验:

吾时俯而不答。异哉,此人之教子也!若由此业,自致卿相,亦不愿汝曹为之。

对于颜氏在书中所表现出来的骨气,后人多有表示赞赏的。如顾炎武《日知录》卷十三"廉耻"则引录这段话后,有云:

嗟乎!之推不得已而仕于乱世,犹为此言,尚有《小宛》诗人之意;彼阘然媚于世者,能无愧哉!

现实生活中的颜之推,与《教子》篇中所体现出来的,有不小的距离。这也是鲁迅在订正错误的同时,对"颜氏的渡世法"仍持严厉批评态度的原因。为严谨起见,鲁迅将齐士与颜氏合而为一,称为"北朝式道德",并断言其"也还是社会上的严重的问题"。

第二年,又有"时贤"出来宣讲《颜氏家训》中的《勉学》篇,其强调有

---

① 《扑空》,《鲁迅全集》第五卷第349页、353页。

学艺者,即使兵荒马乱,也能"触地而安",尤为鲁迅所反感。联系到时局艰危,鲁迅感慨遥深:

> 这说得很透彻:易习之伎,莫如读书,但知读《论语》《孝经》,虽则被俘虏,犹能为人师,居一切别的俘虏之上。这种教训,是从当时的事实推断出来的,但施之于金元而准,按之于明清之际而亦准。现在忽由播音,以"训"听众,莫非选讲者已大有感于方来,遂绸缪于未雨么?①

最后一句体现出来的忧患,实在刻骨铭心,而且竟很快地"不幸而言中"。理解这一点,才能明白鲁迅为何对颜之推持如此苛刻的态度。《扑空》中所称的"假使青年,中年,老年,有着这颜氏式道德者多,则在中国社会上,实是一个严重的问题,有荡涤的必要",除了"颜氏"一词有待修正,基本立论没必要改动。鲁迅当然明白"家训"这一文体的特殊性,《魏晋风度及文章与药及酒之关系》便对高傲的嵇康竟在《家诫》中教儿子"做人要小心"表示理解与同情;鲁迅愤怒的是世人对于《颜氏家训》的过分推崇,将不得已而为之的"生存技巧"合理化,因而导致民心溃散、风雅凋零。

有趣的是,周作人撰于1934年4月的《〈颜氏家训〉》,同样提及《教子》篇中齐士教儿学鲜卑语事,对颜"俯而不答"的态度表示赞赏:"此事传诵已久,不但意思佳,文字亦至可喜,其自然大雅处或反比韩柳为胜。"同样拒绝齐士式卑微的处世哲学,周作人不像鲁迅那样疾恶如仇且浮想联翩,反而强调身处乱世之艰难。言外之意,不满时人对颜氏的苛责:

---

① 《儒术》,《鲁迅全集》第六卷第33页。

> 六朝大家知道是乱世,颜君由梁入北齐,再入北周,其所作《观我生赋》云,"予一生而三化,备荼苦而蓼辛",注谓已三为亡国之人,但是不二三年而又入隋,此盖已在作赋之后欤。积其一身数十年患难之经验,成此二十篇书以为子孙后车,其要旨不外慎言谨迹,正是当然,易言之即苟全性命于乱世之意也。但是这也何足为病呢,别人的书所说无非也只是怎样苟全性命于治世而已,近来有识者高唱学问易主赶快投降,似乎也是这一路的意思罢。

最后一句,话中有话。参照《关于家训》之嘲笑"后世宣传家"写文章时极不诚实,"自己猴子似的安坐在洞中只叫猫儿去抓炉火里的栗子",不难明白其所指。1930年代周氏兄弟之间深深的隔膜,于此可见一斑。周作人出于对"宣传家"的反感,强调"说话负责任",本不无道理;可由此转而怀疑鲁迅对社会思潮的忧虑,则显得"所见者小"①。

《颜氏家训》之《勉学》篇,不及道德精微,只讲利害得失,本就有"取便"的意味;其批评"嵇叔夜排俗取祸",更因强调"全真保性",而很容易滑入"偷生"。《养生》篇有云:"夫养生者先须虑祸,全身保性,有此生而后养之,勿徒养其无生也。"这句可圈可点的"见道语"(黄叔琳批),虽有"行诚孝而见贼,履仁义而得罪,丧身以全家,泯躯而济国,君子不咎也"作为补充,仍不改其"苟全性命于乱世"的初衷。比起后世"道学家"的虚假与骄矜,颜氏的低姿态叙述自有其好处,起码是"深明世故","懂得人情物理"。

1930年代中期的周作人,讲情理,重常识,求节制,主要体现"得体地活着",不再"知其不可而为之",故"温润"有余,而"勇猛"不足。1934年夏访日,周氏花二十钱烧了一只小花瓶,题上杜牧《遣兴》诗句:

---

① 周作人:《〈颜氏家训〉》,《夜读抄》;《关于家训》,《风雨谈》。

"忍过事堪喜。"第二年,在《杜牧之句》中,周作人解释为何喜欢这句诗:"我不是尊奉它作格言,我是赏识他的境界。这有如吃苦茶。"借"吃苦茶"这"大人的可怜处",论证"忍辱"之微妙。由"苦雨"而"苦茶"而"苦住",周氏未免过分重视"苦"过之"甜"、"忍"后之"喜"了。两年后,就在北京城沦陷前夕,周作人撰《桑下谈·序》,重引杜牧的"忍过事堪喜",称:"这苦住的意思我很喜欢,曾经想借作庵名";"反正在中国旅行也是很辛苦的,何必更去多寻苦吃呢。"①如此谈论"隐逸",已经没有丝毫"带气负性"的意味,纯为"苟全性命于乱世"。难怪论者怀疑其不断宣讲"忍辱",乃是对于自己日后的命运"有所自觉或预感"②。

从"悠然见南山"的陶渊明,转为力求"全身保性"的颜之推,周作人论说对象的转移,固然是"乱世"阴影的压迫日渐严重,可也跟其趋向于屈从与忍辱大有关系。博学通识的周氏,又一次找到了"合适"的话题。正因为对《颜氏家训》这一话题背后的意味十分了然,力主独立与反抗的鲁迅,才会如此反感。倘说鲁迅对于陶诗的辨正,还有学术争鸣的姿态;评说颜著时之声色俱厉,则只能读出对"北朝式道德"泛起之高度警觉。

正如周作人所说的,"古人的家训","在一切著述中这总是比较诚实的",从汉人马援《诫兄子严敦书》、晋人陶渊明《与子俨等疏》,到明末清初的傅青主《家训》、冯钝吟《家戒》,均通达人情,少有伪饰。而在众多家训中,颜氏的著述之所以鹤立鸡群,最为后人所称道,就因其"宽严得中,而文词温润与情调相副,极不易得"③。这种兼及思想与文辞的评判,方是周作人的独家秘诀。

---

① 参阅周作人的《杜牧之句》,《苦竹杂记》,上海:良友图书印刷公司,1936年;《桑下谈·序》,《秉烛后谈》,北京:新民印书馆,1944年。
② 参阅钱理群《周作人传》第424页,北京:北京十月文艺出版社,1990年。
③ 参见周作人的《关于家训》和《颜氏家训》二文。

第八章　现代中国的"魏晋风度"与"六朝散文"

《夜读抄·〈颜氏家训〉》中有一段话，常常出现在周氏关于六朝文章的论述中，只不过略有增删而已：

> 南北朝人的有些著作我颇喜欢。这所说的不是一篇篇的文章，原来只是史或子书，例如《世说新语》《华阳国志》《水经注》《洛阳伽蓝记》，以及《颜氏家训》。其中特别又是《颜氏家训》最为我所珍重，因为这在文章以外还有作者的思想与态度都很可佩服。

这里讲的是，"文章以外"，很可佩服的，"还有作者的思想与态度"；《风雨谈·关于家训》则反过来，强调"见识情趣皆深厚"之外，还有"文章亦佳"：

> 《颜氏家训》成于隋初，是六朝名著之一，其见识情趣皆深厚，文章亦佳，赵敬夫作注将以教后生小子，卢抱经序称其委曲近情，纤悉周备，可谓知言。

周氏十分喜欢伍绍棠的《〈南北朝文钞〉跋》，曾在文章中多次引用。遗憾的是，伍跋遗漏了这情文俱佳的颜著，《关于家训》于是表示一点小小的不满。将《颜氏家训》作为"六朝文章"来解读，此乃周作人品味独特且过人处。

在《立春以前·文坛之外》中，周作人称其理想是达到《颜氏家训》的境界："理性通达，感情温厚，气象冲和，文词渊雅。"可惜的是，此文写于1944年12月5日——此前半个月，周氏参加伪华北政务委员会公祭汪精卫大会；此后一年，周氏因汉奸罪而锒铛入狱——这一写作背景，使得其倾心"思想通达"，很难被公正对待。至于"文词渊雅"，更是被视为"末务"，未曾引起足够的关注。其实，谈论20世纪中国"六朝文章的复兴",章太炎之推崇王弼、裴𬱟与范缜、鲁迅之追慕嵇康,以及周作人之发现"吾家世文章,甚为典正,不从流俗"的颜之推①,都是至关重要的一环。

五 "谬种"与"妖孽"的不同命运

谈论"六朝文章的复兴",首先必须面对的,便是五四先驱者对于"选学"的激烈批判。钱玄同的"桐城谬种,选学妖孽"说,不只当年风行一时,经由文学史家的再三诠释,更成为五四文学革命的代表性口号之一。可仔细分疏,"谬种"与"妖孽"的命运不尽相同。章门弟子的文学趣味,决定了其论述策略,必然是"厚此薄彼";"选学"不但没有受到彻底的清扫,反而成为新文化人批判桐城文章的重要武器。

作为五四文学革命的发轫之作,胡适的《文学改良刍议》和陈独秀的《文学革命论》,共设立了三个批判的靶子:桐城派、骈体文和江西诗派。相对来说旧学修养更深的钱玄同,则牢牢锁定在"当世所谓能作散文之桐城巨子,能作骈文之选学名家"②。比陈独秀的"十八妖魔"说更刻毒,钱氏径呼"桐城"为"谬种","选学"为"妖孽",而且一而再,再而三,从不改口,断然拒绝学术研究不该采用"谩骂"方式的批评③。在"疑古玄同"看来,文选派与桐城派乃新文化运动的最大障碍,非予以彻底的打击,白话文章无法真正成长:

这两种文妖,是最反对那老实的白话文章的。因为做了白话文

---

① 参见《颜氏家训》的《文章》篇。这里的"典正",直接针对的是"今世音律谐靡,章句偶对,讳避精详,贤于往昔多矣"。
② 钱玄同:《寄陈独秀》,《中国新文学大系·建设理论集》,上海:良友图书印刷公司,1935年。
③ 参见刊于《新青年》第2卷第6期及第3卷第1—6期上的钱氏致陈独秀、胡适信。

章,则第一种文妖,便不能搬运他那些垃圾的典故,肉麻的词藻;第二种文妖,便不能卖弄他那些可笑的义法,无谓的格律。①

钱氏对"彼古奥之周秦文,堂皇之两汉文,淫靡之六朝文,以及摇头摆尾之唐宋八大家文",似乎都无好感,可真正不满的还是当下文坛,即所谓"惟选学妖孽所尊崇之六朝文,桐城谬种所尊崇之唐宋文"。这篇《论应用之文亟宜改良》,讨论的是国文教科书的编选,不妨作为普及型的文学史框架阅读。而钱氏的策略,有明确的针对性,恰好应了那"一切历史都是当代史"的名言。钱氏称:"其实所谓'说理精粹行文平易'者,固未尝不在周秦两汉六朝唐宋文中也",只不过时人不识而已;当务之急是批判桐城、选学二派,至于同样主张追慕古人的周秦两汉派,可网开一面,就因为"其人尚少","间或有之,亦尚无选学妖孽桐城谬种之臭架子,故尚不讨厌"②。以上说法,都是革命家的思路——不必顾虑是否祸及无辜,方能如此大刀阔斧;唯有如此旗帜鲜明,方能吸引广大读者。即便放在五四的学术语境中,钱氏的论述,也并非最出色;可"桐城谬种,选学妖孽"这一口号,足以使其得到后人充分的体认。

在当代文坛三大流派中,选择"桐城"与"选学"开刀,而且以极端激烈的批判,引起对手及公众的广泛关注,钱氏对自己的这一工作,明显十分得意。1930年代中期,新文化人对古文的研究已经大为深入,评价的基调也从全盘否定转为选择与汲取,钱氏仍念念不忘其"发明权"。1934年和周作人《五十自寿诗》,有云:"腐心桐选诛邪鬼,切齿纲伦打毒蛇。"据周氏称,钱玄同后来将这两句改为语意更加显豁的"推翻桐选驱

---

① 钱玄同:《〈尝试集〉序》,《中国新文学大系·建设理论集》。
② 钱玄同:《论应用之文亟宜改良》,《新青年》第3卷第5号,1917年7月。

邪鬼,打倒纲伦斩毒蛇"①。钱氏的自信并非毫无道理,作为此口号仍未过时的证据,不妨举出鲁迅的《感旧》。这篇发表在1933年10月《申报·自由谈》上的杂文,对"劝人读《庄子》《文选》了"的复古思潮很不以为然,称此乃新瓶装旧酒,"大可以埋伏下'桐城谬种'或'选学妖孽'的喽罗"②。可即便如此,这句极为流行的口号,仍无法标示新文学的真正走向。

作为五四文学革命的主将,胡适与周作人的选择,似乎更能代表这一运动的发展趋势。在狂飙突进的《新青年》时期,新文化人确有横扫文坛、否定一切既有权威的姿态。随着新文化运动的节节胜利,胡、周等人对"旧文学"的态度日渐宽容,评价也随着发生微妙的变化。其中一个重要标志,便是对于"桐城"与"选学",不再一棍子打死。一旦超越"全盘性反传统"的思维模式,强调理解与选择,个人趣味立即呈现,新文化人的"统一战线"迅速瓦解。

对于此前全盘否定的"谬种"与"妖孽",新文化人开始进行理性而具体的分析,胡、周于是出现明显的分歧。先看看胡适是如何评价桐城古文的。在《五十年来中国之文学》中,有一段概括性的论述,很能体现胡适的趣味:

> 平心而论,古文学之中,自然要算"古文"(自韩愈至曾国藩以下的古文)是最正当最有用的文体。骈文的弊病不消说了。那些瞧不起唐、宋八家以下的古文的人,妄想回到周、秦、汉、魏,越做越不通,越古越没有用,只替文学界添了一些似通非通的假古董。唐、宋八家的古文和桐城派的古文的长处只是他们甘心做通顺清淡的

---

① 参见周作人《知堂回想录》与《钱玄同的复古与反复古》。
② 《重三感旧》,《鲁迅全集》第五卷第325页。

文章,不妄想做假古董。学桐城古文的人,大多数还可以做到一个"通"字;再进一步的,还可以做到应用的文字。故桐城派的中兴,虽然没有什么大贡献,却也没有什么大害处。他们有时自命为"卫道"的圣贤,如方东树的攻击汉学,如林纾的攻击新思潮,那就是中了"文以载道"的话的毒,未免不知分量。但桐城派的影响,使古文做通顺了,为后来二三十年勉强应用的预备,这一点功劳是不可埋没的。

在胡适的论述框架中,古文是"死文学",只有白话才是"活文学"。桐城文章能获得如此的理解与同情,已属不易。具体评析时,只字不提追慕秦汉者,更不要说步武六朝的,桐城文章仿佛成了"旧文学"的唯一代表。承认"章炳麟的古文学是五十年来的第一作家",同时强调其"及身而绝"——胡适断然拒绝"回到魏晋"的主张①。至于章氏"并不反对桐城派的古文",胡适的解说,似乎不得要领。

在《菿汉微言》中,章太炎称桐城文章"雅驯近古,是亦足矣",针对的是今日"明末猥杂佻脱之风"复作。这一针砭时弊的发言姿态,在太炎先生的《自述学术次第》中,有更加清晰的表白:"今世文学已衰,妄者皆务为骫骳,亦何暇訾议桐城义法乎?"不想攻击桐城文章,只是因其"文能循俗"且易于模仿,"后生以是为法,犹有坛宇,不下堕于猥言酿辞,兹所以无废也"。倘作文学评价,当世文人中,章氏最为欣赏的,是辑《八代文粹》、一意追慕六朝的王闿运,因其"能尽雅"②。明明追慕六朝,却又不愿过分鄙薄桐城文章,其中的奥妙,不妨借用王闿运弟子廖平的说法:

---

① 胡适:《五十年来中国之文学》,《胡适文存二集》,上海:亚东图书馆,1924年。
② 《与人论文书》,《章太炎全集》第四卷第168页。

> 至桐城派古文,天分低者可学之。桐城派文但主修饰,无真学力,故学之者无不薄,其欲求乱头粗服之天姿国色,于桐城派文,不可得也。①

区分为人与为己、才厚与才薄、独创与因袭,晚清之追慕魏晋风度、六朝文章者,也有并不特别排斥桐城派的。可是,将其定义为"天分低者"的模仿对象,这种居高临下、近乎怜悯的目光,不也是对于桐城文章的蔑视?这与适之先生表彰其"使古文做通顺了"的功劳,不可同日而语。以胡适的文学眼光,"通"与"不通",最为关键。桐城能做"通顺清淡的文章",胡适的这一评价,与其对"有欠文明"的骈体文始终不渝的攻击②,恰好形成了鲜明的对照。

在古代中国的"文章"中,胡适欣赏的是唐宋八大家及其后裔桐城古文。周作人则相反,正是在对韩柳文及桐城派持续不断的批判中,逐渐领略六朝文章的"质雅可诵",确有不可及处。1930年代中期,周氏在北大开设"六朝散文"课,其课程纲要称:"不必持与唐宋古文较短长,但使读者知此类散文亦自有其佳处耳。"可紧接着的按语,很快打破了作者表面的中立:"案成忍斋示子弟帖云:近世论古文者以为坏于六朝而振于唐,然六朝人文有为唐人之所必不能为,而唐人文则为六朝才人之所不肯为者矣。"③在周氏"重写文学史"的过程中,批判桐城在前,表彰六朝在后;而且,表彰六朝的风流蕴藉,往往是为了反衬韩柳及桐城的虚骄粗犷。应该说,对于桐城文章的清算,才是周作人最为用力处。

新文化运动初期,胡适、陈独秀、钱玄同、傅斯年等,都对桐城文章有

---

① 转录自钱基博《现代中国文学史》第67页,长沙:岳麓书社,1986年。
② 参阅《胡适口述自传》第293页,胡颂平编著《胡适之先生晚年谈话录》第77页,台北:联经出版事业公司,1984年。
③ 周作人:《知堂回想录》第一五一节。

过严厉的批评。1920年代中期以后,桐城已成死老虎,昔日的反对者,也都不屑挥拳相向①。唯独周作人,认定兹事体大,战斗尚未结束,因而锲而不舍地挖桐城的祖坟。之所以称为"挖祖坟",因周氏不但批桐城,而且更批桐城追摹的唐宋八大家;不但批八大家,而且主要火力集中在领头的韩愈。清人之批桐城,多将其与唐宋八大家区别对待,若蒋湘南《与田叔子论古文书》称:"非八家之弊古文,乃学八家者之弊八家也。"章太炎开始批评"宋世吴蜀六士",可对韩愈尚有恕词②。周作人则大不一样,批的正是这"文起八代之衰"的韩文公。

周作人对于桐城派及唐宋八大家的批判,颇多精彩之处。如《苦口甘口·我的杂学》称:"八大家的古文在我感觉也是八股文的长亲,其所以为世人所珍重的最大理由我想即在于此。"《苦茶随笔·杨柳》断言八大家这一路的作品"一无可取",理由是:"文章自然不至于不通,然而没有生命";"可是很不幸的是却易于学,易于模仿。"在《中国新文学的源流》第四讲中,周氏承认桐城派的文章"比较那些假古董为通顺",但更强调"他们的文章统系也终和八股文最亲近",故"对他们的思想和所谓'义法',却始终是不能赞成"。以上的论述,多借用清人的言论,并作进一步的发挥。周氏的文论中,更具独创性的,还是其对于韩愈的批判。1930年代中期,周作人常提及韩文的"装腔作势"③,而收入《秉烛谈》的《谈韩文》,更称"韩退之留赠后人有两种恶影响",一是求统制的道,一是讲腔调的文。周作人的"不赞成统制思想,不赞成青年写新八股",有对左翼文学旁敲侧击的意味,可并不背离其文学观及其构建的文学史图像。直到1950年代初,周作人依然将韩文作为"情理不通""文理不通"

---

① 钱基博在答李详书中称:"曩时固不欲附桐城以自张,而在今日又雅勿愿排桐城已死之虎,取悦时贤。"此信收在《李审言文集》(南京:江苏古籍出版社,1989年)第1051页,可参阅。

② 参阅章太炎《与人论文书》及《自述学术次第》。

③ 参阅舒芜《周作人的是非功过》中"中国新文学史的'溯源'"章。

的"坏文章"的代表①。

　　周之批韩,很大程度是批桐城思路的延伸。而在论证桐城文与八股文之联系,批评桐城文家学识空疏、于人情物理之变幻处缺乏阅历揣摩以及空谈义法之不可取时,周氏倚重王闿运、伍绍棠、蒋湘南的论说②。清人对于桐城文章的批判,主要出于汉学家及骈文家。蒋的思路大致属于前者,王、伍则当归入后者。对于伍绍棠,周氏反复引用的,其实只是其《〈南北朝文钞〉跋》;王则不一样,其学汉魏六朝诗文,到了出神入化的地步,论者甚至称其"简直是六朝人的脱胎,六朝人的返魂"③。清代的骈文家及六朝文章的拥护者,乃桐城之"死敌",其论说很可能正是周氏最适用的批判武器。倘若左右开弓,以选学批桐城、以桐城攻选学,固然也有成效,但未免过于机巧,并非论辩的正道。以批桐城为主要志向的周作人,对推崇六朝者的论说有所倚重,自然不能不对"选学"有所宽恕。谈及韩文的做作与虚骄,周氏称"八代的骈文里何尝有这样的烂污泥"④——这未免有些过分了。如此刻意抬高八代之文,已非"韩文起八代之衰,实集八代之成"、"浅儒但震其起八代之衰,而不知其吸六朝之髓也"之类的"折中公允"可比⑤,更多地带有策略性的考虑。

　　在《中国新文学的源流》中,周作人特别提出桐城的"学行继程朱之后,文章在韩欧之间",作为批判的靶子。谈及桐城"文即是道"的抱负,前人多讥其名不副实,乃拉大旗做虎皮。周氏反过来,站在新文化立场,

---

　　① 参见收入《知堂集外文·〈亦报〉随笔》(长沙:岳麓书社,1988年)中《坏文章(二)》和《古文的不通》二文。
　　② 参见《古文与理学》(《知堂乙酉文编》)、《关于家训》(《风雨谈》)及《蒋子潇〈谈艺录〉》(《苦竹杂记》)等。
　　③ 瞿兑之:《中国骈文概论》第51页,上海:世界书局,1936年。
　　④ 周作人:《文学史的教训》,《立春以前》。
　　⑤ 参见刘熙载《艺概》卷一《文概》、蒋湘南《与田叔子论古文第二书》。

最想批判的,正是其所载之"道",连带及其自以为手握真理,因而为文时装腔作势、搔首弄姿。清代提倡骈文者,多强调其"沉思翰藻"、"修词之尤工者也"、"其遥情隽致,使人摩挲于神骨间,一唱三叹焉"①,而极少渲染其思想的"正确性"。针对骈文无用之讥,袁枚甚至主张文学不当"以适用为贵"(《答友人论文第二书》)。相反,桐城派则喜欢突出其文道合一。对于朝廷提倡的程朱理学,桐城文家普遍奉为圭臬,且不容他人置疑,动辄将对手判为"邪说",必诛之而后快。周作人曾引方苞、姚鼐诅咒"欲与程朱争名"者必定断子绝孙的书札,说明其"识见何其鄙陋,品格又何其卑劣"②。桐城文家学殖不厚、见识不高,但卫道的立场坚定,很容易因此而派生出为文的蛮与悍。努力追求平淡、温润的周作人,对此尤为深恶痛绝。与朝廷提倡的学说结盟,即便无力参与意识形态的建构,起码也可因"积极捍卫"而使得文章"有用"。可时过境迁,很可能因"冰山既倒"而"一无所有"。提倡六朝文者,一般没有那么大的野心,只讲文章的美感,反而容易取得某种独立性,不大受意识形态变迁的拖累。周氏等人之狠批桐城,而对选学手下留情,与五四新文化人对程朱理学极为反感大有关系。

民初文坛上,早已不是桐城文章的一统天下。可是,所谓"天下文章,其在桐城乎"的格局,并未真正烟消云散。起码在教育界,桐城派仍占有优势。汉学家可以攻击桐城"不学",骈文家可以嘲笑桐城"不文",可桐城文章容易摹仿,即便科举制度已经取消,也仍是读书人学做古文的最佳摹本。新文化运动的提倡者多为大学教授,当然明白此中利害。更何况,这种文派之争,就发生在新文化运动的发源地北京大学。

---

① 参阅阮元《书梁昭明太子文选序后》、袁枚《胡稚威骈体文序》、毛际可《汪蓉洲骈体序》等。

② 周作人:《谈方姚文》,《秉烛谈》,上海:北新书局,1940年。

从清末的京师大学堂到民初的北京大学,桐城派曾经占有绝对优势,先后在此任教的有吴汝纶、严复、林纾、马其昶、姚永朴、姚永概等。其中严、林二位,不是道地的桐城家法,但仍起重要的羽翼作用。民国初建,章门弟子北上,北京大学里的新旧之争,首先体现在六朝文之逐渐取代唐宋文。据沈尹默回忆,章门弟子也有趋新守旧之分,可"大批涌进北大以后,对严复手下的旧人则采取一致立场,认为那些老朽应当让位,大学堂的阵地应当由我们来占领"①。这一纠合着人事、意气、学术观念的"新旧之争",当然也会落实在文派上。林、马、姚等之很快去职,与章门弟子大举进攻有关。在《现代中国文学史》中,钱基博曾述及民初北大校园里力持唐宋与推崇魏晋两派之消长起伏,并进而解释林纾后来之所以"不晓时变",独与浩浩荡荡的新文化潮流相抗争②,所说大致可信。

姚永朴的《文学研究法》、林纾的《春觉斋论文》、黄侃的《文心雕龙札记》以及刘师培的《中国中古文学史》,这四部颇邀时誉的名著,都曾是作者在北大的讲义③。同是讲授"文学",前两种站在桐城立场,后两者则倾向于六朝文章④。当钱玄同参与新文化的提倡,开始批评"桐城"与"选学"时,引述的是"章太炎师"及"吾友刘申叔先生"的意见⑤。即便随后有"谬种""妖孽"之类痛快淋漓的谩骂,钱氏其实不能不分别轻重缓急。刘师培去世后,钱氏抱病搜集编校遗书,使其学术成果得以传世;钱氏《挽季刚》的联语,下联云:"文章宗六代,专致力沉思翰藻,如何

---

① 沈尹默:《我和北大》,《文史资料选辑》第61辑,北京:中华书局,1979年。

② 参见钱基博《现代中国文学史》第193—199页。

③ 林纾1913年离开北大,《春觉斋论文》1916年方由北京都门印书局刊行;可此书的内容,民初曾以《春觉生论文》为题连载于《平报》。

④ 黄侃论文时兼采章、刘二师,但其审美趣味更接近于刘师培。参见周勋初《当代学术研究思辨》(南京:南京大学出版社,1993年)中之《黄季刚先生〈文心雕龙札记〉的学术渊源》一文。

⑤ 钱玄同:《寄陈独秀》,《中国新文学大系·建设理论集》。

不淑,吾同门遽丧此隽才。"发明此口号的钱氏,与刘、黄二位"选学名家",关系非同寻常。至于周氏兄弟,对刘、黄也无恶感。这就使得新文化人之批桐城是实,攻选学则虚。章太炎曾嘲笑黄季刚与"桐城派人争论骈散,然不骂新文化",乃"敢于侮同类,而不敢排异己"①。此说大可商议。季刚先生乃性情中人,意气用事有之,"不敢排异己"则未必。章门弟子中之新派与旧派,似乎达成一种默契,即便箭在弦上不得不发,也都留有余地。况且,就新旧文学而言,"选学"当然属于旧派,与提倡白话者格格不入;可就批判桐城义法而言,"选学"其实可与新文化人结盟。这就难怪面对五四新文化的冲击,旧文学阵营里跳出来力争的,只能是林纾,而不可能是黄侃。

在清代学界,着力批评桐城的"不学"与"不文",一为扬州学派,一为浙东学派。落实在晚清,不妨以刘师培、章太炎作为代表——尽管章、刘二君广泛接受西学,已非原来意义上的学派传人。章、刘论文,颇有差异,可都承认对方学有根基,故互相欣赏。章、刘二位如此,其后学也不例外。黄侃论文,接近刘申叔,但兼采太炎师的意见;鲁迅问学于章太炎,可对于"文学"的理解,却带有刘师培的印记。五四新文化人中旧学修养好、有能力从学理上批评选学的,基本上都是章门弟子。章门弟子虚晃一枪,专门对付桐城去了,这就难怪"谬种"不断挨批,而所谓的"妖孽"则基本无恙。

六　千年文脉之接续

晚清那一代学人,虽然接受西潮的冲击,但思考方向及提出问题的方式,大多是延续本土已有的纷争。所谓"开眼看世界""向西方寻求真理",很大程度是意识到单靠本土的理论资源,无法走出面临的困境。

---

① 《章炳麟论学集》第439页,北京:北京师范大学出版社,1982年。

考虑到这一代人的探索与挣扎,描述20世纪初中国的学界与文坛,"西潮东渐"之外,必须添上"旧学新知"。以文论而言,刘师培之承袭阮元,痕迹十分明显。章太炎更具独立意识,但《自定年谱》及《自述学术次第》之谈论文章,依然是对清代文派之争的回应。借助于这两位师长,周氏兄弟的思考,自然而然地"往上走"。《汉文学史纲要》由六朝的文笔之辨,带出阮元的《文言说》;《中国新文学的源流》之提倡晚明小品,却以批判八股及桐城为中心,这些都绝非偶然。在1930年代关于小品、杂文、随笔的争论中,周氏兄弟之所以高人一筹,与其学术渊源大有关系。后世之追摹周氏兄弟文章者,不见得考虑有清一代桐城、选学、朴学三派文章的消长起伏;可周氏兄弟的选择,内在地影响着此后中国散文的发展方向。世纪末回眸,周氏兄弟文章的轴心地位日益凸显,而其摒弃唐宋、偏爱六朝的趣味,在接续传统的同时,也为现代中国散文开出一条新路。

章、刘及周氏兄弟的选择,绝非只是简单的"隔代相传",或者"以边缘挑战中心";其在漫长的中国文学史上,独取六朝,大有深意在,值得认真评说。

在具体论述前,有一点必须略作交代。废名撰于1936年的《中国文章》中,有一妙语:"我读中国文章是读外国文章之后再回头来读的。"读了英国哈代的小说,方才真正明白庾信文章之"美丽""善写景物"与"见性情"①。此前,废名曾对周作人关于五四新文学乃"文艺复兴",可与晚明公安派直接挂钩的著名论断做了如下补充:"西方思想给了我们拨去障碍之功"②。像废名那样,可以直接说出哈代与庾信的联系的,或许不多;但晚清以降的中国文人,讨论问题时,无法完全摆脱其西学背景。章太炎以希腊文学"自然发达"的顺序,"征之禹域,秩序亦同";刘师培称

---

① 《中国文章》,《冯文炳选集》第345页。
② 废名:《〈周作人散文钞〉序》,《周作人散文钞》,上海:开明书店,1932年。

骈文之切响浮声,引同协异,"乃禹域所独然,殊方所未有也"①,都并非单一文化背景下可能具有的思考。鲁迅的《摩罗诗力说》与周作人的《论文章之意义暨其使命因及中国近时论文之失》,更是直接套用西方学说来解释中国问题。即便走出"杂抄文学概论"的困境②,超越简单的比附,西学作为重要的理论资源,依然潜在地制约着探索者的思考。当刘师培强调"其以文学特立一科者,自刘宋始"、鲁迅渲染魏晋乃"文学的自觉时代"、周作人以不曾强求"载道"作为六朝文章的魅力所在时③,显然都有其关于文学自主性的理论预设——鲁迅甚至称:"或如近代所说的为艺术而艺术(Art for Art's Sake)的一派。"

清末民初,最早接受西方文论的中国学人,如王国维、黄人、周氏兄弟等,都曾对"纯文学""超功利"之类的说法感兴趣,并以此批评传统中国的"文以载道"。比起小说论中排山倒海的"改良群治"说,周氏兄弟等人的声音实在过于微弱。可就在这最初的文论中,周作人已经开始了对"不切实用,故无取焉"的载道文学观的批判,并极力为建安七子和晋代清谈辩护④。此举颇带象征意味:文学观的嬗变,迅速转化为文学史的重建,而最合适的时段,莫过于六朝。

六朝文章,此前因拒绝载道,沉湎于声色藻绘,而受到严厉的谴责。如今出现了"纯文学"的口号,但刘师培"骈文之一体,实为文类之正宗"的预言⑤,依然没有得到实现。六朝文章的复兴,并不等于骈文派的胜

---

① 参阅章太炎《文学说例》、刘师培《中国中古文学史》第一课。
② 参阅周作人《知堂回想录》第八十一节。
③ 参阅刘师培《中国中古文学史》第五课、鲁迅《魏晋风度及文章与药及酒之关系》、周作人《风雨谈·关于家训》。
④ 独应(周作人):《论文章之意义暨其使命因及中国近时论文之失》,《河南》第4、5期,1908年5月、6月。
⑤ 刘师培:《文说》,《中国近代文论选》第552页,北京:人民文学出版社,1981年。

利。姑且不说"纯文学"的想象,受到章太炎、梁启超以及后来的陈独秀、胡适之等人的狙击,而没能真正展开;落实在文学史层面上的重新阐释六朝,也与骈文派的初衷大相径庭。

与文学观的革新同样值得重视的,还有"文学史"写作的引进。中国古代的文论家,当然也有"史"的意识,但其著述体例迥异于晚清传入的"文学史"。比起"文苑传"和"诗品"来,"文章流别"算是比较接近"文学史"的。可也正是这"文章流别"与"文学史"的微妙差异,导致"六朝文章的复兴"逸出骈文家的视线。1903年颁布的《奏定大学堂章程》中,对"中国文学门"的科目设计,有一醒目的变化:此前之"考究历代文章源流",乃"练习各体文字"的辅助;而今则以"文学史"取代"源流",以"文学研究法"包容"文体"。这就使得史家观察的角度,由"文体"转为"时代"。

讲"文体",注重的是体制的统一与时间的连续;讲"时代",关注的则是空间的展开与风格的多样。这里的以"时代"为考察单位,不同于焦循、王国维、胡适之的"一时代有一时代的文学",唐诗宋词元曲明清小说之类的表述,着眼的是某一时代的代表性文类。唐诗无法涵盖有唐一代的文学精华,宋词更不足以穷尽宋代文学的魅力。同样道理,骈文也不能作为"六朝文学"的唯一代表。这么一来,史家撰写中古(或魏晋南北朝)文学史,完全可以兼及骈散。孙德谦的《六朝丽指》不妨独尊骈偶,刘师培的《中国中古文学史》则眼界要开阔得多,建安、魏晋、宋齐梁陈各有春秋,并不以任、沈或徐、庾为唯一归宿。

比刘师培的思路更具挑战性的,是章太炎的全面颠覆策略:六朝确有好文章,但并非世代传诵的任、沈或徐、庾,而是此前不以文名的王弼、裴頠、范缜等。1922年,章太炎在上海作系列演讲,论及"文章之派别"时,赞扬晋文华妙清妍,舒卷自如,平易而有风致。至任昉、沈约,"每况斯下";到了徐陵、庾信,"气象更是不雅淡了"。"至当时不以文名而文极佳的,如著《崇有论》的裴頠,著《神灭论》的范缜等;更如孔琳(宋)、萧子良(齐)、袁翻(北魏)的奏疏,干宝、袁宏、孙盛、习凿齿、范晔的史论,我们实在景仰得很。"①如此立说,整个颠覆了传统学界对于"八代之文"的想象。章氏这一惊世骇俗的高论,乃长期酝酿,且渊源有自。早在1910年的《国故论衡·论式》中,章氏便如此谈论六朝文:

> 近世或欲上法六代,然上不窥六代学术之本,惟欲厉其末流……余以为持诵《文选》,不如取《三国志》、《晋书》、《宋书》、《弘明集》、《通典》观之,纵不能上窥九流,犹胜于滑泽者。

在《自述学术次第》中,章氏对有清一代追慕六朝最成功的骈文大家汪中、李兆洛表示不以为然,而格外推崇综核名理、清和流美的魏晋玄文:"观乎王弼、阮籍、嵇康、裴頠之辞,必非汪李所能窥也。"在章氏看来,文章的好坏,关键在于"必先豫之以学"。深深吸引太炎先生的,首先是六朝学术(或曰"魏晋玄理"),而后才是六朝文章(或曰"魏晋玄文")。太炎先生一反旧说,高度评价魏晋玄言,称"真以哲学著见者,当自魏氏始";清儒之所以无法致玄远,正因其"牵于汉学名义,而忘魏晋干蛊之功"②。六朝人学问好,人品好③,性情好,文章自然也好,后世实在望尘

---

① 章太炎主讲、曹聚仁记述:《国学概论》第85—86页,香港:学林书店,1971年港新六版。
② 参见章太炎的《论中古哲学》,《制言》第30期;《汉学论》,《制言》第1期。
③ 收入《章太炎全集》第四卷的《五朝学》中有云:"夫经莫穹乎《礼》、《乐》,政莫要乎律令,技莫微乎算术,形莫急乎药石。五朝诸名士皆综之。其言循虚,其艺控实,故可贵也。凡为玄学,必要之以名,格之以分;而六艺方技者,亦要之以名,格之以分。……五朝有玄学,知与恬交相养,而和理出其性。故骄淫息乎上,躁竞弭乎下。……五朝士大夫,孝友醇素,隐不以求公车征聘,仕不以名势相援为朋党,贤于季汉,过唐、宋、明益无譬。"

莫及①——如此褒扬六朝,非往日汲汲于捍卫骈文者所能想象。直到晚年讲学苏州,太炎先生仍坚持其对于六朝文的独特发现。

章氏论文,讲求思想独立,析理绵密,故重学识而不问骈散。鲁迅独尊嵇康,周作人偏好颜之推,均背离传统文人对于六朝的想象,与太炎师的选择不无关系。周氏兄弟不治经学、子学,对太炎先生之欣赏议礼之文与追求玄妙哲理,不太能够领略。鲁迅赞美的是嵇康之"思想新颖",周作人则欣赏颜之推的"性情温厚",只是在重学识而不问骈散这一点上,兄弟俩没有分歧:辨名实,汰华词,义蕴闳深,笔力遒劲,深得乃师文章精髓。在1944年所撰《我的杂学》中,周作人曾表示"骈文也颇爱好",但不敢贪多,"《六朝文絜》及黎氏笺注常在座右而已"。可接下来的这段话,似乎颠覆了以上自白:

> 伍绍棠跋《南北朝文钞》云,"南北朝人所著书多以骈俪行之,亦均质雅可诵。"此语真实,唯诸书中我所喜者为《洛阳伽蓝记》、《颜氏家训》,此他虽皆篇章之珠泽,文采之邓林,如《文心雕龙》与《水经注》,终苦其太专门,不宜于闲看也。

谈骈文而不举萧统《文选》、李兆洛《骈体文钞》,只将便利初学、偏重小品的《六朝文絜》置于座右,可见周氏的"爱好"其实不深。伍氏之《〈南北朝文钞〉跋》,撰于光绪乙亥(1875)年,经过周作人的反复引述,很容易被误解为已开章氏论说之先河。其实,一尊骈,一主散,二者立说根基大异。嘉庆年间彭兆荪之辑《南北朝文钞》,正如原书的"引言"所称,拟

---

① 在1936年的《国学讲演录·文学略说》中,太炎先生论及文章与性情的关系:"骈散合一之说,汪容甫倡之,李申耆和之。然晋人为文,如天马行空,绝无依傍,随笔写去,使人难分段落。今观容甫之文,句句锻炼,何尝有天马行空之致。"

想读者是"攻选体者",目的是"挽颓波而趋正轨"。伍氏希望扩大骈文家的视野,故建议将"亦均质雅可诵"的《文心雕龙》《诗品》《水经注》《洛阳伽蓝记》等"勒为一书,与此编相辅而行,足为词章家之圭臬"。

骈文家的这种扩大眼界、更新趣味的努力,由既考经史又擅骈偶的扬州学人李详,表述得更为精彩。李氏当然推崇六朝俪文,可也称:

> 其散文亦为千古独绝,试取《三国志注》、《晋书》及南北两史,郦善长《水经注》、杨衒之《洛阳伽蓝记》与释氏《高僧传》等书读之,皆散文之至佳者,至今尚无一人能承其绪,盖误以雕琢视之,而未知其自然高妙也。①

李审言与章太炎、刘申叔、黄晦闻等,同为《国粹学报》的中坚,其《论桐城派》固然引起世人关注,《文心雕龙补注》《颜氏家训补注》等更见学术功力。李氏以"选学"名家②,且撰有《汪容甫文笺》,晚年著述多在章太炎创办的《制言》杂志刊行。像这样"初好容甫文,又嗜《文选》昭明之序,日加三复。阮太傅《文言说》,尤所心醉"的骈文大家,深知"以自然为宗,以单复相间为体,以貌为齐梁伪作为戒"的道理③。正因其兼采散文,其论学书札不事雕饰,而情韵自见,钱基博评为"乃正萧散似魏晋间人也"④。骈文家之兼采六朝散文,与章太炎及周氏兄弟之撇开骈文,专门欣赏六朝的子、史,显然难以同日而语。相对于被骈文家奉为圭臬的任、沈、徐、庾来,上述"无意为文"故骈散相间,或干脆纯用散行文字书

---

① 《李审言文集》第 1061 页。
② 当被问及近时选学名家时,章太炎称弟子黄侃"其学或不如李公之专",参见桥川时雄《章太炎先生谒见记》,《制言》第 34 期。
③ 《李审言文集》第 1050 页、1058 页。
④ 钱基博:《现代中国文学史》第 129 页。

写的"著作",似乎更容易与现代中国散文接轨。

"一种风流吾最爱,南朝人物晚唐诗"——此乃日人大沼枕山的汉诗,为永井荷风所引录,更为周作人所激赏①。六朝人的生命体验、玄学境界以及一往情深,为百代之下的中国人所永远追慕。首先是人格的美,而后才是文章韵味。美学家宗白华有一高度概括的评价:

> 汉末魏晋六朝是中国政治上最混乱、社会上最苦痛的时代,然而却是精神史上极自由、极解放,最富于智慧、最浓于热情的一个时代。因此也就是最富有艺术精神的一个时代。②

史家陈寅恪也有类似的表述,而且将思想自由与文章之美直接挂钩:

> 吾国昔日善属文者,常思用古文之法,作骈俪之文。但此种理想能具体实行者,端系乎其人之思想灵活,不为对偶韵律所束缚。六朝及天水一代思想最为自由,故文章亦臻上乘,其骈俪之文遂亦无敌于数千年之间矣。③

对于六朝的评述,宗氏提及政治混乱但精神自由、陈氏指出思想自由故文章上乘。此前的周氏兄弟,则将两句并作一句,且使用因果而非并列句式。

对于"今人攘臂学六朝",晚清重臣张之洞甚为不满,理由是:"神州陆沉六朝始,疆域碎裂羌戎骄;鸠摩神圣天师贵,末运所感儒风浇。"

---

① 周作人:《日本管窥》,《苦茶随笔》。
② 宗白华:《论〈世说新语〉和晋人的美》,《美学与意境》第183页,北京:人民出版社,1987年。
③ 陈寅恪:《论再生缘》,《寒柳堂集》第65页,上海:上海古籍出版社,1980年。

(《哀六朝》)周氏兄弟则对因战争引起的"思想混乱",并不特别反感。鲁迅将魏晋文章概括为清峻、通脱、华丽、壮大,得益于刘师培的《中国中古文学史》;可其强调乱世中的思想通脱,如何有利于废除固执容纳异端,并使得文章奇崛、立意新颖①,则多有引申发挥。周作人更直截了当地指出:"小品文是文学发达的极致,它的兴盛必须在于王纲解纽的时代。"只有在乱世,才可能处士横议,百家争鸣,那"集合叙事说理抒情的分子,都浸在自己的性情里,用了适宜的手法调理起来"的"言志的散文",才得到真正发达②。比起明末来,六朝似乎更适合于作为王纲解纽故人格独立、思想自由故文章潇洒的例证。这也是周氏的兴趣逐渐从公安三袁转为陶渊明、颜之推的原因。

1930年代中期,郁达夫在为《中国新文学大系·散文二集》作序时,接过周作人的命题,做了进一步的发挥。郁氏称:"现代的散文之最大特征,是每一个作家的每一篇散文里所表现的个性,比从前的任何散文都来得强。"而古代中国散文中,"富于个性的文字",只能出现在个性比较活泼的"王纲解纽"的时代,比如两晋、宋末与明末。这里所述,只及于思想不定于一尊、文章不定于一格,尚非"妙品""神品"的充足条件。此外,还需要学识渊博,性情温润,"混和散文的朴实与骈文的华美",并借杂糅口语、欧化语、古文、方言等,以造成"有涩味与简单味"的"有雅致的俗语文来"③。只是因缘和合,并非每个优秀的散文家,都能够或愿意领略"八代之文"的真正韵味。

现代作家对于六朝文章的借鉴,不再顶礼膜拜,而是有选择地接纳。王闿运、刘师培、黄侃、李详等雅驯古艳的骈文,经由新文化运动的冲击,

---

① 《魏晋风度及文章与药及酒之关系》,《鲁迅全集》第三卷。
② 周作人:《〈冰雪小品选〉序》,《看云集》,上海:开明书店,1932年。
③ 参见周作人《〈燕知草〉跋》,《永日集》;《〈苦竹杂记〉后记》,《苦竹杂记》。

已经退居一隅,不再引领风骚。而太炎先生对于六朝文的别择,经由周氏兄弟的发扬光大,产生巨大而深远的影响。经历一番解构、挑选、转化、重建,六朝文作为重要的传统资源,正滋养着现代中国散文。胡适曾断言章炳麟的文章"及身而绝",但是,如果不过分拘泥、不局限于"古奥"与"艰深",允许其接上鲁迅的"魏晋风度"与周作人的"六朝散文",再连通废名所说的"新文学当中的六朝文"(实即擅长借鉴"六朝文"的"新文学"),则成了现代中国文坛的一大奇观。

"文起八代之衰,道济天下之溺",此乃苏轼称颂韩文公的千古名句。章太炎及周氏兄弟对于唐宋派及桐城文章的批判,对于六朝人及六朝文的表彰与借鉴,将随着历史的推移,日益展示其风采。

第九章　现代中国学者的自我陈述

"追忆逝水年华",此乃古往今来无数圣君明相、文人哲士所无法回避的诱惑。不管是出于"自我不朽"的祈求、"文明延续"的领悟,还是功利主义的"以史为鉴","追忆"总是人类著书立说时的一大动力。至于追忆往事所使用的文体,可以是书信日记、诗文小说,也可以是随笔杂感、学术著述。反过来说,"追忆"之于各种文类,均有不容漠视的贡献。

"追忆"并非简单的追溯既往、回到过去,而是用"今天"的眼光,赋予"往事"某种意义与逻辑。不只是因为时间的鸿沟,使得往事失落,无法完整呈现,更因为人们只能记忆其愿意记忆的,陈述其能够陈述的。在这个意义上,追忆既是一种呈现,也是一种掩盖;既在讲述真情,也在散布谎言[①]。对此陷阱,不是每个追忆者都浑然不觉。大诗人歌德在谈及其自传《诗与真》时,便对一本正经追忆往事的价值表示怀疑:"生平有些或许算是好的东西是不可言传的,而可以言传的东西又不值得费力去传。"[②]自传无法传达不可言传之"意旨",但起码可以讲述激动人心的"故事"。因而,即便不乏歌德式的疑惑,"名人自述"仍为广大读者所欢迎,其创作与传播自然也就历久不衰。

　　[①] 参阅周作人《〈知堂回想录〉后序》,《知堂回想录》(凡文末"基本文献"已开列的版本,一概从略);斯蒂芬·欧文著、郑学勤译《追忆——中国古典文学中的往事再现》第 2 页、17 页,上海:上海古籍出版社,1990 年。

　　[②] 爱克曼辑录、朱光潜译:《歌德谈话录》第 20 页,北京:人民文学出版社,1978 年。

追忆往事,可以有两种策略:一以自己的生命历程为中心,穿插各种议论;一就某一主题发表议论,夹杂对于往事的回忆。此中差异,不妨以《往事与随想》和《随想录》作比较。1970年代末,巴金译完俄国作家赫尔岑的回忆录,在后记中表达了拜师学艺的愿望。十年后,《随想录》合订本出版,体例却与《往事与随想》迥异:着眼点不在往事,而在对于往事的思考。用巴金自己的话来说,就是:"尽管我接触各种题目,议论各种事情,我的思想却始终在一个圈子里打转,那就是所谓十年浩劫的'文革'。"这座"用真话建立起来的揭露'文革'的'博物馆'",就其"是时代的艺术性概括"而言,与赫氏之作确有异曲同工之妙①。即便"同工",因"异曲"而带来的诸多差别,仍不能等闲视之。本文将要探讨的,乃是赫尔岑式的"史中带论",而不是巴金式的"论中夹史"。

对于往事的追忆,诗人、政客、商家、学者,各有各的拟想读者,也各有各的叙述策略。"瞒天过海"固然是所有追忆的共同天敌,但必不可少的"腾挪躲闪",使得各类"追忆"自然而然地拉开了距离。没有理由认定哪一类"追忆"价值更大,但就接受面而言,学者的追忆,大概最难获得公众的青睐。诗人的激情洋溢与文采飞扬,永远能够吸引广大读者;搏杀于政坛商海并获得功名利禄者,其纵横捭阖的技巧以及重大决策的内幕,对公众与专家同样具有吸引力。唯独学者的"追忆逝水年华",很可能既乏浪漫情怀,也无惊险遭遇,以"质朴的文笔",配"平淡的生平",可想而知,很难引起一般读者的兴趣。

公众的相对冷淡,并不等于学者的追忆缺乏魅力。不管是着眼于史学价值,还是文章趣味,不少学者的自叙传,令人回味无穷。这里选择五十位生活在20世纪的中国学者的"自述"(详见附录之"基本文献"),讨

---

① 巴金:《〈往事与随想〉后记(一)》,赫尔岑著、巴金译《往事与随想》第一卷,上海:上海译文出版社,1979年;巴金:《〈随想录〉合订本新记》,《随想录》,北京:三联书店,1987年。

论其叙事策略及其背后蕴涵着的文化理想,在理解现代中国学术进程的同时,思考"文章"与"著述"各自的功能及自我超越的途径。

在正式论述以前,有关选样标准,必须略作交代:一、王韬和谭嗣同均卒于19世纪末,之所以破例列入,乃着眼于其文化观念及文体意识对后世的影响。二、周氏兄弟及茅盾、郭沫若等,既是文人,也是学者,本文注重其后一侧面①。三、选择的样本,半为古已有之的年谱,半为西方传来的自传,但为了尊重自述者超越传、谱鸿沟的努力,这里暂不作进一步的区分。四、学者自述,可能今夕完稿明朝刊布,也可能藏之名山传之后世,读者的锁定,自然会影响其叙述策略,但在召唤读者、渴望理解这一点上,二者并无根本性的区别;因此,将当初弟子秘藏的自定年谱,与传主生前刊行的回忆录,放在一起论述,并无大的妨碍。

一 学者为何自述

古已有之的"学者自述",在20世纪的中国翻新出奇,成为学界与文坛共享的小小时尚。对此"时尚"有促成之功者,首推新会梁任公和绩溪胡适之。梁、胡二君对传记以及自述均有极大的兴趣,且互相启迪。新型传记的鉴赏及写作,梁曾为胡引路;年谱体例的革新,胡则走在梁前头②。同样欣赏西方的自传,梁氏转而发掘清人"实写其所经历所感想"的自定年谱,而胡君则更多提倡"给史家做材料,给文学开生

---

① 比如,《从文自传》写作在前,沈从文成为学者在后,故不录。
② 胡适《四十自述》中提及"我个人受了梁先生无穷的恩惠",指的是"新民说"及学术史研究,但考察其时胡氏发表在《竞业旬报》上的四篇传记,不难发现梁氏另一方面的"恩惠"。1922年胡适出版《章实斋先生年谱》,在《自序》中介绍其体例创新之处,第二年梁启超《朱舜水先生年谱》完成,颇有同工之妙;若干年后撰写《中国历史研究法补编》,在论及年谱如何"记载当时的人"时,恰好拿这两部作品作例证。

路"的自传①。在具体论述中,前者以自传眼光评说年谱,后者则在自定年谱中寻找中国的长篇自传。二者思路仍有共通处,那便是力图沟通古今中外的"自述"。就研究成果而言,梁启超的《中国近三百年学术史》和《中国历史研究法补编》对年谱及自定年谱的论述,远非胡适的随感杂录所能企及;但胡适从早年的留学日记,到晚年的公开演讲,几十年间锲而不舍地提倡"传记文学",并且身体力行,完成了《四十自述》及《胡适口述自传》,其影响力远远超过梁启超的专门著述。

不管是梁启超还是胡适,其提倡自定年谱或自传,对撰述者并无阶层或职业的限定。表面上,自述生平,是人人俱有的权利;三教九流,男女老少,均可写作并出版自传。可实际上,自传是一种"最不平等"的文体。传主、谱主的功名业绩,对自传、自定年谱的价值认定及传播范围,均起决定性作用。胡适劝其写作自传的,都是"做过一番事业的人";梁启超讲得更明白,"自撰谱谱中主人若果属伟大人物,则其价值诚不可量"②。回忆录的限制相对小些,但也要求与"名人"略有瓜葛,方才能引起读者的兴趣。金克木《天竺旧事·小引》对写作回忆录的困境,颇多调侃语:

> 名人大抵常有回忆录,回忆的都是一些名人、名胜、大事或者与自己有关的亲切的人和事。名人往往进入别人的回忆录。不名之人也往往由回忆名人和大事而得名。

这种文体的"势利相",固然不曾剥夺"未名者"写作自传或回忆录的权利,却能有效地阻碍其流通。

---

① 参阅梁启超《中国近三百年学术史》第十五章九节和胡适《四十自述》的"自序"。
② 同上。

统而言之的"传记文学",对作者的身份地位并不苛求,但基本上属于史学的自传及自定年谱,则要求作者有一定的"知名度"。因而,"学者自述"之能否大量产生并广泛传播,主要取决于其是否"知名",是否有足够的"自信"。换一句话说,学者的价值是否得到社会的普遍认可。

20世纪初的中国学者,之所以二三十岁便写作并发表自传(如刘师培、梁启超),与社会转型期先觉者开天辟地的自我感觉有关。1930年代的中国,撰写自传蔚然成风,除了胡适、林语堂等人的大力提倡,更因其时文人学者尚有充分的自信。① 到了五六十年代,大陆学者极少写作(更不要说发表)自传,主要原因是知识分子处于被改造的地位,根本不敢"扬才露己"。至于其时大量涌现的"思想总结"和"自我批判",乃迫于外界的压力,不得已而为之,不能作为自传来阅读评判。像吕思勉那样,将《三反及思想改造学习总结》作为自传来写,而且基本上没有违心之论(正因如此,此"总结"三十多年后方才得以作为"自述"发表),实在是个奇迹。进入1980年代以后,学者地位相对提高,这才有《中国现代社会科学家传略》(山西人民出版社,1982—1987年,共10辑)和《中国当代社会科学家》(书目文献出版社,1982—1990年,共11辑)中诸多学者撰写的自传。三联书店陆续出版的《我在六十岁以前》(马叙伦)、《三松堂自序》(冯友兰)、《韧的追求》(侯外庐)、《天竺旧事》(金克木)以及《吴宓自编年谱》等,对于恢复甚至提高学者自述的信心与兴致,起了很好的

---

① 胡适《四十自述·自序》称:"我的这部《自述》虽然至今没写成,几位旧友的自传,如郭沫若先生的,如李季先生的,都早已出版了。自传的风气似乎已开了。"第二年,林语堂在《论语》上发表《四十自叙诗》,接着又用英文写作自传,并由简又文译成中文在《逸经》上发表。1937年郭登峰编《历代自叙传文钞》出版,序言中感谢胡适的指导;同年,林语堂创办的《宇宙风》陆续发表蔡元培、陈独秀、叶恭绰、太虚、宋春舫等人自述,后集为《自传之一章》,由宇宙风社单独刊行。

作用。到了1993年,远在西南的巴蜀书社,更打出"学术自传丛书"的旗帜,以每种五至十万字的篇幅,推出张岱年、蔡尚思、钱仲联等一批老学者撰写或口授的自传。

某一时段学者自传大量涌现,最多只能说明其时社会对学者的关注,并不保证这些自述的史学或文学价值。后者取决于学者自述的动机、体例、策略以及欣赏趣味等。这里先从"动机"入手,讨论学者为何在专业著述以外,还要撰写自传或自定年谱。

学者对其为何自述生平,而且公开刊行,大都有所解释。清人自定年谱中,多有追念平生,聊示子孙,俾知起家不易之类的说法[①]。这种过于私人性的叙述姿态,基本上不为现代学者所取(罗振玉除外)。对于那些身前便已公开发表的"自述",再强调"聊示子孙",未免显得矫情。

有了《论语·卫灵公》中"君子疾没世而名不称焉"的感叹,自认怀才不遇的文人学者,其自我表彰便显得理直气壮。"去冬咯血,至今未愈,日在药炉火边作生活"的王韬,撰《弢园老民自传》,理由是"老民盖惧没世无闻,特自叙梗概如此"。"未入中年"的刘师培,也都因"百感并合"而赋《甲辰年自述诗》:

恒子著书工自序,潘生怀旧述家风;
廿年一枕黄粱梦,留得诗篇证雪鸿。

虽也有"年华逝水两蹉跎"的抑郁与不平,但更多的仍是踌躇满志。其实,所有的自述,不管其姿态如何低微、谦恭,骨子里仍透出一股傲气。

[①] 参见傅诗《傅雅三先生自订年谱后记》、周盛传《磨盾纪实自序》以及汪辉祖《病榻梦痕录自序》。

缪荃孙《艺风老人年谱》开篇自称"无可记录",可马上又是"身历十六省,著书二百卷",不妨"略志雪鸿"。不管是感叹"平生所怀,百未一偿",而"忽焉老至"(罗振玉《集蓼编》),还是将人生比作一次"壮游",只是希望"留一点迹爪"(王云五《岫庐八十自述》),姿态万千的学者自述,其实都脱不开"自鸣"的基本特征。

学者之所以愿意自述,借用卢梭的话来说,便是自信"除了他本人外,没有人能写出一个人的一生"。因为,"真实的生活只有他本人才知道"。为了"不愿人家把我描绘得不像我自己"①,卢梭创作了《忏悔录》;基于同样的理由,现代中国学者写下了各种各样的自叙传。这种"我最了解我自己"的假设,不见得每个自述者都坚信不疑;或许,《钱仲联自传·前言》中的提法,更容易为作者和读者所接受:"当然自己写自己的事,近似回忆录,总比他人根据传闻而写的要可靠。"即便诚实、严谨的学者,其自述也并非天衣无缝,仍大有可质疑处。这一点,留待下面论述。此处只想指出,认定"自述"比"传闻"可靠,乃支撑起大量学者自传及自定年谱的理论根基。

正因为自述"可靠",所以往往被史家视为难得的第一手资料。对于有"历史癖"的作者和读者来说,写作自叙传,因而是个极大的诱惑。钱穆在《师友杂忆·序》中称:"读此杂忆者,苟以研寻中国现代社会史之目光视之,亦未尝不足添一客观之旁证。"而自称阅读过五百种以上的传记文学专集,且促成周作人撰写回忆录的曹聚仁,在其《我与我的世界·代序》中更如此表白:

> 从我是一个研究历史的人来说,把第一手史料保留起来,也真

---

① 参阅卢梭《〈忏悔录〉的讷沙泰尔手稿本序言》,《忏悔录》第二部第814页、819页,北京:人民文学出版社,1982年。

的"匹夫有责"了。这是我决定谈谈过去经历的主因。

比起钱、曹诸君"补正史之阙"的自信,《知堂回想录》之故作低调,自认琐碎,要求读者"姑且当作'大头天话'(儿时所说的民间故事)去听,或者可以且作消闲之一助吧",反而显得不够真诚与坦率了。因为,《缘起》所说的"消闲",与《后记》再三强调的"只知道据实直写",明显抵牾。实际上,周氏希望提供的,乃"信史",而非"闲书"。

相对于饱经沧桑、功成名就者的"八十自述",初出茅庐、志气远大者的"三十自纪",可就别有一番滋味在心头。当然也会略述行谊与经历,但更多的是感慨岁月蹉跎,壮志未酬。《林语堂自传·弁言》所说的借写自传"分析我自己",在此类著述中得到比较充分的表现。谭嗣同、梁启超的"平旦自思",虽则真诚,可惜略嫌空泛;远不若王国维的自我分析深入。王氏的两篇《三十自序》,一述"数年间为学之事",一述"为学之结果"。后者的辨析学说之可爱与可信、哲学与哲学史,以及"近日之嗜好所以渐由哲学移于文学",都是博学深思后的悟道之语。此类借自述清理思路,确定重新出发的路径,另外一个成功的例证,可举出顾颉刚为《古史辨》第一册所写的"自序"。顾氏自认"是一个初进学问界的人",之所以"贸贸然来做这种自传性的序文",除了总结研究古史的方法,更想分析面临的困境,提出亟待解决的问题。事实上,王、顾二君日后学术上的进展,与其"自述"所表达的意愿,大致吻合。

学者之所以热衷于"自述",因其不只提供史料,本身便可能是成功的著作。唐文治《茹经先生自订年谱·题辞》称自幼喜读先贤年谱,方才"志气发扬,更慨然以建功立业为事"。由此推论:"立德立功者,必以前贤年谱为先路之导。"正是基于此"有益后学"的想象,不少著名学者方才讲述"我的自学小史"(梁漱溟),或"我在教育界的经验"(蔡元培)。罗尔纲《师门五年记》的"自序"说得更清楚:"我觉得我这一段从师故事,或许可以使青年人领会得到一位当代大师那一条教人不苟且的教训,去做治学任事的信条吧。"林语堂也承认自传"确是一种可喜可乐的读品",不过加了个限制,那就是文章必须"涵有乖巧的幽默,和相当的'自知之明'"①。一着眼道德教诲,一强调文章趣味,合起来,方是自叙传独特的魅力所在。

为后人提供有益的读物,这种强烈的责任感与功名心,固然可钦可佩,可学者自述,不只为了他人,更重要的,是为了自己。对于具有诗人气质的学者来说,自述乃留住春梦的唯一策略。陈寅恪《寒柳堂记梦未定稿·弁言》有云:

> 东坡诗云,"事如春梦了无痕"。但又云,"九重新扫旧巢痕"。夫九重之旧巢亦梦也。旧巢之旧痕既可扫,则寅恪三世及本身旧事之梦痕,岂可不记耶?

清人汪辉祖的自定年谱题为《病榻梦痕录》,序言中也引东坡诗句,但"不敢视事如梦",仍希望子孙读此而"知涉世之艰,保身之不易也"。寅恪先生则无一语及于教诲,在提供历史证词的同时,抚今思昔,感慨万千。据说撰稿之初,先生曾对助手言:"此书将来作为我的自撰年谱。"②晚年心血所寄,可惜只存零星残稿,年谱全貌因而无从揣摩。即便如此,三十年后拜读遗文,仍能感觉到先生沉入历史深处时的神情与风采——那定然是充满惆怅而又洋溢着欢乐的时光。在某种意义上说,追忆往事,乃阅历丰富者"自我娱乐"的最佳手段。

学者愿意自述,其实不一定非找到冠冕堂皇的理由不可。抚今思

---

① 林语堂:《八十自叙》第82页。
② 参见蒋天枢《陈寅恪先生编年事辑》第166页,上海:上海古籍出版社,1981年。

昔,乃人之常情;饱经沧桑的长者,更有理由沉湎于过去的回忆。这一点,茅盾说得很坦然,也很实在:

> 人到了老年,自知来日无多,回忆过去,凡所见所闻所亲身经历,一时都如断烂影片,呈现脑海。此时百感交集,又百无聊赖。于是便有把有生以来所见所闻所亲身经历者写出来的意念。①

对于学者来说,将"追忆往事"作为正业来从事,确实是"百感交集"。既是对曾经辉煌的"过去"的思念,也是对百无聊赖的"老年"的感叹。这也是许多学者倾向于将自叙传留待晚年来完成的原因。"自知来日无多",于是希望借助"自述",使自己的学术生命得以延续。问题在于,真正的"读书种子",往往"不知老之将至"。需要某种契机,方才促使其中断长期从事的学术研究,沉入对于往事的追忆。清人自定年谱,往往是谱主病中口述,命弟子或儿孙作记;钱大昕57岁那年大病一场,"自谓必不起矣",于是方才"病中自编年谱一卷"②。现代学者中,也颇多像陈寅恪那样,深感"今既届暮齿,若不于此时成之,则恐无及"③,因而从事自述者。其中最具戏剧性的,莫过于杨守敬的笃信三十年前推命,认定"今年命将尽",于是从弟子请而"追述生平"——事实上,杨氏也只比预想的多活了三年。

倘若承认学者的"自述生平",也是一种独立的著述;那么,除了了解学者自述的动机,更应该追究其自述的体式,如何成就并限制了这些历史证词兼自我评说的产生。

---

① 茅盾:《〈我走过的道路〉序》,《我走过的道路》。
② 前者如王士禛《渔洋山人自撰年谱》、汪辉祖《病榻梦痕录》等;后者见钱大昕《竹汀居士年谱》"乾隆四十九年"则。
③ 陈寅恪:《寒柳堂记梦未定稿·弁言》,《寒柳堂集》。

二　自传与自定年谱

1914年9月,其时正留学美国的胡适,在其《藏晖室札记》中比较东西方传记的差异,批评古来中国传记之四大短处;紧接着,笔锋一转:

> 吾国人自作年谱日记者颇多。年谱尤近西人之自传矣。

如此神来之笔,日后在胡适关于"传记文学"的提倡中,得到进一步的发挥。以司马迁、王充的自叙,来配弗兰克林、斯宾塞的自传,确实不成比例;可倘若引入明清两代著名学者的自定年谱,所谓东方传记"太略""多本官书""静而不动"等指责,可就落空了。1930年代,胡适终于找到了"确证",正式将自定年谱与自传挂钩。断言《叶天寥年谱》"可算是一部好的自传",得益于周作人的提醒;认定《罗壮勇公年谱》"在自传中为第一流作品",方才属于胡适的发现①。前者的文章趣味,其实与适之先生相左;后者的史料价值,无疑更合胡君的口味。晚年在台北介绍"中国最近一二百年来最有趣味的传记",胡适将《叶天寥年谱》替换成汪辉祖的《病榻梦痕录》,原因是后者可让人"了解当时的宗教信仰和经济生活"②。也正是着眼于史料,胡适在表彰汪、罗之作后,称其父胡传的《钝夫年谱》"是自传中最难得的好作品",并准备"加上他的日记",以凑成一部完整的自传③。将日记看作"自传的一

---

① 参见胡适分别刊于《人间世》第2、3期(1934年4、5月)的关于《叶天寥年谱》和《罗壮勇公年谱》的"读书小记"。
② 《胡适古典文学研究论集》第1330—1334页,上海:上海古籍出版社,1988年。
③ 参见胡颂平编《胡适之先生年谱长编初稿》第3169页、3220页,台北:联经出版事业公司,1984年。

部分"①,并非胡适个人的独好。清人李塨编《颜习斋先生年谱》,多依据谱主日记;近人杨树达作《积微翁回忆录》,更是日记的摘编。

这里暂时避开日记与自传、年谱的关系,着重讨论西人自传传入后,中国学者如何自述生平。大致而言,比较传统的学者倾向于年谱,而相对西化的学者则喜欢自传;清末民初年谱占了上风,而近年则是自传和回忆录的天下。这种闭着眼睛也能想象得到的"大趋势",掩盖了更值得关注的"小问题":自定年谱与西人自传的对话,以及由此而来的互动。

之所以谈"自传"而强调出于西人之手,并不是说中国古来无此文体;恰恰相反,"自传"在中国古已有之。只是此等汉人已有先例的"自传",并不构成对于自定年谱的巨大挑战,也并非20世纪中国学者自述生平时取法的主要目标。劳乃宣《题自订年谱后》十六首,最后一则云:

> 回头往事已成烟,聊记鸿泥旧日缘。
> 自序敢希班马笔,愿随五柳传同传。

将不同源流的自定年谱与自序、自纪、自传等相提并论,如此"文史不分",很难说是"偶然的过失"。不管是文人气的徐渭、王士禛,还是学者型的孙奇逢、钱大昕,都不会将其自定年谱,比附司马迁的《太史公自序》,或者陶渊明的《五柳先生传》。因为,在古代中国,这是两类截然不同的著述,一属文章,一归史著。劳氏不辨源流,乱攀亲戚,如此充满创造性的"误读",其实很有意思。现代读者认同的,很可能正是劳氏的"谬见":所谓"自序""自传"与"自定年谱",其渊源与体式固然大有区

---

① 1960年,胡适在谈及"我自己的'自述'"时,举出《四十自述》《逼上梁山》和《藏晖室札记》,参见《胡适之先生年谱长编初稿》第3194页。

别,但既然都是"自述",也就具备可比性。

这种打通自序、自纪与自定年谱的思路,很大程度上得益于西人自传的输入。述过"欧美名士,多为自传",而后方才是司马迁等人"附于所著书后"的自序,以及孙奇逢诸君的自定年谱——梁启超的这一论述策略,并非空穴来风。在《中国近三百年学术史》以及《中国历史研究法补编》中,梁氏都是用欧美的自传,来统驭并诠释古已有之的自序或自定年谱。照梁氏的说法,同属自叙传,由自序过渡到自定年谱,"势子自然很顺";可为何后者"起得很晚",梁氏却没有深究。称孙奇逢为撰写自定年谱"最早的一个"①,自是失考;可从汉人的"自序",一跳而为清人的"自定年谱",如此大的历史跨度,无论如何不能说是顺理成章。

自定年谱除了谱主自撰或口述,更重要的特征是"排次事实,系以年月"②。因而,其最为直接的渊源,应是年谱,而非自序。清代学者论及年谱一体之创立,多归功于宋人。其中,尤以章学诚《韩柳二先生年谱书后》的论述最为精彩:

> 年谱之体,仿于宋人考次前人撰著,因而谱其生平时事,与其人之出处进退,而知其所以为言,是亦论世知人之学也。

以谱主的生平岁月为经纬,这一叙述体例,凸显了文人学者之"用功先后"与"学问变化"③。因而,"系以年月",成了此类著述的关键。尽管明清以下,不时有人提出将《论语》中"吾十有五而志于学"那段有名的夫子自道,作为最早的自定年谱;近年更因云梦秦简中出现"喜"这个人

---

① 梁启超:《中国历史研究法》第211页,上海:上海古籍出版社,1987年。
② 参见钱大昕《潜研堂文集》卷二十六之《郑康成年谱序》《归震川先生年谱序》等。
③ 章学诚:《章氏遗书》卷二十一《刘忠介公年谱叙》。

物的编年记,年谱溯源之争,有可能再燃烽火①。在我看来,目前能够找到的史料,只能证明先秦已偶有为个人而编年纪事;至于从编年、纪传、谱牒等演变而来的年谱,其创立之功,似乎仍只能判归宋人。

宋人之"为年谱以次第其出处岁月",主要是为了知人论世,并"得以究其辞力之如何"②。因此,关于文人学者的年谱,数量最多,体例也最为完善。在已知一百四十余种宋人所编纂的年谱中,至少有两种属于自撰,那就是刘挚《刘忠肃公行年记》(已佚)和文天祥《文山纪年录》。明清两代,自定年谱数量逐渐增加,但其与年谱的关系,依然是"剪不断,理还乱"。最明显的例证是,不少自定年谱乃谱主提供大纲或亲自口述,而由门生整理补注(如《孙夏峰先生年谱》《渔洋山人自撰年谱》《李恕谷先生年谱》等)。年谱与自定年谱的界限不太明晰,正好说明二者的因缘极深。

将是否"系以年月"放在第一位,而后才区分自撰或他撰,这是因为,"时间"乃年谱的第一要素。梁启超在《中国近三百年学术史》中盛赞司马迁、王充、刘知几等人附在书后的自序与自纪,"尤能以真性情活面目示吾侪",而对自撰墓志铭等"文人发牢骚之言",则颇有微词。自序、自传以及自撰墓志铭等,提供的史料或多或少、或真或伪,但都属于"文章";而年谱和自定年谱,即便附于文集刊行,也只是被作为"史籍"阅读评判。对于后者来说,体例谨严、考证翔实,便足以成为传世之作。而对于前者,读者更多地要求文章趣味,至于所述是否"真实可信",反倒不是最要紧的。

---

① 参阅来新夏《近三百年人物年谱知见录》(上海:上海人民出版社,1983年)中的《清人年谱的初步研究(代序)》、谢巍《中国历代人物年谱考录》(北京:中华书局,1992年)中的《年谱的作用和价值(代序)》和吴洪泽《宋人年谱集目·宋编宋人年谱选刊》(成都:巴蜀书社,1995年)的《前言》。

② 参见文安礼《柳文年谱后序》和吕大防《韩吏部文公集年谱后记》。

西方自传的传入,无意中化解了自序与年谱之间的紧张。"传记文学"的提法,更是凸显了沟通文史的意愿。借用胡适《四十自述》的表白,写作自叙传,追求的是"可读而又可信"。自序之"可读"与年谱之"可信",在理想的自叙传中,将得到完美的结合。王韬及其友人蒋敦复之自述,虽也有"文人发牢骚之言",但已兼具史学意味。蒋、王二君长期"与英吉利人游",是否受西方自传影响,没有确凿的证据①。丁福保称其《畴隐居士自订年谱》"谓之自序可,谓之自订年谱亦可,谓之言旧录亦无不可"②;此说极富魅力,可惜从体例到笔法,丁谱并无任何革新。

倒是俞樾的《曲园自述诗》,无意中打破了年谱与自序的界限,在内在精神上,更接近于西方的回忆录。以诗撰谱,俞樾前有古人,后有来者,只是均不若其声名显赫③。《曲园自述诗》成于己丑(1889)五月,凡199首,诗下以双行夹注,补出事实。十二年后,作者又作《补自述诗》80首,体例一如前作,述至八十三岁止。自述诗的排列,虽依年代先后,却并非各诗均"系以年月"。记载著述或科名者,大都有明确的纪年;至于描摹民俗风情,可就没有确定时间了。年谱通常只记大事,"自述诗"则必须兼顾诗意盎然的日常琐事。就以日后俞平伯(僧宝)追忆为"九秩衰翁灯影坐,口摹笿帖教重孙"的画面为例,请看曲园先生如何"自述":

娇小曾孙爱似珍,怜他涂抹未停匀。
晨窗日日磨丹矸,描纸亲书上大人。(小儿初学字,以朱字令

---

① 王韬《弢园老民自传》中提到的上海西馆时代友人蒋剑人(名敦复,1808—1867),其《丽农山人自叙》对王韬写作自传有明显的影响。
② 丁福保的自定年谱版本甚多,各本记时长短及记事详略多有不同。这里的引文出自刊于1925年版《佛学大辞典》卷首者,但这段话撰于四年前。
③ 前者如清人金之俊《年谱韵编》、史澄《七十寿翁诗》,后者则有近人夏仁虎《枝巢六十自述诗》、钱文选《钱士青六十自述诗》等。

其以墨笔描写,谓之描纸。"上大人孔乙己"等二十五字,宋时已有此语,不知所自始。僧宝虽未能书,性喜涂抹,每日为书一纸,令其描写)

正是此等不避琐事,多记闲情,使得自述诗与自定年谱拉开了距离——后者容易趋于正襟危坐。而这两者的区别,很像回忆录与自传的差异。

"自述诗"之叙事,毕竟有很大的限制,对于注重史料的学者来说,尤其不能容忍其本末倒置的"以诗带事"。但是,晚清以降,即便史学意识很强的学者,其自述的体例与策略,也都发生了巨大的变化。一个明显的标志,便是自定年谱与西式自传的边界,变得日益模糊。《康南海自编年谱》之定名《我史》,还只是在题目上变花样;《吴宓自编年谱》插入了许多有趣的社会风情、旁枝细节,明显是作为文章来写作。廖平撰《四益馆经学四变记》,如此专业化的著述,竟自称"聊以当年谱耳";杨树达自述生平,明明按年月日排纂,偏偏不叫"年谱",而叫"回忆录"。

最有趣的,当属《〈古史辨〉第一册自序》和《三松堂自序》。单看题目,不难明白其渊源所自。一称喜欢读"带有传记性的序跋",一赞"传统体例,有足多者",顾、冯于是做起现代人的"自序"来。只是顾颉刚之尽情挥洒,已非司马迁所能范围;冯友兰的"忆往思,述旧闻,怀古人,望未来",写成一部二十五万字的大书,更非刘知几所能想象。顾、冯二位都是史学大家,其撰写"自序"时的"下笔不能自休",并非不明体例,而是以西方文人学者的"自传"为凭借和潜在样板。

更能说明现代中国学者的自述,与西人的自传密不可分者,莫过于如下事实:不少为国人所赞叹不已的自叙传,原本是用英文写作,而后才译成中文的。比如,容闳的《我在美国和在中国生活的追忆》、蒋梦麟的《西潮》,以及《赵元任早年自传》《林语堂自传》和《胡适口述自传》等。不难想象,这些以西方人为拟想读者的作品,其追摹的,自然只能是西人的自传。据说蒋梦麟之用英文写作,就因为防空洞里既无桌椅,又无灯光,用英文写作,"可以闭起眼睛不加思索的画下去"①。如此戏剧性的描述,依然没能消解以下假设:选择英文写作,也就必然选择了西人自传的趣味。

蒋梦麟等人用英文撰写自传,大都心态自如,笔墨潇洒。另外一些学者则不然,埋怨"自传"这一体式过于冠冕堂皇。鲁迅自称"不写自传",却又抵挡不住"思乡的蛊惑"②,于是以回忆录形式,写下了独具一格的《朝花夕拾》。蒋维乔也嫌自传"体裁比较严谨,材料也要丰富",故宁愿以《我的生平》为题,录下若干早年的记忆。蔡元培对撰写自传,似乎也有畏惧心理;不过他所选择的《自写年谱》,也不是轻松的文体。孑民先生的解释是:"自传因头绪颇繁,不适于旅行中之准备(参考书既不完全,工作亦时时中辍)。"③其实,自传与自定年谱,哪一种更潇洒、更随意,纯属个人感觉,与各自所受的学术训练有关。这里有个例外,教西洋文学的吴宓,偏偏选择了"自编年谱"。可略作品味,便会发现,吴谱之纵横恣肆,妙趣横生,与明清两代众多言简意赅的自定年谱,还是大异其趣。

"自序"与"自定年谱"壁障的打通,同"自传"与"回忆录"的引进密切相关。因此,可以说现代中国学者的自叙传,之所以异彩纷呈,得益于西学东渐的大趋势。可仔细倾听,学者们之强调"我与我的世界",回避"忏悔"与"诗",突出"朝花夕拾"与"师友杂忆",又依稀可辨古老中国悠扬的回声。

---

① 刘绍唐:《〈西潮〉与〈新潮〉》,《传记文学》第 11 卷第 2 期,1967 年 8 月。
② 参阅《鲁迅全集》第十三卷第 376 页、第二卷第 230 页,北京:人民文学出版社,1981 年。
③ 参见高平叔编《蔡元培全集》第七卷第 230 页,北京:中华书局,1989 年。

三 "我与我的世界"

曹聚仁将其自叙传题为《我与我的世界》,并在其中"插说一段话",表白此书的叙述策略:

> 我这回所写的,着眼在"我的世界",至于"我"这一部分,只是用作串珠的线,可作交待之用就是了。

曹氏自称"颇想勾划出我们那一世代的生活轮廓",故其所述,比《太史公自序》要"更广大一些"①。以"我的生平"为中心,可又不囿于"我"有限的经历与见闻,这对于有"历史癖"的中国学者来说,是个很有诱惑力的挑战。

蒋梦麟《西潮》第一部第一章有一句妙语,可说是代表了许多中国学者的趣味,也大致体现了他们的追求:

> 我原先的计划只是想写下我对祖国的所见所感,但是当我让这些心目中的景象一一展布在纸上时,我所写下的可就有点像自传,有点像回忆录,也有点像近代史。

《西潮》共六部三十四章,其中第四部"国家统一"基本不见作者的身影,第七部"现代世界中的中国",更是关于中日关系、中国文化特征以及现代文明命运等大题目的论述。在一部自述传里,三分之一的篇幅竟与作者本人无关,这确实是个大胆的尝试。曹聚仁将此书"看得跟李剑农先

---

① 曹聚仁:《我与我的世界》第 285 页。

生的《近百年中国政治史》等量齐观"①,自然是一种极高的赞赏。可太像近代史的自叙传,未免模糊了传主的自家面貌。偶一为之(尤其是写给外国人),自是高招;大量推广,则难免弄巧成拙。

"论世"当然有利于"知人",但并非每个人的命运都能与伟大的历史事件直接挂钩。《寒柳堂记梦未定稿·弁言》有云:"寅恪以家世之故,稍稍得识数十年间兴废盛衰之关键。今日述之,可谓家史而兼信史欤?"陈氏以家世故,自述生平时必须为戊戌变法立专章;而一介书生董作宾则完全有理由掉头而去,关注第二年发生的一件将改变其命运的"小事":"甲骨文字发现于河南省,彰德府,安阳县,小屯村。"②在我看来,如此叙述,各得其所。也就是说,在描述"我"与"我的世界"时,首先必须明确自己在历史中的位置。比如,同是三十自述,王国维连哪一年出生都不说,只强调"岁月不居,时节如流,犬马之齿,已过三十";而梁启超的自报生年,则必须有一系列重大历史事件作陪衬:

> 余生同治癸酉正月二十六日,实太平国亡于金陵后十年,清大学士曾国藩卒后一年,普法战争后三年,而意大利建国罗马之岁也。

不难想象,梁、王心目中的"我的世界",会如何天差地别。

活跃在政治舞台上的康有为、章太炎、郭沫若,与固守书斋的杨树达、吕思勉、黄云眉,各有各的"我的世界"。这种"自我意识",使得其选择了不同的叙述策略。《康南海自编年谱》将一半的篇幅留给戊戌这一年;《太炎先生自定年谱》大讲民国以后的政治活动,并以"授勋一位"作

---

① 曹聚仁:《我与我的世界》第564页。
② 董作宾的《平庐影谱》不记戊戌变法,严一萍据此谱增辑而成的《董作宾先生年谱初稿》(见《董作宾先生全集》第十二册,台北:艺文印书馆,1977年),在"1898年"则添上康梁出逃、杨锐被杀事,此举似属多余。

结;郭沫若写了四卷自传,其中涉及学术研究的只有收入第三卷的《我是中国人》一文,而且着重在控诉日本警察的迫害。不以寻常书生自命,康、章、郭于是更愿意突出其经世才能与抱负。至于杨、吕、黄等,"性不喜谈政治"(准确地说,是既不为,亦不能)①,故转而集中介绍学界之是非与自家著述之功过。

作为自叙传中的"我的世界",历史事变太大,三言两语说不清;自家著述又太小,读起来不太过瘾。倒是教育制度的变革、新式学堂的崛起、留学生活的趣味、文化出版的运作、学术思潮的形成等不大不小的题目,容易在"学者自述"中得到最佳表现。比如,齐如山、周作人谈清末科举考试;容闳、赵元任谈留学生活;蔡元培、钱穆谈大学教育;杨守敬、王先谦谈校勘古书;茅盾、王云五谈现代出版业在文化建设中的作用;顾颉刚、侯外庐谈学术思潮与流派的形成等等,都是绝好的文化史料。倘若希望了解20世纪中国学术进程,这批"学者自述",将是无论如何也绕不过去的。举一个小小的例子,谈论学术史者,对以下这段文字大概都不会陌生:

> 宣统纪元,法国大学教授伯希和博士赁宅于京师苏州,将启行返国,所得敦煌鸣沙石室古卷轴已先运归,尚有在行箧者。博士托其友为介,欲见予。乃以中秋晨驱车往。博士出示所得唐人写本及石刻,诧为奇宝,乃与商影照十余种,约同志数人觞之。

罗振玉《集蓼编》中的这段描述,对于了解20世纪显学之一的敦煌学的形成,无疑是不可替代的。

考虑到北京大学在现代中国思想文化史上的特殊地位,只要与其略

---

① 参见杨树达《〈积微翁回忆录〉自序》,《积微翁回忆录·积微居诗文钞》。

有关联,一般都会在"自述"中有所表示。关于五四运动和三四十年代北大的追忆,无疑最容易引起作者与读者的兴趣。曾任校长的蔡元培、蒋梦麟、胡适不用说,名教授名学生如周作人、马叙伦、梁漱溟、顾颉刚、钱穆、冯友兰等,都有十分精彩的证词。由于各自所处位置以及所抱持的理想不同,对学潮的叙述与评价大相径庭;落实在具体人物,除了蔡元培德高望重无可争议外,余者多众说纷纭。读《知堂回想录》,你会觉得当年北大的"三沈二马"儒雅博学,且性情温和;再读《顾颉刚自传》,"三沈二马"则成了专门躲在背后挑拨离间、刺激周氏兄弟出来骂人的阴谋家。此类截然不同的追忆,最好对照着阅读。或许正是这种观察角度的差异,方才构成了真正意义上的"文化史"。

同是自述,学者之不同于文人、政客与商家,就在于其不只提供"史料",更愿意贡献"史识"。像蒋梦麟那样,真的将"自叙传"作成"近代史",借总结百年中国的"西风东渐",来探讨现代文化出路的,其实不太多;绝大部分自述者,更喜欢提供对于具体的历史事件与人物的评判。容闳对其接触的前后三位大臣曾国藩、李鸿章、张之洞的比较,寥寥数笔,却很有见地。康有为关于变法前后君臣关系的描述,章太炎对孙中山处世为人的评价,不见得都在理,但毕竟"成一家之言"①。不过,话说回来,熟读《世说新语》的学者们,其月旦人物,主要还是集中在学界同人。

正因为是同行,相互之间知根知底,容易相亲,也容易相斥。1942年,吴宓被教育部任为西洋文学部聘教授,当天的日记称:"此固不足荣,然得与陈寅恪(历史)汤用彤(哲学)两兄并列,实宓之大幸矣!"1951年,杜国庠在中山大学演讲时盛赞陈寅恪和容庚,远在长沙的杨树达闻知,在日记中写下这么两句:"官吏尊重学人,固大佳事。然以容配陈,

---

① 参见容闳《我在美国和在中国生活的追忆》、《康南海自编年谱》和《太炎先生自定年谱》。

有辱寅恪矣!"第二年,大学评薪,杨树达被定为最高级,但仍耿耿于怀:

> 平心论之,余评最高级,决不为少;而与杨荣国、谭丕模同级,则认为一种侮辱也。①

不应将此等快人妙语,一概视为文人相轻或意气之争。限于著述的体例,吴、杨并没有展开对陈寅恪等人的评价,但一称"大幸",一曰"侮辱",不难发现论者的学术取向。至于钱穆称"适之于史学,则似徘徊颉刚、孟真两人之间";冯友兰评胡适《中国哲学史大纲》"既有汉学的长处又有汉学的短处"②,可就带有学术史的味道了。学养丰厚者的自述,其中涉及学界同行,评判时往往一针见血。而且,因其多为晚年所作,"青梅煮酒论英雄"时,真的是肆无忌惮。此等寸铁杀人般的品鉴,即便带有明显的偏见,作为同时代人的证词,也都值得充分重视。

学者自叙传中的"自我鉴定",更是历来为研究者所尊重与珍惜。具体著述的评判倒在其次,学术思路的酝酿与展开,几乎只有本人最清楚。1888年康有为上书失败,沈曾植"劝勿言国事,宜以金石陶遣",于是有了《广艺舟双辑》之作;1890年梁启超年初见康有为,被其"以大海潮音,作狮子吼,取其所挟持之数百年无用旧学更端驳诘,悉举而摧陷廓清之";1902年,章太炎因"综核名理",由追蹑秦汉,转为取法三国两晋,"于是文章渐变"……诸如此类学者治学过程中关键性的"转折",倘若不是本人道破,旁人即便穷搜博考,也都很难准确把握。至于具体的著述,也有许多压在纸背的甘苦不为人知。学术成果的鉴定固然重要,但

---

① 参见吴学昭《吴宓与陈寅恪》第109页,北京:清华大学出版社,1992年;杨树达《积微翁回忆录·积微居诗文钞》第331页、352页。

② 钱穆:《八十忆双亲·师友杂忆》第144页;冯友兰:《三松堂自序》第223页。

治学过程的描述,或许更有人情味,其文也更可读。像《吉本自传》述及写完《罗马帝国衰亡史》那一瞬间的感受,实在是美不胜收。现代中国学者中,如冯友兰之完成"贞元六书"、钱穆之撰写《国史大纲》以及侯外庐的三译《资本论》,都是书之外有事,书之中有人,颇具传奇色彩。即使作为"故事"阅读,也都值得再三品味。

时刻准备"为王者师"的士大夫,一转而成为学院里的专家学者,难得再有康有为那样波澜壮阔的人生。缺乏戏剧性,使得学者自述时更多关注自己学术思路的演进。自传与年谱的写作,因而可能日趋专业化。常常劝朋友写自传的胡适,对其学生罗尔纲所撰《师门五年记》极为赞赏,理由是:

> 尔纲这本自传,据我所知,好像是自传里没有见过的创体。从来没有人这样坦白详细的描写他做学问的经验,从来也没有人留下这样亲切的一幅师友切磋乐趣的图画。①

只字不提日常琐事,专讲五年间师生的切磋学问,这点令同样书生气十足的适之先生非常感动。以至日后在美国口述自传时,竟也毫不犹豫地舍弃了红尘十丈的"世俗人生"。

其实,胡适与罗尔纲不同,不仅有丰富的社会阅历,而且也曾介入现实政治,写自传时完全撇开这些,实在有点可惜。胡适愿意"自囿于'学术范围'之内",写成一部"别开生面、自成一格的'学术性的自传'",除了时间紧迫外②,更因其对"神圣"的学术痴情未改。这点,恰好与郭沫

---

① 胡适:《〈师门五年记〉序》,罗尔纲:《师门五年记》。
② 参阅唐德刚《写在书前的译后感》(《胡适口述自传》)和《胡适杂忆》第 30 页、255 页,北京:华文出版社,1990 年。

若形成了鲜明的对照。二位都是学有所成,而又身兼社会活动家,轮到自述生平时,郭着意强调其政治生涯,而胡则更欣赏自家的学术贡献。单凭这一点,胡适便能博得后世无数学人的好感。不过,更重要的是,"适之先生是二十世纪中国学术思想史上的一位中心人物"①,其"口述自传"撇开政治上的"传奇故事",大谈"青年时期逐渐领悟的治学方法""从文学革命到文艺复兴"以及"现代学术与个人创获",不只是成就了一本"夫子自道的'胡适学案'"②,更几乎构成半部现代中国学术史。

严格说来,每个从事自述的学者,都在写作其心目中的"学术史"。当然,这里所说的学术史,命里注定,必是"残缺不全"(世上固然没有完美的学说,但却有相对完整的陈述)。除了每个学者只能提供"一面之辞",更因其未必真能充分了解自己、陈述自己。

四 "诗与真"的抉择

回到第一节提出的问题:"我"是否"最了解我自己"、"自传"是否就一定"比传闻可靠"。18世纪英国大史学家吉本在其回忆录的"楔子"中,有这么一段话:

> 我的姓名日后也许会列入一部《英国名人传记集》的上千篇文章里;因此我必须想到,要介绍我的一系列思想和行动,没有人能像

---

① 余英时:《中国近代思想史上的胡适》第6页,台北:联经出版事业公司,1984年。
② 唐德刚一再提醒读者,现在所见的"口述自传",未及原先"大纲"之半(见《胡适口述自传·编译说明》和《胡适杂忆·历史是怎样口述的》),这自是事实。但据台北传记文学出版社1981年版《胡适口述自传》所附《胡适之先生亲笔所拟口述自传大纲》影本,即使胡适完成原定计划,也仍是以其学术著作(《白话文学史》《中古思想史》《说儒》等)和文化活动(重建北京大学、筹办《独立评论》等)为中心,故唐德刚"胡适学案"之说依然成立。

我自己那样完全合格了。

一个半世纪后,罗振玉在其自述《集蓼编》的开篇,表达了另一种意见:

> 且自叙,语皆质实,较异日求他人作表状,以虚辞诔我,不差胜乎?

二人都认定其"自述"比后人所写的"传记"更有价值,可理由迥异。罗振玉担心的是,后人会把"学行远愧昔贤"的"我"说得太好(是否真如此,暂且不论);吉本则害怕学究们的刻板介绍,会使"我"变成一个没有趣味的人。这里似乎隐含着东西方学者对"自述"的不同期待:前者强调"真实",后者则更看重"有趣"[①]。在一个相对封闭的文学—学术传统里,作者的自许与读者的评价,很容易成为"共谋"。蒙田、卢梭、歌德以及吉本等人的自述,常被作为文章欣赏;而约略同时代的徐渭、叶天寥、孙奇逢、王士禛等人的自述,则只能归入史著。

不只是明清两代的自定年谱,汉人唐人的自叙,也因其能够入史,得到广泛而长久的赞誉。《史记》《汉书》《晋书》《梁书》等之引录文人自叙,通篇照录或整段撷取者多注出处;至于片言只语,可就没必要声明来历了。文人通过自叙,有可能影响史家的见解,甚至让"自画像"直接进入正史,这无疑是个极大的诱惑。事实上,古往今来的史家,对于名人之"自述",从不敢掉以轻心。大到历史事件的描述,小至少年生活的追忆,现代中国学者的自述,同样为史家所珍惜,并在形形色色的史著中,以各种面貌出现——或直接引录,或间接转述,或作为注脚。这种对

[①] 吉本称自画像往往是传主"著作中最有趣的",因其描述真挚,写出了人物的心灵、性情与胸襟。参见戴子钦译《吉本自传》第4—5页,北京:三联书店,1989年。

"自画像"(尤其是学者的自画像)的充分尊重,当然是根于"自述"比"传闻"可靠的假设。

梁启超曾断言年谱中自撰者价值最高,"盖实写其所经历所感想,有非他人所能及者也";王云五更想象不管自订、口述抑或门人故旧所撰,年谱"鲜有顾忌",故"所述言行史实大都详确"①。如此理想的自述者,不能说没有;可问题还有另一面:正因利害相关,故意隐瞒事实歪曲真相的,当更为普遍。清人章学诚区分一国之史、一家之史与一人之史,希望三者能够互相配合;但提醒史家注意,后者(传志或年谱)往往"私而多谀"②。胡适则感叹中国人"多忌讳""缺乏说老实话的习惯",因而难以写出"可靠的生动的传记"③。相对来说,梁、王悬的过高,只是标示了自传写作的理想境界;而章、胡的忧虑,牵涉到对现代中国学者自述的理解与评价,因而更值得注意。

由于文人自叙可能直接进入正史,时人及后世的评价,自然集中在是否"词不矜大而事皆明备"。像刘禹锡那样不讳言与王叔文的关系,或者像裴度那样善于自嘲,可以博得满堂彩④。至于冯道、江总"最堪连类"的两篇自叙,则只能换来一句"其可谓无廉耻者矣"⑤。进入20世纪,学者自述时,历史框架与文体意识均发生巨大变化,唯独对于"词不矜大"的追求没有丝毫移动。曹聚仁专门敲打那些勇于立言的"夸大狂",嘲笑其自传"失之于浮夸,颠倒了轻重";侯外庐承认"做为一个史学工作者写回忆",对史实之准确必须有更高的要求;杨守敬自称记忆

---

① 参见梁启超《中国近三百年学术史》第十五章和王云五为台北商务印书馆《新编中国名人年谱集成》所写的总序。
② 章学诚:《章氏遗书》卷十四《州县请立志科议》。
③ 参阅胡适《〈南通张季直先生传记〉序》和《传记文学》二文。
④ 参见陈鸿墀纂《全唐文纪事》第571页,上海:上海古籍出版社,1987年。
⑤ 钱锺书:《管锥编》第1545—1546页,北京:中华书局,1979年。

可能有误,"然不敢虚浮妄作";马叙伦则干脆声明:"我从得了神经衰弱病以后,记忆力日差",言下之意,即使出现误差,也非有意作伪①。追忆逝水年华,从来就不可能没有丝毫误差;中国学者需要如此再三表白,可见"真实性"在其心目中的地位至高无上。

"戒浮妄"成了自传写作的第一信条,这就难怪中国学者几乎千篇一律地在其自述的"前言""后记"中,表明"存真"的强烈愿望。有趣的是,这一优良传统,竟演化成对于"自述中的诗性"的恐惧。作为表征,不妨以对歌德自传《诗与真》的不恭为例。在《留德十年》的"楔子"中,季羡林阐述其不同于歌德的创作原则,那就是:"我这里只有 Wahrheit,而无 Dichtung"(季将歌德自传译为《创作与真理》,故此语应是"我这里只有真理,而无创作")。这段话,与周作人的《〈知堂回想录〉后序》如出一辙:"里边并没有什么诗,乃是完全只凭真实所写的"(周将歌德自传译为《诗与真实》)。对于"诗"或"创作"的拒绝,使得周主张"据实直写",而季则强调"实事求是"。与周、季二君对文学家自传的不满相映成趣的,是胡适撰写《四十自述》时的中途转向。据此书的《自序》称,作者本想写成"小说式的文字",刚完成了第一篇,便因"受史学训练深于文学训练",又"回到了谨严的历史叙述的老路上去了"。

学者自述时之选择"真"而排斥"诗",不只是源于"史学训练",更重要的是"文化趣味";而趣味的养成,有赖于整个社会的价值系统。为了表示言之有据,尽量排除自述时的虚构、造作与修饰,周作人、季羡林喜欢在回忆录中引录旧日记;杨树达则干脆将"回忆录"变成"日记摘编"。另外,胡适、吴宓等几十年持之以恒写作的日记,也曾在其自述生平时发

---

① 参见曹聚仁《我与我的世界》、侯外庐《韧的追求》、杨守敬《邻苏老人年谱》的自序以及马叙伦《我在六十岁以前》第 118 页。

挥极大的作用①。《齐如山回忆录》第十四章中有一段话,颇能说明国人对于"有日记作根据"的自传(包括自定年谱与回忆录)的好感:

> 我就很后悔我从前没有写日记,现在想写点东西,有时记不清就不能写了,记不清的已经不能写,一点也不记得的就更不能写了,这是多堪追悔的事情,而别人还夸奖我记得的多,真是又悔又愧。

日记能够为"追忆"提供线索,减少不必要的失误,故历来为自述者所重视。清人所撰《颜习斋先生年谱》和《李恕谷先生年谱》,已经大量采用谱主的日记。周作人与胡适之强调只凭记忆不可靠,必须有日记作依据,不过将此传统发扬光大②。至于那些没有日记可夸耀的自述者(如茅盾、侯外庐等),则往往突出渲染其查核报刊、博考档案以及咨询友朋。如此认真严肃的写作态度,使得"学者自述"比起"文人自述",在提供史实方面,更具权威性。

不过,这种"权威性",只是相对而言。学者自述时常常标榜的"只记事实",并非无懈可击。尽管周作人表示不愿"自画自赞",但这确实正是"自述"的文体特征;"好汉专提当年勇",不该受到过多的嘲讽③。任何一个自述者,都愿意而且必定从"最好的角度"来描述自己。在漫长岁月中选择某一时刻、在无数事件中凸显某些情景,都不是无缘无故的。即使是那些最具自我反省意识的自述者,其追溯过去,也受制于今

---

① 参见唐德刚《胡适杂忆》中"历史是怎样口述的"章,以及对照《吴宓自编年谱》和吴学昭据《吴宓日记》摘编的《吴宓与陈寅恪》(《吴宓日记》即将由三联书店出版,届时当更能看出其年谱与日记的关系)。

② 参阅周作人《知堂集外文·〈亦报〉随笔》第424页,长沙:岳麓书社,1988年;胡颂平《胡适之先生年谱长编初稿》第3590页。

③ 参阅《知堂回想录》第715页、《胡适口述自传》第172页。

日的生存处境与文化追求。因此,其记录下来的"事实",可能是真的;但被有意无意筛选掉的,同样也是真的。而且,并非所有的"事实"都能完整地呈现,思想学说的精微之处,便难以用言语传达①。更何况"叙述"中包含"诠释",而诠释的框架只能属于"今日之我"。像胡适那样"思想前后一致",晚年自述时"没有进步"②,对于自叙传的写作来说,反而是件好事。绝大部分自述者,则是立足于当下,重新结构历史并阐述自我。

"今日之我"的处境,必定影响"今日之我"的心情与自我评价。其"自述",因而不可能只是"事实"。年少气盛的刘师培,"自言生平治学之法"时,未免夸大其词;处于思想改造状态下的吕思勉,对自家著述虽多有辩解,却必须检讨"马列主义,愧未深求"③。最能说明生存处境对于学者自述的深刻影响的,或许当属如下二例。顾颉刚和吴宓都与鲁迅有过很不愉快的争执,自述生平时,这无疑是个不该绕过去的难题。以鲁迅在当代中国的特殊地位,顾、吴自述时的尴尬可想而知。《顾颉刚自传》写作于1950年代,还能自我辩解,而且语气相当强硬(即使到了1990年代,发表时都必须有所删节);《吴宓自编年谱》撰写于"文化大革命"中,可就没有这种便利了。其1922年则,专门提及《估〈学衡〉》一文,称"鲁迅先生此言,实甚公允"。接下来解释第一期登录邵祖平古文乃胡先骕之过,已属多余;下面这段话,尤其令人伤心:

而彼邵祖平乃以此记恨鲁迅先生,至有1951年冬,在重庆诋

---

① 在《梁漱溟问答录·序》中,梁氏自称只能"着重于政治社会活动",而较少涉及"我的哲学思想、学术研究等方面"。蒋维乔对此困境有充分的了解,《我的生平》连"精神修养法"都避而不谈,更不要说深邃的佛学。理由是,此中奥妙,"不是言语所能尽情表出的"。

② 参见唐德刚为《胡适口述自传》所写的《写在书前的译后感》。

③ 见刘师培《甲辰年自述诗》和吕思勉《三反及思想改造学习总结》。

> 毁鲁迅先生之事,祸累几及于宓,亦可谓不智之甚者矣。

吴宓本性天真率直,如此惧祸①,更显形势之严峻,实非个人能力所能抗拒。讨论学者自述时,倘若不将此类外在的压力考虑在内,难得同情之了解。

当下的心境,制约着"我"对于过去的叙述。反过来,过去的心境,又是如何在今日的著述中呈现的呢?学者自述,一旦跨越"有案可稽"的事件与著述,涉及言语对答与心理描写,就可能面临"悬空"与"虚拟"的诘问。其信誓旦旦的"真实性",也将受到质疑。比如,茅盾在《我走过的道路》的《序》中所作的承诺,起码在逻辑上略有欠缺:

> 所记事物,务求真实。言语对答,或偶添藻饰,但切不因华失真。

既然承认必须"偶添藻饰",又怎能保证"切不因华失真"呢?包含心理描写与人物对话的自传,与自传体小说到底又有多大的区别?

将并不排斥虚构的自传体小说,与以真实性为第一诉求的学者自述相提并论,并非"天方夜谭"。钱锺书为杨绛《干校六记》写的《小引》,以及金克木的《天竺旧事·小引》,都提及清人沈三白的《浮生六记》。与王韬的强调"笔墨之间,缠绵哀感"不同②,钱、金显然注重的是其自传体小说特征,因而才会在谈论回忆录时,将其连带述及。实际上,作为现代学者回忆录的《干校六记》《天竺旧事》,与清人小说《浮生六记》,其分界

---

① 《吴宓自编年谱》第231页提及"贺麟欲陪导宓往谒周扬,宓惧祸,辞未往"。下面的小注,更见其时之心有余悸。

② 王韬:《弢园文录外编》卷十一《〈浮生六记〉跋》。

处并非一目了然。

杨、金二作的文学色彩比较突出,在众多学者自述中,或许不够典型;但追忆往事时无法完全排斥主观想象,却由此得到了证明。在众多学者关于其自述"真实性"的自我评估中,我比较认同鲁迅和钱穆的看法。在《师友杂忆》的最后一章,钱穆有一妙语:

> 能追忆者,此始是吾生命之真。其在记忆之外者,足证其非吾生命之真。

是否属于"生命之真",主要取决于"意义"而非"事实"。或者说,只有在钱氏看来具有"意义"的"事实",方才能被感知而且叙述出来。至于身兼学者与小说家的鲁迅,不只称《朝花夕拾》乃是"从记忆中抄出来的,与实际容或有些不同",而且承认,这些记忆中的故乡风景,"也许要哄骗我一生"[①]。

至于追忆往事时的自我分析与自我反省,不只牵涉到是否"真实可信",更与其所能达到的境界、所能实现的价值密切相关。

五 "忏悔录"之失落

所谓"自述",除了讲述"我"的故事,更重要的是面对自我、分析自我、反省自我。对"自我"的设计与要求不同,其自述自然也就千差万别。《林语堂自传》所表明的"分析我自己"的愿望,并没被大多数自述者所接受;即使以"林语堂,你是谁"开篇的《八十自叙》,也并非自省的理想之作。"一捆矛盾"的自我解嘲,虽则幽默可爱,毕竟代替不了"灵

---

① 《朝花夕拾·小引》,《鲁迅全集》第二卷第230页。

魂深处爆发革命"。除了开篇与结尾,林氏的自述,其实与茅盾等并无多大差别,都只是讲述"我走过的道路"。以"追忆"而不是"自省"为中心,乃现代中国学者自述的基本特色。

古往今来被纳入"自述"框架讨论的众多作品,本来就不是铁板一块。这里包括宗教徒以"改宗"为中心的忏悔录、成功企业家的发家史、先行者的自我辩护词、政治家的回忆录,以及专家学者的经验总结等等。依其叙述角度,大体可分为"外部视角"与"内部视角"两类:前者注重事件的再现,后者则突出心理的发展。现代中国学者的自述,其基本立场并非"向上帝忏悔",也不是"与朋友推心置腹",更不是"自己同自己的内心对话",而是"对后代说话",这就难怪其采取的主要是"外部视角"①。这一点,对比常被现代中国学者提及的外国自传,若法国的卢梭、俄国的托尔斯泰、德国的歌德、意大利的契利尼、日本的河上肇等,更能显示其差别。其中,卢梭《忏悔录》在中国的命运,尤其值得关注。

卢梭在20世纪中国,可称得上"声名显赫,影响深远"。以《忏悔录》为例,1920—1940年代,便有七种中译本问世。其中,1929年商务印书馆出版的章独译本,附有大名人吴稚晖、蔡元培的序。周作人1918年出版的《欧洲文学史》,已开始讨论《忏悔录》的得失;约略同时,吴宓、林语堂则在哈佛大学听白璧德(Irving Babbitt)讲授关于卢梭的专题课②。有趣的是,如此绝好因缘,竟没能催生出众多模仿之作。

《忏悔录》的叙述姿态,强调的是内心感受,而不是事变过程。以下这段关于著述"本旨"的论述,对中国人来说,可能显得相当陌生:

---

① 参见伊·谢·科恩著、佟景韩等译《自我论》第56—57页、175—177页,北京:三联书店,1986年。
② 吴宓1918年在哈佛大学听白璧德讲授题为《卢梭及其影响》的选修课(见《吴宓自编年谱》第178页),1919年秋赴美的林语堂,曾在哈佛大学就读一年,《四十自叙诗》有"抿嘴坐看白璧德,开棺怒打老卢梭"句,《八十自叙》第39页重提此事。

> 我向读者许诺的正是我心灵的历史,为了忠实地写这部历史,我不需要其他记录,我只要像我迄今为止所做的那样,诉诸我的内心就行了。①

对于希望借助查阅日记、钩稽文献来保证自述的可靠性的中国学者来说,只是"诉诸内心",其"真实性"大可怀疑。周作人正是从此出发,将其视为"虚实淆混"的艺术作品,或者"只把它当作著者以自己生活为材料的抒情散文去读"②。周氏撰写回忆录时,从早年《欧洲文学史》的立场后退,只强调《忏悔录》里"也有不少的虚假的叙述",而不谈其"自写精神生活",以及"即耻辱恶行,亦所不讳"③。实际上,卢梭最让中国学者难堪的,也正是此如何面对并叙述自己曾经有过的"耻辱恶行"。

《管锥编》中,钱锺书多有惊人的发现,其中之一,便是将《忏悔录》的发源地移回中国:

> 相如于己之"窃妻",纵未津津描画,而肯夫子自道,不讳不怍,则不特创域中自传之例,抑足为天下《忏悔录》之开山焉。④

此说虽激动人心,却不无可疑处。钱氏以《史通·序传》对相如、王充的批评为根基,在此基础上引申发挥。唐人刘知几认定琴挑寡妇为失礼、怨仇众多为可耻,这才有相如自污、王充不肖的批评。可是,倘若汉代文人司马相如欣赏女子夜奔、王充认同任侠使气,后人实在没理由对其

---

① 卢梭著、范希衡译:《忏悔录》第344—345页。
② 周作人:《知堂回想录》第577页。
③ 参见《知堂回想录》第724页和周作人《欧洲文学史》第153页,长沙:岳麓书社,1989年。
④ 钱锺书:《管锥编》第358页。

《自叙》说三道四。既然相如没有表示"痛改前非",其自述"窃玉偷香",也只是表示傲世独立越礼自放;至于王充之不愿自高门第,更是"欲破时俗之陋见",二者皆与今人所理解的《忏悔录》相去甚远①。在我看来,关键在于自述者的态度,而不是后人的评价。必须考虑不同时代伦理道德标准的巨大差异。以"窃妻"为例,或风流自赏,或洁身自爱,其自述将是天差地别。即便承认此乃"恶俗",撰写"忏悔录",也当以自述者之"觉醒"为前提。否则,很容易将"大胆的夸耀",误读为"深刻的反省"。

倒是刘知几《史通·序传》中为"自叙"所下的定义,为后世无数文人学者所尊奉:

> 然自叙之为义也,苟能隐己之短,称其所长,斯言不谬,即为实录。

像扬雄那样"以夸尚为宗",固然不太好;但自叙时除了"时亦扬露己才",更重要的是"隐己之短"。借用隋代刘炫《自赞》的表述,即"自叙风徽,传芳来叶",而且"薄言胸臆","使夫将来俊哲知余鄙志耳"。至于"耻辱恶行",必须努力将其遗忘,绝不能在自叙传中出现。在中国人看来,恰如其分地表彰自己,短处则采取"不提也罢"策略;如此预留"空白",让后人去揣摩填补,并没违背史家的"实录精神"。既然承认"人的素质不同,有狂有狷,有夸有谦,难免影响到自传的写作",仍一口咬定自传保存了"真人真事的纪录"②;这种自信,正是根源于古来国人对此文类的理解。

---

① 正如钱锺书所说的,司马迁为相如作传,"必非照载原文而不予窜易","恐不得当"云云,明显属于太史公;张舜徽则指出,王充不曾自高门第,其用意在"力矫世人论士之偏",而非"矜己辱先",《史学三书平议》第94页,北京:中华书局,1983年。

② 《钱仲联自传·前言》,见《钱仲联自传》。

现代学者中,多有深谙此道者。其自述,时见腾挪趋避、隐恶扬善的"高招"。《王先谦自定年谱》多处引录大吏或御史要求表彰的奏折,并再三表示"余读之惭赧";七十生辰,众人以诗文为寿,一录便是近两万字,据说是"用志友朋厚谊"。祝寿文章,毫无疑问都是好话,且必定言过其实。唐文治《茹经先生自订年谱》中,提及七十生辰时陈衍的"揄扬过度",但不录文章,显得颇有"大将风度":

> 同年陈石老欲为余作寿序,再四辞之,乃集余所著书为总序,洋洋数千言,深可感激。惟揄扬过当,心殊不安耳。

初读二谱,很想以王、唐为例,讨论对待"揄扬过度"的两种不同策略。《石语》的出版,提供了解读这段话的另一种可能性:唐之所以不录陈序,或许并非出于谦虚。据钱锺书记载,1930年代,陈衍曾有言:

> 唐蔚芝学问文章,皆有纱帽气,须人为之打锣喝道。余作《茹经室》三集序,驳姚惜抱考订、义理、词章三分之说,而别出事功一类,即不以文学归之也。[①]

倘因读出陈序的弦外之音,唐撰年谱时,故意含糊其辞,那确实是一着妙棋。

在《积微翁回忆录》中,杨树达经常引录学界名流的表彰之语;而《蔡尚思自传》更附录若干高度评价自家著述的师友来信。这些引录,都准确无误,绝非作者杜撰。但文献的真实,并不保证评价的真实。对此,杨氏有充分的自觉,在回忆录的《自序》中,有这么一段话:

---

① 钱锺书:《石语》第20—21页,北京:中国社会科学出版社,1996年。

> 至奖藉之语，友人既在励余，余便姑取以自励；故卷中存者颇多。阿好之辞，自多溢美，非语语信为诚然也。

明白此乃"阿好之辞"，每录奖藉语，必"惭愧"两声，此举虽略有做作之嫌，毕竟无伤大雅。反而是像缪荃孙或康有为那样不动声色地高自标榜，需要略作分辨。《艺风老人年谱》光绪元年条之自称《书目答问》出于己手，陈垣已有所辨正①；《康南海自编年谱》之故意不提与廖平的会晤，以及称朱一新"既请吾打破后壁言之，乃大悟"，更是故弄玄虚，抹杀不利于己的证词②。

自扬雄以下，"自嘲"之作，其实代不乏人。只是此类文章，表面卑微谦恭，实则愤世嫉俗，主要是表达感伤、孤傲与不平。因此，"自讼"往往成了"自赞"③。至于沈约等受佛教影响而作的《忏悔文》，与自述平生又关系不大。倒是清初的颜李学派，肯下功夫自省，自述生平时也颇为清醒。《颜习斋先生年谱》1666年(32岁)条有云：

> 思《日记》纤过不遗，始为不自欺。虽暗室有疚不可记者，亦必书"隐过"二字。至喜怒哀乐验吾心者，尤不可遗。

李塨依据颜元的《日记》编撰年谱，也取"功过并录，一字不为餂饰"的态度，为的是"守先生之教也"。轮到弟子为李恕谷修年谱，也取"记功过

---

① 参见《陈垣史学论著选》第382—385页，上海：上海人民出版社，1981年。
② 梁启超《清代学术概论》中已称其师"见廖平所著书，乃尽弃其旧说"；今人向楚《廖平》一文对此有详细的评说，见廖幼平编《廖季平年谱》第112页，成都：巴蜀书社，1985年。
③ "自讼"与"自赞"相通，很能说明中国文人对待"自画像"的态度。晚清冯桂芬《五十自讼文》以及抗战中吕思勉所撰《蠹鱼自讼》，都是借"自讼"明志。

以策励习行"的策略,不敢漫为夸饰①。

现代学者中,像郭沫若那样,自述生平时拒绝忏悔,只是着力控诉社会的不公②,固然也是一种选择;但更多的学者,还是愿意认真检讨过去的生命。容闳述及大学阶段最后一年意志消沉,乃出于对中国命运的关注;胡适提及上海求学时代曾因醉酒而入巡捕房,"心里万分懊悔";吴宓详细描写少年时代性意识的萌现以及"与骡马狎"的过程③。除了吴氏明显受卢梭影响,容、胡二位的叙述,强调的是"精神上的大转机",而非品行的过失。侯外庐提到出版《中国思想通史》时,屈服于当时不成文的规定,没把韩国磐列为执笔者,此错误"二十多年来一直在咬噬着我的心"。张岱年被错划为右派,反省年近五十遭此大厄,"实亦由自己狂傲不慎所致";批孔时"不敢曲学阿世","但对于一些有意的曲解亦不敢提出反驳"。此类反省,说不上多么深刻;好处是没有事后充英雄,故意拔高当年的思想境界④。

卢梭曾这样评述蒙田的"说真话":"蒙田让人看到自己的缺点,但他只暴露一些可爱的缺点。"安德烈·莫洛亚为《忏悔录》法译本作序,将卢梭也归入"假装诚实的人"行列,理由是卢梭同样"只暴露一些可爱的缺点罢了"⑤。此类近乎苛刻的挑剔,揭示了"说真话"所能达到的极限:自述时不妨暴露小的过失,以获取读者的信任;至于大是大非,则可能仍讳莫如深。对于大节有亏的学者,如何闯过这一关,无疑是个严峻

---

① 参见冯辰《〈李恕谷先生年谱〉序》。
② 郭沫若在《少年时代·序》(1947 年)中称,"我没有什么忏悔"。理由是:不曾阻碍社会进化者,不必忏悔;真正阻碍社会进化者,则必定不肯忏悔。
③ 参见容闳《我在美国和在中国生活的追忆》第五章、胡适《四十自述》第五节和《吴宓自编年谱》第 30 页、80 页、89 页。
④ 参见侯外庐《韧的追求》第 314 页、《张岱年自传》第 56 页、62 页。
⑤ 参见卢梭著、范希衡译《忏悔录》第 815 页、825—826 页。

的考验。就像周作人所说的,"回忆的文章"境界之高下,关键在于"著者的态度"①。胡适《四十自述·自序》所标榜的"赤裸裸的叙述",或许根本就不存在;但真诚地面对自我,努力反省过去的生命,还是可以做到的。冯友兰对自己在"文化大革命"中的所作所为,归结为"哗众取宠",可又称"我当时自以为是跟着毛主席、党中央走的"②;一代哲学大师的自我剖析,竟是如此轻描淡写,实在令人扼腕。无论如何,冯氏还算直接面对自己的过失;周作人则对抗战时的附逆采取"不辩解主义"。所谓"人所共知"的事实,不说也罢;因为一旦叙述,不免有所辩解——此等关于"不辩解"的辩解,即便拉上卢梭等人垫底,也无法掩盖周氏"隐过"的企图③。自述者只能暴露"可爱的缺点",与以"一说便俗"为由故意回避过失,二者还是不可同日而语的。

套用钱锺书为杨绛《干校六记》所作的《小引》语,现代中国学者的自述,基本上都缺了"记愧"这一章。有一部《师门五年记》(原名《师门辱教记》),着眼点主要落在"煦煦春阳的师教",故"不是含笑的回忆录,而是一本带着羞惭的自白"④。但绝大部分自叙传,都以自我的功业为中心,即便愿意自省,也都是一笔带过。

熟记孔夫子"吾日三省吾身"教诲的中国读书人,何以其自叙传中如此缺乏自我反省的精神?宗教背景、伦理观念、文化传统等,自是主要原因;可也不该忽略中国"自叙传"的文体特征与特殊功能。史家之直接采纳自叙、自传与自定年谱,使得文人自述时,托诸寓言者不妨海阔天空,讲求实录时则显得过分拘谨。一想到笔下的自我陈述,很可能一转便成了正史中的"盖棺论定",无论如何不敢掉以轻心。对"自传"与"传

---

① 周作人:《知堂集外文·〈亦报〉随笔》第 504 页。
② 冯友兰:《三松堂自序》第 188 页、194 页。
③ 周作人:《知堂回想录》第 577 页。
④ 罗尔纲:《〈师门五年记〉自序》。

记"的文体界限分辨不清,其结果往往是"坦白从严,抗拒从宽"。这就使得深知"证词"重要性的学者,自我反省时难得严苛,笔墨也无法潇洒。

伴随着"回忆录"的迅速崛起,以及史家对待自述的态度日趋谨慎,开始出现虚实界限模糊、反省相对深入之作。而这,必然回到文章开头提出的话题:自叙传到底属"文"还是属"史"、如何协调"诗与真"的关系、"半部学术史"能否又是"一篇大文章"。

六 "朝花夕拾"与"师友杂忆"

梁启超曾建议有志史学者,从编纂年谱入手,理由是"做传不仅须要史学,还要有相当的文章技术。做年谱却有史学便够了"①。一般说来,编纂年谱,确实不需要"有相当的文章技术";但传世的年谱中,不乏值得欣赏的文章片段。清人章学诚在提及案牍的整理、谱牒的利用以及方志的编撰时,要求当事人"能文学而通史裁"②。大概只能将章氏之说,作为"虽不能至,心向往之"的理想境界。现代学者的大部分自述,也都只能从史学角度阅读。杨守敬、罗振玉等人的自订年谱不用说,近年出版的"学术自传丛书",也因其面面俱到的整体设计,而很难具有可读性③。

也有虽为年谱,却可作为文章阅读的。这种兼具文史价值的自述,

---

① 梁启超:《中国历史研究法》第234页。
② 章学诚:《章氏遗书》卷十四《州县请立志科议》。
③ 蔡尚思称其自传"集旧说纪传、编年、纪事本末三体为一传,集生平专著二十多部、文章三百多篇的要目为一书,集事迹与学术思想的部分要点为一体",如此庞杂的结构,虽直接对应巴蜀书社《编者的话》,却无法作为文章来苦心经营。《张岱年自传》中最为可读处,在于追忆无著述可言的干校生活;一旦重返书斋,又恢复其板重沉闷的叙述风格。

不外三种原因:一是作者极富才情,无意为文,笔下却能摇曳生姿。最合适的例证,当举《康南海自编年谱》和《太炎先生自定年谱》。二是年谱中引录文章,结构上自然也就成了"史中有文"。王先谦、丁福保毫无节制地引录长文,将年谱作为"文存"编纂①,实在不足为训;蔡元培、吴宓之摘录旧作,只是偶一为之,且以不破坏年谱的整体风格为前提,故可以接受。三是以诗篇作年谱,最著名的莫过于《曲园自述诗》;另外,黄云眉将历年所作旧诗中"与余历史思想有关者",与著述相并列,"以资互证",也是这个思路。不过,总的来说,要求年谱兼具文章功能,不大可行。

学者自述,逐渐从编纂年谱转为写作自传,文章趣味,方才日益浮现。"传记文学"的提法,便是明显的表征。回忆录因其体裁灵活,视角多变,可以化整为零,更容易成为"文章集锦"。蔡元培、蒋维乔、鲁迅、周作人、马叙伦、胡适、赵元任、顾颉刚、林语堂等人的自传或回忆录,都曾在杂志(尤其是文学刊物)上连载,可见其"文章化"的倾向。

谈论这种可分可合、可文可史的著述体例,不妨以蔡元培、周作人为例。为纪念蔡元培百年诞辰,台湾《传记文学》10卷1期(1967年)推出《蔡元培自述》,并附有编者说明:"本刊特将此三文合编为蔡先生自述,如视之为蔡氏自传当无不可。"同年,传记文学出版社刊行《蔡元培自述》一书,兼收黄世晖、高平叔、蒋维乔等文。其实,将诸多文章汇编而成自传,这一思路,蔡元培1930年代便有所表述。在1938年11月7日复高平叔函中,蔡氏自称重写自传"提不起精神来",建议"不妨用集体式"。其开列的篇目,与后人所编《蔡元培自述》大同小异②。至于周作

---

① 梁启超《中国历史研究法补编》述及年谱中如何记载文章,持论公允,可参考(见《年谱及其做法》章)。王、丁年谱中大量引录序跋、奏折等,有长达万言者,且与前后左右没有任何关系。

② 参见高平叔编《蔡元培全集》第七卷第230页。

人撰写回忆录时,将早年文章巧妙地编织进去,更是广为人知。若"日本的衣食住""小河与新村""北大感旧录"等,都曾大量采用旧文;1944年所撰长文《我的杂学》,更是被"仍照原样的保存",化作《知堂回想录》中完整的十节。

学者自述之所以能够走出专业圈,成为大众欣赏的文章,很大原因在于其着眼点,由"书里"转为"书外"。不是关于著述的评介,而是从事著述的契机、过程、心态以及成功的喜悦。注重"人之常情",学者的自述,因而能够为广大读者所接受。至于干脆撇开专门著述,只是"追忆逝水年华",那就更容易作成好文章了。歌德撰写自传,之所以止于二十六岁,据说一是因为青少年乃人生"最有意义的时期",一是为了表示感恩,追想今日的成就"怎样得来""从谁得来"①。中国学者之撰写回忆录,其策略与歌德大同小异。套用鲁迅和钱穆的书题:或"朝花夕拾",或"师友杂忆"。

对于以表彰功业为主的年谱来说,少年时期无关紧要。《太炎先生自定年谱》29岁前一笔带过,可谓深明史例;像《吴宓自编年谱》那样,尚未开蒙进学,已有诸多议论,乃是以回忆录笔法作年谱,只能称为变体。回忆录当然仍以"我"为主体,只是除了自述生平,还可以观察世态、描摹人情。暮年回首,儿时生活最容易成为追忆的目标。学者的"朝花夕拾",与其专业著述距离最为遥远;再加上对于"故乡""童年"的诗意想象,因而也最容易获得审美效果。

以童年故事为主体,并非学者自述的"正路"。在《朝花夕拾》中,鲁迅对于儿童读物以及民间美术的兴趣,固然蕴涵着日后的学术意识;而在《赵元任早年自传》里,我们也能强烈感受到传主对于语言的特殊才

---

① 参见朱光潜译《歌德谈话录》第19页,北京:人民文学出版社,1978年;刘思慕译《歌德自传:诗与真》第423页,北京:人民文学出版社,1983年。

华。可是,将自述终止于学术生涯开始之前,实在难以体现作为著名学者的风采。可也正因为作不成"自撰的学案",很容易往文学方向漂移。与廖平专门介绍其经学思想的自述截然相反,齐如山、鲁迅、周作人、赵元任、胡适、梁漱溟等之讲述童年故事,充满感性色彩,多细节描写,甚至平添几分小说意味。正如赵元任所说的,"回想到最早的时候儿的事情,常常儿会想出一个全景出来,好像一幅画儿或是一张照相似的,可是不是个活动电影"①。"童年故事"在作者脑海里呈现时,场面完整,且充满诗情画意,但互相之间缺乏逻辑性,很容易分割成各自独立的篇章。《朝花夕拾》最为典型,十篇文章构成一个整体②,可各篇之间其实只是遥相呼应,并无统一的布局。齐、周诸作,兼及"师友杂忆",不若鲁迅的专注于童年故事与故乡风物,也不若鲁迅之将其作为"诗的散文"来经营③。就文章风韵而言,绝大部分学者自述,实难与《朝花夕拾》比肩。

同样讲究文章的情调与韵味,堪作"美文"欣赏的,还可举出杨绛的《干校六记》、金克木的《天竺旧事》以及季羡林的《留德十年》。这三部回忆录,恰好都只切取人生的某一片段,浓墨重彩,大大渲染一番,而后戛然而止。正因为不承担全面介绍传主的责任,取材随意,笔墨从容,更容易将其作为艺术品来"创作"。

对于学者来说,"师友"无疑是最值得追忆的。徐渭《畸谱》述过生平,专列"纪师"与"纪知",以表示对于曾经提携或启迪自己的师友的感激之情。黄宗羲撰《思旧录》,也是为了追忆"其一段交情,不可磨灭

---

① 《赵元任早年自传》第5页。
② 鲁迅连续发表十篇《旧事重提》(后改题《朝花夕拾》),乃是将其作为一本完整的书来经营的。这一点,鲁迅本人1926年10月7日、11月20日致《莽原》编者韦素园信可作证。
③ 据冯雪峰《鲁迅先生计划而未完成的著作》称,鲁迅晚年本拟再写十来篇此类"诗的散文",以成一新书。从已完成的《我的第一个师父》和《女吊》看,先生关注的,仍然是童年生活与故乡风物。

者";全祖望称此等"托之卮言小品以传者",实"取精多而用物宏",可与如山如河的《明儒学案》相参照①。"师友杂忆"之所以受到作者与读者的普遍关注,就因其最容易体现"学案"与"文章"的融合——就像全氏对于《思旧录》的评价那样。在严谨枯燥的述学外,添上师友切磋学问时的情谊,不仅是为了感恩,更可使文章温润。齐如山、周作人、马叙伦、钱穆、曹聚仁等人的自述,将"朝花夕拾"与"师友杂忆"合而为一,兼及史学价值与文章趣味,最值得称道。

自述时之"幽默"与否,系乎个人性情,不足以作为通例;但《林语堂自传·弁言》提到的"自知之明",却是自述获得成功的基本保证。学者的自叙传,大都完成于功成名就的"烈士暮年"。有了丰富的社会阅历,再加上长期的学术训练,学者的自述,一般思想通达,文字雅驯,较少滥情与夸饰。而老人的怀旧,与"少年不识愁滋味"迥异,自有不可及处。即便语调感伤,也有洒脱的心情作后应,不至于一发而不可收。再加上不以文学为职业,落笔时不做作,少卖弄,偶见风神逸韵,反而更令人回味无穷。

尽管有"传记文学"的提倡,现代学者之撰写自叙传,主要着眼于"史",而非"文"。强调周作人、钱穆等人的自我描述别具风韵,将通常所理解的"学案",作为"文章"来阅读与欣赏,既基于对"自传"必然比"传闻"可靠的怀疑,也蕴涵着重新融合"诗与真"的期望。另外,还有对于纯粹的"文人之文"的不满。古代中国人所标榜的根底经史熔铸诗文,晚清以降备受嘲讽。"文"与"学"的急剧分离,自有其合理性;但对于文章(散文、随笔、小品、杂感等)来说,却是个不小的损失。时至今日,谈论可以作为文章品味的"述学",或者有学问作为根底的"美文",均近乎"痴人说梦"。

---

① 参见黄宗羲《思旧录》的结语以及全祖望《梨洲先生〈思旧录〉序》。

基本文献

〔1〕 俞樾(1821—1907)《曲园自述诗》,《春在堂全书》,光绪二十五年(1899)重订本。

〔2〕 王韬(1828—1897)《弢园老民自传》,见《弢园文录外编》,北京:中华书局,1959年。

〔3〕 容闳(1828—1912)《我在美国和在中国生活的追忆》(即《西学东渐记》),北京:中华书局,1991年。

〔4〕 杨守敬(1839—1915)《邻苏老人年谱》,1915年石印本。

〔5〕 王先谦(1842—1918)《王先谦自定年谱》,《葵园四种》,长沙:岳麓书社,1986年。

〔6〕 劳乃宣(1843—1921)《韧叟自订年谱》,1922年排印本。

〔7〕 缪荃孙(1844—1919)《艺风老人年谱》,北平:文禄堂,1936年。

〔8〕 廖平(1852—1932)《四益馆经学四变记》,《廖平学术论著选集》(一),成都:巴蜀书社,1989年。

〔9〕 康有为(1858—1927)《康南海自编年谱》,北京:中华书局,1992年。

〔10〕 叶德辉(1864—1927)《郋园六十自叙》,1923年刊本。

〔11〕 谭嗣同(1865—1898)《三十自纪》,《谭嗣同全集》,北京:中华书局,1981年。

〔12〕 唐文治(1865—1954)《茹经先生自订年谱》,无锡国学专修学校,1935年。

〔13〕 罗振玉(1866—1940)《集蓼编》,《罗雪堂先生全集续编》第二册,台北:大通书局,1989年。

〔14〕 蔡元培(1868—1940)《自写年谱》,《蔡元培全集》第七卷,北京:中华书局,1989年;《蔡元培自述》,台北:传记文学出版社,1967年。

〔15〕 章太炎(1869—1936)《太炎先生自定年谱》,上海:上海书店,1986年;《太炎先生自述学术次第》,《制言》25期,1936年9月。

〔16〕 梁启超(1873—1929)《三十自述》,《饮冰室文集》,上海:广智书局,1903年。

〔17〕 蒋维乔(1873—1958)《我的生平》,《宇宙风乙刊》23—25期,1940年4—6月。

〔18〕 丁福保(1874—1952)《畴隐居士自订年谱》,《佛学大辞典》,1925 年刊本。

〔19〕 齐如山(1875—1962)《齐如山回忆录》,北京:宝文堂书店,1989 年。

〔20〕 王国维(1877—1927)《自序》及《自序二》(亦称《三十自序》一、二),《静庵文集续编》,见《王国维遗书》第五卷,上海:上海古籍出版社,1983 年。

〔21〕 鲁迅(1881—1936)《朝花夕拾》,《鲁迅全集》第二卷,北京:人民文学出版社,1981 年。

〔22〕 刘师培(1884—1919)《甲辰年自述诗》,《警钟日报》1904 年 9 月 7 日至 12 日。

〔23〕 吕思勉(1884—1957)《自述》(即《三反及思想改造学习总结》),《常州文史资料》第五辑,1984 年。

〔24〕 杨树达(1885—1956)《积微翁回忆录》,上海:上海古籍出版社,1986 年。

〔25〕 周作人(1885—1967)《知堂回想录》,香港:三育图书公司,1980 年。

〔26〕 马叙伦(1885—1970)《我在六十岁以前》,北京:三联书店,1983 年。

〔27〕 蒋梦麟(1886—1964)《西潮》,台北:远流出版公司,1990 年。

〔28〕 王云五(1888—1979)《岫庐八十自述》第一章,《传记文学》11 卷 1 期,1967 年 7 月。据称,120 万字的《岫庐八十自述》同年出版,未见。

〔29〕 陈寅恪(1890—1969)《寒柳堂记梦未定稿》,《寒柳堂集》,上海:上海古籍出版社,1980 年。

〔30〕 胡适(1891—1962)《四十自述》,上海:亚东图书馆,1933 年;《胡适口述自传》,北京:华文出版社,1992 年。

〔31〕 赵元任(1892—1982)《赵元任早年自传》,台北:传记文学出版社,1984 年。

〔32〕 顾颉刚(1893—1980)《〈古史辨〉第一册自序》,《古史辨》,北京:朴社,1926 年;《顾颉刚自传》,《东方文化》第 1—6 期,1993—1995 年。

〔33〕 梁漱溟(1893—1988)《忆往谈旧录》,北京:中国文史出版社,1987 年;《梁漱溟问答录》,长沙:湖南人民出版社,1988 年。

〔34〕 郭沫若(1893—1978)《沫若自传》(四卷),见《沫若文集》第六卷至第九卷,北京:人民文学出版社,1958—1959 年。

〔35〕 吴宓(1894—1978)《吴宓自编年谱》,北京:三联书店,1995 年。

〔36〕 董作宾(1895—1963)《平庐影谱》,《董作宾学术论著》,台北:世界书局,1961年。

〔37〕 钱穆(1895—1990)《八十忆双亲·师友杂忆》,长沙:岳麓书社,1986年。

〔38〕 林语堂(1895—1976)《四十自叙诗》,《论语》49期,1934年9月;《八十自述》(含《林语堂自传》),北京:宝文堂书店,1990年。

〔39〕 冯友兰(1895—1990)《三松堂自序》,北京:三联书店,1984年。

〔40〕 茅盾(1896—1969)《我走过的道路》(三卷),北京:人民文学出版社,1981—1988年。

〔41〕 黄云眉(1899—1977)《五十年论文著述简谱》,《史学杂稿续存》,济南:齐鲁书社,1980年。

〔42〕 曹聚仁(1900—1972)《我与我的世界》,北京:人民文学出版社,1983年。

〔43〕 罗尔纲(1901—1997)《师门五年记》,台北:胡适自刊本,1958年。

〔44〕 侯外庐(1903—1987)《韧的追求》,北京:三联书店,1985年。

〔45〕 蔡尚思(1905—2008)《蔡尚思自传》,成都:巴蜀书社,1993年。

〔46〕 钱仲联(1908—2003)《钱仲联自传》,成都:巴蜀书社,1993年。

〔47〕 张岱年(1909—2004)《张岱年自传》,成都:巴蜀书社,1993年。

〔48〕 季羡林(1911—2009)《留德十年》,北京:东方出版社,1992年。

〔49〕 杨绛(1911—2016)《干校六记》,北京:三联书店,1981年。

〔50〕 金克木(1912—2000)《天竺旧事》,北京:三联书店,1986年。

主要参考书目

艾尔曼(B. A. Elman):《从理学到朴学》(赵刚译),南京:江苏人民出版社,1995年。

白吉庵:《胡适传》,北京:人民出版社,1993年。

蔡尚思:《中国古代学术思想史论》,广州:广东人民出版社,1990年。

蔡少卿:《中国近代会党史研究》,北京:中华书局,1987年。

蔡元培:《蔡元培全集》(1—4卷、7卷),北京:中华书局,1984年、1989年。

曹聚仁:《我与我的世界》,北京:人民文学出版社,1983年;《中国学术思想史随笔》,北京:三联书店,1986年。

柯文(P. A. Cohen):《在中国发现历史》(林同奇译),北京:中华书局,1989年;

《在传统与现代之间——王韬与晚清改革》(雷颐等译),南京:江苏人民出版社,1994年。

陈独秀:《陈独秀文章选编》,北京:三联书店,1984年。

陈少明:《汉宋学术与现代思想》,广州:广东人民出版社,1995年。

陈天华:《陈天华集》,长沙:湖南人民出版社,1982年。

陈翔鹤编:《主题学研究论文集》,台北:东大图书公司,1983年。

陈寅恪:《金明馆丛稿初编》,上海:上海古籍出版社,1980年;

《金明馆丛稿二编》,上海:上海古籍出版社,1980年;

《元白诗笺证稿》,上海:古典文学出版社,1958年;

《寒柳堂集》,上海:上海古籍出版社,1980年。

陈旭麓:《近代中国社会的新陈代谢》,上海:上海人民出版社,1992年。

陈　垣:《陈垣史学论著选》,上海:上海人民出版社,1981 年;
　　　《励耘书屋丛刻》,北京:北京师范大学出版社,1982 年。
崔　述:《崔东壁遗书》(顾颉刚编订),上海:上海古籍出版社,1983 年。
戴　震:《戴震文集》,北京:中华书局,1980 年;
　　　《孟子字义疏证》,北京:中华书局,1982 年。
丁文江、赵丰田编:《梁启超年谱长编》,上海:上海人民出版社,1983 年。
杜维运:《清代史学与史家》,北京:中华书局,1988 年。
范文澜:《群经概论》,北平:朴社,1933 年;
　　　《范文澜历史论文选集》,北京:中国社会科学出版社,1979 年。
费海玑:《胡适著作研究论文集》,台北:商务印书馆,1970 年。
冯　契:《中国近代哲学的革命进程》,上海:上海人民出版社,1989 年。
冯文炳:《冯文炳选集》,北京:人民文学出版社,1985 年。
冯友兰:《中国哲学史》,上海:商务印书馆,1930 年、1933 年;
　　　《三松堂学术文集》,北京:北京大学出版社,1984 年;
　　　《三松堂自序》,北京:三联书店,1984 年;
　　　《中国哲学史新编》第六册,北京:人民出版社,1989 年。
冯自由:《革命逸史》第一、二、三集,北京:中华书局,1981 年。
傅斯年:《傅斯年全集》,台北:联经出版事业公司,1980 年。
福柯(M. Foucault):《知识的考掘》(王德威译),台北:麦田出版公司,1993 年。
格里德(J. B. Grieder):《胡适与中国的文艺复兴》(鲁奇译),南京:江苏人民出版社,1989 年。
耿云志:《胡适研究论稿》,成都:四川人民出版社,1985 年。
龚自珍:《龚自珍全集》,北京:中华书局,1959 年。
顾颉刚:《古史辨》(一),上海:上海古籍出版社,1982 年;
　　　《孟姜女故事研究集》,上海:上海古籍出版社,1984 年;

《当代中国史学》,香港:龙门书店,1964年;

《中国上古史研究讲义》,北京:中华书局,1988年;

《顾颉刚古史论文集》(一、二),北京:中华书局,1988年;

《汉代学术史略》,北京:东方出版社,1996年。

顾炎武:《日知录集释》(黄汝成集释),郑州:中州古籍出版社,1990年;

《顾亭林诗文集》,北京:中华书局,1983年。

郭沫若:《十批判书》,北京:人民出版社,1954年;

《郭沫若全集·历史编》(一、二、三、四),北京:人民出版社,1982年。

贺　麟:《五十年来的中国哲学》,沈阳:辽宁教育出版社,1989年;

《文化与人生》,北京:商务印书馆,1988年。

侯外庐:《近代中国思想学说史》,上海:生活书店,1947年;

《中国近代启蒙思想史》,北京:人民出版社,1993年;

《中国思想通史》(一至五卷),北京:人民出版社,1980年。

胡逢祥、张文建:《中国近代史学思潮与流派》,上海:华东师范大学出版社,1991年。

胡　适:《中国哲学史大纲》(卷上),上海:商务印书馆,1919年;

《尝试集》,上海:亚东图书馆,1920年;

《胡适文存》一集,上海:亚东图书馆,1921年;

《胡适文存二集》,上海:亚东图书馆,1924年;

《胡适文存三集》,上海:亚东图书馆,1930年;

《章实斋先生年谱》,上海:商务印书馆,1922年;

《戴东原的哲学》,上海:商务印书馆,1927年;

《白话文学史》(卷上),上海:新月书店,1928年;

《四十自述》,上海:亚东图书馆,1933年;

《胡适论学近著》,上海:商务印书馆,1935年;

《中国章回小说考证》,大连实业印书馆,1942年;

《胡适留学日记》,上海:商务印书馆,1947年;

《丁文江的传记》,台北:"中央研究院"史语所,1956年;

《胡适之先生诗歌手迹》,台北:商务印书馆,1964年;

《胡适手稿》(十集),台北:"中央研究院"胡适纪念馆,1966—1970年;

《胡适往来书信选》(三册),北京:中华书局,1979—1980年;

《先秦名学史》,上海:学林出版社,1983年;

《胡适的日记》,北京:中华书局,1985年;

《胡适演讲集》,台北:远流出版公司,1986年;

《胡适古典文学研究论集》,上海:上海古籍出版社,1988年;

《胡适红楼梦研究论述全编》,上海:上海古籍出版社,1988年;

《胡适日记:手稿本》(十八册),台北:远流出版公司,1989年;

《胡适学术文集·中国哲学史》,北京:中华书局,1991年;

《胡适口述自传》(唐德刚译注),北京:华文出版社,1992年二版。

胡颂平:《胡适之先生年谱长编初稿》,台北:联经出版事业公司,1984年;

《胡适之先生晚年谈话录》,台北:联经出版事业公司,1984年。

怀纳(P.P.Wiener)编:《观念史大辞典》(中译本),台北:幼狮文化公司,1988年。

黄　侃:《黄侃论学杂著》,上海:上海古籍出版社,1980年;

《黄季刚诗文钞》,武汉:湖北人民出版社,1985年;

《蕲春黄氏文存》,武汉:武汉大学出版社,1993年。

黄宗羲:《明儒学案》,北京:中华书局,1985年;

《黄梨洲文集》(陈乃乾编),北京:中华书局,1959年。

黄　兴:《黄兴集》,北京:中华书局,1981年。

江　藩:《国朝汉学师承记》,北京:中华书局,1983年。

姜义华:《章太炎思想研究》,上海:上海人民出版社,1985年。

蒋梦麟:《西潮》,台北:远流出版公司,1990 年。

焦　循:《雕菰集》,道光四年(1824)刊本。

金毓黻:《中国史学史》,台北:鼎文书局,1974 年。

康有为:《新学伪经考》,北京:中华书局,1988 年;

　　　《孔子改制考》,北京:中华书局,1988 年;

　　　《长兴学记・桂学答问・万木草堂口说》,北京:中华书局,1988 年;

　　　《康子内外篇》(外六种),北京:中华书局,1988 年;

　　　《春秋董氏学》,北京:中华书局,1990 年;

　　　《康南海自编年谱》(外二种),北京:中华书局,1992 年;

　　　《康有为政论集》(汤志钧编),北京:中华书局,1981 年;

　　　《康有为全集》(一、二、三),上海:上海古籍出版社,1987—1992 年。

库恩(T. S. Kuhn):《科学革命的结构》,李宝恒、纪树立译,上海:上海科学技术出版社,1980 年;

　　　《必要的张力》(纪树立等译),福州:福建人民出版社,1981 年。

李润苍:《论章太炎》,成都:四川人民出版社,1985 年。

李　详:《李审言文集》,南京:江苏古籍出版社,1989 年。

李泽厚:《中国近代思想史论》,北京:人民出版社,1979 年;

　　　《中国古代思想史论》,北京:人民出版社,1985 年;

　　　《中国现代思想史论》,北京:人民出版社,1987 年。

梁启超:《饮冰室合集》,上海:中华书局,1936 年;

　　　《中国近三百年学术史》,北京:中国书店,1985 年;

　　　《梁启超论清学史二种》(朱维铮校注),上海:复旦大学出版社,1985 年;

　　　《中国历史研究法》,上海:上海古籍出版社,1987 年。

梁漱溟:《东西方文化及其哲学》,北京:商务印书馆,1987 年。

廖　平:《廖平学术论著选集》(一),成都:巴蜀书社,1989 年。

廖幼平编:《廖季平年谱》,成都:巴蜀书社,1985年。

列文森(J. R. Levenson):《梁启超与中国近代思想》(刘伟等译),成都:四川人民出版社,1986年。

林　纾:《春觉斋论文》,北京:都门印书局,1916年。

林语堂:《八十自述》,北京:宝文堂书店,1990年。

林毓生:《中国意识的危机》(穆善培译),贵阳:贵州人民出版社,1986年;
《中国传统的创造性转化》,北京:三联书店,1988年。

刘梦溪:《红学》,北京:文化艺术出版社,1990年。

刘起釪:《顾颉刚先生学述》,北京:中华书局,1986年。

刘师培:《中国中古文学史·论文杂记》,北京:人民文学出版社,1959年;
《刘师培论学论政》(李妙根编),上海:复旦大学出版社,1990年;
《刘申叔先生遗书》,宁武南氏校印本,1936年。

柳诒徵:《中国文化史》,北京:中国大百科全书出版社,1988年;
《柳诒徵史学论文集》,上海:上海古籍出版社,1991年;
《柳诒徵史学论文续集》,上海:上海古籍出版社,1991年。

鲁　迅:《鲁迅全集》,北京:人民文学出版社,1981年;
《鲁迅小说史大略》,西安:陕西人民出版社,1981年;
《鲁迅辑校古籍手稿》(六函),上海:上海古籍出版社,1986—1993年。

鲁迅博物馆编:《鲁迅手迹和藏书目录》,北京:鲁迅博物馆,1959年。

罗尔纲:《师门辱教记》,桂林:建设书店,1944年。

罗振玉:《罗雪堂先生全集初编》,台北:大通书局,1986年;
《罗雪堂先生全集续编》,台北:大通书局,1989年。

吕思勉:《吕思勉读史札记》,上海:上海古籍出版社,1982年;
《先秦学术概论》,北京:中国大百科全书出版社,1985年。

毛子水:《师友记》,台北:传记文学出版社,1967年。

蒙文通:《蒙文通文集》(一、二、三),成都:巴蜀书社,1987—1995年。

庞　朴:《儒家辩证法研究》,北京:中华书局,1984年。

皮锡瑞:《经学历史》,北京:中华书局,1959年;
　　　《经学通论》,北京:中华书局,1982年。

浦起龙:《史通通释》,上海:上海古籍出版社,1978年。

钱大昕:《潜研堂集》,上海:上海古籍出版社,1989年;
　　　《廿二史考异》,北京:商务印书馆,1958年。

钱基博:《现代中国文学史》,长沙:岳麓书社,1986年;
　　　《经学通论》,上海:中华书局,1936年。

钱理群:《周作人论》,上海:上海人民出版社,1991年;
　　　《周作人传》,北京:北京十月文艺出版社,1990年。

钱　穆:《国学概论》,上海:商务印书馆,1933年;
　　　《国史新论》,香港:作者自刊本,1975年再版;
　　　《先秦诸子系年考辨》,上海:上海书店,1992年;
　　　《中国近三百年学术史》,北京:中华书局,1986年;
　　　《现代中国学术论衡》,长沙:岳麓书社,1986年;
　　　《八十忆双亲·师友杂忆》,长沙:岳麓书社,1986年。

钱锺书:《管锥编》,北京:中华书局,1979年;
　　　《七缀集》(修订本),上海:上海古籍出版社,1994年;
　　　《石语》,北京:中国社会科学出版社,1996年。

秋　瑾:《秋瑾集》,上海:中华书局上海编辑所,1962年。

全祖望:《鲒埼亭文集选注》(黄云眉选注),济南:齐鲁书社,1982年。

容肇祖:《明代思想史》,济南:齐鲁书社,1992年。

阮　元:《揅经室集》,道光三年(1823)刊本。

史华兹(B. Schwartg):《寻求富强:严复与西方》(叶凤美译),南京:江苏人
　　　民出版社,1989年。

舒　芜:《周作人的是非功过》,北京:人民文学出版社,1993年。

舒新城编:《中国近代教育史资料》,北京:人民教育出版社,1961年。

宋教仁:《宋教仁日记》,长沙:湖南人民出版社,1980年。

宋　恕:《宋恕集》(胡珠生编),北京:中华书局,1993年。

孙中山:《孙中山选集》,北京:人民出版社,1981年。

谭嗣同:《谭嗣同全集》(蔡尚思编),北京:中华书局,1981年。

汤用彤:《汤用彤学术论文集》,北京:中华书局,1983年。

汤志钧:《章太炎年谱长编》,北京:中华书局,1979年;

　　　　《近代经学与政治》,北京:中华书局,1989年。

唐才常:《唐才常集》,北京:中华书局,1980年。

唐德刚:《胡适杂忆》,台北:传记文学出版社,1980年。

唐文权、罗福惠:《章太炎思想研究》,武汉:华中师范大学出版社,1986年。

陶成章:《陶成章集》,北京:中华书局,1986年。

陶明志编:《周作人论》,上海:北新书局,1934年。

汪　东:《寄庵随笔》,上海:上海书店,1987年。

汪荣祖:《康章合论》,台北:联经出版事业公司,1988年。

汪　中:《述学》,嘉庆二十年(1816)刻本。

王　充:《论衡集释》(刘盼遂集释),北京:古籍出版社,1957年。

王得后:《两地书研究》,天津:天津人民出版社,1982年。

王德威:《小说中国》,台北:麦田出版公司,1983年。

王汎森:《章太炎的思想(一八六八——一九一九)及其对儒学传统的冲击》,

　　　　台北:时报文化出版公司,1985年;

　　　　《古史辨运动的兴起:一个思想史的分析》,台北:允晨文化公司,

　　　　1993年。

王国维:《王国维遗书》,上海:上海古籍书店,1983年。

王鉴平、杨国荣:《胡适与中西文化》,成都:四川人民出版社,1989年。

王遽常:《诸子学派要诠》,上海:中华书局,1936年。

王鸣盛:《十七史商榷》,北京:商务印书馆,1959年。

王　韬:《弢园文录外编》,北京:中华书局,1959年;
　　　　《漫游随录·扶桑游记》,长沙:湖南人民出版社,1982年。

王先谦:《葵园四种》,长沙:岳麓书社,1986年。

王　瑶:《鲁迅作品论集》,北京:人民文学出版社,1984年。

魏　源:《魏源集》,北京:中华书局,1976年。

韦勒克(R. Welleck):《批评的诸种概念》(丁泓等译),成都:四川文艺出版社,1988年。

韦斯坦因(U. Weisstein):《比较文学与文学理论》(刘象愚译),沈阳:辽宁人民出版社,1987年。

闻一多:《闻一多全集》,北京:三联书店,1982年。

吴承仕:《吴承仕文录》,北京:北京师范大学出版社,1984年。

吴　虞:《吴虞集》,成都:四川人民出版社,1985年。

吴稚晖:《吴敬恒选集》,台北:文星书店,1967年。

萧公权:《中国政治思想史》,台北:联经出版事业公司,1982年。

谢国祯:《明清之际党社运动考》,北京:中华书局,1982年;
　　　　《明末清初的学风》,北京:人民出版社,1982年。

谢樱宁:《章太炎年谱摭遗》,北京:中国社会科学出版社,1987年。

熊十力:《十力语要初续》,台北:洪氏出版社,1977年;
　　　　《论六经》,北京:大众书店,1951年。

熊月之:《西学东渐与晚清社会》,上海:上海人民出版社,1994年。

许冠三:《新史学九十年》,香港:香港中文大学出版社,1986年、1988年。

许寿裳:《章炳麟》,南京:胜利出版公司,1946年;
　　　　《亡友鲁迅印象记》,北京:人民文学出版社,1977年。

徐复观:《中国思想史论集》,台北:学生书局,1988年。

徐一士:《一士类稿·一士谈荟》,北京:书目文献出版社,1983年。

薛福成:《出使英法义比四国日记》,长沙:岳麓书社,1985年。

杨承彬:《胡适的政治思想》,台北:学术著作奖助委员会,1967年。

杨树达:《论语疏证》,上海:上海古籍出版社,1986年;

《积微翁回忆录》,上海:上海古籍出版社,1986年。

杨向奎:《绎史斋学术文集》,上海:上海人民出版社,1983年;

《缁经室学术文集》,济南:齐鲁书社,1989年;

《清儒学案新编》(一、二),济南:齐鲁书社,1985年、1988年。

颜振吾编:《胡适研究丛录》,北京:三联书店,1989年。

易竹贤:《胡适传》,武汉:湖北人民出版社,1987年。

殷海光:《思想与方法》,台北:文星书店,1964年;

《中国文化的展望》,台北:文星书店,1966年。

严　复:《严复集》,北京:中华书局,1986年。

俞平伯:《红楼梦辨》,上海:亚东图书馆,1923年;

《红楼梦研究》,北京:人民文学出版社,1973年。

俞　樾:《诸子平议》,上海:上海书店,1988年;

《茶香室丛钞》,北京:中华书局,1995年。

余嘉锡:《古书通例》,上海:上海古籍出版社,1985年。

余英时:《论戴震与章学诚》,香港:龙门书店,1976年;

《历史与思想》,台北:联经出版事业公司,1976年;

《史学与传统》,台北:时报文化出版公司,1982年;

《中国近代思想史上的胡适》,台北:联经出版事业公司,1984年;

《士与中国文化》,上海:上海人民出版社,1987年;

《中国思想传统的现代诠释》,南京:江苏人民出版社,1989年;

《犹记风吹水上鳞》,台北:三民书局,1991年;

《中国文化与现代变迁》,台北:三民书局,1992年。

袁伟时:《晚清大变局中的思潮与人物》,深圳:海天出版社,1992 年。

章念驰编:《章太炎生平与思想研究文选》,杭州:浙江人民出版社,1986 年;

《章太炎生平与学术》,北京:三联书店,1988 年。

章太炎:《章氏丛书》,杭州:浙江图书馆刻本,1919 年;

《章氏丛书续编》,北平刻本,1933 年;

《〈訄书〉原刻手写底本》,上海:上海古籍出版社,1985 年;

《国故论衡》,上海:大共和日报馆,1912 年再版;

《菿汉微言》,北京:北京铅印本,1916 年;

《章太炎全集》(1—6 卷),上海:上海人民出版社,1982—1986 年;

《章太炎先生自定年谱》,上海:上海书店,1986 年;

《太炎先生自定年谱》(附《太炎先生自述学术次第》),香港:龙门书店,1965 年;

《章太炎先生家书》(汤国梨编次),上海:上海古籍出版社,1985 年;

《章炳麟论学集》(吴承仕藏),北京:北京师范大学出版社,1982 年;

《章太炎的白话文》,台北:艺文印书馆,1972 年;

《国学概论》(曹聚仁记述),香港:学林书店,1971 年港新一版;

《章太炎国学讲演录》(张冥飞笔述),上海:新文化书社,1935 年四版;

《章太炎先生国学讲演录》(王乘六、诸祖耿记),1980 年代初南京大学据苏州章氏国学讲习会讲演记录重刊;

《国学讲演录》,上海:华东师范大学出版社,1995 年;

《章太炎政论选集》(汤志钧编),北京:中华书局,1977 年。

章太炎纪念馆编:《先驱的踪迹》,杭州:浙江古籍出版社,1988 年。

章学诚:《文史通义》,上海:上海书店,1988 年;

《乙卯札记·丙辰札记·知非日札》,北京:中华书局,1986 年;

《章学诚遗书》,北京:文物出版社,1985 年。

张岱年:《中国哲学大纲》,北京:中国社会科学出版社,1985年。

张　灏:《危机中的中国知识分子》(高利克等译),太原:山西人民出版社,1988年;

《梁启超与中国思想的过渡》(崔志海等译),南京:江苏人民出版社,1993年。

张舜徽:《清代扬州学记》,上海:上海人民出版社,1962年;

《清儒学记》,济南:齐鲁书社,1991年;

《广校雠略》,北京:中华书局,1963年;

《史学三书平议》,北京:中华书局,1983年;

《爱晚庐随笔》,长沙:湖南教育出版社,1991年。

张玉法:《清季的革命团体》,台北:"中央研究院"近代史研究所,1982年。

张正藩:《中国书院制度考略》,南京:江苏教育出版社,1985年。

张之洞:《劝学篇》,两湖书院刊本,1898年。

张仲礼:《中国绅士》(李荣昌译),上海:上海社会科学院出版社,1991年。

赵纪彬:《赵纪彬文集》(一、二),郑州:河南人民出版社,1985年。

郑观应:《郑观应集》上册,上海:上海人民出版社,1982年。

郑振铎:《中国文学研究》,上海:商务印书馆,1927年;

《中国俗文学史》,上海:商务印书馆,1938年;

《郑振铎古典文学论文集》,上海:上海古籍出版社,1984年。

支伟成:《清代朴学大师列传》,长沙:岳麓书社,1986年。

钟敬文:《钟敬文民间文学论集》,上海:上海文艺出版社,1981年。

钟叔和:《走向世界》,北京:中华书局,1985年。

宗白华:《美学与意境》,北京:人民出版社,1987年。

周启明:《鲁迅的青年时代》,北京:中国青年出版社,1957年。

周锡瑞(J. W. Esherick):《改良与革命》(杨慎之译),北京:中华书局,1982年。

周勋初:《当代学术研究思辨》,南京:南京大学出版社,1993年。

周予同:《周予同经学史论著选集》(增订本),上海:上海人民出版社,1996年。

周作人:《欧洲文学史》,长沙:岳麓书社,1989年;

  《谈虎集》,上海:北新书局,1928年;

  《泽泻集》,上海:北新书局,1927年;

  《永日集》,上海:北新书局,1929年;

  《中国新文学的源流》,北平:北平人文书店,1934年订正三版;

  《苦雨斋序跋文》,上海:天马书店,1934年;

  《苦茶随笔》,上海:北新书局,1935年;

  《风雨谈》,上海:北新书局,1936年;

  《苦竹杂记》,上海:良友图书印刷公司,1936年;

  《秉烛谈》,上海:北新书局,1940年;

  《苦口甘口》,上海:太平书局,1944年;

  《知堂回想录》,香港:三育图书公司,1980年;

  《知堂乙酉文编》,上海:上海书店,1985年;

  《知堂集外文·四九年以后》,长沙:岳麓书社,1988年;

  《知堂集外文·〈亦报〉随笔》,长沙:岳麓书社,1988年。

邹　容:《邹容文集》,重庆:重庆出版社,1983年。

朱维铮:《音调未定的传统》,沈阳:辽宁教育出版社,1995年。

朱有瓛编:《中国近代学制史料》一至四辑,上海:华东师范大学出版社,1983—1993年。

朱自清:《朱自清全集》(第一卷),南京:江苏教育出版社,1988年。

主要参考杂志

 《时务报》《清议报》《新民丛报》《民报》《国粹学报》《新青年》《新潮》《学衡》《国学季刊》《独立评论》《制言》等。

人名索引

A

阿英/319

爱克曼/361

安德烈·莫洛亚/397

B

巴金/362

巴库宁/292

芭蕉/195,336

白璧德(Irving Babbitt)/392

白吉庵/220,240

白居易/159,203

班固/84,146,207

鲍照/280

伯秋/121

伯希和/380

伯夷/292

布鲁东/267

C

蔡锷/255,258

蔡尚思/247,255,257,260,263,277,366,395,399,406

蔡少卿/273,277,285

蔡元培/9,12,19,24,27,77,78,88,89,96,98,133—135,149,150,175,200,201,204,219,224,233,236—238,266,268,269,277,365,368,377,380,381,392,400,404

曹操/331

曹聚仁/20,89,95,97,240,325,328,330—332,355,367,377,378,386,387,403,406

曹沫/263

曹雪芹/182,198—200,295

曹寅/194

曹植/280

常乃悳/302

陈伯平/247

陈炽/80

陈独秀/15,110,111,117,136,149,179,183,184,208,210,258,294,297,342,346,354,365

陈衡哲/128,302

陈鸿墀/386

陈奂/75

陈景韩/284

陈鹏翔/194

陈平原/183,249,266,280

陈千秋/35,274

陈去病/247,255,276

陈涉/270,282

陈胜/246

陈天华/253,254,264,271,273

陈衍/395

陈寅恪/10,12,16,17,24,25,162,164,
 170,177,238,242,324,331,332,358,
 369,370,381,382,387,405

陈垣/12,19,196,212,396

成仿吾/210

程廷祚/138,164,169

崔奉源/280

崔实/316

崔述/195,229

D

达尔文/144,191,245

大沼枕山/358

戴震/30—32,35,36,43,76,139,144,
 177,195

戴子高/234

戴子钦/385

但丁/297,302

盗跖/292

德寿/267,268

邓恭三/309

邓实/14,300,301,316

邓之诚/93

狄德罗/145

丁福保/375,400,405

丁泓/191

丁文江/59,98,112,114,160

董仲舒/38,89

董作宾/379,406

杜甫/327,329

杜国庠/381

杜牧/339,340

杜威/143,172—175,219,236

段成式/196

段玉裁/32

F

范寿康/164

范文澜/105

范希衡/393,397

范晔/355

范缜/342,354,355

方苞/349

方东树/345

废名/317,318,325,352,360

费海玑/138,175

费正清/274

冯辰/396

冯道/386

冯钝吟/340

冯桂芬/396

冯明权/336

冯雪峰/331,402

冯友兰/12,15—17,83,150,164,170,
　177,182,236,238,242,365,376,381—
　383,398,406

冯自由/248,268,275

弗兰克林/371

孚琦/267

复汉种者/282

复堂/160,161

傅东华/302

傅専/247

傅山/281,336

傅诗/366

傅斯稜/121

傅斯年/11,114,127,187,303,307,346

J

伽利略/144

G

干宝/355

高鹗/198,199

高渐离/262

高力克/57,279

高梦旦/151

高平叔/134,377,400

高田淳/229

高旭/247,249,259,266,291

高阳/213

高一涵/110

歌德/140,141,145,361,385,387,
　392,401

格里德/161,296,297

格林/194

葛洪/148,157

耿云志/126,140,206,244

宫崎寅藏/248,266

龚宝铨/64

龚鹏程/249

龚自珍/7,32,225,251,327

顾颉刚/9,11,12,15,27,188,189,194,
　195,198,200,202,211—214,216,237,
　280,285,303,368,376,380,381,389,
　400,405

顾起潜/140

顾宪成/92,131,290

顾炎武/45,51,54,60,144,327,337

光绪/10,46,73,254,274,316,356,
　396,403

郭登峰/365

郭解/247,248,261,262,278

郭沫若/15,210,212,285,363,365,379,
　383,397,405

郭希汾/183

郭象/217,227

郭预衡/333

H

哈代/352

海天独啸子/284

韩非/46,261,262,265

韩国磐/397

韩愈/313,315,344,347

寒山/185

汉武帝/84,89,102,146,286

河间献王/30,31

河上肇/392

贺麟/9,16,19,53,133,390

赫尔岑/362

赫胥黎/172,174,175,236

洪秀全/282

侯外庐/5,9,29,99,221,228,231,279,365,380,383,386—388,397,406

胡传/371

胡逢祥/302

胡光麃/166

胡汉民/270

胡培翚/150

胡适/6,8,9,11,12,14,15,19—22,25,26,107—132,134—145,147—225,228—238,240—245,294,296—299,303,305—310,313,318,342,344—346,354,360,363—365,370—372,375,381—384,386—389,397,398,400,402,405,406

胡颂平/114,116,127,128,150,153,169,182,206,346,371,388

胡先骕/184,185,209,389

华盛顿/257,260

华佗/85

怀仁/284

黄巢/246

黄帝/252,260

黄海锋郎/258

黄节/14,265,300

黄侃/12,19,53,120,262—264,269,270,283,285,289,350,351,357,359

黄人/68—70,239,353

黄世晖/400

黄叔琳/333,339

黄兴/248,249,274,275

黄宣民/9

黄以周/31

黄云眉/379,400,406

黄中黄/266

黄宗羲/50,53,59,60,62,91,104,119,120,130—132,225,281,402,403

黄遵宪/257

惠栋/31,293

J

嵇康/294,313,316,320—325,331,332,338,342,355,356

吉本/383—385

纪树立/6

季布/262

季羡林/387,402,406

贾逵/227

兼好/336

江冬秀/126,127

江藩/76,77

江声/75

江总/386

姜亮夫/28

姜义华/100

蒋敦复/375

蒋方震/299,302

蒋济/323

蒋介石/126,162

蒋梦麟/119,376—378,381,405

蒋天枢/369

蒋维乔/164,377,389,400,404

蒋湘南/347,348

蒋智由/256,258,259,261

焦循/191,354

桀/193,259,273,325

金冬心/312

金克木/313,317,335,364,365,390,402,406

金圣叹/202,281,309,312

金天翮/254

金岳霖/12,143,164,170,182,242,243

金之俊/375

近藤邦康/243

荆轲/262,265,269,270,272,327,328

剧孟/262

K

康有为/8—12,22,27,33—41,43,44,48,51,55,58,66,68,69,73,79—83,89—91,102,104,105,266,269,272,274,281,283,286—288,290,299,379,382,383,396,404

柯文/279

孔琳/355

孔融/319,322,325,328,330—332

孔子/34—41,56,82—84,102,105,132,168,237,256,262,286

库恩/6,198

L

来新夏/373

劳乃宣/372,404

老子/138,164,168,169,237

雷海宗/285

黎元洪/64

李敖/126

李白/265,329

李宝恒/6

李北地/311

李伯元/284

李充/322

李慈铭/206,207

李大钊/110

李逢春/276

李纲/119

李塨/372,396

李孤帆/202

李鸿章/381

李纪堂/248

李季/365

李剑农/378

李笠翁/309,312

李商隐/196

李石岑/164

李石曾/115,268

李斯/84

李详/347,357,359

李冶/85

李泽厚/34

李兆洛/75,315,355,356

李贽/257,334

李自成/246

郦善长/357

梁启超/5—9,11,16,27,35,37,39,42,
　　45,50,59,68—70,73,74,79,98,104,

134,138,155,156,159,175,179,182,
183,207,214,217,220—222,224,228,
233,237,238,240,241,247,250,251,
254—259,261—263,266,269,279,
282,283,298,299,301,302,354,363—
365,368,373,374,379,382,386,396,
399,400,404

梁漱溟/12,143,368,381,389,402,405

梁遇春/318

廖平/10,37,38,41,83,287,345,376,
　　396,402,404

廖幼平/396

林纾/209,284,345,350,351

林损(公铎)/294

林同奇/279

林獬/269,270

林语堂/202,307,309,310,312,325,365,
　　368,369,376,391,392,400,403,406

林宰平/21,214

林致平/128

铃木大拙/242

凌廷堪/31,47

刘半农/314,330,331

刘道一/248,269,270

刘梦溪/200,202

刘绍唐/377

刘师培/12,14,27,30,44,45,52,56,60,
　　180,268,287,289,294,301,314,315,

317,320—322,350—354,359,365,
366,389,405

刘思慕/401

刘文典/143

刘熙载/348

刘象愚/194

刘鹗/190,322

刘歆/36,44,89

刘炫/394

刘耀勋/248

刘禹锡/386

刘知几/148,157,374,376,393,394

刘挚/374

柳存仁/313,335

柳田圣山/242

柳亚子/249,250,255,259,265—267,
270,281,282

柳诒徵/12,82,92

卢梭/260,284,298,299,367,385,392,
393,397,398

卢文弨/333

鲁奇/297

鲁温斯坦/141

鲁迅/11,12,15,20,26,27,57,65,97,
183,188,197,201,206,207,209,210,
223,291,294,306,307,309—311,313—
315,317—322,324—332,335—340,
342,344,351,353,356,359,360,377,

389,391,400—402,405

陆九渊/96

陆士谔/284

吕大防/374

吕泾野/96

吕思勉/49,84,86,365,379,389,396,405

旅生/284

罗尔纲/136,137,168,176,277,368,383,
398,406

罗福惠/29,30,100,243

罗家伦/303

罗素/154

罗振玉/9,12,241,366,367,380,385,
399,404

M

马衡/212

马镜泉/23

马君武/156,267

马钧/85

马其昶/350

马融/227

马叙伦/267,365,381,387,400,403,405

马一浮/12,23

马寅初/20

马援/340

马宗汉/248

马宗霍/65

玛志尼/302

蛮/283,291,349

毛际可/349

毛泽东/98,99

毛注青/255,258

毛子水/127,158,209,303

茅盾/15,210,215,363,370,380,388,390,392,406

梅光迪/184,186,209

蒙田/385,397

孟子/46,84,231,232

梦庵/48,51,52

祢衡/322

米开朗琪罗/302

愍楚/333

缪荃孙/366,396,404

墨子/222,262

N

拿破仑/140

尼采/172

聂绀弩/317

聂政/248,262,270,272

牛顿/144

O

欧阳竟无/12

P

潘承弼/64

潘飞声/247

潘夏/204

潘重规/199

裴度/386

彭兆荪/356

皮锡瑞/40

蒲松龄/175,203

Q

漆雕氏/261,262

齐如山/380,388,402,403,405

契利尼/392

钱大昕/30,31,144,224,370,372,373

钱基博/10,346,347,350,357

钱剑秋/250,259

钱理群/319,340

钱穆/8,10,12,16,31,35,39,83,98,145,147,158,228—230,279,286,367,380—383,391,401,403,406

钱起/329

钱文选/375

钱玄同/9,11,12,26,97,179,185,220,223,228,342,343,346,350

钱锺书/308,310,332,386,390,393—395,398

钱仲联/366,367,394,406

桥川时雄/357

秦九韶/85

秦力山/248,275

秦始皇/84,146,185

秋瑾/247,265,271,274,276,278

瞿兑之/348

瞿秋白/161

屈原/194,295,320,324,327,329

全祖望/50,95,402,403

R

任昉/354

任叔永/128

容庚/381

容闳/376,380,381,397,404

阮籍/316,321—324,329,331,335,355

阮元/31,77,104,195,196,349,352

S

邵祖平/389

沈从文/363

沈兼士/212

沈揆/333

沈三白/390

沈尹默/295,350

沈豫/332

沈约/354,396

沈曾植/7,9,243,382

施耐庵/182

施蛰存/330,336

史澄/375

史坚如/267,268,271,276

舒芜/319,347

舒新城/22,23,71,74

舜/18,31,146,193,279,321,363,394

司马迁/146,207,249,266,277,325,371—374,376,394

司马相如/325,393

司徒雷登/161

思鲁/333

斯宾塞/191,371

斯蒂芬·欧文/361

宋春舫/365

宋教仁/266,275,276,284

宋恕/414

苏菲亚/267

苏轼/310,360

苏雪林/213

孙德谦/354

孙伏园/314

孙楷第/197

孙奇逢/372,373,385

孙盛/355

孙思昉/28

孙诒让/37,57,217,224

孙中山/63,122,248,251,252,268—271,273—277,285,381

T

太虚/365

谭丕模/382

谭人凤/248

谭嗣同/68,247,254,255,257,260,263,277,281,363,368,404

谭献/33,39

汤国梨/64

汤用彤/12,20,381

汤增璧/261,269,270,272

汤志钧/39,57,86,96,103,234,248,253

唐才常/257,278

唐长孺/324

唐德刚/107,114,124,128,144,155,162,
205,206,236,244,296,298,383,384,
387,389

唐文权/29,30,100,243

唐文治/368,395,404

陶成章/247,248,268,273—278

陶明志/325

陶希圣/250

陶渊明/266,269,295,309,320,325—
332,334,340,359,372

田子泰/328

铁铮/39,48,62,244

佟景韩/392

托尔斯泰/292,392

W

万福华/266

汪东/120,223,270,272

汪辉祖/366,369—371

汪精卫/114,115,129,169,341

汪荣祖/55

汪中/47,54,221,315,355

王弼/316,342,354,355

王伯申/220

王伯祥/211

王充/146,157,207,334,371,374,
393,394

王大觉/265

王德昭/275

王汎森/11,12,34,221

王梵志/185

王夫之/50,60

王国维/6,7,9,11,12,15,24,25,27,44,
77,88,135,159,162,185,191,200,
201,204,212,241,353,354,368,
379,405

王汉/248

王和顺/248

王鹤鸣/28,32,40,42,66,71,72,83,99,
100,239

王介甫/130

王闿运/10,289,345,348,359

王利器/333

王莽/36

王冕/312

王妙如/284

王鸣盛/31

王念孙/224

王实甫/295

王士禛/370,372,385

王世杰/109

王叔文/386

王肃/89

王韬/363,366,375,390,404

王先谦/67,106,380,395,400,404

王阳明/56

王瑶/306,314

王揖唐/63

王元化/25

王云五/367,380,386,405

王之春/266

王稚登/310

王重民/176

韦勒克/191

韦莲司/140

韦素园/402

韦应物/327

魏源/7,59,75,225,226,287,289

温生才/267

文安礼/374

文天祥/374

闻一多/285

翁文灏/160

吴承仕/63

吴广/270

吴洪泽/373

吴健雄/153,160

吴梅/12

吴宓/365,376,377,381,382,387,389,390,392,397,400,401,405

吴其昌/98

吴汝纶/350

吴小如/317

吴学昭/382,387

吴虞/10,11

吴樾/264—267,271

吴稚晖/123,134,277

伍绍棠/341,348,356

X

西泠冬青/284

习凿齿/355

侠民/277

夏仁虎/375

萧公权/54,55

萧何/88,168

萧统/327,356

萧子良/355

谢安/335

谢巍/373

杏佛/132

熊十力/12,19,21,24,120,214

徐复观/123,124,151

徐陵/354

徐顺达/248

徐渭/372,385,402

徐锡麟/276,278

徐象辅/248

徐一士/28,64

徐自华/278

许冠三/171

许守微/13,300

许寿裳/97,223,234,317,321

许雪秋/248

薛谢儿/296

荀悦/250

荀子/46,222,232

Y

严复/9,12,18,19,27,71,77,88,209,243,254,350

严一萍/379

盐谷温/183

阎若璩/144

颜师古/30

颜元/225,396

颜之推/323,325,332—338,340,342,356,359

燕客/268

扬雄/295,394,396

杨承彬/109

杨传广/144

杨笃生/263

杨度/255,256,258,259

杨绛/390,398,402,406

杨衢云/248

杨荣国/382

杨锐/379

杨慎之/274

杨守敬/370,380,386,387,399,404

杨树达/372,376,379—382,387,395,405

杨卓霖/248

尧/18,193,229,321

姚名达/207

姚鼐/36,349

姚永概/350

姚永朴/350

叶德辉/241,404

叶恭绰/365

叶适/323,324

叶天寥/371,385

伊·谢·科恩/392

易竹贤/205

殷海光/143,173

殷孟伦/323

雍正/230

永井荷风/358

余孟庭/248

余英时/6,11,26,30,36,62,108,139,149,155,162,165,170,177,198,202,229,279,280,384

俞锷/247

俞廉三/274

俞平伯/12,198—200,212,305,317,

325,375

俞樾/31,46,104,217,222,224,234,289,
　　375,403

俞正燮/334

庾信/317,332,352,354

郁达夫/318,319,359

豫让/248,270

元稹/159,203,265

袁翻/355

袁宏/355

袁枚/349

袁世凯/64,71,101,291

袁中郎/309

原涉/262

Z

曾国藩/36,344,379,381

曾孟朴/204

张百熙/71

张百祥/248

张大复/310

张岱年/366,397,399,406

张灏/221,279

张衡/85

张机/85

张季鸾/292

张季直/205,386

张继/268

张居正/84

张君劢/12,20

张良/263,270

张冥飞/219

张溥/323

张文建/302

张献忠/282

张勋/110

张荫麟/185,238

张庸/94,95,104

张玉法/29,253

张湛/217,227

张正藩/91,92

张之洞/68,71,74,123,131,358,381

张中行/313,317,335

章念驰/49

章清/205

章士钊/216,217,251

章太炎/5,8,9,11,12,14,16,17,19—26,
　　28,30,32—34,37—72,74—83,85—
　　106,120,214,216—241,243—246,
　　252,253,257,258,261—265,270,272,
　　283,286—293,298,300—302,314—
　　317,320,321,333,334,341,345,347,
　　350—352,354,355,357,360,379,381,
　　382,404

章学诚/36,49,50,72,74,82,139,167,
　　177,229,230,373,386,399

赵丰田/98

赵敬夫/341

赵士华/23

赵翼/191

赵英/320

赵元任/12,20,175,376,380,400—402,405

郑观应/67,80,81

郑康成/373

郑樵/163,212

郑士良/276,277

郑学勤/361

郑振铎/11,12,188,191,197,211,215,237,303

钟会/323,324

钟敬文/194

仲长统/316

舟子/258

周策纵/172

周传儒/98

周德伟/126

周公/37,80,90,194,323

周盛传/366

周实/255,281,285

周氏兄弟/26,223,315—320,324,331,334—336,339,351—353,356—360,363,381

周锡瑞/273,274

周勋初/350

周扬/390

周予同/8,11,40

周作人/97,114,129,130,135,294,295,303—314,317—320,325,326,328,330,333—336,338—344,346—349,352,353,356,358—361,367,371,380,381,387,388,392,393,398,400,402,403,405

纣/193

朱光潜/329,330,361,401

朱鹤龄/75

朱家/247,248,261,262,278

朱经农/184

朱维铮/8,34,39,42,48,299

朱希祖/64,212,223,228

朱熹/92—94,96,131,231,313,327

朱一新/40,41,44,396

朱自清/306

诸葛亮/334

庄周/101,223,309,310,319

宗白华/358

邹容/47,252,258

书名、篇名索引

A

《哀焚书》/62

《哀江南赋》/332

《哀六朝》/358

《哀陆军学生》/100,104

《爱国运动与求学》/141

《安徽俗话报》/179,258

《案唐》/227,334

《暗杀时代》/266,267

B

《八代文粹》/345

《八十忆双亲·师友杂忆》/382,406

《八十自述》/406

《八十自叙》/369,391,392

《白话文学史》/137,139,156,162,169,171,179,182,184,185,187,188,194,195,203,204,213,238,308,309,384

《白话文学史·引子》/182,185

《白话文学史·自序》/183

《白鹿洞书院揭示》/93

《白马篇》/280

《宝刀歌》/265,278

《报贝元征》/68

《报业的真精神》/113

《悲先戴》/225,230,232

《北》(《北史》)/333

《北大和北大人·不是万花筒》/313,335

《北大一九一八年开学式演说词》/78,133

《北京大学日刊》/209

《北京大学月刊》/209

《〈背影〉序》/306

《逼上梁山》/179,181,206,371

《比较文学与文学理论》/194

《必要的张力》/6

《变法通议》/69

《变法箴言》/69,257

《辩士与游侠》/250

《"标语"》/317

《别叔永杏佛觐庄》/132

《〈冰雪小品选〉序》/359

《丙申之春……》/281

《丙午与刘光汉书》/52

《秉烛后谈》/340

《秉烛谈》/347,349

《病后杂谈》/331

《病榻梦痕录》/369—371

《病榻梦痕录自序》/366

《驳建立孔教议》/38

《驳康有为论革命书》/264

《补自述诗》/375

《不朽》/125

《"不要儿子,儿子来了"的政治》/129

C

《蔡元培口述传略》/134

《蔡元培全集》/19,78,89,96,133,200,377,400,404

《蔡元培先生纪念集》/134

《蔡元培自述》/269,400,404

《藏晖室札记》/174,179,181,370,371

《忏悔录》/367,392—394,397

《〈忏悔录〉的讷沙泰尔手稿本序言》/367

《忏悔文》/396

《长兴学记》/35,36,105,288

《长兴学记·桂学答问·万木草堂口说》/36,37,89,105

《尝试集》/132,208

《〈尝试集〉序》/343

《常州文史资料》/405

《陈独秀文章选编》/15,210

《晨报》/119

《程师》/63,87

《痴人说梦记》/284

《赤穗四十七义士歌》/257

《崇侠篇》/261,269,272

《崇有论》/355

《畴隐居士自订年谱》/375,405

《出都留别诸公》/281

"初到美国:康乃尔大学的学生生活"/108

《初期白话诗稿》/330

《楚辞》/105,223,320

《传记文学》/172,207,377,386,400,405

《创造周报》/15,210

《春觉斋论文》/350

《春秋》/36,38—40,76

《春秋董氏学》/38

《〈春秋董氏学〉自序》/38

《春在堂全书》/403

《重建诂经精舍记》/104

《重九》/255

《重论经今古文问题》/12

《重三感旧》/344

《〈词选〉自序》/186

《次韵和陈巢南岁暮感怀之作》/265

《刺客谈》/284

《刺客校军人论》/270,272

《从读〈胡适文存〉说起》/126

《从改革到革命》/275

"从文学革命到文艺复兴"/296

《从文自传》/363

《存疑主义》/174

D

《答伯秋与傅斯稜两先生》/121

《答李孤帆书》/202

《答梦庵》/51—52

《答钱玄同》/185

《答苏雪林书》/213

《答铁铮》/39,48,62—63,244

《答友人论文第二书》/349

《答张季鸾问政书》/292

《答朱经农书》/184

《大八义》/284

《大公报》/151,185,238

《大华晚报》/152

《大学令》/23

《大义觉迷录》/230

《大英百科全书》/196

《代结客少年场行》/280

《代快邮》/305

《代议然否论》/85,88

《戴东原的哲学》/139,169,176,195,196,212,228—231,233

《戴东原集》/32

《〈戴东原集〉序》/32

《戴东原在中国哲学史上的位置》/228,229

《戴先生震传》/30

《戴震文集》/30,32,35

《当代学术研究思辨》/350

《当代中国史学》/211

《菿汉昌言》/293

《菿汉微言》/28,45,46,60,61,218,223,230,231,235,241,243,290,345

《〈菿汉微言〉题记》/45

《菿汉闲话》/218

《第一晋话报》/258

《吊鉴湖秋女士》/281

《蝶恋花·赠侠少年》/248

《丁文江的传记》/112

《丁在君这个人》/160

《定经师》/224

《东都赋》/84

《东方文化》/405

《东方杂志》/19,131,133,151,216,222

《东海兵魂录》/258

《东京留学生欢迎会演说辞》/47,78,230,243,258,300

《东林会约》/96

《东坡尺牍》/334

《东原先生事略状》/31

《独立评论》/110—113,118,121,129,130,137,160,161,384

《〈独立评论〉引言》/137

《读〈楚辞〉》/194

《读戒律》/326

《读陆放翁集》/255

《读山海经》/326,327

《读〈史记·刺客传〉》/272

《读书》/148

《读书杂志》/185

《读通鉴论》/50

《蠹鱼自讼》/396

《对酒》/278

《钝夫年谱》/207,371

《多研究些问题,少谈些主义》/112

E

《俄罗斯大风潮》/267

《〈俄罗斯大风潮〉序言》/267

《俄事警闻》/277

《儿女英雄传》/204,284

《尔雅》/105,223

《尔雅义疏》/97

《二十世纪之梁山泊》/284

《二十世纪之新主义》/267

《二十世纪之支那》/284

《二十世纪中国小说理论资料》/283

F

《发端》/211

《法国革命史论》/299

《法兰西人与近世文明》/297

《范文澜历史论文选集》/105

《焚书·读史·无所不佩》/257

《非黄》/104

《风雨谈》/310,326,336,339,348

《风雨谈·关于家训》(《关于家训》)/
  326,333,336,339—341,348,353

《冯文炳选集》/318,352

《冯友兰中国哲学史上册审查报告》/16

《冯友兰中国哲学史下册审查报告》/17

《佛学大辞典》/375,405

《浮生六记》/390

《〈浮生六记〉跋》/390

《负暄琐话》/313,335

《复胡适的信》/306

《复雪艇》/114

《复周德伟》/126

《傅孟真先生的思想》/187

《傅孟真先生集》/114

《傅孟真先生遗著序》/114

《傅斯年全集》/187

《傅雅三先生自订年谱后记》/366

G

《改良与革命》/274

《干校六记》/390,398,402,406

《敢死论》/264

《感旧》/344

《高僧传》/357

《告会党》/277

《歌谣周刊》/153

《革命道德说》/83

《革命军》/258

《革命文献》/270

《革命逸史》/248,268,275

《革命箴言》/275

《革命之道德》/78,300

《革命之心理》/272

《庚戌会衍说录》/54,61,86,88,101

《工程师的人生观》/154

《共和平议》/66

《估〈学衡〉》/209,389

《菇中随笔》/327

《古槐梦遇》/317

《古经解钩沉序》/35

《古乐府》/192

《古史辨》/11,189,195,198,211,214,368,405

《〈古史辨〉第一册自序》/12,189,198,211,214,216,237,376,405

《古史辨运动的兴起:一个思想史的分析》/11,12

《古史讨论的读后感》/12,135,188,189,195

《古文的不通》/348

《古文观止》/312

《古文与理学》/348

《古学复兴论》/14,300,301

《诂经精舍课艺八集》/46

《〈诂经精舍课艺八集〉序言》/46

《瓜分惨祸预言记》/254

《怪哉上海各学堂各报馆之慰问出洋五大臣》/264

《关于胡适的点滴》/137

《关于近代散文》/307,312,313

《关于太炎先生二三事》/11,26,57,65,97,223,291,314,315

《关于英雄崇拜》/334

《观念史大辞典》/194

《观堂别集·国学丛刊序》/44

《观我生赋》/332,339

《官场现形记》/204

《官制索隐》/33

《管锥编》/332,386,393

《广校雠略》/146

《广艺舟双辑》/382

《归去来辞》/330

《归园田居》/326

《归震川先生年谱序》/373

《规〈新世纪〉》/43,53

《鬼的生长》/326,336

《癸卯狱中自记》/64

《桂学答问》/37

《国朝汉学师承记》/76

《国朝宋学渊源记》/76

《国粹学报》/13—15,22,54,60,180,181,223,227,300,301,357

《〈国粹学报〉略例》/14

《〈国粹学报〉叙》/14,300

《国风》/135,158

《国故》/209

《国故的地位》/211

《国故和科学的精神》/303

《国故论衡》/16,49,64,214,237,244,298,316,321,336

《国故论衡·原道下》/292

《〈国故〉月刊成立纪事》/209

《国魂篇》/255

《国立北京大学五十周年纪念一览》/21,214

《国民新灵魂》/255,258,267

《国史大纲》/16,383

《国史新论》/10

《国文语原解》/59

《国学》/15,210

《国学保存会小集叙》/14

《国学丛刊序》/15,159

《国学概论》/20,22,42,83,89,95,219,240,355

《国学会会刊宣言》/17,106

《国学季刊》/14,15,190,196,208,211,212,216

《〈国学季刊〉发刊宣言》/14,176,190,192,211,212,229,237,241—243

《国学讲习会序》/214

《国学讲演录》/334

《国学讲演录·文学略说》/355

《国学运动的我见》/210

《国学振兴社广告》/214

"国学之进步"/22,219

《国语文法的研究法》/190

《国语文法概论》/190

《国语问题之历史的研究》/212

H

《海上大风潮起放歌》/259

《海上花列传》/213

《海燕》/329

《韩吏部文公集年谱后记》/374

《韩柳二先生年谱书后》/373

《寒柳堂集》/10,24,358,370,405

《寒柳堂记梦未定稿》/405

《寒柳堂记梦未定稿·弁言》/369,370,379

《汉纪》/250

《汉书》/265,333,385

《汉书·河间献王刘德传》/30

《汉书·儒林传》/146

《汉书·艺文志》/146

《汉书·游侠传》/285

《汉魏六朝百三家集题辞注》/323

《汉文学史纲要》/314,325,352

《汉学论上》/44

《汉学论下》/89

《翰林论》/322

《杭州白话报》/254,258

439

《河梁吟》/260

《河南》/353

《菏泽大师神会传》/137

《弘明集》/355

《红楼梦》/154,175,177,197—202,204,205,208,213,242,283

《红楼梦辨》/199,200,202,212,213

《〈红楼梦辨〉顾序》/202

《〈红楼梦〉考证》/198,199,201,204

《红楼梦评论》/200,204

《红楼梦研究》/199

《〈红楼梦研究〉自序》/199

《红楼内外》/294

《红学》/200,202

《红学六十年》/199

《洪范》/40

《后圣》/46

《胡适传》/127,205,220,240

《胡适的日记》/111,116,124,128,129,135,153,163,167,191,200,203,207,212,213,241,313

《胡适的政治思想》/109

《胡适的自传》/107,108,122,124,143,144,150,154,163,219,233,241

《胡适风格——特论态度与方法》/172

《胡适古典文学研究论集》/183,187,193—197,200,202,204,208,213,371,410

《胡适红楼梦研究论述全编》/200—202,204,205,213

《胡适讲演》/202,207,214

《胡适口述自传》/21,138,169,170,172,174,178,183,196,205,206,296,298,346,364,376,383,384,388,389,405

《胡适口述自传·编译说明》/384

《胡适来往书信选》/114,115,124,129,130,135,136,149,169,313

《胡适留学日记》/109,110,132,140,141,147,148,153,156,158,159,181,186,190,203,205,206,213,235,236,238,244,296

《胡适论学近著》/126,172

《〈胡适论学近著〉自序》/126

《胡适年谱》/127,140

《胡适评传》/205

《胡适日记:手稿本》/206

《胡适手稿》/140,166,242

《胡适思想批判》/177

《胡适文存》/14,21,125,126,158,172—174,184,190,192,199,209,237

《胡适文存二集》/19,108,110,111,119—122,125,132,135,160,193,217,218,232,237,345

《胡适文存三集》/123,126,148,150,205

《〈胡适文存〉四部合印本自序》/126

《〈胡适文存〉序例》/21,172,241

《胡适文选》/171

《胡适先生研究〈水经注〉的经过》/138
《胡适学术文集·中国哲学史》/220—222,228,229,237,245
《胡适研究丛录》/137,143,171,175
《胡适研究论稿》/127,140,206,244
《胡适演讲集》/113,154,187
《胡适与中国的文艺复兴》/161,296,297
《胡适杂忆》/114,128,143,144,155,162,205,206,236,244,383,387
《胡适杂忆·历史是怎样口述的》/384
《胡适哲学思想资料选》/107,143
《胡适之先生纪念集》/107,109
《胡适之先生年谱长编初稿》/114—116,126—128,130,141,149—154,156,162,163,166,168,169,175,206,207,213,219,236,371,388
《胡适之先生年谱长编初稿》/410
《胡适之先生亲笔所拟口述自传大纲》/384
《胡适之先生诗歌手迹》/116
《胡适之先生晚年谈话录》/153,182,346
《胡适著作研究论文集》/138,175
《胡稚威骈体文序》/349
《湖南少年歌》/255,259
《湖南之湖南人》/264
《湖南自修大学创立宣言》/99
《华国月刊》/217
《华国月刊发刊辞》/101

《华严经》/116
《华阳国志》/313,341
《淮南王书》/137,162,164
《〈淮南王书〉手稿影印本序》/137,163,164
《坏文章(二)》/348
《黄季刚墓志铭》/120
《黄季刚诗文钞》/53
《黄季刚先生〈文心雕龙札记〉的学术渊源》/350
《黄梨洲论学生运动》/119,130—132
《回向》/116
《回向品》/116
《回忆诗》/255
《会党史研究》/277
《积微翁回忆录》/372,395,405
《积微翁回忆录·积微居诗文钞》/380,382
《〈积微翁回忆录〉自序》/380

J

《嵇康集》/320,321
《〈嵇康集〉跋》/320
《〈嵇康集〉考》/320,322
《〈嵇康集〉序》/320
《〈嵇康集〉逸文考》/320
《〈嵇康集〉著录考》/320
《畸谱》/402
《集蓼编》/367,380,385,404
《己亥杂诗》/327
《记东侠》/258

《纪念五四》/110
《既设警部复置巡警道果何为耶》/266
《寄陈独秀》/179,342,350
《家戒》/340
《家诫》/324,338
《家训》/336,340
《甲辰年自述诗》/366,389,405
《检论》/39,228,292
《检论·案唐》/78,334
《检论·春秋故言》/53
《检论·订孔》/81,82
《检论·通程》/321
《检论·学变》/38
《检论·学隐》/75,77
《建国方略》/251,252,273,276,277
《建国方略之一:心理建设》/268
《建立宗教论》/38,48,56
《建设的文学革命论》/181,182,184,307
《剑桥中国晚清史》/274
《剑侠传》/247,278
《剑腥录》/284
《鉴湖女侠秋君墓表》/278
《江苏》/252,255,258,267,282
《将赴东瀛赋以自策》/255
《蒋子潇〈谈艺录〉》/348
《教学通义》/80,81,90
《教育部公布大学章程》/23
《教育的根本要从自国自心发出来》/60,226,244
《教育独立议》/89
"教育家之康南海"/105
《教育今语杂志》/54,61,86,88,101
《教育小言十三则》/77
《教育小言十则》/77
《教子》/337,338
《介绍我自己的思想》/171,172,189,206
《诫兄子严敦书》/340
《今古文辨义》/37,38,58
《今古学考》/37
《今古学宗旨不同表》/37
《今日之世界新潮》/303
《今日中国之政治问题》/110,111
《金明馆丛稿初编》/332
《金明馆丛稿二编》/16,17,24,25,177
《谨告阅报诸公》/254
《进一步退两步》/15,210
《近百年中国政治史》/378
《近代汉学变迁论》/60
《近代红学的发展与红学革命》/170,198,202
《〈近代散文抄〉新序》/312
《近代中国思想学说史》/5,29,99,221,228,229,231,279
《近年史学界对于中国古史之看法》/15
《近三百年人物年谱知见录》/373
《近世思想史》/165

"近世之学术"/298,299

《晋书》/355,357,385

《京师大学堂章程》/73

《京师强学会序》/69

《经的大意》/232

《经典释文》/333

《经学讲演录》/105

《经学历史》/40

《〈经学历史〉序言》/40

《经学略说》/226,232

《警钟日报》/405

《竞业旬报》/179,363

《敬告我同志》/264

《静庵文集》/88,201,204

《镜花缘》/204

《旧事重提》/402

《救学弊论》/50,66,74,77,93,94,97,100,106,239

《就任北京大学校长之演说》/19,78,133

《绝命辞》/252,254,271,273

《军国民篇》/255,258

K

《看云集》/325,359

《康南海自编年谱·康南海先生年谱续编》/35

《康有为全集》/80,81,90

《康有为政论集》/66,68,69,73,79,80

《康章合论》/55

《康子内外篇》/40,41,43,44

《考信录》/195

《科举论上》/67

《科学发展所需要的社会改革》/245

《科学革命的结构》/6

《〈科学与人生观〉序》/179

《孔雀东南飞》/194

《孔子在中国历史中之地位》/83

《苦茶随笔》/326,334,358

《〈苦茶随笔〉小引》/326

《苦茶随笔·杨柳》/347

《苦口甘口》/334

《苦雨斋序跋文》/312,325

《苦雨斋一二》/313

《苦竹杂记》/340,348,359

《〈苦竹杂记〉后记》/359

《夸父追日》/326

《葵园四种》/67,106,404

L

《老残游记》/200,204,213,254

《老年》/326,336

《〈泪与笑〉序》/318

《楞伽宗考》/164

《梨洲先生〈思旧录〉序》/403

《礼记·儒行》/261

《〈礼书通故〉序》/31

《李审言文集》/347,357

《李恕谷先生年谱》/374,388

《〈李恕谷先生年谱〉序》/396
《历代自叙传文钞》/365
《历史的文学观念论》/182,184,191,308
《历史与思想》/30
《历史之重要》/50,241,293
《立春以前》/334,348
《立春以前·文坛之外》/341
《丽农山人自叙》/375
《梁甫》/328
《梁启超论清学史二种》/8,34,39,42,48,138,175,220—222,233,299
《梁启超年谱长编》/59,98
《梁任公近著第一辑》/156
《梁任公先生》/11
《梁书》/385
《量守庐学记》/120
《聊斋志异》/203
《廖季平年谱》/396
《列子注》/227
《邻苏老人年谱》/387,404
《临难诗》/278
《刘申叔先生遗书》/11
《刘申叔先生遗书序》/11
《刘忠介公年谱叙》/373
《刘忠肃公行年记》/374
《刘子政左氏说》/288
《留德十年》/387,402,406
《留美学生年报》/149

《留学的目的和方法》/239,243
《柳文年谱后序》/374
《六朝丽指》/354
《六朝文絜》/314,356
《六经》/37,38,333
《六十自述》/206
《楼头小撷》/317
《卢氏群书拾补序》/30
《庐山游记》/175
《陆军官学校开校礼成赋呈有栖川炽仁亲王》/257
《陆周明墓志铭》/281
《略论读史之法》/50
《略谈胡适之》/143
《论刺客的教育》/269,270
《论"大胆假设小心求证"》/173
《论读经有利而无弊》/66,75
《论短篇小说》/191,203
《论俄罗斯虚无党》/266,269
《论佛法与宗教、哲学以及现实之关系》/48,49
《论国粹无阻于欧化》/13,300
《论衡·别通篇》/157
《论衡·超奇篇》/157
《论教育与国家之关系》/71
《论近年之学术界》/88
《论科举》/68,73,74,79
《论立宪党人与中国国民道德前途之关

系》/264

《论墨学》/217,232,242

《论〈世说新语〉和晋人的美》/358

《论式》/321

《论桐城派》/357

《论文杂记》/180,181

《论文章之意义暨其使命因及中国近时论文之失》/353

《论现代文学与中国古典文学的历史联系》/306

《论小说与群治之关系》/283

《论学潮》/118

《论学会》/69,70

《论学术之势力左右世界》/298

《论应用之文亟宜改良》/343

《论语》/38,39,97,309,338,365,373,406

《论语·季氏篇》/132

《论语·卫灵公》/366

《〈论语〉小记》/326

《论再生缘》/358

《论治学治事宜分二途》/18,77,88

《论中古哲学》/227,355

《论中国学术思想变迁之大势》/5,45,261,298,299

《罗马帝国衰亡史》/383

《罗雪堂先生全集续编》/404

《罗壮勇公年谱》/207,371

《洛阳伽蓝记》/313,341,356,357

《珞珈山下四人行》/317

M

《麻醉礼赞》/326

《马上日记》/206

《满江红》/278

《莽英雄杀人记》/282

《莽原》/402

《毛诗·子衿序》/84

《〈梅花草堂笔谈〉等》/310

《梅花草堂集》/310

《每周评论》/111,112,184

《美国接吻的学校》/152

《美学与意境》/358

《门外文谈》/188

《孟姜女故事研究》/194

《孟姜女故事研究集》/194,195

《孟子》/232,334

《孟子·滕文公上》/80

《孟子字义疏证》/30,230—232

《梦中偕一女郎从军杀贼,奏凯归来,战瘢犹未洗也,醒成两绝纪之》/259

《勉学》/337,339

《民报》/30,43—45,54,59,214,224,225,230,232,246,251,260—265,267,269—272,276,299,300

《民国日报》/121

《民约论》/298

《民族主义之教育》/281

《名教》/126

《明定国是诏》/73

《明见》/11,222

"明解故下"/49

《明儒学案》/96,403

《明夷待访》/60

《明夷待访录·学校》/104,119

《摩罗诗力说》/324,353

《磨盾纪实自序》/366

《沫若文集》/405

《沫若自传》/405

《莫须有先生坐飞机以后》/317

《墨辩》/217,219,224

《墨经》/217,218

《墨子序》/221

《〈墨子学案〉序》/155

N

《南》(《南史》)/333

《南北朝文钞》/356

《〈南北朝文钞〉跋》/341,348,356

《"南渡衣冠思王导"》/313

《南海康先生传》/39,104

《南社》/247

《拟古》/266,327

《拟挽歌辞》/326

《年谱的作用和价值(代序)》/373

《年谱韵编》/375

《廿二史考异》/31

《〈廿二史考异〉序》/31

《孽海花》/254,274,284

《努力》/174

《努力周报》/112,113,115,121,136,137,160

《女吊》/402

《女娲石》/284

《女狱花》/284

O

《欧洲文学史》/304,305,392,393

《欧洲文艺复兴》/302

《欧洲文艺复兴史》/302

P

《批评的诸种概念》/191

《骈体文钞》/356

《平报》/350

《平庐影谱》/379,406

《平民文学》/184

《评〈尝试集〉》/184

《评胡适〈白话文学史〉上卷》/185,238

"评胡适的中西文化观"/244

《评胡适〈五十年来中国之文学〉》/185

《评胡适之〈中国哲学史大纲〉》/214,224

《评提倡新文化者》/184,209

《扑空》/336—338

《普通教育暂行办法》/78

Q

《七十寿翁诗》/375

《齐物论》/223

《齐物论释》/11,55,64,222,223,237,290

《齐物论释定本》/244

《蕲春黄君墓表》/120

《启蒙思想》/334

《千古文人侠客梦——武侠小说类型研究》/249,266,280

《钱士青六十自述诗》/375

《潜研堂集》/30

《潜研堂文集》/373

《遣兴》/339

《钦定京师大学堂章程》/23

《青年杂志》/297

《清代汉学家的科学方法》/209

《清代士大夫好利风气的由来》/168,176

《清代学术概论》/5,7,8,16,18,134,138,175,220,221,233,299,396

《清代学者的治学方法》/171,173,174,196,209,220,229

《清代扬州学记》/279

《清华大学王观堂先生纪念碑铭》/24,25

《清季的革命团体》/253

《清人年谱的初步研究(代序)》/373

《清儒》/225,226,232

《清儒得失论》/30,44,45,56

《清儒学记》/31

《清议报》/283

《〈清议报〉一百册祝辞并论报馆之责任及本馆之经历》/254

《清园论学集》/25

"清之人情小说"/201

《请饬各省改书院淫祠为学堂折》/69,79

《请广译日本书派游学折》/73

《请开学校折》/68,80

《秋阴杂记》/332

《虬髯客传》/281

《〈曲海〉序》/183

《曲园自述诗》/375,400,403

《趋时和复古》/57

《全唐文纪事》/386

《劝进表》/323

《劝学篇》/68

《劝学篇示直隶士子》/36

《〈劝学篇〉序》/68

《群经平议》/234

R

《人间世》/307,309,371

《人权论集序》/126

《仁学》/260

《韧的追求》/365,387,397,406

《韧叟自订年谱》/404

《日本东京所见中国小说书目提要》/197

《日本管窥》/358

《〈日本书目志〉识语》/283

《日本侠尼传》/258

《日本杂事诗》/257

《日知录》/337

《茹经先生自订年谱》/395,404

《茹经先生自订年谱·题辞》/368

《儒家之利病》/46

"儒家智识主义的兴起"/229

《儒林外史》/213,283,312

《儒术》/336,338

《儒侠》/261—263,283,292

S

《三百年来世界文化的趋势与中国应采取的方向》/153

《三竿两竿》/318

《三国演义》/180,190,193,195

《〈三国演义〉序》/195,196

《三国志》/277,355

《三国志注》/357

《三经新义》/85

《三十自纪》/404

《三十自述》/404

《三十自序》/368,405

《三松堂学术文集》/83

《三松堂自序》/150,177,236,238,365,376,382,398,406

《三侠五义》/193,283

《〈三侠五义〉序》/189,193,194

《山海经》/257

《上海强学会后序》/69

《上清帝第二书》/68,73

《上清帝第四书》/69

《尚武说》/258

《少年时代·序》/397

《少年中国》/174

《少年中国之精神》/173,174

《少数人的责任》/112

《社会革命——俄国式的革命》/303

《涉江诗》/317

《申报·自由谈》/328,344

《神会和尚遗集》/137

《神灭论》/355

《神州丛报》/149

《沈乙庵先生七十寿序》/6,7

《师门五年记》/207,368,383,398,406

《〈师门五年记〉序》/383

《〈师门五年记〉自序》/398

《师友记》/127

《师友杂忆》/391

《师友杂忆·序》/367

《诗经》/153,194

《诗品》/357

《诗三百篇言字解》/149,219

《诗与真》/361,387

《狮子吼》/253

《十力语要初续》/120

《十七史商榷》/31

《〈十七史商榷〉序》/31

《什么是"国语的文学"、"文学的国语"》/202

《石鼓为秦刻石考》/212

《石林诗话》/323

《〈石头记索隐〉第六版自序》/200

《石语》/395

《时事新报·学灯》/214,224,240

《时危》/272,291

《时务报》/239,258

《时学箴言》/234

《实验主义》/173

《史记》/249,265,266,385

《史记·田敬仲完世家》/146

《史记·游侠列传》/250,260,263,282

《史林杂识》/280

《史通》/148,237

《史通·序传》/393,394

《史通·杂说下》/157

《史学三书平议》/394

《史学与传统》/11

《史学杂稿续存》/406

《士与中国文化》/280

《示国学会诸生》/102

《世说新语》/341,381

《世说新语·排调篇》/160

《释戴》/228,230,231

《释侠》/262,263,269,270,283

《书愤》/281

《书梁昭明太子文选序后》/349

《书目答问》/396

《书院制史略》/131

《述学·别录》/54

《双涛园读书》/155

《霜红龛文集·杂记三》/281

《水浒传》/180,190,192,193,195,213,277,283,284

《〈水浒传〉后考》/196

《水浒传考》/135

《〈水浒传〉考证》/189,202,208

《〈水浒传〉序》/312

《〈水浒传〉与天地会》/277

《水经注》/127,138—140,142,154,164,175,176,196,213,242,313,341,356,357

《〈水经注〉考》/175,176

《说林上》/45,56,75

《说林下》/76,99,287,289

《说求学》/56,57

《说"曲终人不见,江上数峰青"》/329

《说儒》/138,164,169,384

《说文解字》/97,105,315

《说文解字注》/97

《说新文化与旧文化》/232

《思旧录》/402,403

《思乡原上》/72

《思想与方法》/173

《四惑论》/292

《四十自述》/149,205,206,235,363,

364,371,375,387,397,405
《四十自述·自序》/365,398
《四十自叙诗》/309,365,392,406
《四书五经大全》/103
《四益馆经学四变记》/376,404
《宋教仁日记》/275,276,284
《宋人年谱集目·宋编宋人年谱选刊》/373
《宋元戏曲考·序》/191
《苏报》/63,251—253
《苏报案始末记叙》/251
《随想录》/362
《〈随想录〉合订本新记》/362
《孙夏峰先生年谱》/374
《孙逸仙》/266
《〈孙逸仙〉序》/248
《宋元戏曲考·序》/191
《苏报》/63,251—253
《苏报案始末记叙》/251
《随想录》/362
《〈随想录〉合订本新记》/362
《孙夏峰先生年谱》/374
《孙逸仙》/266
《〈孙逸仙〉序》/248
《所谓"国学"》/15,210

T

《台湾日日新报》/58
《太史公自序》/372,378
《太炎弟子论述师说》/28

《太炎先生的第二书》/217
《太炎先生行事记》/53
《太炎先生自定年谱》/45—47,49,76,
　　95,223,227,240,241,252,316,379,
　　381,400,401,404
《太炎先生自述学术次第》/76,404
《太炎学说》/232
《谈错字》/326
《谈方姚文》/349
《谈韩文》/347
《谈虎集》/305
《癸园老民自传》/366,375,404
《癸园文录外编》/390,404
《桃花源记》/330
《陶庵梦忆》/305
《〈陶庵梦忆〉序》/305
《陶渊明集序》/327
《陶渊明诗文汇评》/327
《陶渊明之思想与清谈之关系》/332
《题记一篇》/307
《题太炎先生驳康氏政见诗》/291
《"题未定"草(六)》/329
《"题未定"草(七)》/329
《题自订年谱后》/372
《天讨》/264,265,267,271
《天竺旧事》/365,390,402,406
《天竺旧事·小引》/364,390
《停云》/328

《通典》/46,316,355

《通考》/46

《通人与学人》/135,158

《通志总序》/163

W

《挽季刚》/350

《万木草堂口说》/89

《汪容甫文笺》/357

《汪蓉洲骈体序》/349

《王观堂先生挽词并序》/24

《王静安先生遗书序》/25

《王世杰谈胡适与政治》/109

《王文成公全书题辞》/293

《往事与随想》/362

《〈往事与随想〉后记（一）》/362

《危机中的中国知识分子》/57,221,279

《为创设英文杂志印刷机关致海外同志书》/122

《为学生运动进一言》/121

《魏晋风度及文章与药及酒之关系》/314,322,324,325,331,338,353,359

《文化与人生》/16,19,53,133

《文汇读书周报》/317

《文明小史》/284

《文山纪年录》/374

《文史》/33,302

《〈文史〉的引子》/151

《文史通义》/237

《文史通义·经解上》/82

《文史通义·说林》/72

《文史通义·原学下》/74

《文史通义·浙东学术》/50

《文史资料选辑》/350

《文始》/64

《文说》/353

《文坛之外》/334

《文心雕龙》/191,237,333,356,357

《文心雕龙补注》/357

《文心雕龙·才略篇》/322

《文心雕龙札记》/350

《文选》/323,344,355—357

《文学改良刍议》/179,182,184,190,294,297,308,342

《文学革命论》/183,184,294,297,342

《文学进化观念与戏剧改良》/191

"文学篇"/132

《文学史的教训》/348

《文学说例》/352

《文学研究法》/350

《文学研究会简章》/211,303

《文学自由谈》/26

《文言合一草议》/307

《文言说》/352,357

《文艺报》/314

《文艺复兴》/296

《文艺复兴小史》/302

《文章》/342

《文子》/93

《我的第一个师父》/402

《我的儿子》/128

《我的歧路》/19,108,110,111,120,122,
　　126,160,163,206

《我的生平》/377,389,404

《我的信仰》/125,206

《我的杂学》/334,356,401

《我和北大》/350

《我们的政治主张》/111,126

《我们对于国故应取的态度》/211,303

《我们对于学生的希望》/119

《我史》/376

《我是中国人》/380

《我与我的世界》/377,378,387,406

《我与我的世界·代序》/367

《我在北京大学的经历》/19,133

《我在教育界的经验》/266

《我在六十岁以前》/365,387,405

《我在美国和在中国生活的追忆》/376,
　　381,397,404

《我走过的道路》/370,390,406

《〈我走过的道路〉序》/370

《无尽庵独坐》/285

《无政府主义》/268

《无政府主义及无政府党之精神》/268

《无政府主义思想资料选》/268

《〈吴淞月刊〉发刊词》/150

《五朝法律索隐》/51

《五朝学》/24,77,78,355

《五代监本考》/212

《五经正义》/103

《五柳先生传》/372

《五伦观念的新检讨》/16

《五十年来的中国哲学》/9

《五十年来中国之文学》/179,184—186,
　　208,237,306,308,344,345

《五十年论文著述简谱》/406

《五十自寿诗》/325,328,330,343

《五十自述》/206

《五十自讼文》/396

《"五四"前后的歌谣学运动》/194

《五四运动纪念》/121

"'五四运动'——一场不幸的政治干
　　扰"/122

《五四运动与中国传统》/11

《五无论》/292

《武士与文士之蜕化》/280

《物种由来》/245

X

《西潮》/376,378,405

《〈西潮〉与〈新潮〉》/377

《西湖诂经精舍记》/104

《〈西厢记〉批语》/281

《西游记》/190,193

书名、篇名索引

《〈西游记〉考证》/193
《郘园六十自叙》/404
《侠客篇》/257
《侠客行》/265
《侠士行》/266
《先秦名学史》/169
《先驱的踪迹》/243
《闲情偶记抄》/312
《现代评论》/15,141,215
《现代十六家小品序》/319
《现代中国文学史》/10,346,350,357
《现代中国学术论衡》/98,145
《〈现代中国学术论衡〉序》/145,158
"现代中国学者的自我陈述"/26
《逍遥》/223
《萧梁旧史考》/212
《小品文的危机》/306,309,310
《小品文之遗绪》/307
《小说丛话》/179,183,284
《小说林》/283
《小说史:理论与实践》/183,239
《小说小话》/283
《小说月报》/11,211
《小宛》/337
《小学答问》/64
《孝经》/338
《效庚子山咏怀》/285
《偕刘申叔……约为结社之举,即席赋此》/267
《写在书前的译后感》/107,124,206,383,389
《谢本师》/95,314
《辛亥革命》/248,251,264,266,267,274
《辛亥革命と章炳麟の齐物哲学》/229
《新编中国名人年谱集成》/386
《新潮》/209,302,303
《〈新潮〉发刊旨趣书》/209,303
《新方言》/52,64,288,301
《〈新方言〉后序》/52,301
《〈新方言〉自序》/52
《新国史略》/282
《新华日报》/314
《新罗马传奇》/302
《新民丛报》/238,255,298,299,302
《新民说》/254,256
《新民说·论尚武》/256,257
《新民说·论私德》/258
《新青年》/110,111,117,170,179,181,183,185,190,191,208,297,342—344
《新青年杂志宣言》/117
《新时代》/99
《新史学》/134
《新史学九十年》/171
《新世纪》/271,275,277
《新水浒》/284
《新思潮的意义》/14,172,173,209,211,

453

237,298,303
《新文学之建设与国故之新研究》/211,303
《新小说》/179,183,284
《新新小说》/277,284
《新学伪经考》/35,37
《新月》/111,112,123,137,159,171,175,308,310
《新中国未来记》/264
《信史上》/243
《醒世姻缘传》/175
《〈醒世姻缘〉考证》/138
《熊烈士供词》/264
《岫庐八十自述》/367,405
《徐锡麟传》/276
《叙传》/207
《学衡》/14,184,185,209
《学衡杂志简章》/209
《学林》/49,87
《学林缘起》/49
《学人》/25,315
《学术史研究随想》/25
《学术与国粹》/297
《学术与政治》/19,133
"学术自传丛书"/399
《学堂论上》/106
《学务纲要》/74
《学校》/80
《学校上》/67,81
《学要十五则》/37
《学隐》/226,229,230
《雪峰文集》/331
《荀卿子通论》/221

Y

《研究国故的方法》/214,216
《研究中国文学的新途径》/197,211,237
《揅经室集》/31
《〈揅经室集〉自序》/31
《颜氏家训》/312,323,332—342,356
《〈颜氏家训〉跋》/333
《颜氏家训补注》/357
《颜氏家训集解》/333
《〈颜氏家训节钞本〉序》/333
《颜氏家训·兄弟》/335
《颜习斋先生年谱》/372,388,396
《宴集桃李花下,兴言边患,夜分不寐》/265
《〈燕知草〉跋》/359
《杨遇夫回忆录》/25
《养生》/339
《药堂杂文》/334
《夜读抄·〈颜氏家训〉》/341
《一般》/330
《一年半的回顾》/121
《一师毒案感言》/166
《一士类稿·一士谈荟》/28,64
《移书让太常博士》/89

《义大利独立战史》/302
《艺风老人年谱》/367,396,404
《艺文志》/161
《忆往谈旧录》/405
《译书公会叙》/52
《译印政治小说序》/283
《易》/47
《易余龠录》/191
《逸经》/365
《意大利暗杀历史之一》/271
《意大利独立史》/302
《意大利独立战史》/302
《意大利建国三杰传》/302
《意大利建国史》/302
《翼教丛编书后》/58
《音辞》/333
《饮冰室合集·文集》/45,68,70,73,74,104,155,255,257,261,269,282
《饮冰室合集·专集》/250,251,254,256—259,261—263,283
《饮冰室文集》/404
《隐士》/331
《永日集》/305,325,359
《甬东静清书院记》/95
《甬上证人书院记》/50
《咏史》/251
《游学译编》/281
《有悼二首,为徐伯苏烈士作》/271

《有感》/254
《有思想的学问家》/26
《余杭章氏学别记》/286
《俞先生传》/289
《隅卿纪念》/326,334
《与龚未生书》/65,223
《与江子屏笺》/32
《与某书》/30,226
《与人论国学书》/288
《与人论朴学报书》/40,102
《与人论文书》/345,347
《与山巨源绝交书》/323
《与沈刑部子培书》/43
《与田叔子论古文第二书》/348
《与田叔子论古文书》/347
《与巡抚毕侍郎书》/54
《与友人论六经》/24
《与友人论张江陵》/24
《与章行严论墨学第二书》/214,217
《与钟君论学书》/33,301,302
《与子俨等疏》/340
《宇宙风》/204,325,365
《宇宙风乙刊》/313,335,404
《雨天的书》/325
《禹贡》/40
《狱中答〈新闻报〉》/253
《鬻庙》/69
《元旦感怀》/255

"原经"/49

《原名》/11,222

《原强》/254

《原善》/230,231

《原学》/16,214,244

《越缦堂日记》/206,207

Z

《杂拌儿》/305

《〈杂拌儿〉跋》/305

《〈杂拌儿之二〉序》/325

《杂谈小品文》/311

《再论"文人相轻"》/324

《再谈苦雨斋》/317

《再与人论国学书》/42,44

《在中国发现历史》/279

《泽泻集》/305

《怎么写》/206

《怎样思想》/172

《曾文正公全集》/36

《赠大将军邹君墓表》/252

《赠周志伊狱中》/265

《战国策·魏策》/266

《章炳麟》/29,97,223

"章炳麟の戴震论"/229

《章炳麟论学集》/32,63,351

《章实斋先生年谱》/139,167,207,363

《〈章实斋先生年谱〉自序》/193,207

《章氏国学讲习会讲演记录》/226,230

《章氏遗书》/373,386,399

《章太炎的白话文》/60,226,232,239,244

《章太炎的思想(一八六八——一九一九)及其对儒学传统的冲击》(《章太炎的思想》)/11,34,221

《章太炎先生国学讲演录》/20

《章太炎旅台文录》/59

《章太炎论今日切要之学》/53,93

《章太炎年谱长编》/39,57,63—64,86,96,103,234

《章太炎全集》/17,24,33,39—45,47—56,59—60,62—64,72,74—79,81—82,85,87—90,93—94,97,100,102,104,106,226—227,231,239,243—244,252,261—263,316,321,334,345,355

《章太炎生平与思想研究文选》/49

《章太炎思想研究》/30,100,243

《章太炎先生答问》/95,104

《章太炎先生家书》/64,95

《章太炎先生谒见记》/357

《章太炎与日本》/243

《章太炎政论选集》/33,38—39,46—47,50—53,58,65,68,70,72,75,78—79,81—82,95,101—102,104,219,223,253,258,264

《招国魂》/254

《朝花夕拾》/377,391,401,402,405

书名、篇名索引

《朝花夕拾·小引》/391

《这一周》/112,115,125

《浙案纪略》/247,248,268,273,275—277

《浙江潮》/255

《箴新党论》/289

《征信论下》/42

《整理国故的评价》/15,210,212

《整理国故与"打鬼"》/15,170,215

《整理国故与新文学运动》/211

《政论家与政党》/113

《政艺通报》/267

《枝巢六十自述诗》/375

《知难,行亦不易》/123

《知圣篇》/41,83

《知堂回想录》/295,304,313,343,346,353,361,368,381,388,393,398,401,405

《〈知堂回想录〉后序》/361,387

《知堂集外文·四九年以后》/326

《知堂集外文·〈亦报〉随笔》/348,388,398

《知堂先生》/325

《知堂乙酉文编》/295,307,312,348

《制言》/14,50,93,218,227,234,241,355,357,404

《治国学的两条大路》/240

《治学的方法与材料》/144,171

《治学方法》/171,175

《致陈之藩》/176

《致傅斯年》/114

《致〈公言报〉函并答林琴南函》/96

《致国粹学报社书》/72,101,227

《致胡适之》/240

《致梁启超书》/50

《致柳翼谋书》/102

《致沈恬》/114

《致宋燕生书三》/235

《致唐次丞书》/278

《中法大学月刊》/53,93

《中古思想史》/165,384

《中古思想史长编》/165

《〈中古文学概论〉序》/183,184,186

"中古与文艺复兴"/304

《中国白话报》/269,270

《中国白话文学史》/127

《中国兵魂录》/258

《中国传统与将来》/152

《中国当代社会科学家》/365

《中国的文艺复兴》/297

《中国的问题》/154

《中国颠危误在全法欧美而尽弃国粹说》/66

《中国革命家第一人陈涉传》/282

《中国古代思想史》/165

《中国古代文学史讲义》/188

《中国古代文学史讲义·叙语》/187

《中国古代哲学史》/165
《〈中国古代哲学史〉台北版自记》/220,236,245
《中国古代政治思想史的一个看法》/152
《中国古典短篇侠义小说研究》/280
《中国积弱溯源论》/255,257
《中国近代会党史研究》/273,277,285
《中国近代教育史资料》/22,23,71,74,80
《中国近代启蒙思想史》/5,9
《中国近代史学思潮与流派》/302
《中国近代思想史论》/34
《中国近代思想史上的胡适》/6,11,26,108,139,149,155,162,165,170,177,279,384
《中国近代文论选》/353
《中国近代学制史料》/73
《中国近年研究史学之新趋势》/15
《中国近三百年学术史》/8,31,35,39,207,221,228,230,279,363,364,373,374,386
《中国近世思想学说史·自序》/9
《中国经学史讲义》/8
《中国历代人物年谱考录》/373
《中国历代思想家》/29
《中国历史上革命之研究》/282
《中国历史研究法》/373,399
《中国历史研究法补编》/134,363,364,373,400
《中国立宪问题》/282
《中国骈文概论》/348
《中国人思想中的不朽观念》/125
《中国散文史》/333
《中国史叙论》/237
《中国书院制度考略》/91,92
《中国思想传统的现代诠释》/36,62
《中国思想史论集》/124,151
《中国思想通史》/397
《中国俗文学史》/188
《中国通史略例》/237
《中国文化的根源和近代学术的发达》/39,239
《中国文化史》/82,92
《中国文化研究集刊》/59
《中国文学不发达的原因》/215
《中国文学改良论》/209
《中国文学史讨论集》/188
《中国文学研究》/197,211,215,237
《中国文学研究者向那里去？》/215
《中国文章》/352
《中国现代社会科学家传略》/365
《中国小说史略》/20,183,197,201
《中国新文学大系·建设理论集》/181,182,307,308,342,343,350
《中国新文学大系·散文二集》/318,359
《〈中国新文学大系·散文二集〉导言》/319

《中国新文学大系·文学论争集》/209

《中国新文学的源流》/308—310,312,347,348,352

"中国新文学史的'溯源'"/347

《中国兴亡梦》/277

《中国学术史》/5

《中国章回小说考证》/213

《中国哲学》/48,49,235

《中国哲学纲要》/164

《中国哲学十讲》/164

《中国哲学史》/127,135,143,156,163—165,170,182,238,242

《中国哲学史大纲》/6,11,20,22,139,150,162,164,165,167—170,173,175,177,182,208,214,219—224,229,235—238,240,242,243,245,382

《〈中国哲学史大纲〉序》/150,175,233,236—238

《〈中国哲学史大纲〉与史学革命》/165,170,198

《〈中国哲学史大纲〉再版自序》/220

《〈中国哲学史〉审查报告》/143,243

《中国哲学史通论》/164

《中国政治出路的讨论》/113

《中国政治思想史》/55

《中国之武士道》/251,258,259,262,263,266

《〈中国之武士道〉叙》/256,259,261

《〈中国之武士道〉自序》/250,259

"中国智识分子"/10

《中国中古思想史长编》/137,164

《中国中古思想史纲要》/169

《中国中古文学史》/314,322,350,352,354,359

《中学生》/329

《"中央研究院"历史语言研究所集刊》/125

《舟中读陶诗三首》/327

《州县请立志科议》/386,399

《周礼》/44

《周作人的是非功过》/319,347

《朱陆篇书后》/139

《朱延丰突厥通考序》/10

《朱子语类》/94,327

《诸子略说》("诸子略说")/20,229,230

《诸子平议》/222,234

《〈诸子平议〉序目》/222

《诸子学略说》("诸子学略说")/22,38,47,78,81,82,102,219,286,287,291

《竹汀居士年谱》/370

《主题学研究论文集》/194

《主题学研究与中国文学》/194

《专门学校令》/23

《庄子》/105

《庄子解诂》/223

《庄子时代的生物进化论》/220

《庄子哲学浅释》/222

《庄子注》/227

《追忆——中国古典文学中的往事再现》/361

《资本论》/383

《资治通鉴》/46

《自传之一章》/365

《自己的文章》/326

《自己的园地》/325

《自纪篇》/207

《自祭文》/326

《自述》/365,405

《自述学术次第》/47,49,223,227,235,241,315,316,345,347,352,355

《自我论》/392

《自写年谱》/377,404

《自序》("自序")/109,125,169,185,207,229,242,308,363,368,387,395,405

《自序二》/405

《〈自选集〉自序》/332

《自由书·祈战死》/257,283

《自由书·中国魂安在乎》/258

《〈自由血〉绪言》/268

《自由中国》/111

《自赞》/394

《奏定大学堂章程》/354

《奏定经学科大学文学科大学章程书后》/88

《奏定学堂章程》/23

《左传·昭公十七年》/82

后　记

在我有限的撰述中,本书的写作,最为艰难曲折。从 1991 年的暮春时节落笔,到此回酷暑中勉强收工,行程竟六年有半。中间虽也穿插别的课题,但关于中国现代学术史的思考,始终没有停止过。最好的证据,莫过于六年间以"现代学术史研究"为题,在北大讲了三轮专题课。

尽管没有怎么偷懒,写作速度还是如此之慢。难度大是一个原因,学识少也不敢否认。除此之外,写作中,之所以不时停下来自我反省,很大程度是实践当初的诺言:将学术史作为一项研究课题,更作为一种自我训练。唯一值得自慰的是,本书的写作,尚属认真,努力在理解与超越、温情与冷峻之间,保持某种"必要的张力"。

本书的完成,与《学人》集刊的出版息息相关。这不单是指书中不少章节,曾以论文形式刊发在此集刊上;更重要的是,《学人》诸同人对于学术史的共同兴趣,对我形成巨大的压力与无声的催促,使本课题不至于半途而废。因此,我特别感激资助《学人》出版的日本朋友,以及江苏文艺出版社的鼎力支持。

在本书的写作过程中,我曾有机会作为日本学术振兴会访问学人,在东京大学和京都大学从事研究,得到藤井省三、尾崎文昭、伊藤虎丸、丸山昇、丸尾常喜、芦田肇、渡边浩、平田昌司、中岛长文、中岛碧等诸位先生的热心帮助与指引,使我得以从容读书,并对学术思路做了某些调整。

北京大学出版社一如既往,热情地接纳我的著述,张凤珠女士则是第六次成为拙作的责任编辑,二者同样令我感动。

最后,本书的写作,得到国家教委科研基金的资助,特此致谢。

1997 年 8 月 29 日于西三旗寓所